ALBERT LONDRES

Vie et mort d'un grand reporter
1884-1932

DU MÊME AUTEUR

De nos envoyés spéciaux (avec Philippe Dampenon) J.C. Simoen, 1977.

Lourdes, histoires d'eau, Alain Moreau, 1980.

Les nouveaux convertis, Albin Michel, 1982.

Monsieur Dassault, Balland, 1983.

Gaston Gallimard, Balland, 1984 (Points-Seuil, 1985).

L'épuration des intellectuels, Complexe, Bruxelles, 1985.

Une éminence grise, Jean Jardin, Balland, 1986 (Folio, 1988).

L'homme de l'art, D. H. Kahnweiler, Balland, 1988 (Folio 1989).

Le flâneur de la rive gauche. Entretiens (avec Antoine Blondin). François Bourin, 1988.

Pierre Assouline

ALBERT LONDRES

Vie et mort d'un grand reporter
1884-1932

BALLAND

33, rue Saint-André-des-Arts, 75006 Paris

« Il est incroyable que la perspective d'avoir un biographe n'ait fait renoncer personne à avoir une vie. »

CIORAN

« La vie est belle! »

ALBERT LONDRES

A Albert Londres qui nous montra la Grand'route

A mes éminents confrères et néanmoins amis
du Club des Cinq :
Jean-Louis Marzorati, Jean-François Mongibeaux
Yves de Chazournes, Philippe Dufay

A ceux qui font tourner la machine
Pierre Boncenne, Stéphane Khémis

A Fred Kupferman, il sait pourquoi

A André Balland, parce que c'est lui,

étonnants compagnons du vaste monde
CE LIVRE APPARTIENT

Septembre 1914. La bataille de la Marne vient de s'achever. Les Français ont encore dans le creux de l'oreille le célèbre ordre du jour que Joffre y a donné à chacun : « Se faire tuer sur place plutôt que reculer! » Les Allemands se replient.

Au *Matin*, on va commencer à manquer d'envoyés spéciaux. Charles Laurent, un des hommes forts de la Rédaction, a déjà remarqué Albert Londres, trente ans, pour sa volonté de servir et sa capacité d'action. Deux qualités du meilleur augure. Aussi quand les deux armées s'engagent dans une course à la mer et que la guerre de tranchées stabilise le front sur 700 km, il décide de lui donner sa chance. Un retour offensif des Allemands étant annoncé en Champagne, il l'envoie du côté de Reims avec un photographe, Moreau.

Dans la soirée du 20 septembre, le train qui les mène à Reims doit s'arrêter en raison des bombardements. Qu'à cela ne tienne! Les deux reporters trouvent des bicyclettes et poursuivent leur route. La désorganisation et la panique aidant, les contrôles de sécurité sont de plus en plus flottants au fur et à mesure qu'ils approchent de la ville. Les voici enfin à pied d'œuvre. Sur le parvis de la cathédrale en flammes.

Ce jour-là, Albert Londres devient véritablement un journaliste. Il passe la nuit à regarder ce spectacle dantesque, de toute son âme. Un obus tombe sur la toiture. Londres note l'heure exacte tandis que Moreau prend un cliché. L'aube est pour bientôt. Il est urgent de rentrer. Un reportage qui n'est pas transmis à temps n'existe pas, si exclusif soit-il. Le télégraphe et le téléphone sont hors d'usage. Le train également. Reims-Paris en vélo? Autant renoncer tout de suite. Il ne reste qu'une solution : user de leur permis de circulation du ministère de la Guerre pour grimper dans la locomotive de secours, la seule à circuler sous les bombes.

Quand ils arrivent à bon port, la capitale est encore enfoncée dans la nuit. Ils se précipitent immédiatement au journal. Londres, qui a écrit son article dans le train, le tend fébrilement à Charles Laurent, puis il va se coucher, épuisé.

Le lendemain matin, à la une du *Matin*, en plein milieu sur deux colonnes, les lecteurs découvrent cet article :

> « Ils ont bombardé Reims et nous avons vu cela!
>
> Nous venions d'Epernay. Reims nous apparut à quinze kilomètres. La cathédrale profilait la majesté de ses lignes et chantait dans le fond de la plaine son poème de pierre. Nous ne la quittâmes plus des yeux. Nous avancions. Notre ami nous frappa brusquement du coude :
>
> – Regardez, dit-il. Ça fume.
>
> Nous étions cinq hommes qui ne parlaient plus.
>
> Le sort de l'œuvre qui, depuis huit siècles, émerveille le monde, nous tenaillait l'esprit.
>
> Un sous-officier nous croisa.
>
> – C'est la sous-préfecture qui flambe, cria-t-il.
>
> Nous filions vers la ville. Les flammes s'allongeaient.
>
> A trois kilomètres de l'entrée, il nous faut ralentir. C'est l'exode. Tête nue, les femmes partent vers les champs. Elles sauvent leurs fils de la mort. Elles sont en groupe, parlent haut, veulent nous dire ce qui se passe, qu'ils tirent sur Saint-Rémy, sur la cathédrale, partout, et qu'on n'y peut plus tenir.
>
> Un enfant se contorsionne dans les bras de sa mère.
>
> – Monsieur! Ils lui ont donné la danse de Saint-Guy!
>
> Il est six heures. La nuit descend aussi simplement que pour cacher le spectacle de tous les jours. Les obus éclatent sur la cité. Des ballons de fumée s'élèvent de tous les coins. Sur un fond rouge et mouvant, comme une tenture que l'on secoue, la cathédrale étirant ses lignes vers le ciel prie ardemment. Elle recommande son âme à Dieu.
>
> Les pauvres femmes fuient toujours. Un chien, devenu fou,

tourne sur lui-même, saute pour prendre un sucre invisible. Nous roulons lentement jusqu'à la porte de Paris et la passons.

Un régiment part au repos, il quitte la ville. Elle n'est pas déserte. Les gens vont d'un trottoir à l'autre, pour échapper à leur pensée. Ceux qui sont dans les caves ne sont pas plus en sûreté. Cinq personnes viennent d'être déchiquetées dans la leur. Et puis, voilà trois jours que ça dure – trois jours! – cela suffit pour mettre la vie à bon marché.

Nous franchissons la Vesle. La nuit est presque complète. Les obus se déchirent violemment dans les rues et sur les toits.

Nous gagnons la cathédrale. Ils l'ont visée! Le parvis est troué à cinq endroits. Nous ne pouvons pas voir si elle est touchée, il fait trop noir. Dans un mouvement d'amour, comme si nous pouvions la protéger, nous montons sur son porche. C'est la pleine nuit. Ils tirent toujours. Ils ne s'arrêteront qu'à huit heures.

Huit heures. Tout redevient silence. Les trois foyers illuminent la ville.

La sous-préfecture et les deux maisons qui la bordent dégagent une telle chaleur que nous en approchons les mains sur les joues.

Mais c'est la cathédrale qui nous attire. Nous ne pouvons pas nous empêcher d'en faire et d'en refaire le tour. Nous avons l'intuition qu'il lui arrivera du mal. Nous sommes sans logis, notre nuit se passera près d'elle.

C'était la moins abîmée de France. Rien que pour elle, on se serait fait catholique. Ses tours montaient si bien qu'elles ne s'arrêtaient pas où finissait la pierre. On les suivait au-delà d'elles-mêmes, jusqu'au moment où elles entraient dans le ciel. Elle n'était pas suppliante comme celle de Chartres, à genoux comme celle de Paris, puissante comme celle de Laon. C'était la majesté religieuse descendue sur la terre.

Ils allaient la brûler.

Les feux perçaient l'obscurité. Nous attendions le jour avec l'angoisse des âmes qui pressentent. Depuis trois heures de nuit, nous étions assis sur les marches, nous relevant de temps en temps pour aider les minutes à passer. Notre esprit errait hors des chemins. Un grand fracas vint nous ébranler. Le premier obus de cette journée tombait sur la ville. Il était deux heures vingt-cinq du matin. Trois autres le suivirent. Nous avions froid comme si la température venait subitement de changer. Puis, plus rien. A trois heures vingt-cinq, le cinquième obus se déchira. Trois autres encore le suivirent. Puis, plus rien. Ils n'avaient pas visé la cathédrale, du moins ne l'avaient-ils pas atteinte.

L'obscurité se retira. La canonnade par-dessus Reims recommença. On ne bombardait pas la ville. Les deux positions ennemies, s'étant reconnues, avaient repris contact.

Sous cette voûte de bruit, pendant deux heures, nous parcourûmes la cité insultée.

Tous les monuments ont été visés. Il ne reste plus rien de la sous-préfecture et de dix maisons. Plus de cinquante autres sont éventrées. Sept obus éclatant devant l'Hôtel de Ville n'en ont, jusqu'à présent, fait sauter que les carreaux. A ce moment – à ce moment! – la cathédrale n'avait qu'un grand trou dans sa toiture, qu'un balconnet du côté droit brisé et qu'un arcboutant de l'abside arraché.

Nous étions revenus vers elle. Nous sentions bien que nous ne la verrions plus entière. On s'appuyait à ses colonnes comme à l'épaule que l'on va quitter.

Cinq soldats la veillaient aussi.

– Hier ils m'ont tué deux hommes, nous dit le caporal.

Puis, allongeant la main au bas des marches:

– C'est l'obus qui a fait ce trou-là.

Il nous ouvrait la porte pour nous permettre de voir les deux cents blessés allemands couchés dans la grande nef, quand un effroyable coup nous figea sur la dalle. Des sifflements, qui ressemblaient à ceux d'une sirène, dont le son serait aiguisé, coupant et rapide, virevoltèrent au-dessus de nous.

– Sac au dos, dit le caporal, cette fois, ça y est.

L'obus venait de tomber sur le parvis.

Le caporal se souvint de nous.

– Tâchez de filer, bon Dieu! cria-t-il.

Où filer? Et à quoi cela pourrait-il servir?

Un deuxième obus suivit, à trente secondes. Il se logea à dix mètres du premier. Les mêmes sifflements nous tranchèrent le tympan.

Nous passâmes notre main sur notre visage qui nous semblait cruellement balafré.

C'était le début. Ils avaient rectifié. Cette fois, ils la *tenaient*.

Nous n'avons plus compté les coups. Ils tombaient sans relâche.

Nous avons quitté le porche et sommes allés dans la rue, en face, à cent mètres.

Nous regardions la cathédrale. Dix minutes après, nous vîmes tomber la première pierre. C'était le 19 septembre 1914, à 7 h 25 du matin. »

C'est signé Albert Londres. Pour la première fois.

Albert Londres n'avait pas de profession : il était envoyé spécial de journaux. Ni vraiment unique, ni tout à fait exceptionnel, ce poète de l'histoire immédiate ne se préoccupait guère de la postérité. C'est elle qui l'a rattrapé par le col puisque plus d'un demi-siècle après sa mort, son nom recouvre un mythe : celui du journaliste au long cours.

Un jour, ce jeune homme au masque de Musset décida de partir. Son voyage a duré dix-huit ans. Certains prétendent l'avoir aperçu à Paris ou à Vichy, mais ce n'était probablement qu'une escale entre l'ancien palais des Habsbourg et un bordel argentin. Partir, ce rêve de bons projectiles... Ce mot de Paul Morand, il aurait pu le faire sien, lui qui, comme l'homme pressé, voulait partir pour gagner son procès contre l'habitude. Faire l'éloge de son coin de terre lui aurait également paru un point de vue de cadavre. Il lui fallait impérativement bouger, voir et entendre afin de juger la chose jugée et porter le fer dans la plaie.

Un soir au début de la première guerre, le rédacteur en chef du *Matin* jugea qu'en Champagne, les Allemands exagéraient. Toutes ses grandes plumes étant sur les routes, il se retourna, faute de mieux, vers Albert Londres. Le jeune échotier parlementaire n'avait encore jamais signé. Son seul atout, outre sa disponibilité et la flamme qui l'habitait, c'était un patronyme qui fleurait bon le prospectus de chez Cook.

« Allez! »

Albert Londres enfourcha sa bicyclette et armé d'un crayon à mine et d'un calepin aux feuillets quadrillés, il monta à l'assaut de la cathédrale de Reims en flammes. Il faudra d'autres flammes, dix-huit ans plus tard, pour l'arrêter dans sa folle course autour du globe.

Avec sa bonne couverture rompue aux plus méchants climats et sa vieille valise en peau de cochon, il visita quelques dizaines de pays, une poignée de rédactions de journaux, un certain nombre de femmes et autant de paquebots. Au début, il dut se serrer la ceinture mais se consola vite en pensant au jour où la ceinture le serrerait. Parfois, il lui fallut mettre le nez dans les culs-de-basse-fosse ou parcourir des contrées inhospitalières par tous les moyens inusités. Non sans en ramener, il est vrai, de pittoresques bibelots, des maladies exotiques, des notes de frais longues comme des rouleaux de pellicule et même des reportages que les jeunes journalistes, aujourd'hui encore, se récitent à haute voix au coin du marbre, les nuits de bouclage quand les téléscripteurs sont muets.

Pourtant, il ne savait pas conduire et ne connaissait pas l'anglais. La seule langue qu'il pratiquait, d'expérience, avec une certaine habileté, c'était l'« étranger ». Il le parlait partout, tous les jours avec n'importe qui dans toutes les situations. Ainsi, à Moscou il comprit l'antagonisme entre Lénine et Trotski, dans les Dardanelles il démêla l'écheveau balkanique, en Chine il réussit de justesse à percer la folie des dirigeants avant qu'elle ne le gagne à son tour, en Inde il observa Gandhi et Tagore en pleine action méditative... Albert Londres s'abîma les fesses en enquêtant sur celles des forçats du Tour de France, il tendit la main à des bagnards dans leur trou à rats, à des fous en rupture de camisole, à des évadés nostalgiques de la mère patrie, à des juifs sionistes qui avaient eu trop d'histoires et pas assez de géographie, à des maquereaux argentins et des blanches maltraitées, à des casseurs de pierres des bat'd'af' et de noirs portefaix oubliés par le décret d'abolition de l'esclavage, aux victimes de la terreur macédonienne et à des pêcheurs de perles aux poumons crevés...

Et il ne savait même pas conduire!

Orgueilleux, ambitieux et individualiste, il parvenait à être ponctuel sans montre, ni calendrier de poche. Au plus fort de sa gloire, Albert Londres avait une confortable bedaine qu'il masquait par des complets de bonne coupe, et il perdait ses cheveux sous son feutre taupé. Le parfait aventurier! Et derrière, une sourde inquiétude, une gravité adroitement masquée par les mots d'esprit, la bonne humeur, les coups de pied dans la fourmilière et la dérision des puissants et des notables. Il plaçait au-dessus de tout l'amour qu'il portait à sa fille Florise, la fraternité d'armes qui le liait par-delà les océans aux flâneurs salariés, vieux compagnons de boulets, corbeaux internationaux et charognards à coupe-file bleus. Quand l'un d'entre eux mettait le pied sur un navire des Messageries Maritimes, il jetait un regard circulaire sur le pont noir de monde avant de lancer :

« Il y a quelqu'un? »

Et de voir surgir d'une cabine Helsey ou Kessel, Béraud ou Danan, Ward-Price ou Mac Orlan. Oh! ils n'étaient guère nombreux. A peine de quoi remplir deux wagons où on aurait entendu parler français, anglais et italien. Ils n'avaient ni foyer ni avenir mais une farouche détermination d'en découdre avec les événements, la jubilation de se colleter avec l'histoire toute chaude et la ferme intention de ne pas s'ennuyer.

Rien – enfin presque rien, à partir d'une certaine époque – ne l'aurait fait renoncer à ses valeurs professionnelles les plus sacrées : le choix de ses sujets, le libre arbitre, l'indépendance. Cela lui valut d'être frappé de démissionnite, aiguë et chronique. Quand l'homme du *Matin* qui lui donna sa première chance refusa de l'envoyer crapahuter aux confins des Dardanelles, Albert Londres prit son chapeau et dit :

« Tant pis! »

Le Petit Journal se montra aussitôt plus compréhensif. Mais quatre ans plus tard, Clemenceau ayant donné de la voix à la suite de ses dépêches sur l'Italie après la victoire, il reprit son chapeau :

« Adieu! »

Et Londres s'en alla voir du côté d'*Excelsior*, ravi. Quatre autres années passèrent et il se laissa séduire par un nouveau journal, lancé pour soutenir le Cartel des gauches. N'ayant pas l'esprit de cartel et ne soutenant les gauches que du bout des lèvres, il ne resta pas trois mois au *Quotidien*. Ses articles sur l'occupation de la Ruhr ayant déplu, il fut convoqué par ces messieurs du conseil d'administration.

« Vos articles ne sont pas dans la ligne du journal... »

On ignore s'il claqua la porte mais on sait de source bien informée que cette fois il saisit également sa canne avant de porter sa copie à *L'Éclair* puis de rentrer pour huit belles années au *Petit Parisien* qu'il ne quitta, in fine, que pour une stupide question de gros sous. C'était inévitable, dans un journal dont il ne connaissait que le caissier et le rédacteur en chef. La demande d'augmentation fit frémir. Il démissionna à nouveau, plus lapidaire que jamais.

« Hélas... »

C'est qu'entre-temps, il était devenu Albert Londres. *Le Journal* le comprit à sa juste valeur.

« Où partez-vous encore?

– Vous le saurez toujours à temps...

– C'est loin?

– Quoi? La Chine?... »

Son esprit était déjà en route. Le poète qui s'était établi grand reporter avait un vaste projet du côté de Shangai. Pas la guerre avec les Japonais. Mieux.

« Quoi?

– Pas le temps.

– Mais encore?

– Ah mais! »

Il s'embarqua à Marseille, non sans rappeler qu'il n'avait pas changé depuis l'incendie de la cathédrale de Reims. Pour lui, l'humanité se divisait toujours en deux catégories : ceux qui ont des meubles et ceux qui ont des valises.

Il s'adressa à la sienne et, en lui lançant un coup de pied qui fit valser quelques étiquettes cosmopolites :

« On y va? »

Depuis, nul ne l'a revu. Il est probable que par inadvertance, Albert Londres ait pris un aller sans retour.

Comment lui rendre hommage autrement que par ce pastiche, même maladroit? Ces quelques pages, inspirées de son introduction à *La Chine en folie* poursuivent également un autre but : donner le ton de cette biographie, plus que jamais étrangère à la déférence, au respect, à la piété qui encombrent toutes ces « vies de grands hommes » trop calquées sur les « vies de saints ».

La première fois que j'ai rencontré Albert Londres, il y a quinze ans, je débutais dans le journalisme. Cela se passait au bord de la Seine. Il était dans une boîte, je suis tombé sur lui par hasard. Nous étions chez un bouquiniste. *Au bagne, Le juif errant est arrivé, Le chemin de Buenos Aires...* J'achetai. Du coup, j'entrai dans l'informelle confrérie des sectateurs du grand Londres. Les titres de ses livres, les moments forts de ses reportages, ses petites phrases les plus fameuses devinrent mieux que des mots de passe, des sésames dans une corporation en mal de héros sans tache.

Depuis, il ne m'a plus jamais quitté.

Enthousiasmé par le travail d'exhumation et d'érudition que Francis Lacassin le premier tenta, revigoré par la publication de ses livres dans la collection de poche 10/18, j'accumulai des notes en sachant qu'un jour ou l'autre, j'aurais à me colleter à sa biographie.

Non pas un siècle à travers une vie. A peine une vingtaine d'années. Mais quelles années! Si denses, si fortes, si impétueuses quand c'est lui qui les vit...

Malgré la brièveté de son existence, Albert Londres a marqué plusieurs générations de journalistes. Sa trace dans l'histoire ne laisse pas l'empreinte d'un géant ni d'un individu d'exception, mais d'un homme rare. Un flâneur salarié en marge des pouvoirs et des institutions, qui observe les hommes et les événements à la loupe plutôt qu'à la longue-vue. Un Don Quichotte bien français, un Monsieur Perrichon cosmopolite. Avec le talent, le courage et l'humour en plus.

I

UN POÈTE AU MARBRE

1895-1915

1.

L'itinéraire de Vichy à Lyon

« Ma femme, tu es une sainte! »

C'est généralement par ces mots que Jean-Marie Londres a l'habitude d'accueillir chacune des heureuses initiatives de son épouse. Nul doute, dans leur voisinage de la rue Besse, à Vichy, que cette fameuse formule a retenti dans leur maison en ce jour des saints de novembre 1884.

Les Londres sont une famille honorablement connue dans la ville et dans la région. A l'origine, il y a des lustres, ils s'appelaient Loundrès. Puis ils sont devenus Londrès jusqu'à ce que leur nom se francise tout à fait en Londres, avec le temps. Du côté paternel, de vieux Gascons. On retrouve leur trace, il y a peu encore, à Labarthe-Rivière, un petit village de cette Haute-Garonne si espagnole par certains côtés. Des paysans, qui entretenaient difficilement une progéniture abondante puisque le premier Londres à avoir quitté la famille et le village était leur dix-huitième enfant.

Il s'était fait colporteur. De village en village, baluchon à l'épaule, il rencontra une Pyrénéenne qu'il prit pour femme. Devenue veuve, celle-ci prolongea une escale vichyssoise jusqu'à s'y installer définitivement avec ses trois enfants. L'un d'entre eux se prénommait Jean-Marie. C'est à son domicile que vient de naître Albert.

Une forte personnalité que le père. Quand on dit de lui que c'est un vrai Gascon, on croit avoir tout dit. Grand gaillard de vingt-trois ans, bien planté sur ses jambes, fougueux, intelligent, il peut passer très vite de l'insolence à l'indolence. M. Londres est tout autant hâbleur que soupe au lait. Un homme attachant, mais inattendu dans ses emportements comme dans ses enthousiasmes.

Florimonde Baratier, qu'il a épousée à dix-huit ans, est une petite Bourbonnaise, teint mat et yeux bleus, blonde, énergique, opiniâtre, qui met tant d'abnégation dans le travail qu'elle le tient véritablement pour un devoir. Elle cite souvent son père comme le modèle absolu, un idéal dont l'impétueux Jean-Marie s'éloigne à grands pas. Ouvrier à treize ans, contremaître à vingt ans, c'était un chaudronnier solitaire. Des années durant, il tapa seul sur l'enclume de 5 heures du matin à 11 heures du soir, avant de rejoindre des compagnons. Quarante-huitard convaincu, il ne faisait pas étalage de ses opinions républicaines afin de n'avoir pas à affronter ses clients sur un terrain autre que professionnel. Le portrait de cet homme révéré trône au milieu du salon, lourdement encadré.

Gascon et Bourbonnais, colporteur et artisan, voici Albert Londres. Avec déjà, dans le sang, le goût de la route et du travail bien fait.

Il est bien pâle, ce petit blond quelque peu turbulent qui fréquente l'école Saint-Joseph, comme tant d'autres Vichyssois. Mais il ne se fait guère remarquer, ni par sa personnalité, ni par son originalité. Et pour cause : rien en lui n'est remarquable. Son adolescence et sa scolarité occuperont d'ailleurs une place infime, plus tard, dans sa mémoire. Peu d'allusions, guère plus de souvenirs précis. Pas même le parfum de la nostalgie. Rien. On retrouve une semblable insignifiance dans les rares relations de son séjour au pensionnat Saint-Gilles, à l'ombre de la cathédrale Notre-Dame de cette bonne ville de Moulins, ancien établissement des Ducs de Bourbon.

Ses parents se sont vite rendus à l'évidence : il n'est pas fait pour les études. Ses capacités de synthèse ne sont pas en cause, non plus que sa curiosité intellectuelle. Simplement, il semble rétif à l'effort continu. Toute application, chez lui, devient laborieuse. Toute concentration prolongée le met à la peine. Il est toujours ailleurs. Par l'esprit, on le croirait sur la route bien qu'il ne quitte pas sa chaise. Nul doute qu'à Labarthe-Rivière, le village de ses aïeux, on lui donnerait du « poète » avant même de se demander s'il a jamais taquiné la muse.

Dix-sept ans. Il est temps de prendre une décision. Ses parents se concertent. Ce sera l'exil. Rien d'hugolien, assurément. Lyon n'est pas Guernesey. Et puis il n'est pas question de punition, mais de rupture. Trop fière pour quémander un poste auprès de ses relations régionales mais assez astucieuse pour saisir une opportunité lorsqu'elle se présente, la famille l'envoie faire le comptable entre Saône et Rhône, à la Compagnie Asturienne des Mines. Passe encore qu'il ne possède pas les diplômes requis. Peu importe, finalement, que sa formation ne l'ait pas préparé à une pareille tâche. Le pire, c'est encore qu'il n'a pas du tout l'esprit aux chiffres, comptes et colonnes. Cet univers lui est une *terra incognita* et il entend bien persévérer dans son incompétence.

La Compagnie, les Asturies et les Mines, il les oublie le soir dans les tavernes enfumées du vieux Lyon. Là, il se sent dans son élément. C'est le lieu géométrique de toutes ses passions, avec les brasseries et les salles de théâtre. L'amitié et la poésie sont les deux seuls cultes auxquels il se donne entièrement, avec un total désintéressement.

Très tôt, il se lie avec quelques autres « bohémiens » également en rupture. Ces marginaux à cheveux trop longs, qui s'excluent tant de leur milieu d'origine que de la bonne société lyonnaise, constituent une bande informelle qui se retrouve régulièrement à l'enseigne du Pot-au-feu.

Cette petite société de lettrés, qui épouse jusqu'au dénuement le mythe et la caricature des clubs de poètes du XIXe siècle, a élu domicile place de la Comédie, au premier étage de la brasserie Kléber. Quand elle est fermée, ses membres se retrouvent dans une chambre à soupente de la Croix-Rousse, pittoresque à souhait. Dans un nuage de tabac gris et des effluves de beaujolais, on refait le monde jusqu'à l'aube mais pas plus tard. Il y a là des khagneux échappés du lycée du Parc, des élèves du Conservatoire sans leur instrument, des poètes en mal de rimes, des écrivains qui parlent du haut de leur œuvre future, des peintres entre deux séances de pose. Quelques-uns se prétendent anarchistes dans le seul but de marquer leur hostilité à une ville ventrue et bourgeoise qui le leur rend bien. Mais la plupart ne sont pas concernés par la politique. Trop sérieuse, à leur goût. Tout pour l'art, au Pot-au-feu. L'art et le plaisir car ces jeunes gens animés de vastes ambitions littéraires et artistiques n'ont pas l'intention de s'ennuyer [1].

C'est peut-être ce qui les rend méfiants à l'endroit de l'énigmatique Libertad, curieux personnage qui fournit le cénacle en brochures de Koprotkine et qui s'avérera, bientôt, un indicateur de police. Seuls les naïfs s'y laisseront prendre et se feront ramasser dès la sortie par des sergents de ville dûment prévenus. Londres et les siens sont probablement les véritables anarchistes de toute cette petite troupe. Ni Dieu, ni maître? Crève donc, société? Ce n'est pas un programme, ni même un slogan. Un état d'âme, plutôt [2].

Il a ses préférés : Achille Berger, le musicien de la bande, qui joue du violon dans les cafés, Georges Rouquayrol, peintre et dessinateur, et surtout deux garçons qui ont au moins un point commun avec lui : ils sont animés d'une flamme intérieure, une conviction à soulever la colline de Fourvières.

Le premier s'appelle Charles Dullin. Ce Savoyard, d'un an le cadet de Londres, est commis-drapier à la Croix-Rousse. Pas par vocation, par inadvertance, comme Londres est comptable. Le petit séminaire mène à tout. Mais Dullin est bien décidé à ne pas s'en tenir là. Quelque peu déluré, prêt à toutes les aventures pourvu qu'elles aient du panache. Il vit dans un atelier de canuts mansardé, au faîte de la Grand-côte. Un lieu très sobre. Un lit de fer, une table de bois blanc. Ce pourrait être une prison. La fenêtre fait la différence. Quand Dullin l'ouvre, il est le maître de la ville. Lyon est à ses pieds. Le poing tendu vers un peuple invisible, il déclame :

« Chante ô barde! Ce soir mes pensives cohortes
Ont peuplé tout esprit hanté d'un mal rongeur [3]... »

Avec Albert Londres, il partage un goût irrépressible pour la poésie et une franche détestation du notable lyonnais. Mais il a, lui, la vraie passion du théâtre. C'est sa vie. Il le dit. On le croit. Car quand il cesse ses pitreries et ses provocations, ses amis sont bouleversés par cette foi et cet élan dont ils ne peuvent imaginer qu'ils le porteront ailleurs que sur les planches. Et pour toujours.

Le deuxième homme de cet inséparable trio, c'est Henri Béraud, lui aussi le cadet de Londres, d'un an à peine. Il est le seul des trois à connaître la ville et ses indigènes de l'intérieur. Son père est boulanger rue Ferrandière. Après sept années passées chez les Frères, il a achevé ses études au lycée Ampère. Peintre du dimanche, poète de toutes les heures, passionné d'opéra, il gagne sa vie comme petit commis à l'agence lyonnaise de la compagnie d'assurances La Foncière. Quand ce ne sera plus supportable, il deviendra saute-ruisseau chez un avoué puis « dessinandier » en soieries. Lui aussi, il brûle d'écrire des vers et même de les publier. Il parvient à ses fins en 1903 grâce à l'inconscience d'un sympathique imprimeur qui accepte de publier sa première plaquette de vers sous le titre de *Poèmes ambulants*. Outrecuidant, l'allure d'un symboliste jusqu'à la caricature, l'air fatal et faussement grave, il est déjà un fort en gueule, assez enveloppé et plutôt débonnaire.

Incontestablement, le physique d'Albert Londres tranche sur celui de ses deux camarades de frugales ripailles. Plus petit, maigre jusqu'à leur paraître maladif, le visage encadré d'une barbe mais peu fournie, éclairé de grands yeux d'une tendresse que ses amis jugent toute féminine, comme la musicalité de son timbre de voix, il est le plus réservé des trois. Timide, probablement, mais d'une timidité qui n'entame en rien son intransigeance. Par pente naturelle, il obéit plus volontiers à l'air du temps qu'aux mots d'ordre. Patriote, il ne saurait être nationaliste. C'est un sentimental, pas un politique. Et douillet avec cela. Mais derrière cette façade, il dissimule une volonté farouche, une endurance qui surprend le plus aguerri de ses camarades.

Londres est un homme en contrastes comme d'autres sont en nuances. On le croit nonchalant, alors qu'il n'est qu'obstination, entêtement, opiniâtreté. On le croit capricieux quand on réalise qu'il agit en conscience et par devoir. On le croit rêveur et détaché, des hommes comme des événements, alors qu'il a tout enregistré d'un œil de peintre plus que de photographe, pour restituer non des pastels mais des eaux-fortes. Le seul de ses traits qui ne souffre pas de ses contradictions, c'est son besoin d'évasion. Il correspond à une impulsion forte mais durable et permanente, qui ne relève pas du coup de tête. C'est un sentiment très authentique où la nostalgie littéraire se mêle à l'exotisme et à l'ivresse de l'insécurité [4].

Contrairement à Béraud et Dullin, il ne sait pas bien où il va. Ni vraiment le théâtre ni tout à fait l'écriture. Poète. Mais est-ce bien un métier? Il hausse les épaules et rejette l'argument. La vie est belle! Le reste... Assurément, il est le plus démuni des trois. Mais cela n'entame en rien son optimisme que l'on ne peut croire de façade. Sous un ciel de suie, alors que la ville ne bruit que des rumeurs de séparation entre l'Église et l'État, il offre ses premiers vers à ses nouveaux amis.

Son entourage est intimement convaincu que Londres n'a qu'à

se laisser vivre pour triompher. Il est porté par les événements avec une grâce que d'aucuns prennent pour de la facilité, en dépit des difficultés matérielles qu'il doit régulièrement affronter. Mais là encore, il sait se passer, non du superflu qu'il ignore, mais du nécessaire. Quand la bande discute jusqu'à plus soif à l'heure où les garçons mettent les chaises sur les tables, Londres est encore le dernier à parler pour jurer ses grands dieux que jamais il ne passera de pacte avec les bourgeois et qu'il ne se compromettra pas avec les puissants. Mais il a encore assez de recul sur son idéal pour rire le premier quand ses amis le plaisantent sur ses grandes pétitions de principe et son refus inaliénable des honneurs et décorations.

Les brasseries vont fermer. Le dernier tramway n'est qu'un souvenir. Partir... Quitter cet endroit sinistre dont Béraud prétend que c'est la seule ville au monde où le rire est un rappel à l'ordre, et une des rares provinces qui ont tendance à corriger ce qui les étonne. Même Béraud, le seul vrai Lyonnais des trois, qui aura besoin de quelques tours du monde pour redécouvrir sa ville et l'aimer, Béraud ne pense qu'à fuir cet endroit synonyme d'argent et d'ennui.

Braillant à sa fenêtre, Lyon aux pieds, Dullin tonne de plus belle :

« Partons! Que faisons-nous ici? Qu'attendons-nous de ces cafards? Allons-nous cuire longtemps dans leur pot-au-feu! [5] ».

Béraud hésite, comme il hésite entre la carrière de baryton d'opéra et celle de capitaine au long cours. Dullin attend qu'on le pousse. Des trois, Londres est le plus résolu.

Ses bagages sont prêts depuis longtemps. Son passé et son avenir tiennent sans peine dans une seule valise, à laquelle il s'attache comme à un fétiche. Le poète de la Croix-Rousse n'a pas l'allure d'un voyageur, d'un baroudeur ni d'un explorateur. On dirait plutôt un homme constamment sur le départ. Il attend l'occasion, l'esprit embué par l'indicateur des chemins de fer et le catalogue de l'agence Cook, ses vrais livres de chevet. L'opportunité tant espérée vient de Vichy. Un matin, en cette fin d'année 1903, sa mère reçoit une lettre à en-tête de la Compagnie Asturienne des Mines :

« Votre fils, Madame, est rempli de bonne volonté mais vraiment il fait trop de vers. Aucun goût pour le commerce! [6]... »

Comme presque tous les soirs, le voici au Pot-au-feu, avec ses chers amis célébrant le culte de leurs nouveaux dieux, Morgon et

Fleurie. Mais son irruption jette un léger trouble. Il tient une valise.

« Je m'en vais, dit-il.

– Où ça?

– A Paris[7]. »

Albert Londres a cessé de voyager autour de sa chambre. Il est prêt pour le grand saut. Ses amis croient d'abord à une blague mais se rendent vite à l'évidence. Ce qu'Albert décide, Albert le fait. C'est mieux ainsi. S'il continue à regarder la pluie tomber sur le Rhône, il risque de s'étioler complètement jusqu'à une crise de mélancolie qui pourrait être fatale. Seul l'appel du large peut le sauver. Il s'en va voir le monde en un temps où, dit Béraud, prendre le bateau-mouche, pour des Français de toutes conditions, relève de l'exploit maritime.

Comme pour mieux vaincre ses ultimes appréhensions et les derniers doutes de Dullin, il pose un ticket de chemin de fer sur la table.

« Voilà! »

Les trois amis se dirigent fébrilement vers la gare. Sur le quai, ils l'aident à trouver les wagons de troisième classe. C'est ici. Adieu l'ami! Le train disparaît déjà dans la fumée, sous le tunnel de Perrache quand Londres se penche à la fenêtre pour héler ses compagnons :

« Je vous attends[8]! »

Charles Dullin et Henri Béraud sont tristes. Ils rentrent ensemble, dans la ville endormie, bras dessus bras dessous, sans prononcer une seule parole. Elle serait superflue. Par le truchement de cet éloquent mutisme, ils se sont compris. Pour eux aussi, le départ est proche. Ils ne savent rien de ce qui les attend, si ce n'est la certitude de gravir la Butte-Montmartre.

C'est bien suffisant.

2.

Le *Salut Public*

Hôtel de l'Univers, cité Bergère à Paris. Pas très avenant. Plutôt sinistre, en fait. Les passants ne s'y attardent pas. Mais qui peut bien passer par ici sans y être forcé? On ne voit guère que des huissiers et des déménageurs. Un hôtel, ça? « Il a tout de la maison du crime. Avec sa façade livide et ses contrevents de travers, il semblait toujours attendre une perquisition. Le dedans valait le dehors. Dès l'entrée, une odeur vous prenait à la gorge, une odeur qu'on n'oublie plus quand on l'a respirée, et qui est celle de la débine [1]... »

Le logeur qui accueille Albert Londres a la tête de l'endroit. Il est effrayant. La bouche tordue des dénonciateurs, le pas fuyant et inaudible du traître professionnel. Il s'appelle Saint-Yves, l'homme aux clefs d'or de ce palace à deux sous.

Albert Londres vit sous les combles, dans une pièce où le dénuement l'emporte sur la tristesse. Le mobilier est réduit à sa plus simple expression. Presque pas de livres car il ne lit toujours pas. Il préfère écrire, des vers bien sûr. Un reporter qui surprendrait Londres par inadvertance à sa table de travail serait probablement frappé par son aspect physique plus que par sa conversation. Long, maigre, pâle, ce jeune barbu nonchalant a vraiment une tête de tuberculeux. Avec sa chevelure aérienne et son faux air de vrai Christ, il doit croire que l'habit fait le moine et qu'un poète ne saurait écrire sans adopter des poses de romantique attardé, mi-byronien, mi-Jeune France à la manière de Théophile Gautier.

Ici, il est dans son univers. Sa foi dans son art compense sa misère matérielle. Mais il n'en est pas dupe. Cela peut durer quelques mois, moyennant quelques maigres subsides de Vichy, mais il ne tiendra pas des années. Qu'importe. Le moment n'est pas venu de faire des projets, en dépit des inquiétudes de sa tendre amie de jeunesse Marie Laforest, Marcelle dite Marie, jeune femme de petite taille aux cheveux roux et aux yeux verts.

Cette compagne de vingt-cinq ans, qui a accepté de l'aider à aller jusqu'au bout de son rêve en montant à la capitale, est souvent décrite par ceux qui la rencontrent alors comme une femme bonne, douce, quelque peu éthérée, avec de beaux yeux pétris dans la peine[2].

Les grèves des ouvriers agricoles dans l'Hérault, le charivari des congrégations privées du droit d'enseigner, les nouveaux syndicalistes chrétiens et la réduction du service militaire à deux ans, il s'en fiche comme de la chute de Théophile Delcassé, le ministre des Affaires étrangères. Il fait preuve d'une telle indifférence qu'on en vient à se demander si les débats qui mobilisent la nation, tels que les suites de l'affaire Dreyfus ou de l'incident de Fachoda, ont une résonance. Tout semble glisser sur lui, comme si rien venu d'ici-bas ne pouvait avoir prise. Mais sa thébaïde mansardée de la cité Bergère n'est pas une tour d'ivoire : il ne s'y retire pas pour réfléchir sur le monde mais pour l'oublier.

De temps en temps, il écrit des articles pour des journaux de sa province, de modestes gazettes en mal de copie et de collaborateurs. Ainsi pour le centenaire de George Sand, il se rend au domicile du poète Hugues Lapaire, boulevard du Port-Royal, pour l'interroger en sa qualité de membre du Comité des Fêtes[3].

Tout cela n'est que broutilles alimentaires et besognes mercenaires.

En 1904, il publie *Suivant les heures*, son premier recueil de vers, une plaquette de soixante-dix-huit pages, préfacée par Clovis Hugues et « éditée » par l'Imprimerie parisienne. Mieux qu'un livre, une sorte de carte de visite.

C'est bien, mais ce n'est rien. Il faut vivre.

« Je suis de votre pays. Je n'ai que vingt ans. En fait de métier, j'écris des vers. Les voilà. Je veux faire de la littérature. Voulez-vous m'aider[4] ? »

Pour être aussi direct quand on cherche du travail, il faut être soit courageux, soit joueur, soit inconscient. Nous sommes rue Montmartre, au troisième étage d'un immeuble sur cour dans le bureau d'Elie-Joseph Bois, directeur de la rédaction parisienne du journal lyonnais *Le Salut Public*. Albert Londres, qui vient de faire une offre de services, signe ainsi son entrée en journalisme. Le grand poète, qui ne doute pas de la consécration de son œuvre à venir, s'est fait violence. Toute honte bue, il s'établit petit rédacteur.

Il a frappé à la bonne porte, qui est moins celle du *Salut Public* que celle de M. Bois. Cette forte personnalité, qui deviendra bientôt un personnage considérable des coulisses de la vie politique et journalistique de la IIIe République, restera jusqu'au bout l'homme-clé de la carrière d'Albert Londres. Ils se porteront un respect et une confiance mutuels qui ne se démentiront jamais, en dépit des divergences et des ruptures.

Élie-Joseph Bois, une barbe assyrienne coupée par un éternel mégot, est également vichyssois. En se présentant à lui, Albert Londres a fait jouer la corde sensible de la fraternité de terroir et il a eu raison. Pour Bois, c'est un argument aussi décisif que l'aptitude professionnelle. Lui-même, il cooptera un Vichyssois, Gilbert Talabard, pour le remplacer quand il abandonnera son poste de correspondant de l'agence des Nouvellistes, à la Chambre[5].

L'antenne parisienne du *Salut Public* ne se contente pas d'alimenter le journal en nouvelles de la capitale. Elle approvisionne également en informations son agence télégraphique, chargée de transmettre un service à plusieurs journaux de province. C'est à cette lourde tâche, souvent ingrate, que Bois a désigné son jeune compatriote.

Chaque soir après dîner, Albert Londres s'installe à la grande table de la salle de rédaction. Très vite, il comprend que les armes privilégiées du journaliste ne sont pas la plume et le beau papier, contrairement à ce que prétend la légende dorée, mais le pot de colle et les ciseaux. Le rédacteur de base, à qui l'on demande en l'occurrence d'être également secrétaire de rédaction, est avant tout un homme de montage. Couper, rogner, récrire, démarquer, remonter... C'est un bricoleur indispensable, d'autant plus que son travail est aussi anonyme que celui du maître-saucier dans les cuisines des grands restaurants.

Bois s'est vite pris d'affection pour lui. Un jour, il lui remet fièrement un coupe-file rose, avec son nom, sa photographie et la désignation « rédacteur au *Salut Public* ». Il est estampillé « Service de presse » et signé par le préfet de Police. Ce petit bout de carton a d'immenses prétentions. On dit qu'il ouvre les portes. Mais Bois, qui en a vu d'autres, sait d'expérience que cela impressionne plus les jeunes journalistes que les vieux commissaires.

Bientôt, l'ingratitude et la monotonie de son travail pousse Albert Londres à renouer avec sa seule passion. Quand l'actualité n'a pas de talent et que les événements se font attendre, il prend une rame de papier à en-tête du journal et écrit des vers jusqu'à l'aube, à l'abri des regards indiscrets. Bois le sait qui surveille ce manège d'un œil bienveillant. A un rédacteur récemment engagé, il parle de Londres comme d'un poète légèrement bohème qui n'est peut-être pas à sa place dans la presse.

« Se plaira-t-il dans notre profession? » s'interroge-t-il à voix haute [6].

Rien de moins sûr. D'autant que Londres, contrairement à des confrères de sa génération, ne semble pas très sensible à la mythologie de la presse. Alors que certains débutants seraient prêts à n'être pas payés pour avoir l'honneur d'écrire dans un journal, il ne tarde pas, lui, à demander une augmentation. En vain. Bois refuse catégoriquement tout en lui précisant qu'il n'a rien à lui reprocher.

« *Le Salut Public* est un vieil avare », confie le jeune homme dépité dans une lettre à ses parents [7].

Sa situation est en quelque sorte enviable, il n'en disconvient pas. Mais son rédacteur en chef n'a pas été sensible à ses arguments : il ne dispose que de deux redingotes, ce qui est insuffisant pour un jeune homme qui mène une double vie de rédacteur et de poète. L'une est neuve, il ne l'a mise qu'une fois et doit la préserver. L'autre a tellement servi qu'elle ressemble à un ver luisant, avec ses coudes si lumineux. Il lui paraît donc prioritaire de se procurer une veste en alpaga ainsi qu'un panama, afin de ressembler, par l'allure sinon par la classe, aux mannequins que l'on peut voir dans le magazine *The Sport* [8].

« C'est non », répète Élie-Joseph Bois.

Londres n'insiste plus. Ce jour-là, il n'ira donc pas chez le tailleur mais dans une librairie, une fois n'est pas coutume, pour acheter des livres de Flaubert et d'Octave Mirbeau : *Madame Bovary* et *L'abbé Jules*. Pour oublier l'échec qu'il a dû essuyer dans le bureau du patron, il se jette sur cette lecture, entre deux articles, et l'interrompt pour sortir du tiroir quelques feuilles à en-tête du *Salut Public.* Mais cette fois-ci, il n'y couche pas fiévreusement quelques vers libres selon son goût. Le sourire en coin, l'œil déjà amusé par les conséquences de son acte, il rédige officiellement une lettre d'engagement au journal à l'attention d'un jeune et brillant littérateur lyonnais qui se morfond sous la tutelle paternelle, Henri Béraud.

Le Lyonnais végète de concert avec Dullin, l'un comme dessinateur dans un cabinet spécialisé, l'autre toujours dans les draps. Mais jamais l'idée fixe du grand départ n'a déserté leur esprit. Quand bien même l'obsession de la montée vers la capitale se serait atténuée, le vide créé au Pot-au-feu par l'absence de Londres les rappelle à l'ordre. La petite bande n'attend qu'un coup de pouce. La lettre d'engagement du *Salut Public*, si elle les fait bien rire, est une opportunité à ne pas manquer.

« Trouve une place et on te laissera partir! » ne cesse de répéter le père Béraud [9].

Il sourit à la lecture de la lettre et du télégramme qui l'accompagne. Trop rusé pour en être dupe. Mais il décide de jouer le jeu, malgré le chagrin de la mère. S'il y a une chance à tenter, loin de la Croix-Rousse et de la boulangerie...

« Allons, va et n'oublie pas le nom que tu portes », dit-il, la main sur l'épaule de son fils, dans le fiacre qui les mène à la gare.

Puis il lui remet quelques billets de banque et une lettre de recommandation auprès d'un de ses vieux amis, restaurateur à la Bastille.

Minuit passé de quinze minutes. L'express pour Paris s'ébranle. Perrache n'est déjà plus qu'un souvenir. Dans le wagon, Béraud retrouve ses amis, Rouquayrol-les-pinceaux, Berger-l'archet et Dullin-les-planches qui laisse son chapeau s'envoler en se penchant par la fenêtre, entre Tonnerre et Joigny. Ils ont vingt ans [10].

Un matin de septembre 1905 à la gare de Lyon. Les banlieusards sont maîtres du terrain. Ce quatuor de provinciaux ébouriffés semble incongru dans la foule affairée. On dirait des personnes déplacées, par leur allure, leur pas, leur étonnement. Soudain, une voix les hèle qui les sort de leur nonchalance.

« Tout le monde descend! Par ici les conquérants de la capitale! »

Cette intonation, ces mots sont d'Albert, sans aucun doute.

« Embrassons-nous! »

Cette fois, c'est sûr.

« ... vois Marcelle, vois ma beauté! Ce sont eux, tout entiers, bien complets, franco de port et d'emballage [11]!... »

Montmartre, tout le monde descend à nouveau. C'était donc cela... La Cité Bergère, l'hôtel Univers. Ce n'est que cela... Tant pis. Londres et son amie ont les privilèges de l'ancienneté dans les lieux. Ils sont également logés sous les combles mais dans une pièce plus spacieuse et, pour tout dire, moins sordide. Rouquayrol se plaint de l'hygiène et il n'a pas tort. Mais Berger exagère peut-être un peu quand il prétend que sa mansarde est si mal fichue qu'il est obligé d'ouvrir la fenêtre pour que son archet poursuive jusqu'au bout sa course sur le violon... Qu'importe. Ils s'en accommodent tous, n'étant pas venus si loin sur les rives de la Seine chercher un confort qui les laissait indifférents entre Saône et Rhône.

Ils ne leur reste plus qu'à trouver du travail. Londres dispose de son modeste salaire du *Salut Public*, suffisant pour le faire vivre ainsi que sa compagne et Florise, l'enfant née de leur liaison quelques semaines avant le Noël de 1904. Mais les autres devront se débrouiller en économisant les maigres subsides octroyés par leurs familles.

Berger et Rouquayrol ont un atout : un métier au bout des doigts. Ils peuvent toujours faire les terrasses de cafés ou les parvis des musées en attendant commandes et engagement. Dullin et Béraud, eux, dans un premier temps, se laissent aller à leur pente naturelle. Ils prennent leurs quartiers à la Bibliothèque nationale et passent le plus clair de leur temps à lire. Le gros à la bouffarde entre les dents y trouve l'inspiration d'une fantaisie paillarde intitulée *La bonne taverne* et présentée comme une « mythistoire de Lyon ». Mais c'est à Lyon qu'il la publie car c'est à Lyon qu'il élit très tôt domicile, à nouveau, lassé de son inactivité parisienne et de cette existence précaire dans une ville qui ne semble prêter qu'aux riches.

Charles Dullin, lui, s'accroche et, après avoir tiré maintes sonnettes, trouve un troisième rôle peu glorieux à soixante francs par mois dans un théâtre de Montparnasse, à Grenelle et aux Gobelins. Mais pour se rendre aux répétitions, il n'a même pas les moyens de s'offrir l'omnibus. Quand il rentre Cité Bergère et qu'il s'affale sur son lit, Londres se demande ce qui l'épuise le plus, de la figuration ou de la marche à pied. Dullin n'entend déjà plus. Il dort, l'estomac souvent creux, car il est prêt à se priver d'un mauvais repas pour une place tout aussi mauvaise au théâtre Antoine.

Béraud ne quittera pas la capitale sans avoir assisté aux débuts prometteurs de son ami au Théâtre de Grenelle. Ce soir-là, la délégation de la Cité Bergère a obtenu une loge pour l'occasion. Albert Londres en est, naturellement, « pâle et fatal » quand le rideau se lève enfin. Pour son propre compte, Béraud s'essaie à la critique dramatique :

« L'action se passait aux Indes. Il y avait des serpents et des Anglais. On tirait des coups de rifle au clair de lune, et des bayadères exécutaient la danse du ventre. On ne comprenait pas grand-chose à l'intrigue, si ce n'est qu'un vieux brahmane [12]... »

Justement, c'est Dullin. Aussi mité que le drap qui lui sert de toge, aussi traître qu'un fakir anglophile, il rend l'âme par ces mots :

« Traître et parricide, je te maudis! »

Puis il tombe et le rideau avec. Les spectateurs l'acclament mais combien y en a-t-il parmi eux qui devinent la qualité et la singularité de cet homme?

A force de tirer le diable par la queue, Béraud craint peut-être qu'elle ne finisse par céder. Sa décision est en tout cas irrévocable. Il rentre chez lui, ne serait-ce que provisoirement, pour une, deux ou trois années, afin de se remettre en selle et d'apaiser l'inquiétude de ses parents. Il laisse ses amis, sûrs de les retrouver un jour. Mais des portraits qu'il trace de chacun d'eux, celui du couple formé par Albert Londres et Marcelle Laforest est certainement le plus émouvant.

Il les présente comme deux insouciants qui se nourrissent d'amour et de café au lait, vivant un bonheur aussi radieux que profond est leur dénuement. Également blonds et fins, lui délicat comme un jeune seigneur du Titien, elle mélancolique et si fragile. Rien ne semble pouvoir les atteindre puisque la pauvreté elle-même ne vient pas à bout de leur joie de vivre. Jusqu'au jour fatal, au début du mois de novembre de cette année 1905. Marcelle, frappée d'inanition, est transportée à l'hôpital Lariboisière. Pendant plusieurs jours, Londres hante les couloirs de l'hôpital, égaré, abasourdi, impuissant. Ce qui effraie le plus ses amis, c'est qu'il est incapable de pleurer quand tout, dans son regard et dans ses mots, appelle les larmes. Le 8 novembre enfin, il reçoit un document d'allure administrative qui lui annonce le jour et l'heure du décès : 11 h 45... Marcelle, il ne la reverra que sur la dalle glacée du grand amphithéâtre, cadavre au royaume des cadavres, en instance de départ pour le cimetière Montparnasse.

Puis il pleure enfin. Jamais il ne se remettra de cette absence. Trop tôt, trop jeune. Jusqu'à la fin de sa vie, Albert Londres sera dès lors un homme à femmes, c'est-à-dire un homme sans femme, un amant à la liberté bridée par ses propres foucades et ses seuls élans. Aucune ne réussira à l'attacher, par le cœur et par l'esprit, aussi durablement que Marcelle Laforest, la seule à laquelle il soit resté fidèle, au sens le plus noble du terme.

Cette passion, il la reporte aussitôt et pour toujours sur leur fille Florise, son vrai port d'attache en France et dans le monde, sa vraie raison de survivre, avant les paquebots et les bagages.

Perdu dans sa peine, Londres a encore deux formalités à accomplir avant d'émerger. Un matin, il s'astreint à une pénible démarche et s'en va solliciter le poète Hugues Lapaire qu'il a déjà eu l'occasion d'interroger pour un article. Londres n'ayant pas eu les moyens de couvrir les frais d'hospitalisation, l'administration de Lariboisière n'a pas hésité à dépouiller la morte de ses bagues afin de se payer. Or le beau-frère de Lapaire occupe un poste important à l'Assistance publique et son intervention pourrait permettre à Londres de transiger pour récupérer des bijoux qui n'ont d'autre vraie valeur que sentimentale. Le poète fait diligence pour régler au mieux cette triste histoire et reçoit peu après une seconde visite de Londres, tout en barbe frisée et large lavallière, accompagné cette fois de sa petite fille. Ils sont venus tous deux chuchoter des remerciements au nom de leur chère disparue.

« C'est Florise, ma poupée, dit Londres, je m'amuse à la poupée... c'est bien mon droit [13]! »

Il a réussi à détendre l'atmosphère mais pas à dénouer les gorges. Pour faire passer cette boule qui l'étouffe, il cherche son salut, immédiat et ici-bas, dans la poésie. La disparition lui inspire des strophes qui portent la marque de l'authenticité et de l'ardeur, bien qu'elles paraissent naïves et primaires dans leur lyrisme.

O victime innocente et douce de ton cœur!
Pardonne à ton amant d'avoir été te prendre
Au sein de sa province et de ton foyer tendre
Pour te conduire au jour de la ville où l'on meurt
O toi! Morte à jamais toute vivante en moi!
Je te crie au travers de la mort que je t'aime,
Et que, mort à mon tour, je t'aimerai quand même,
O Morte que je sens toute vivante en moi!

Il ne laisse pas passer une journée sans écrire. C'est son oxygène, le seul moyen à sa disposition pour supporter l'atmosphère monotone et sans génie du *Salut Public.* Régulièrement au réveil, il parcourt sa chambre en déclamant. Poète, c'est sa vocation. Il en est convaincu mais cela ne signifie pas pour autant qu'il prenne la poésie au sérieux. Non plus que la littérature, la politique, le théâtre... Depuis la disparition de Marcelle, il semble vouloir tourner en dérision tout ce qui ne concerne pas la mort des autres.

Désormais, il ne signe plus ses vers du pseudonyme de Jacques Couzy. La parution de son premier recueil *Suivant les heures,* sous son vrai nom, lui a donné des ailes. Ses confrères rédacteurs ne sont pas dupes de ses absences prolongées ni M. Bois des menus incidents qu'entraîne la succession de ses deux casquettes sur une même tête. Ainsi nul ne lui en voudra, à l'agence comme au Palais-Bourbon, le jour où par inadvertance il aura interverti le compte rendu d'une commission d'enquête avec quelques feuillets fiévreusement surchargés de vers [14].

Ce que le rédacteur Londres perd en assiduité, le poète Londres le gagne en assurance. Le commerce régulier d'un grand homme de lettres l'y aide. Car depuis 1906, Londres fréquente chez François Coppée. Au fil de ses visites, il s'institue son disciple. Il fait partie des jeunes gens qui se rendent rue Oudinot comme à un pèlerinage auprès d'une statue vivante :

« Jamais brebis ne trouvèrent un meilleur pasteur », dira-t-il [15].

La première fois qu'il sonne à sa porte, il est pris de trac. La discrétion de la servante, l'intimité du salon, la sérénité des lieux, l'accumulation des souvenirs et des honneurs... On serait intimidé à moins. Pour s'enhardir en attendant l'apparition de son héros, il le dévisage et le toise à travers ses portraits.

« Ainsi, en me familiarisant avec lui, je serai moins troublé », se dit-il [16].

Londres craint de perdre contenance devant cet homme de soixante-quatre ans, cloué chez lui par une douloureuse maladie. Comment un jeune poète ne serait-il pas impressionné par ce tout-puissant notable, académicien de surcroît, célèbre depuis une trentaine d'années par sa poésie, et populaire depuis aussi longtemps par son théâtre.

Le voici enfin qui s'avance dans le salon.

« Cher enfant... »

C'est généralement le mot par lequel ce tuteur accueille les membres de la jeune pléiade qui le vénère. Signe que Londres est accepté. Pendant deux ans, jusqu'à son agonie il rend visite à l'auteur du *Reliquaire,* de *La grève des forgerons* et de *L'Épave.* Son Coppée à lui, c'est plus le jeune poète qui écrivait des vers en cachette tout en travaillant comme expéditionnaire au ministère de la Guerre, que le notable des Lettres aux bras chargés d'honneurs; plus l'ardent supporter de Verlaine dans les colonnes de journaux que le dirigeant anti-dreyfusard de la Ligue de la Patrie Française, aux côtés de Barrès.

La gloire de son grand homme, Londres ne la mesure que le jour de sa mort. Un samedi sur les boulevards, les crieurs lancent la nouvelle en brandissant leurs feuilles, la foule s'attroupe et se fige, impuissante à dissimuler son émotion, tandis que dans le fiacre qui le conduit, Londres est interrogé par son cocher.

« Est-ce vrai, mon prince, que François Coppée est mort? [17] »

L'année de la mort de son modèle, Albert Londres publie son second recueil de vers *L'âme qui vibre,* chez l'éditeur Sansot, qu'il fait précéder d'une lettre à François Coppée, un prétexte qui lui permet de dire leur fait aux poètes décadents.

Contrairement au précédent, ce livre est remarqué par les chroniqueurs. Dans l'ensemble, ils louent en lui l'homme de cœur qui fraternise avec les malheureux, les misérables et tous ceux qui souffrent, relèvent sa sincérité et sa vigueur. Mais ils sont également unanimes à lui reprocher ses défauts : ils tiennent Londres pour un poète sous influence, un sous-Musset qui ferait du sous-Coppée, une manière de clone, en tout cas un ersatz de ces deux modèles avoués; il dérape souvent dans la vulgarité d'expression, ne parvient pas à éviter des sonorités artificielles dues à l'effusion de sentiments; sa forme est souvent relâchée, il ne tente pas de freiner un lyrisme envahissant à la longue; certains vers sont trop plats, d'autres pèchent par excès de romantisme; il ne travaille pas assez ses premières ébauches, improvise, ne se relit pas. Bref, il a trop confiance en son talent.

Mais l'accueil critique réservé à *L'âme qui vibre* est moins accablant qu'il n'y paraît. Car en dépit de leurs sérieuses réserves, la plupart des chroniqueurs croient en lui. Ils lui promettent même un avenir de poète s'il se fait violence, autrement dit s'il accepte de renoncer au vers libre et de discipliner un peu son inspiration au moment de la mettre en mots.

«... C'est un jeune qui souffre de porter en lui trop de choses et de trouver autour de lui trop peu d'écho. Sa souffrance s'exprime en beaux vers qui sont tantôt des prières et tantôt des plaintes amères. ... Les vers de douleur sur la morte sont les plus beaux, les plus profonds, les plus émus qu'on ait écrits depuis les *Nuits*... des cris d'amour tellement superbes qu'on ne devrait jamais les publier [18]. »

Encouragé à poursuivre malgré tout, Albert Londres publie peu après *Lointaine* chez le même éditeur, ce qui lui rapporte, par contrat, 450 francs pour un tirage de trois cents exemplaires. Ces vers semblent d'une autre plume, d'une autre encre, d'un autre homme pour tout dire. Pas seulement parce qu'il a rompu avec les décadents pour retourner à une forme plus classique : « C'est après une longue école buissonnière que sagement, je viens m'asseoir au banc des Anciens », reconnaît-il. C'est un appel à la jeunesse pour qu'elle cesse de douter, de s'écouter réfléchir, d'analyser ses sentiments jusqu'à en perdre le sens des réalités. Londres veut désormais agir : « Nous levons l'ancre qui nous retenait au rivage du scepticisme », écrit-il.

En 1910 encore, il publie son quatrième et dernier recueil, *La marche des étoiles.* Par cette manière de roman lyrique, exaltant à grand renfort de métaphores audacieuses les nouveaux héros de ce temps – les aviateurs –, Londres lance une sorte d'école et un mot : l'effrénisme. Le voici qui s'auto-proclame chantre du « poème effréné », sur-titre de son dernier livre. Son programme tient dans ces vers de Victor Hugo qui figurent en exergue du recueil :

« Les hommes au travail sont grands des pas qu'ils font. Leur destination c'est d'aller portant l'arche. Ce n'est pas de toucher le but, c'est d'être en marche. »

On y chercherait en vain la marque de la démesure et de l'immodération annoncées. Qu'importe. L'effrénisme ne survit guère à son président-fondateur, lequel n'entretient plus d'illusions sur ses capacités de chef de file. Certes, il n'est pas boycotté ni ignoré, il s'en faut. *Un joli rêve,* sa comédie en un acte et en vers, est applaudie au théâtre du casino de Vichy[19]. Dans son courrier, il n'est plus surpris de trouver des mots de félicitations de personnages considérables auxquels il a fait l'hommage de son dernier livre, des académiciens tels que Francis Charmes, par ailleurs directeur de la vénérable *Revue des Deux Mondes,* des auteurs tels que Rosny-jeune ou Henri de Régnier, quand ce n'est pas la duchesse de Rohan elle-même. Mais la lettre qui le comble est sans aucun doute celle de Maurice Barrès auquel il voue une intense admiration. Sur un papier à en-tête de la Chambre, le député de Paris lui écrit ces mots : « Merci, mon cher poète, de ces vers directs, emportés, spirituels, jamais pesants. J'aime leur fougue et leur bon sens et l'étoile qu'ils ont au front... Cordiale poignée de main[20].

Une dernière fois, il tente sa chance dans le fol espoir de se faire attribuer « La bourse de voyage littéraire », autrement dit une somme de 3 000 francs distinguant un jeune grand poète, et décernée par une commission du ministère de l'Instruction publique. Le jury, composé de Henri de Régnier, Maurice Barrès, Maurice Rostand, Frédéric Mistral, Maurice Donnay et quelques autres, siège à la Société des gens de lettres. Les deux tours de scrutin suffiront à peine à départager les vingt-quatre votants, d'autant que les concurrents sont nombreux. Mais pour Albert Londres les jeux sont faits. Il n'obtient qu'une voix. Misère... Le vainqueur est un normalien marseillais du nom d'Émile Ripert, professeur de lettres et auteur de trois volumes d'œuvres poétiques « d'une inspiration facile et agréable, bien rythmés, harmonieux et parfumés »[21]. Misère...

Sa seule consolation est encore d'imaginer que l'unique « voix » à s'être portée sur lui fut peut-être celle de Barrès. Quant à la revanche, Londres la savoure à la parution d'un recueil préfacé et composé par Alphonse Séché sous le titre *Les plus jolis vers de l'année 1912.* Il s'y trouve mêlé, lui, le poète effréné, rejeté des concours académiques, à d'aussi estimables confrères que Francis Jammes, Paul Fort, Francis Carco... Même si l'avant-propos ne le distingue pas particulièrement, ses vers y sont bien reproduits :

« Non! non! Ce n'est pas eux qui viennent te parler
Non! non! ce n'est pas vrai ce que je viens d'entendre
Le feu qu'hier encor je regardais brûler,
N'est pas déjà réduit en cendre. (...)
Vous êtes mes amis, je vous connais, allez,
Nous avons le même air, nous avons le même âge
Vous n'auriez pas sans moi fait sauter les scellés
Qui retiennent notre courage[22]... »

Qu'importe, après tout. Le jeune poète a, depuis quelques années déjà, changé son fusil d'épaule. Même s'il se promet de ne jamais délaisser sa passion première, il sait que sa vocation ne peut plus s'accomplir, désormais, que dans les colonnes de journaux.

Juste retour des choses, c'est un poète et un des plus grands qui, avant de mourir, lui met le pied à l'étrier. Car le jour où François Coppée introduit le jeune Londres auprès des gens du *Matin,* il force son destin d'une manière irréversible.

3.

L'homme du *Matin* à la Chambre

« Comment voulez-vous travailler? je vous le demande! »

Paris 1910. Nous sommes au quatrième étage d'un immeuble de la rue Rodier. L'homme qui fait les cent pas porte une lavallière.

« ... Êtes-vous sûr que c'est son larynx qui fait tout ce bruit? Moi je crois qu'elle a une sirène dans l'estomac... »

Le voilà prêt à jeter sa cape noire sur ses épaules et à saisir sa canne à pommeau et son haut-de-forme pour mimer un brutal départ. Un dernier regard à l'enfant qui lui sourit et à la photographie de sa mère sur le bureau, et il fait mine de revenir.

« ... il faut lui mettre un bâillon vous dis-je! Mais où se cache-t-elle [1]! »

Albert Londres, vingt-six ans, joue encore « à la poupée » avec sa fille Florise, six ans. Ensemble, ils font des tours. Parfois, jugeant son nez décidément trop gros, il profite de son sommeil pour le réduire à l'aide d'une pince à linge. On dirait deux vieux complices soudés pour la vie par une absence que rien ne pourra jamais combler.

Florise l'a déjà compris, le jeu a ses limites. Car son père a vraiment besoin du silence le plus nu pour écrire. De surcroît, il a horreur de perdre son temps, autrement dit de le gâcher en vains bavardages de bistrot avec des confrères. Sur le mur à l'entrée de son bureau, un carton jaune est là qui le rappelle en lettres bien noires aux oublieux, importuns et casse-pieds de tous poils :

« Rien n'est plus ennuyeux pour celui qui travaille que la visite des gens qui n'ont rien à faire. »

Qu'on se le dise. Ils sont payés pour le savoir, ses nouveaux amis, Marcel Bureau dit Bubu, rencontré à la sortie d'un théâtre, et Bernard Emmerchsbach, pianiste et concertiste particulièrement francophile que la concierge de la rue Rodier et Mme Londres de Vichy soupçonnent d'être un espion.

« Il est très gentil ce garçon, rétorque le maître des lieux. Il est allemand, et après? On ne peut pas tous naître à Pontoise[2]! »

Désormais, Londres est, lui, tout à fait parisien. Il n'a pas pour autant renié ni oublié ses origines. Il ne déroge jamais au dîner mensuel de La taverne de l'Observatoire, sur la rive gauche, organisé pour 3 fr 50 par personne grâce aux bons soins de « Los Ch'tits », une amicale de Vichyssois forte d'une vingtaine de membres (Ranc, Cheyssac, Mercier, Cornil...) appelés à devenir ingénieur, professeur en Sorbonne, doyen de la faculté de médecine et même grand reporter[3].

Grand reporter... Pour l'instant, ce n'est qu'une lointaine ambition, ruminée en secret par un quelconque rédacteur parlementaire de la « maison rouge », ainsi que le petit monde de la presse surnomme le siège du *Matin,* boulevard Poissonnière.

Le Matin, c'est un autre monde. En y pénétrant, Albert Londres change d'univers, d'atmosphère, d'amis, de références. En franchissant pour la première fois le seuil de la salle de rédaction, il réalise à quel point son travail au *Salut Public* relevait de l'artisanat le plus désuet. En 1910, la presse quotidienne disponible à Paris compte quelque soixante-dix titres, dont un bon tiers de publications fantômes. Mais sur les cinq millions d'exemplaires distribués, *Le Petit Parisien* se taille la part du lion avec 1,4 millions d'exemplaires vendus chaque jour. Il est à la tête de cet informel quatuor qui tient le haut du pavé à l'heure des éditions spéciales, avec *Le Petit Journal, Le Matin* et *Le Journal.* A eux quatre, ils représentent les trois quarts de la presse quotidienne à Paris dans un périmètre délimité par la rue d'Enghien, le boulevard Poissonnière, la rue de Richelieu et la rue Lafayette[4].

« *Le Matin* voit tout, sait tout, dit tout », prétend son slogan, oubliant de préciser qu'il soutient Poincaré et Briand et, en Russie, le tsar; qu'il n'aime pas Delcassé, Clemenceau ni Caillaux qui le lui rend bien.

«*Le Matin* seul journal français reliant par ses fils spéciaux les quatre premières capitales du globe», proclament ses dirigeants, faisant peu cas de l'agence Havas qui dispose déjà de 5 000 km de fils spéciaux et de quelque trois cents correspondants disséminés dans une quarantaine de bureaux en France, dans les colonies, jusqu'en Amérique du Sud; ou de ses concurrentes anglaises comme Reuter bien implantée dans l'Empire britannique et en Extrême-Orient, américaine comme Associated Press qui a la haute main sur les deux Amériques, ou allemande comme la Continental de Berlin qui travaille plus en direction de la Scandinavie et de la Russie.

« Votre fils, il est aux chiens écrasés!

– J'ai confiance, il est courageux[5]... »

A Vichy, Mme Londres ne se laisse jamais démonter par les voisins malveillants. Elle reçoit régulièrement des nouvelles d'Albert. Dès son entrée au *Matin,* le patron de la rédaction l'a chargé d'interviewer des personnalités telles que Denys-Cochin ou le député radical-socialiste Ferdinand Buisson. Il est particulièrement fier de cette marque de confiance.

« Je fais très bien mon petit trou au *Matin.* Je vous dis que je suis un phénomène! » exulte-t-il déjà[6].

Quand il a été engagé, il a tout de suite compris que sa qualité de rédacteur au *Matin* lui conférait autant de droits que de devoirs. Cela tient à la fois au prestige du journal, à son influence et à sa position conflictuelle. Car *Le Matin* entretient une guerre de tranchées permanente et sans pitié avec son rival *Le Journal,* et les membres de leurs rédactions respectives sont tenus d'y participer avec toute la hargne requise. C'est une lutte au couteau, acharnée, souvent dénuée de tout scrupule. L'argent y tient un rôle considérable, *Le Journal,* organe de grande information, étant riche et généreux. La crainte de la concurrence et la hantise des fuites étant devenues de part et d'autre une idée fixe, les avances consenties par le caissier ne servent pas uniquement à effectuer des reportages...

« Un rideau de fer, rigoureusement étanche, séparait *Le Journal* du *Matin*, se souvient un journaliste. Leur concurrence avait atteint une acuité touchant à l'hystérie[7]... »

Le Matin qu'Albert Londres découvre de l'intérieur est un journal dont presque tous les articles sont anonymes, qui vend 60 % de son tirage hors de Paris et qui cherche à attirer de plus en plus de lecteurs par tous les moyens appropriés. Deux notamment : le roman-feuilleton, signé Rosny aîné ou Michel Zevaco, et l'organisation de grandes manifestations sportives, de plus en plus spectaculaires, telles que le Tour de France automobile, Paris-Londres en dirigeable, un raid hippique ou encore la marche de l'année. Autant d'occasions pour *Le Matin* de faire parler de lui, ce qui, en promotion, lui coûte chaque année entre 500 000 et un million de francs [8].

Mais dans les premières années du siècle, *Le Matin* est surtout considéré comme le meilleur quotidien pour les informations étrangères. Cet atout, il le doit pour l'essentiel à son chef du service étranger.

Jules Hedemann, polyglotte européen d'origine hollandaise, a d'abord été correspondant à Londres. C'est lui qui a négocié un accord avec le prestigieux *Times,* ce qui permet au *Matin* de disposer avant ses concurrents d'informations sur la plupart des pays sous tutelle britannique. Le service télégraphique entre Paris et Londres est très efficace, ce qui pousse la direction du journal à conclure de semblables accords à Berlin et New York. De surcroît, Hedemann a l'intelligence de ne pas se reposer sur ses lauriers. Quand un grand conflit éclate, il n'a de cesse d'y dépêcher ses envoyés spéciaux pour quadriller le terrain. Quand une situation est incertaine, il obtient qu'un correspondant y prenne ses quartiers d'hiver et ses quartiers d'été pendant le temps nécessaire. Ainsi en 1906, *Le Matin* dispose-t-il, outre son réseau télégraphique, d'un envoyé spécial en Mandchourie et d'un correspondant à Saint-Pétersbourg. Leur présence y est d'autant plus indispensable que Jules Hedemann a ses grandes et petites entrées au Quai d'Orsay et qu'il ne dédaigne pas de jouer les intermédiaires avec différents *Foreign offices* sous toutes les latitudes. On comprend mieux que pour les dirigeants d'Havas, *Le Matin* plus que toute agence représente le véritable concurrent.

Jules Hedemann, qui est chez lui en Europe, met un point d'honneur à être le premier et le plus fiable, le plus précis et le plus exact. Respecté, il est également craint depuis qu'il a annoncé le début des hostilités entre le Japon et la Russie en 1904, et un an plus tard, avant tout le monde, les conditions de la paix : il révélait dans *Le Matin* les dix-sept articles du traité de Portsmouth alors qu'il n'était pas encore signé! Ce jour-là, les agences télégraphiques, abasourdies, jetèrent l'éponge [9]...

Outre Hedemann, plusieurs fortes personnalités du *Matin* en assurent le prestige et la propagande. Stéphane Lauzanne, rédacteur en chef depuis 1901, le restera pendant près d'un demi-siècle, une longévité assez exceptionnelle pour être saluée. Sa fascination pour le modèle journalistique anglo-saxon est totale. Il ne jure que par le *Times* et le *New York Times*. De formation universitaire franco-américaine, il a été correspondant de presse à Londres, comme Jules Hedemann.

Le secrétaire général du *Martin*, Charles Laurent, tient pour beaucoup son pouvoir de l'étendue de ses relations. Familier des milieux diplomatiques, ce qui est prépondérant pour un journal comme celui-ci, il est très lié au ministre des Affaires étrangères, Théophile Delcassé.

François-Ignace Mouthon, le directeur, passe pour un curieux personnage. On l'appelle le rocher mou. Quand il n'était que rédacteur et qu'il couvrait l'affaire Thérèse Humbert, il écrivit trente-trois articles trente jours de suite. Le lecteur, tout à son plaisir, ignorait que ces superbes papiers ne paraissaient que par l'effet d'un miracle quotidien : tous les jours, ils étaient arrachés à Mouthon, feuillet après feuillet, par des estafettes qui le suivaient à la trace d'un bistrot à l'autre. Car cet ancien frère des écoles chrétiennes était devenu un journaliste aussi brillant que désespérément lent, se souciant comme d'une guigne du vieil adage : un bon article est un article qui arrive à l'heure. Henri Béraud a tracé un portrait saisissant de ce tout-puissant directeur qui quittera *Le Matin* à grand fracas en 1908 pour passer à l'ennemi, *Le Journal*.

« C'était un inquiétant nabab qui, par tous les traits de sa personne et de son caractère, personnifiait la race aux trois quarts éteinte des grands aventuriers de presse. Crépu jusqu'aux sourcils, blême et massif, large bouche roulant les r, comme une molle cascade entraîne de menus cailloux. Il souriait en permanence, d'un sourire figé, qui faisait songer aux prairies spongieuses, aux eaux dormantes, aux sables mouvants, à tout ce qui peut offrir l'aspect d'une sécurité trompeuse. Quelles que fussent les circonstances, il ne risquait jamais un geste et il ne prononçait une parole inutile...

Imprécations, menaces s'épuisaient en vain contre cet homme sans nerfs qui, au milieu du grabuge, ne levait les yeux ni ne faisait un mouvement, sa voix monocorde continuant sa psalmodie [10]. »

Dans un autre registre, celui des grands soutiers de l'information, Gaston Leroux, ancien collabotateur de *L'Echo de Paris* est une des fortes personnalités du *Matin* quand Albert Londres y fait ses premières armes. Envoyé spécial sur le front russo-japonais, il est le correspondant du *Matin* à Saint-Pétersbourg quand éclate la crise pré-révolutionnaire de 1905. Au fur et à mesure de la publication de ses articles, les milieux diplomatiques russe et français se plaindront auprès de sa direction de leur ton jugé excessivement alarmiste et inutilement dramatique. Il en rajoute, disent les uns. C'est un mystificateur, assurent les autres. La Russie est certes « troublée » mais elle a besoin de l'aide financière française. Or les articles de Gaston Leroux sont du plus mauvais effet à la Bourse, à l'heure des cotations. Il parle de deux mille tués! Même s'il use du conditionnel, cela fait beaucoup. Les épargnants et investisseurs seraient effrayés à moins. Il raconte des scènes d'émeutes et décrit les barricades. Il va jusqu'à écrire : « On craint ici que de telles nouvelles augmentent le désordre et soulèvent définitivement l'ouvrier [11]. »

Impensable. Ce qui l'est plus encore, c'est que nul ne parvienne à faire taire cet homme. Dans les milieux politiques et les milieux d'affaires, on ne comprend pas que *Le Matin* n'ait pas été acheté, comme la plupart de ses confrères, par Arthur Raffalovitch. Le grand argentier russe, corrupteur patenté du journalisme parisien et futur auteur d'un livre à scandale au titre univoque – *L'abominable vénalité de la presse française* [12] – a simplement négligé *Le Matin,* lequel, de toute façon, demandait trop d'argent. Français et Russes vont y mettre bon ordre. Gaston Leroux est menacé d'expulsion. En effet, la dichotomie est telle entre ses récits des journées chaudes de 1905 et ceux des correspondants d'Havas, seule autre source sur la Russie, que le « scandale » doit impérativement cesser. Il n'est pas question de peser sur l'agence Havas : Raffalovitch lui a donné déjà 3 000, puis 5 000 et enfin 10 000 francs par mois sous forme d'abonnements, « pour apporter dans la mesure du possible, un certain adoucissement aux mauvaises nouvelles [13] ».

Gaston Leroux est donc sévèrement mis en demeure par sa

direction d'en faire autant. La crise qui l'oppose au patron du *Matin* atteint une telle ampleur qu'en 1907, il renonce à ses 1 500 francs par mois et par la même occasion au journalisme pour se consacrer à une autre forme d'écriture. Il publie aussitôt après *Le mystère de la chambre jaune.*

L'homme qui, involontairement, lui a fait sauter le pas en se brouillant avec lui, s'appelle Maurice Bunau-Varilla. Il est le tout-puissant propriétaire du *Matin* et peut-être le personnage le plus haut en couleur, le plus critiqué et le plus controversé de la presse parisienne, qui compte pourtant un certain nombre d'intéressants spécimens. Bunau-Varilla est le troisième à posséder *Le Matin,* après le fondateur en 1884, l'Américain Edwards, qui avait pour habitude de confier l'éditorial à tour de rôle à des journalistes de gauche et de droite, et après son successeur Poidatz, qui s'employa à rendre le journal plus populaire.

Petit, très droit, la mise soignée, le menton fuyant et le regard assorti, Bunau-Varilla est un être pusillanime qui règne derrière un immense bureau grâce à l'argent gagné avec son frère, aux chantiers du canal de Panama. Il faut lui reconnaître au moins un mérite : il a racheté une feuille en difficulté pour en faire un grand journal, l'un des quatre grands à Paris. On le dit volontiers rancunier et susceptible, mégalomane et égocentrique. Mais nul ne disconvient de son efficacité. Ses collaborateurs sont correctement payés quand ils sont des vedettes : 1 000 francs par mois pour le billetiste Clément Vautel et 40 000 francs par an pour le rédacteur en chef Stéphane Lauzanne. Mais d'une manière générale, il préfère que les gens du *Matin* ne signent pas leurs articles. A la limite, ils peuvent utiliser des pseudonymes. En consultant la liste des noms de plume autorisés (Limours, Orsay, Bures...) Albert Londres comprend vite qu'il s'agit des stations de chemin de fer jalonnant l'itinéraire qui mène du siège du *Matin* à la maison de campagne de son fantasque patron. Qu'importe si cela ne leur plaît pas. D'ailleurs, il dit souvent :

« Au *Matin,* il n'y a pas de journalistes, il n'y a que des employés [14]. »

Ce n'est pas un hasard s'il tient son directeur commercial, M. Sapène, pour une sorte de contremaître. Pétri d'orgueil, satisfait de lui-même jusqu'à en attraper la fièvre, il peut apparaître au visiteur comme un homme normal. Mais il suffit qu'il rencontre la contradiction, qu'on lui tienne tête ou qu'on se mette en travers de ses plans pour qu'il se transforme en un sauvage que rien ne peut refréner. Mais si le visiteur est amène, Bunau-Varilla se laisse aller sur le ton de la confidence en pointant le doigt vers le ciel :

« Vous ne pouvez pas comprendre la sensation vertigineuse de n'avoir personne au-dessus de soi [15]... »

Emporté par son élan, grisé par ses enthousiasmes, il ne cesse de lancer des grandes campagnes d'intérêt général, d'une morale irréprochable mais d'un fonctionnement douteux, ce que *Le Journal* et son nouveau directeur Mouthon-le-transfuge se font fort de dénoncer en se risquant dans de longs et coûteux procès en diffamation. Mais rien n'arrête Maurice Bunau-Varilla puisqu'il est depuis longtemps avéré que le ridicule ne tue pas. Le jeune Jean Giraudoux, secrétaire du patron quand Albert Londres est engagé au journal, en a tracé un portrait saisissant de vérité, sans le citer mais sous des traits qui ne trompèrent pas les lecteurs de *Simon le pathétique* : « Il n'avait qu'une ambition... passer pour avoir l'âme noble, et il ne parvint jamais à la réaliser, pour la simple raison qu'elle était basse. Non pas que je l'aie jamais vu commettre lui-même de mauvaises actions, mais il faisait porter ses défauts par des amis ou des parents pauvres ou des familiers; il avait un secrétaire envieux, un cousin lâche, un portier vaniteux... »

Tel est le monde qu'Albert Londres côtoie quotidiennement. Mais de tous ces personnages qui ont déjà un nom, il en est un auquel il voue une affection particulière, son supérieur direct, Georges Abric, chef du service politique. Cet excellent informateur, doué d'une mémoire et d'un coup d'œil très sûrs, aguerri par des années de fréquentation des coulisses de la vie parlementaire, semble émerger d'un roman de Balzac. C'est lui qui, véritablement, lui met le pied à l'étrier.

Ce jour-là, une catastrophe maritime est signalée à l'embouchure de l'Escaut. Il faut envoyer un reporter sur place. Le premier train part dans deux heures. Mais qui ? Abric, de permanence, n'a personne sous la main. C'est dimanche. Les troupes sont maigres au *Matin*. Londres est également de permanence; on l'a chargé de transmettre la copie parlementaire par téléphone. Il se propose. Abric hésite, le toise, le jauge puis :

« Après tout pourquoi pas, vous ferez ce que vous pourrez! »

Le lendemain, son papier, jugé très honorable pour un journaliste aussi inexpérimenté, lui vaut des félicitations et une promotion. Dorénavant, il hante moins la salle de rédaction de « la maison rouge » que les couloirs du Palais-Bourbon. A nouveau d'autres règles [16]. Il lui faut se mettre au diapason, étudier les us et coutumes d'une grande tribu qui en vaut bien d'autres par son exotisme et son pittoresque, ses mœurs professionnelles et ses manières de table, ses valeurs sacrées et ses ambitions : les parlementaires.

Depuis la chute du Second Empire, le Parlement est le point névralgique de la politique française et le nœud de ses contradictions. Les Chambres sont reines. Députés et sénateurs font l'événement. Ce sont eux, les hommes de pouvoir les plus sollicités par les puissances d'argent et les groupes de pression. Nombre d'entre eux sont d'anciens journalistes. Du moins ont-ils pour la plupart collaboré à des journaux avant d'entrer en politique. Dans les milieux de gauche notamment, les rédactions sont considérées comme l'antichambre du Parlement. Cela crée des liens, des devoirs et des obligations. Ce système de vases communicants entame un peu plus la crédibilité d'une profession, celle d'informateur au-dessus des partis, déjà sérieusement battue en brèche en raison de son rôle dans le scandale de Panama et le trafic de décorations organisé par Daniel Wilson, le gendre du président... Le journalisme passe pour la profession qui compte alors en son sein le plus grand nombre de titulaires de la Légion d'honneur. C'est le corps le plus décoré de France [17] !

Les chroniqueurs sont les bienvenus au Palais-Bourbon. On les reçoit même à bras ouverts. On a besoin d'eux pour que les faits et gestes, les discours et les bons mots, soient rapportés sur le ton des *Choses vues*, ce qui leur donne un tout autre panache que le traditionnel compte rendu analytique des débats. Un paragraphe ou une colonne consacrés par un journaliste à une intervention à la tribune lui confèrent une sorte de légitimité et d'aura qu'elle n'obtiendrait pas autrement. De surcroît, la fréquentation amicale et quasi quotidienne des rédacteurs spécialisés dans les couloirs de l'Assemblée permet aux hommes politiques de peser plus directement, avec le maximum d'efficacité, sur l'information les concernant [18].

Albert Londres se fait vite à l'esprit des lieux. Le petit monde de l'Assemblée, qui semble jouer tous les jours la même pièce dans le même théâtre, obéit à un emploi du temps auquel tous doivent se plier sans exception.

Lundi et samedi : l'activité est à peu près nulle, la Chambre ne siégeant que très rarement.

Mercredi : c'est une journée de travail intense car les commissions siègent. Tout le monde à son poste.

Mardi et jeudi : séances. Il convient de ne pas s'absenter afin de ne rien laisser échapper d'un éventuel incident ou d'un coup d'éclat inattendu.

Vendredi après-midi : l'hémicycle est plein à craquer car c'est le moment des interpellations. Les journalistes sont en surnombre car c'est le jour que choisissent les rédacteurs en chef et les directeurs des grands organes d'information pour voir, entendre et se montrer [19].

Quand la semaine s'achève, les chroniqueurs parlementaires se sentent dépossédés de leur chère salle des pas perdus. La séance des interpellations n'y draine pas que les patrons de presse mais également une foule d'affairistes et de politicards. Le fameux déambulatoire, plus enfumé que jamais, est alors le lieu géométrique de toutes les pressions et combines, raccrochages et racolages. Il faut attendre le mardi suivant pour que les véritables « propriétaires » des lieux retrouvent leur domaine.

C'est peu dire que les chroniqueurs parlementaires sont ici chez eux. Ils le sont plus que dans aucune salle de rédaction. Tous les jours, ils y retrouvent leur bureau et leurs amis. Leurs habitudes, surtout. Que ce soit dans le salon de la Paix ou dans la salle des pas perdus, les emplacements sont attribués aux accrédités par les services de la questure. Mettons nos pas dans ceux du petit personnel, les couloiristes, porteurs et téléphonistes, et visitons ce petit club aussi fermé qu'influent.

A gauche en entrant, c'est la table du *Petit Parisien,* occupée par Auguste Arnault. A ses côtés, aux tables mitoyennes, ses confrères du *Matin*, de la *Nouvelle Revue*, du *Gaulois* et de l'agence Fournier. Ils l'écoutent en espions distraits et sourient, d'un air complice.

« Je t'en prie, Théophile, ne me cache rien [20]! »

Comme presque tous les jours, Auguste Arnault est en grande conversation avec son vieil ami et compatriote ariégeois Delcassé, ci-devant ex-ministre des Affaires étrangères. De temps en temps, les confrères comprennent qu'il y a quelque chose dans l'air quand les deux hommes quittent la salle des pas perdus, bras dessus bras dessous, pour s'enfermer à clef dans un des petits bureaux réservés aux députés.

Voici Paul Crouzet, un des hommes du *Matin*, la pipe entre les dents, qui dit en apprendre autant sur la politique française en traînant à l'Assemblée qu'en buvant des « perroquets » dans les bistrots du carrefour Châteaudun. Voici Georges Lavanant, toujours prêt à aider les jeunes confrères apeurés par les mœurs et le manque de scrupules de certains vieux crocodiles. Abel Henry, lui aussi, donne des conseils, mais aux hommes politiques, haut et fort de préférence. Quand on annonce une nouvelle qu'il ignore, il fait comme s'il l'avait tue par discrétion. Périodiquement, ses amis lui lancent ainsi quelques fausses nouvelles pour tester l'état de sa mauvaise foi. L'esprit de farce est assez répandu dans les couloirs. C'est devenu une déformation professionnelle au même titre que la curiosité et l'indiscrétion.

Dès son adoubement en sa qualité de rédacteur parlementaire, Albert Londres a droit au récit épique des grands classiques de l'endroit. Un morceau d'anthologie parmi d'autres... Un rédacteur étant particulièrement machinal et routinier dans son travail, on lui dicta le procès-verbal de la commission d'enquête sur le scandale des Chartreux en terminant le récit par : « La séance est levée... aux cris mille fois répétés de hou! hou! à bas la calotte! »

Et c'est ainsi que s'acheva le compte rendu de séance, dans le journal du lendemain, suivi de la signature du confrère [21]...

Tout le monde se connaît à l'Assemblée. Des liens ténus mais solides unissent certains journalistes, certains hommes politiques, et les uns avec les autres. Cela relève moins de la géographie électorale que de la géographie tout court. Albert Londres ne tarde pas à comprendre qu'il existe au Palais-Bourbon, en marge des formations politiques traditionnelles, trois grands partis informels à l'efficacité avérée : celui des gens du Midi, celui des Bretons et celui des Bourguignons. C'est une solidarité de tout instant, débarrassée de toute énigme maçonnique, qui permet aussi bien d'obtenir des informations que de tromper la vigilance des « gilets rouges » pour se faufiler dans le salon des Quatre Colonnes, en principe interdit aux journalistes.

Celui qui voudrait obtenir le plus saisissant cliché des coulisses du Palais-Bourbon n'a qu'à se poster dans la salle de la Rotonde. C'est l'endroit stratégique par excellence car on y trouve le bureau de tabac où l'on se ravitaille, les cyclistes comme les députés. De plus, le président de l'Assemblée est obligé de la traverser pour se rendre dans ses appartements.

17 heures. C'est l'accalmie. Avant de partir, les parlementaires viennent bavarder ou plaisanter à la table des journalistes. Précieux instants où l'information passe plus sûrement que dans n'importe quelle conférence de presse. Les rédacteurs achèvent leurs papiers pour leurs différents employeurs. Il est courant, en effet, que le même homme assure l'information parlementaire pour un grand quotidien parisien et rédige le compte rendu des séances pour un journal régional.

Une halte à la buvette de Mme Jousse puis on sort les cartes. On joue beaucoup en équipes. Les bridgeurs se réfugient le plus souvent dans les tribunes, surtout quand les séances sont interminables. Dans la salle des pas perdus, les rédacteurs en chef et chefs de service jouent au poker. Les simples rédacteurs également mais des sommes moins importantes. Souvent, les parties se poursuivent le soir chez Marius, rue de Bourgogne, tandis que les joueurs de manille se retrouvent à la brasserie de l'Odéon.

Au moment même où il passe de « la poésie à plaintes » à la « poésie à souffle », Albert Londres passe du journalisme artisanal et localier à l'information parlementaire. Ainsi a-t-il le sentiment de devenir un homme d'action dans les deux univers où s'exerce son intelligence. En 1912, il a déjà six ans d'ancienneté au *Matin*. Son travail de correspondant à la Chambre l'excite encore. A vingt-huit ans, on n'est pas facilement blasé de vivre quotidiennement dans le saint des saints de l'influence politique. La vie parisienne à laquelle il s'est fait très vite et ses relations professionnelles l'ont naturellement grisé quelque peu. Le jeune Vichyssois n'a absolument pas la nostalgie de son passé lyonnais, contrairement à Béraud qui ne peut s'en déprendre. Mais il garde la tête froide.

Loin du *Matin* et du Palais-Bourbon, son vrai plaisir c'est de retrouver sa petite Florise quand elle n'est pas chez ses grands-parents dans l'Allier, de faire un repas avec son amicale de natifs ou d'assister aux débuts prometteurs de son ami Dullin aux côtés de l'exigeant Jacques Copeau sur les planches du Vieux-Colombier ou encore de s'enfermer dans son bureau, chez lui rue Rodier, pour couvrir de son écriture griffue des paquets de feuilles de vers dédiés à feu sa bien-aimée.

A l'origine, dans son esprit, Paris ne devait être que la première étape du grand périple. Un moyen et non une fin en soi. Bientôt, cela fera dix ans qu'il s'est installé dans la capitale. Installé... Sa hantise justement. Parfois, il s'observe dans un miroir et ne reconnaît plus l'insouciant jeune homme à la valise. Il est d'autant plus frustré de ses anciennes espérances qu'il est le type même du journaliste sédentaire dans un quotidien réputé pour sa couverture des grands événements internationaux.

« Aucune profession n'est plus décriée que celle de journaliste. Aucune n'est plus flagornée. » Quand Robert de Jouvenel écrit ces mots dans *La République des camarades*, nous sommes en 1913. Le métier est alors pris en tenaille dans cet apparent paradoxe. Mais de tous les genres journalistiques, le reportage est probablement le plus réceptif au changement. Il ne demande qu'à évoluer. Il suffit de l'aider à grandir pour qu'il prenne de l'assurance.

Jusqu'au début du siècle, il est surtout considéré comme une spécialité d'origine anglo-saxonne. Le *New York Herald* est alors la référence absolue pour ceux que Pierre Mac Orlan appelle « les grands professionnels de l'aventure sociale ». Dans les rédactions parisiennes, on cite souvent son directeur Gordon Bennett, celui-là même qui osa financer l'expédition africaine de Stanley à la recherche du Dr Livingstone. Mais la fascination pour le modèle américain ne va pas sans réserves et critiques. Ce que les reporters français reprochent le plus souvent à leurs confrères d'outre-Atlantique, c'est d'être des machines à noter. Ils sont d'après eux dépourvus de tout sens artistique, ils n'ont aucune patte. Pierre Giffard, du *Figaro* qui intitule ses souvenirs de reporter *Le sieur de va-partout*, va même plus loin : « Le lecteur français ne supporterait pas l'inventaire banal qui fait le fond du bagage des reporters yankees. Il faut lui présenter le côté typique du personnage ou ne rien lui présenter du tout [22]. »

Les patrons de presse français n'en continuent pas moins de

louer la rigueur, le sérieux et le professionnalisme avec lesquels les Américains récoltent l'information. Mais ils se refusent, quant à eux, à l'utiliser à l'état brut, dans toute sa sécheresse, sans un traitement approprié : « Nous sommes trop raffinés pour nous contenter d'un reportage trop sec... » estime Fernand Xau, l'homme du *Journal*[23]. Dans son esprit, le grand reporter doit mêler les portraits d'hommes de toutes conditions à la description d'événements de toutes sortes, briller tant par ses qualités d'écriture et d'analyse que par sa rapidité et son ingéniosité à transmettre les articles[24].

Quand Albert Londres entre en journalisme par la grande porte, les canons du reportage français sont en plein bouleversement. Les premiers « grands » de la spécialité ont montré ce qu'ils savaient faire, de manière éclatante, pendant le conflit russo-turc de 1877. Depuis, la profession s'enorgueillit de quelques signatures devenues prestigieuses. *Le Figaro* en fournit un bon nombre, avec Charles Chincholle, qui passe pour un précurseur, Alfred Périvier dont la pratique courante de l'anglais et de l'allemand, chose rare dans ce milieu, lui permet d'accompagner son patron, Villemesant, à travers l'Europe; Olivier Pain, l'ancien communard resté militant dans l'âme puisqu'il pose son carnet de notes pour se battre du côté turc lors du siège de Plevna en 1877 et qu'après la chute de Khartoum en 1885, les Anglais mettent sa tête à prix[25]!

En dehors du *Figaro*, quelques solides réputations se sont tout de même établies. Trente ans après, au zinc et au marbre, on parle encore de Léon Pognon, qui couvrait pour Havas le conflit de 1877 côté russe : après avoir traversé le Danube à la recherche d'un télégraphe, il fut attaqué en chemin, laissé pour mort, et puisa dans ses dernières ressources physiques pour s'en sortir et envoyer à son agence, avant la concurrence, pour quarante mille francs de dépêches[26]!

Jules Huret, de *L'Écho de Paris*, est également une des vedettes de ce milieu. Un authentique fourrier du grand reportage, bien qu'il doive l'essentiel de sa notoriété à l'interview. Le mot est récent. Dès son entrée dans le *Grand dictionnaire universel du XIXe siècle*, publié en 1890, il est précisé que « l'interrogé ne résiste pas au plaisir de voir son nom et ses faits et gestes imprimés dans le journal »[27]. Pourtant, si Huret lui a donné ses lettres de noblesse, ce n'est pas pour avoir péché par indulgence ou complaisance. Il a la dent dure et le coup d'œil aigu. Ses reportages mêlent l'art du portrait et celui de l'interview, la technique de l'enquête et celle de la mise en scène de théâtre. Jules Huret ne se contente pas de donner à voir, à la manière d'un bon peintre. Il a le sens du mouvement. Une qualité essentielle et exceptionnelle révélée tant par son *Enquête sur l'évolution littéraire* que par son reportage sur le dépècement des porcs dans les abattoirs de Chicago. Aussi à l'aise dans les faubourgs des deux Amériques que dans les salons littéraires de la rive droite, il mérite ce gage d'admiration accordé dans le même élan par les Daudet, père et fils :

« Avec lui, on y était [28]. »

Un grand reporter ne saurait espérer de plus beau compliment. Albert Londres, qui fait encore ses classes comme soutier de l'information, n'a d'yeux que pour ces glorieux aînés. Nullement dévot mais toujours à l'affût, il ne se contente plus de répéter qu'Homère est le prince des reporters. Depuis peu, Ludovic Naudeau fait tout aussi bien l'affaire. Un personnage que cet homme, bientôt surnommé « le grand ténor de la correspondance de guerre » [29]. La guerre russo-japonaise l'a stimulé, comme quelques autres de ses confrères. Il faut dire que l'événement fait considérablement augmenter le tirage des journaux. Envoyé spécial du *Journal* sur les lieux des combats, Naudeau est capturé en plein champ de bataille à Moukden. Il passe ainsi deux ans au Japon, contre son gré. A son retour en France, il a du mal à se réadapter à l'atmosphère des salles de rédaction. Il s'emploie à ne pas travailler à son journal. Car dès qu'il y met les pieds, il ne s'y supporte plus. Sa crainte ultime, c'est d'avoir à subir les observations du directeur du journal, Letellier.

« J'ai lu votre papier ce matin. Je n'ai rien compris. »

Alors Naudeau, qui a perdu un peu de sa légendaire patience depuis son séjour en Mandchourie :

« Vous ne comprenez pas, vous, mais il y en a qui comprennent! »

Il ne s'écoule pas une semaine sans qu'il ait des mots avec sa hiérarchie, les bureaucrates et les hommes de pouvoir notamment, auxquels il claque la porte au nez, régulièrement, en emplissant les couloirs de sa voix tonitruante :

« J'ai hâte de fuir ces combats de cloportes dans une fosse d'aisance [30]! »

Ludovic Naudeau ressemble tellement au portrait idéal du grand reporter, infatigable passant, bougon et fort en gueule, débrouillard et infiniment sympathique, qu'on croit le reconnaître derrière ces lignes de Béraud : « un journaliste qui court le globe, hante les sleepings et les palaces, voit naître les guerres et finir les révolutions, un tel homme, pour bien des gens, tient à la fois du diplomate ou du détective » [31].

C'est au moment où ils commencent à se faire respecter ès-qualités, les Jules Huret et les Gaston Leroux, les Pierre Giffard et les Ludovic Naudeau, que l'on s'interroge avec un peu plus d'acuité sur la distinction, explicitement établie, entre les grands reporters et les autres. S'il en est de grands, il en est donc de petits. Quelques définitions sont esquissées ici ou là mais aucune n'est satisfaisante. Le grand reporter serait l'homme qui précède l'événement, et le petit celui qui le suit. En fait, il apparaît que, dans l'esprit des journalistes de ce début du siècle, tout est une question de distance. Comme s'il fallait absolument quitter la France pour gagner ses galons dans l'ordre du haut journalisme. L'exotisme, le goût du risque, la mythologie de l'Aventure, l'épopée coloniale y trouvent leur compte. Pierre Giffard le dit bien, exprimant ainsi une opinion très répandue : « Le petit reportage est un surnumérariat. C'est la chasse aux faits divers [32]. »

Si les reporters ont alors mauvaise presse, c'est en raison du manque de noblesse du monde dans lequel ils trempent quotidiennement. Les sujets qu'ils traitent ne les élèvent pas : vols, cambriolages, viols, meurtres... Le tout-venant de la main courante. Ce que les malveillants appellent les chiens écrasés, sans guère de considération pour la dimension sociale, politique ou même économique de ce genre journalistique, un des plus ingrats et des plus formateurs de la profession. Pour que les « petits reportages » accèdent à la suprême distinction de « grands reportages », leurs auteurs doivent faire plus long (non plus un article mais une série), aller plus loin (dans le Chicago des abattoirs comme dans la Turquie en guerre) et donner à leur travail un tour plus littéraire. Même si l'Académie a accepté « reporter » dans son dictionnaire dès 1879, la méfiance est encore de mise à l'endroit de ces collecteurs de ragots et d'échos, trop familiers des bistrots et des commissariats pour se lancer dans un genre noble tel que la chronique.

Au moment où Albert Londres enrage de n'être pas de cette « élite », elle est en pleine métamorphose. Malgré leur puissance, les agences de presse ont perdu de leur crédibilité. La concurrence, la légèreté, la hâte leur ont souvent fait diffuser des fausses nouvelles, notamment lors du massacre des légations étrangères en Chine ou pendant la guerre des Boers dans le sud de l'Afrique. Un certain manque de rigueur et des carences dans le respect de la déontologie (vérifications, recoupements...) observés tant chez Reuter que chez Havas, poussent certains directeurs de journaux à renouer avec le reportage au long cours [33]. Anglais et Français s'accordent dans leur souhait de personnaliser les récits de guerres et de révolutions, de grands problèmes de société et de causes humanitaires. Mais c'est toujours sur le traitement final de l'information qu'ils se séparent. Les Français, de tradition latine et catholique, ne considèrent pas, quant à eux, que le reportage soit une science exacte, composée de morceaux de réel livrés à l'état brut.

Vu de Paris, il passe pour un genre littéraire, véritable prolongement dans la presse de ce que le naturalisme a tenté dans le roman. Ses artisans sont les petits-fils de Michelet, les fils de Hugo et les frères de Zola, selon une astucieuse formule [34]. Même s'ils ont parfois les manies et les tics, l'allure et la séduction des héros du Jules Verne de *Michel Strogoff,* ils gardent à l'esprit la leçon d'écriture et d'observation du Hugo des *Choses vues* (1887), des chroniques que le responsable de leur publication avait refusé d'intituler *Reportages* de crainte de leur porter préjudice.

Ce nouveau reporter qui se fait écrivain, les patrons de presse semblent décidés, dorénavant, à lui donner sa chance, en lui accordant des moyens financiers à la mesure d'une ambition internationale. Du même coup, ils le libèrent un peu plus d'une contrainte et d'un carcan : ceux de ses sources traditionnelles, l'agence Havas et le Quai d'Orsay. En s'éloignant de la France et de ses débats internes, il développe un style moins polémique, moins brillant peut-être mais plus travaillé. En se rapprochant du terrain de l'information, il gagne généralement en crédibilité puisqu'il ose concurrencer dans leur fief les grandes pourvoyeuses de nouvelles que sont les agences.

Dans le Paris des années 1910, tout est propice à un jeune journaliste qui se rêve poète de l'histoire immédiate. Au *Matin*, au Palais-Bourbon ou dans son appartement de la rue Rodier, Albert Londres piétine. Il espère une opportunité, l'œil rivé sur une carte du monde. Sa chance, il la voit partout. Il cherche l'événement sans songer un instant que celui-ci va venir le chercher et lui offrir, comme baptême du feu, une guerre à domicile.

4.

Première guerre, premier reportage

1914. Tout va bien. On a lancé un nouvel emprunt russe. Les gauches se ressaisissent et s'assemblent tant bien que mal. Le nouveau livre de Maurice Barrès *La colline inspirée* vaut d'être lu et relu. *Le Matin* tire à 900 000 exemplaires. Son conseil d'administration, réuni le 13 février, ouvre un crédit de 30 000 francs pour le lancement du feuilleton de Gaston Leroux *Rouletabille à la guerre* [1].

Alors pas d'affolement, pas de panique. Albert Londres est trop familier des éclats de la Chambre pour se laisser impressionner par l'atmosphère ambiante. De toute façon, il a l'esprit ailleurs. Chez lui, sur sa table de travail, gît le manuscrit à peine ébauché de sa prochaine pièce de théâtre... Il faudrait plus que des rumeurs pour le faire changer d'avis. Le 16 mars, c'est fait. Mme Caillaux, révoltée par la campagne de presse menée contre son mari, notamment par *Le Figaro*, se rend dans le bureau de son directeur Gaston Calmette et le trucide d'un coup de revolver. La nouvelle connaît un énorme retentissement. D'aucuns y voient un symbole. Comme si le traditionnel échange d'arguments était devenu hors de propos et que toutes les divergences d'opinions devaient se régler dorénavant par le duel!

Londres est chez lui, en famille, quand il l'apprend. Il est atterré. Immédiatement, il prend son gibus et sort.

« Je cours à la Chambre, lance-t-il à sa fille. C'est grave, nous allons avoir la guerre... »

Et pour rassurer sa mère, il ajoute :

« ...ça n'est pas tout à fait pour maintenant mais bientôt, avant un an, dans quelques mois peut-être [2]... »

La guerre, il ne la fera pas, de toute façon. En 1906, le Conseil de révision l'a réformé en raison de sa santé précaire et d'une faible constitution. Mais qui sait? on a vu des guerres interminables requérir les moins bien portants...

31 juillet. Dans la salle des pas perdus, à la Chambre des députés, Albert Londres s'entretient avec Jean Jaurès. Depuis plus d'une semaine, les journalistes ne quittent pas d'une semelle le leader socialiste. Il y a peu, il l'emportait sur Jules Guesde au congrès extraordinaire de leur parti, en faisant adopter une motion préconisant la grève pour lutter contre la guerre. Mais une grève générale, ouvrière et internationale. Le tribun, plus enflammé qu'à l'accoutumée, rentre d'un voyage à Bruxelles. Les socialistes allemands qu'il y a rencontrés l'ont encouragé. Il est optimiste. L'Internationale Socialiste va peut-être montrer son efficacité. Jaurès n'a pas de mots assez forts pour dénoncer le bellicisme russe. Il gesticule, s'emporte, menace, dénonce tandis qu'Albert Londres recouvre son carnet de poche d'une écriture nerveuse. Il est 19 heures quand ils se serrent la main avant de se séparer.

A 22 heures, alerté par la rumeur alors qu'il dîne en ville, Londres se précipite au restaurant du Croissant où Jaurès a ses habitudes. Il est allongé sur une table, le visage reposant sur une pile de serviettes maculées de sang. Raoul Villain, un jeune instable, exalté par la lecture de la presse nationaliste et ses attaques contre le pacifisme et l'anticolonialisme de Jaurès, l'a assassiné.

Les obsèques du fondateur de *L'Humanité* ont au moins le mérite de réconcilier les ennemis irréductibles. A la Chambre, on voit d'anciens Versaillais donner l'accolade à d'anciens Communards. C'est l'Union sacrée.

Le lendemain de l'assassinat, la France et l'Allemagne procèdent à la mobilisation générale. A la veille de la déclaration de guerre, Londres écrit à ses parents : « A midi, c'était la guerre certaine... Maintenant, il y a une faible lueur d'espoir, grâce à la démarche du roi d'Angleterre auprès de Guillaume et de Nicolas II... »

Il veut croire encore et se raccroche aux plus infimes symptômes d'accalmie : l'ambassadeur allemand n'a pas encore quitté Paris, 600 000 soldats français sont postés à la frontière, prêts à tester le bluff de l'ennemi... Dérisoire. La capitale est sous le choc. Londres également : « Inutile de vous dépeindre Paris après l'assassinat de Jaurès. L'histoire ne comporte guère de pages semblables[3]... »

Sa famille s'inquiète, surtout pour lui. Que va-t-il devenir ? Il est journaliste, par surcroît accrédité à la Chambre; il connaît beaucoup de monde, les députés et les hommes politiques, les militaires et les ministres. Il devrait savoir, puisqu'il est placé pour cela. Il sait certainement mais il doit refuser de les alarmer. Alors à nouveau, il leur écrit pour les rassurer : « Nous sommes en guerre. Faisons tous comme le bourgmestre de Bruxelles : attendons froidement les événements. L'inquiétude ne préserve de rien. Elle entrave tout[4]. »

Deux jours plus tard, *Le Matin* le nomme, avec plusieurs autres, correspondant militaire. Il est dorénavant envoyé spécial permanent dans un endroit stratégique : le ministère de la Guerre. Il passe son temps à recueillir et transmettre des communiqués.

C'est une mission essentielle qu'on lui a confiée, à l'heure où la Chambre des députés vote à l'unanimité les lois donnant pleins pouvoirs au gouvernement. La situation a bouleversé son emploi du temps : il quitte son domicile à 9 heures pour ne le rejoindre qu'à 2 heures du matin. Au *Matin*, on lui a demandé d'être plus disponible que jamais. De toute façon, il n'entend pas quitter son poste, pas plus que sa ville. On lui a proposé des emplois subalternes en province, mais il les a catégoriquement rejetés. « Si les événements allaient mal, explique-t-il aux siens, Paris serait le suprême coup. Donc, plutôt que d'être expédié dans des endroits tranquilles, je préférerais y rester[5]. »

Une idée fixe l'obsède : ne pas rater l'événement.

Avant que ne débute la bataille des frontières, il s'accorde un bref répit, le temps d'un saut à Vichy pour embrasser sa fille et ses parents. Le père Londres ne cache pas son inquiétude.

« Combien de temps ça va durer ?

– Au moins quatre mois, concède son fils.

– Mais tu es fou, mon garçon ! Quatre mois ! Il ne restera plus un homme debout !

– Si papa, cela durera peut-être davantage et avec les engins actuels, ce sera terrible[6]... »

Et puis à quoi bon... Autant se taire puisque même ceux qui nous informent ne savent pas.

Dès son retour à Paris, Albert Londres se précipite à la rédaction du *Matin*. Il ne tarde pas à réaliser que les journaux, eux aussi, mobilisent, au fur et à mesure de l'avance allemande. Les rédacteurs en chef dirigent les grandes manœuvres et organisent des équipes d'envoyés spéciaux en fonction d'une carte d'état-major. Que fait la concurrence? Il paraît qu'au *Journal*, le rival abhorré, huit grands reporters se partagent le champ de bataille. Parmi eux, Ludovic Naudeau, André Tudesq, Édouard Helsey.

Que faire? se demande-t-on dans la « maison rouge » du boulevard Poissonnière. La crise du papier posera bientôt de sérieux problèmes d'approvisionnement. Les recettes publicitaires se sont effondrées. A l'issue d'intenses réunions avec le directeur Bunau-Varilla, dans son bureau ou à son domicile de l'avenue du Trocadéro, on décide de réduire la pagination, de louer un local rue Saint-Charles pour y stocker un millier de bobines de papier, de réduire le personnel et... de se préparer à partir! Le 24 août, le jour même où il titre sur six colonnes à la une : « Les cosaques à cinq étapes de Berlin », *Le Matin* décide d'ouvrir un compte à la succursale bordelaise de la Banque de France et d'y louer plusieurs coffres-forts. Charles Laurent et Georges Abric, les rédacteurs en chef aux côtés de Stéphane Lauzanne, sont bien informés. Car une semaine après, le gouvernement se replie sur Bordeaux, emmenant dans son sillage la plupart des quotidiens nationaux [7]. Désormais et pendant un mois, *Le Matin* paraît sur deux pages et deux éditions, parisienne et bordelaise. Mais Albert Londres, lui, ne bouge pas. Il reste à Paris. C'est là qu'il faut être.

Les événements lui donnent raison. *Le Matin* l'envoie à Reims où la cathédrale est en flammes. Ce sera son premier article signé [8].

Fidèle à son habitude, il n'a pas demandé la signature. On la lui a donnée, en l'occurrence le responsable de la rédaction, Charles Laurent [9]. Cela n'a l'air de rien, mais de voir son nom au bas d'un article de cette importance, à une place de choix qui équivaut au tableau d'honneur, dans un quotidien national, cela quintuple ses forces, ainsi qu'il s'empresse de le dire à ses parents [10]. Tant il est vrai que les reporters, petits et grands, ont un triste privilège : leur chance, le plus souvent, coïncide avec un grand malheur public [11].

L'article de Londres a un impact immédiat, tant en raison des informations qu'il rapporte que de ses qualités d'observation et d'écriture.

Ce jour-là, à l'hôpital d'Epernay, le préfet des Ardennes envahies, Pierre Nepoty, visite les malades et les réfugiés. *Le Matin* dépasse de sa poche. Quand il est rejoint par son jeune « chef de cabinet » Lucien Coulond, il lui tend le journal et lui lance sur un ton railleur :

« Cette fois, mon vieux, vous êtes grillé. Et bien grillé, je vous prie de croire. Tenez, regardez donc ça [12]. »

Dans le civil, Lucien Coulond est journaliste. Il signe Édouard Helsey (L.C., il fallait y penser...). Ce fils de typographe martiniquais, qui se rêvait comédien plutôt que reporter, a débuté en donnant des articulets sur le théâtre au *Gil Blas* et à *Comoedia*, avant de placer des « petits papiers parisiens » à *La Liberté*. Il est désormais envoyé spécial du *Journal* sur le front et, dans la folie des événements, il a accepté d'assister un peu le préfet dans sa lourde tâche. Il lit avidement le reportage sur la cathédrale martyrisée par les Allemands. Puis il le relit, d'un trait. L'article, signé d'un nom qu'il ignorait quelques secondes auparavant, lui semble tenir tout à la fois du reportage, du poème et de la page d'histoire : « Un témoignage, terriblement précis et simple, et presque nu – d'autant plus saisissant. L'horreur, une juste et virile colère, je ne sais quel désarroi devant une si sauvage action, tous les frémissements d'une sensibilité blessée, maîtresse d'elle-même, vibraient avec la plus touchante pudeur, sous le voile transparent de cette prose limpide, exacte, dépouillée [13]. »

Huit jours plus tard, Albert Londres est à nouveau à pied d'œuvre. Au pied de la basilique. Cette fois, c'est son agonie qu'il raconte. « Elle est debout mais pantelante... Ce n'est plus elle, ce n'est que son apparence... Les pierres se détachent d'elle. Une maladie la désagrège. Une horrible main l'a écorchée vive [14]... » Il la traverse de part en part, les yeux rivés vers les voûtes qui chancellent, la grande nef qui n'est plus que carcasse, les vitraux éclatés en un kaléidoscope, les lustres de bronze plantés dans la dalle. Partout, du sang, de la boue, du fer. Partout l'expression d'une immense détresse. La cathédrale n'est plus qu'un sanctuaire, un volcan, une plaie.

Quand il rentre à Paris, il n'a qu'une idée en tête : repartir. Où? A Reims bien sûr. Il a commencé une histoire, il veut la finir. Quand il apprend qu'Albert Dalimier, le sous-secrétaire d'État aux

Beaux-Arts, a l'intention de visiter les lieux du sinistre, il traîne au ministère pour tâcher de se faufiler dans la délégation. Son manège ne passe pas inaperçu puisque le croisant dans le grand escalier de pierre, Édouard Helsey, qui règle les détails du voyage avec le ministre, comprend immédiatement.

« C'est Albert Londres!... se dit-il. Il aura eu vent de ce voyage et il vient demander à nous accompagner [15]. »

Le jour du départ, Londres a sa place dans une des trois voitures du convoi officiel. Il est du même voyage que le journaliste Robert de Flers, l'auteur dramatique Edmond Guiraud, le peintre George Scott. Le ministre et le préfet roulent en tête de la caravane. La petite troupe de notables passe quatre jours à Reims. Mais sur les photos publiées dans la presse, ce sont toujours les mêmes qui apparaissent au premier plan : Dalimier le ministre, Népoty le préfet et un jeune inconnu, remarquable par la longueur de ses cheveux, l'abondance de sa barbe havane et son teint très pâle. C'est Albert Londres, l'oreille tendue, les mains dans le dos, un crayon et un calepin entre les doigts.

Au moulin de Verzenay, où ils sont menés pour assister à l'enterrement sans fioritures de huit jeunes soldats, Londres et Helsey échangent de longs regards. Pas un mot. Mais ils se sont compris. Le courant est passé. Une amitié est née qui ne se démentira jamais.

Désormais, il est lancé. C'est un correspondant de guerre en disponibilité. Il attend une affectation. Il se dit reporter donc soldat. C'est ainsi qu'il conçoit sa tâche. Non par esprit militant, exagérément cocardier. Simplement, dans ces circonstances, il lui apparaît qu'écrire c'est se battre. Dans les lettres privées qu'il adresse à son rédacteur en chef, Londres exprime pleinement sa joie d'affronter l'ennemi de cette manière, sa santé précaire le désignant comme inapte au service [16]. D'autant qu'à partir du mois d'octobre, il mène vraiment une vie de soldat. *Le Matin* l'a envoyé tout près du champ de bataille, à Hazebrouck. Faute de mieux, après avoir emprunté tous les moyens de locomotion à sa disposition, c'est à pied qu'il fait son entrée dans la ville. Au loin, on entend tonner le canon à Cassel. Au fur et à mesure qu'il dépasse la périphérie pour se rapprocher du centre de la cité, la rumeur est insistante : les Allemands sont encore là...

Ce qui le frappe plus que tout, c'est le silence. Une impression qui se répétera à maintes reprises au cours de son odyssée dans la France sinistrée. Dans cette ville où il semble ne faire ni jour ni nuit, il croit que les âmes autant que les hommes se sont tapies derrière de solides remparts. On ne voit, on n'entend personne. Il y a quelqu'un?

« On était si seul que nous allumâmes une cigarette pour être deux... » écrit-il [17].

Pour Albert Londres, une ville française, c'est d'abord une mairie et une église, avec des maisons tout autour. Seul le recours au bon sens lui permet de rassembler les pièces d'un puzzle que les bombes allemandes ont quelque peu dispersé. Une hôtelière terrorisée consent à entrouvrir ses lourds volets pour lui indiquer le chemin de ce qui fut l'hôtel de ville.

A Hazebrouck, il lui suffirait de ne voir qu'un homme pour être comblé et écrire son article. Un seul mais pas n'importe lequel: l'abbé Lemire, curé, maire et député. Il n'est pas facile à localiser. Les rares ombres que Londres parvient à interroger dans la rue s'expriment en flamand.

Le feraient-elles lentement que cela ne changerait rien. Voici enfin la silhouette noire du parlementaire en soutane. Il quitte l'hôtel de ville pour l'église. Londres le découvre assis derrière une petite table. Comme s'il l'attendait. En vérité, ce sont les Allemands qu'il attend en sa qualité de premier magistrat de la ville.

« Dans la nuit, on m'a dit que l'ennemi devait entrer dans Hazebrouck ce matin. J'allai me reposer. De bonne heure je me levai, je me rasai – il faut être présentable... Ils devaient arriver à dix heures. Il est sept heures du soir. Je les attends encore, Monsieur. Vous êtes bien aimable d'être venu me tenir compagnie [18]. »

La ville apeurée s'est endormie avec le spectre du retour imminent des Allemands. Elle se réveille sans eux. Mais Londres tient son papier. Car l'abbé Lemire, effondré sur sa chaise, les traits tirés par l'insomnie, lui raconte ce que ses concitoyens ignorent encore: comment, dans la nuit, une patrouille allemande forte de quarante hommes s'est glissée dans Hazebrouck pour massacrer deux sentinelles, un chef de train, trois dames et deux petites filles...

Le front est partout. C'est la vraie guerre. Désormais, Albert Londres y est immergé jusqu'au cou. Ses articles le crient et plus encore ses lettres à ses parents. Elles trahissent chez le jeune reporter réformé, une exaltation de tous les instants, plus proche de l'ivresse que de l'indignation. « Surtout dites-vous que je suis comme les soldats, livré aux événements et nullement maître de mes instants... Il n'y a que loin du combat que l'on s'ennuie. Tous les soldats avec lesquels je vis et que je vois en première ligne chantent comme des fous. Devant Arras, en attendant les obus, ils chantaient " viens poupoule! " et rigolaient [19]. »

Comme tout le monde sur le front, Londres reçoit des caleçons et des chaussettes de laine de sa famille. Mais sa seule crainte, il ne peut la partager avec aucun combattant : dans un mois, il doit passer le conseil de révision et s'il est déclaré apte... : « On m'enfermera trois mois dans une caserne et, ironie des choses, c'est en devenant soldat que je cesserai d'aller sur le front [20]. »

En attendant, il continue son périple. Prochaine étape : Arras. On se croirait à Reims. Londres ressentant la même impression qu'un mois auparavant dans la capitale de la Champagne, il utilise les mêmes mots : silence et décombres, désastre et lambeaux, squelette et poussière... La réalité étant la même, les métaphores le sont aussi. Seulement à Arras, Albert Londres cherche et trouve un personnage héroïque, de chair, de sang, de force qui permettra de donner un tour plus humain à son histoire. A Reims, il n'avait eu ni le goût ni le temps de le chercher. Ni même l'idée. C'était son baptême du feu. Mais depuis, il a vite compris qu'il ne passera pas toute la guerre, à raison de deux articles par semaine en moyenne, à décrire des paysages ravagés et des villes effondrées.

Cet homme n'est autre que le préfet du Pas-de-Calais, M. Briens. Son nom est sur toutes les lèvres. Il y a un mois, quand les Allemands ont pris sa ville, il n'a pas quitté son bureau. Il fallut le faire prisonnier. Quand l'ennemi, subissant l'échec, dut se retirer aux portes de la ville, le préfet, hiératique, resta à son poste alors que la plupart de ses concitoyens désertaient leur propre maison. Quand les Allemands eurent vent de cette haute résistance qui semblait les narguer à deux cents mètres de distance, ils consacrèrent une matinée à pilonner la préfecture. Mais M. Briens ne cilla point. Il s'était comme cloué à son fauteuil. Quand les services administratifs et régionaux d'Arras furent contraints d'émigrer à Boulogne-sur-Mer, le préfet refusa d'abandonner la ville.

S'il n'en reste qu'un... C'est à son domicile, une maison sans carreaux, qu'Albert Londres le trouve. Étonnamment calme, presque serein, les mains dans les poches, il semble absent, cet homme qui incarne la présence française à Arras. Le reporter l'interroge.

« Ils sont à cinq minutes d'auto », répond simplement le préfet [21].

Tout est dit. Les deux hommes regardent par la fenêtre. Dehors, on brûle des corps avec du gros bois. La peste rôde dans la ville.

L'article d'Albert Londres obtient la « une » du *Matin*. Dorénavant, c'est chose courante. Il n'a que trente ans, l'âge du journal. Mais sa rédaction en chef lui fait totalement confiance. Le voici promu « envoyé spécial du *Matin* dans le Nord ». Cette mention précède même son article daté de : Dunkerque, octobre 1914.

Dunkerque, c'est le contraire d'Arras ou de Reims. Une cité musclée, qui a mis sa cuirasse d'hoplite et sa tête de bélier pour attendre l'ennemi de pied ferme. Une ville, deux pays. Car Dunkerque, comme nulle autre alors, permet de parler autant de la France que de la Belgique. Une vigie ne rêverait plus bel emplacement pour scruter Furnes, Nieuport et Dixmude et apprécier l'évolution de la situation. C'est d'ailleurs dans le cabinet du maire de Dunkerque que Londres interroge le baron de Broqueville, président du Conseil et ministre de la Guerre du royaume de Belgique. Un homme clé au moment où le Nord s'apprête à livrer son grand combat [22].

Avec son compagnon de route, le photographe Moreau, il continue son avancée sur l'Yser. Après Furnes, Pervyse, Coxyde, Nieuport enfin. Et à chaque fois, la consécration, la « une » du *Matin*, à la meilleure place : trois colonnes en ouverture de la page, en haut à gauche. Et toujours le même spectacle de désolation. Ce pourraît être répétitif, lassant même. L'horreur, elle aussi, se banalise. Pour ne jamais perdre son lecteur en route, Londres s'ingénie à trouver une ou plusieurs personnalités marquantes. Le député-maire et le préfet commençant à être un peu usés, voici le général. Celui-ci s'appelle Dossin. Il commande la division de fer de Belgique. Il est grand-croix de la Légion d'honneur depuis la veille au soir. Un professionnel de la guerre, et qui sait mesurer ses effets :

« Je sais, messieurs, lance-t-il aux journalistes, que les gens de votre métier sont régulièrement où ils ne devraient pas être... » Un temps, puis il reprend : « ... c'est pourquoi nous lisons les journaux [23]. »

Les voici rassurés. L'officier attaque son récit de la retraite d'Anvers comme une montagne bien fortifiée. Le contact est passé. Londres et son photographe en profitent pour demander une insigne faveur. Nieuport...

« Vous ne pouvez pas y entrer. »

Le général Dossin est ferme. Ils insistent. Le chef d'état-major a eu une idée qui sauve tout : il fera passer les deux hommes pour des prisonniers; escortés par des gendarmes, ils auront tout le loisir de visiter la ville interdite aux curieux. Prochaine étape : Dixmude. Cette fois, il semble que Londres se soit enfin endurci. Il a le cuir tanné. Ses articles gagnent en impact ce qu'ils perdent en lyrisme :

« C'est la guerre. Tout a perdu ses proportions. Ce qu'il faut pour vous chavirer maintenant, ce ne sont plus les grandes lignes de catastrophes : l'âme s'est faite à leur mesure. Ce sont les tout petits gestes imprévus [24]. »

Il fait son miel de ces deux maigres bonnes sœurs qui s'en vont, un matelas sur le dos, ou de cette ligne de chemin de fer derrière laquelle ont s'est tant battu et abrité.

« Elle fut le rempart de toute la côte. Elle est l'ossuaire des présomptueux [25]. »

Au fur et à mesure de sa progression, il trouve que cette bataille des Flandres, moins évidente que prévue, lui laisse dans la bouche un goût amer de terre, de shrapnels, de charnier détrempé, de chevaux éventrés. Il a du mal à imaginer comment ce fut avant. Dans *Le Matin*, un cliché paru à la « une » semble incongru, déplacé. On croirait une carte postale irréaliste, un genre nouveau. La légende vaut bien des articles : « L'Yser quand on ne s'y bat pas »...

Novembre s'achève. Ce fut un mois très dur. D'une tranchée à l'autre, ils ont avancé, reculé. Drôle de partie. Les perdants sont au tapis. Des champs de cadavres sous un ciel de suie. Ça, la guerre? En tout cas, la guerre qui s'annonce. Londres garde son meilleur paragraphe pour la « chute » :

« Cinquante jours d'eau, de feu, de canons, de navires, cinquante jours de gestes immenses, de cris sublimes, d'âmes qui montent, cinquante jours d'une des plus grandes batailles de 1914 : on a gagné un kilomètre [26]. »

Encore une halte près de Dixmude pour entendre une voix d'homme au milieu des canons, celle d'Émile Vandervelde, ministre d'État, haranguant et exaltant les troupes. Sous la grêle, dans le froid, affrontant un vent coupant, les soldats assemblés en demi-cercle autour de lui écoutent attentivement ce civil en chapeau et pardessus, armé d'un parapluie, mais plus vibrant qu'un clairon au petit matin.

Puis c'est La Panne, une plage tellement gelée que pour observer l'avance d'un cuirassé et de cinq contre-torpilleurs difficiles à identifier, il faut marcher sur le rivage, qui semble constitué d'un matériau inusité. Bitume blanc et stalagmites couchées. Le silence, ici aussi. Que font-ils? Où vont-ils? Seules, les mouettes le savent peut-être qui signalent la présence des navires aux regards les plus distraits. Soudain des éclairs. Des éclairs encore, droits et puissants. Londres est suffoqué. C'est la première fois. Ce jour-là, il a la métaphore ferroviaire: « Chemin de fer aérien et vingt secondes après: butoir [27]. »

Une bataille navale vue de loin, ce devait être pour la première fois l'occasion de rapporter la guerre sans son cortège de décombres, de poussière et de sang. Mais non. Car Londres parvient à dénicher sur cette plage déserte un pêcheur, les jambes immergées. Il plonge sa main dans un broc et appâte ses hameçons en attendant la marée haute. C'est rouge. Londres se penche: le broc est plein à ras bord de sang moitié caillé [28]...

Inlassablement, Londres et Moreau, son photographe, poursuivent leur route avec les troupes, traçant des portraits à quatre mains de fantassins dont on ne distingue plus le courage tant il leur est devenu naturel, de mitrailleurs assourdis par leur propre vacarme, d'aumôniers qui offrent du tabac même aux athées, d'artilleurs célèbres dans leur régiment pour avoir vu de près non pas des Allemands, ni le duc de Wurtemberg ni le kronprinz de Bavière mais une femme tout simplement, d'officiers anglais qui alternent champagne et cigare au petit déjeuner... Le petit et le grand peuple de l'horreur quotidienne. La fleur au fusil s'est quelque peu desséchée sous le déluge de fer et de feu. Il n'en reste que le squelette, en fait. Mais l'optimisme et l'espoir semblent intacts. Il est vrai qu'on est en 1914. La guerre a trois mois. On chante encore:

« On croit qu'c'est sur un ch'val de prix
Qu'Guillaume, qu'son docteur et son fils
S'avancent pour prendre Paris
Moi j'dis qu'c'est sur une écrevisse! »

Quand la distribution de tabac est annoncée, c'est la bousculade.

Une vraie mêlée de rugby. L'émeute sourd dans la bonne humeur. Londres ne rate jamais cette cérémonie. In fine, il écrit :

« C'est la France. Ce n'est pas parce que l'on peut y rester que l'on doit cesser de rire [29]. »

Après une halte à Dunkerque à la mi-décembre pour passer sous les fourches caudines du conseil de révision et entendre la sentence divine – « exempté! » – Albert Londres, qui n'a pas dételé depuis deux mois, met le cap sur Ypres. La plaine flamande qui mène à la ville est complètement inondée. C'est un avant-goût de ce qui l'attend.

Dès son arrivée, en commençant son article, Londres en appelle à Maurice Maeterlinck, moins le poète symboliste de sa jeunesse que le récent Prix Nobel natif de Gand. Qu'ont-ils fait des fameuses Halles aux Drapiers, du chœur et de la toiture de l'église Saint-Martin? Soufflés. Volatilisés. Londres paraît tellement souffrir dans son âme en escaladant les décombres qu'on en vient à se demander si depuis le début de la guerre, les chefs-d'œuvre en péril ne l'émeuvent pas plus que les hommes en agonie.

Si les Allemands avaient eu le bon goût d'épargner les monuments, il n'est pas dit que son sentiment antiboche serait aussi puissant. Sous sa plume, les clochers meurtris présentent des « moignons », le beffroi occis la pureté d'une pensée de Pascal. Il ne faut pas beaucoup le pousser pour que dans les situations extrêmes, il se laisse aller à ses excès lyriques, un péché de jeunesse souvent reproché par les premiers critiques du poète. Le contraste est d'autant plus grand que ses reportages sont entourés de nouvelles brèves d'une sécheresse exemplaire, même si certaines doivent beaucoup à l'intoxication : « Les cas de suicide augmentent considérablement parmi les soldats allemands, pour lesquels aller sur le front est devenu un véritable cauchemar; c'est une punition réservée aux mauvais soldats [30]... »

Dorénavant, il est chez lui sur cette côte belge où rien ne peut le surprendre. Il s'y promène comme dans Vichy. Le voici en pleine nuit, malgré le couvre-feu, errant tel un fantôme entre la Tour des Templiers et l'église de Nieuport à la recherche d'une image pour attaquer son prochain article. Le voici à l'aube sur la plage d'Oost-Dunkerque observant les vaisseaux se crachant dessus, ou en fin d'après-midi dans les tranchées de Ramscappelle à l'heure où l'on dresse une table et des chaises de fortune pour une partie de cartes qu'aucun déluge de feu ne semble pouvoir interrompre. Le voici encore sur la grand-place de Furnes pour recueillir la dernière parole d'un crieur de journaux de onze ans, petit gavroche flamand, le crâne enfoncé par un éclat d'obus, ses gazettes baignant dans son sang, ses sous ramassés par une vieille dame bouleversée. « Merci [31]... »

Albert Londres est partout, là où on tue, là où on ramasse les morts, là où on les enterre. On croirait qu'il marche à l'odeur. Il remplit des pages et des pages, comme si chaque minute devait être historique. Greffier de l'horreur au quotidien, il tâche de garder intacte sa capacité d'indignation alors qu'elle aurait pu être émoussée, depuis longtemps, par la répétition mécanique du carnage et sa reconduction d'une ville à l'autre. Fidèle à ce qui deviendra sa méthode, bien qu'elle procède de la pure intuition, il récolte des informations, des choses vues, des formules, des petits détails, des mots et des paroles avant d'organiser son puzzle et de soigner l'attaque et la chute de son article. Le 24 janvier, il commence ainsi son reportage sur la guerre à Arras : « L'empereur avait dit : " Le 16, je ferai mon entrée dans Arras ". Le 16 janvier. Quatre jours après, ses troupes tentèrent ce qu'il fallait pour que, même en retard, l'homme qui dans la guerre ne voit que des entrées, pût, du sabot de son cheval, toucher les ruines de sa cité. »

Et il l'achève par ces mots :

« L'empereur n'y est pas entré. Mais Arras n'en a pas fini. Après son échec du 20, Guillaume, les yeux sur son étoile, le doigt sur son front, s'est écrié : " J'y rentrerai le 10 février. " C'est aux alentours du mardi gras. Il y aura des confettis – en plomb [32]. »

Ainsi s'exprime ce reporter de trente ans, presque tous les jours à la « une » du *Matin*, avec une assurance, une maîtrise, une personnalité d'autant plus étonnantes que trois mois auparavant, il n'était rien.

Février 1915. Albert Londres est de retour à Paris avec la ferme intention d'en repartir au plus tôt. Il piaffe. La rentrée parlementaire, l'annonce de la première guerre sous-marine de l'Allemagne et les signes avant-coureurs d'une attaque navale franco-anglaise en Orient le confirment dans son intuition : c'est aux Dardanelles qu'il faut être. C'est là que va se jouer le destin de la guerre.

La rédaction en chef du *Matin* ne l'entend pas de cette oreille. Les Dardanelles, c'est loin. L'Orient est compliqué. Le corps expéditionnaire français va s'y perdre. L'opinion publique se lassera vite d'une joute aussi exotique. Ce qui l'intéresse, c'est le bras de fer franco-allemand à portée de canon de l'Ile-de-France. La vie quotidienne du poilu en tranchée, voilà un sujet! Telle sera la réaction des lecteurs car de toute façon telle est la réaction du directeur M. Bunau-Varilla. Qu'on se le dise...

Albert Londres ne lâche pas prise. Il plaide le dossier, défend son point de vue bec et ongles. Le ton monte. Des mots sont échangés. Alors en dernier recours, l'orgueilleux reporter, qui a bien l'intention de choisir ses voyages malgré son inexpérience de la scène internationale, menace de quitter le journal. C'est son ultime argument, celui qu'il gardait en réserve. Il ne s'y attendait peut-être pas, grisé par son succès de 1914, mais... nul ne le retient.

« Adieu donc, bon voyage! lui disent ses chefs. Nous nous passerons de vous. Vous avez du reste introduit au *Matin* le microbe de la littérature [33]! »

Le microbe... La littérature... Londres rumine ces mots, cet accouplement contre nature, du moins quand il est employé dans un sens péjoratif. Avec intention de nuire. S'il osait, il leur souhaiterait d'être un jour contaminés, cela leur ferait du bien et améliorerait leurs articles. Mais il préfère partir. Dix jours après, quand le Conseil d'administration du *Matin* se réunit pour évoquer les affaires courantes, les dirigeants du journal consacrent leur séance aux commandes de papier à la Norvège et la Hollande, évoquant à peine le départ du service politique d'un reporter à 300 francs par mois, un certain Albert Londres et la promotion de son chef de service, Georges Abric, au poste de rédacteur en chef au salaire de 2 500 francs [34]...

Le voici chômeur. Une situation qu'il redoutait. Mais il n'a même pas le temps de s'y faire. Car quelques heures après sa brutale démission, il est à nouveau reporter. En quittant les locaux du *Matin* boulevard Poissonnière, Londres est passé rue d'Enghien au *Petit Parisien*. On lui a opposé le même refus, d'autant que le terrain est déjà largement quadrillé. Mais la nouvelle ayant aussitôt fait le tour des salles de rédaction, il reçoit une offre spontanée du *Petit Journal*. Il s'y précipite avant la fin de la journée.

Il y est reçu, sur-le-champ, par le rédacteur en chef, Abel Henry, et par le directeur, Stephen Pichon.

Une personnalité que Pichon. Londres est impressionné par ce radical qui a fait l'essentiel de sa carrière à cinquante-huit ans, dans le sillage de son grand ami Clemenceau, à son journal *La Justice* tout d'abord, puis dans son gouvernement en qualité de ministre des Affaires étrangères. Il a du poids, de l'autorité. Il impose le respect et non le mépris comme Bunau-Varilla, le mégalomane de la « maison rouge ». Au Quai d'Orsay, on se souvient de lui comme le négociateur adroit qui a pris l'initiative de l'occupation de Casablanca en 1907, pour conclure un accord sur le Maroc avec les Allemands deux ans après. De surcroît, l'homme semble « charmant ». Quant à Abel Henri, celui qui a la haute main sur la rédaction, c'est un ami depuis les nuits blanches et les parties de cartes du Palais-Bourbon. Tout est donc pour le mieux. Et *Le Petit Journal*? Il n'est pas tout jeune – cinquante-deux ans – mais c'est un des quatre grands de la presse quotidienne à Paris. Assurément, il fait l'opinion.

« Les Dardanelles? C'est d'accord. Le corps expéditionnaire allié part dans huit jours. *Le Petit Parisien* en sera. Alors nous aussi. Vous partirez par Marseille ou Toulon. Bon voyage [35]. »

Stephen Pichon n'y a pas été par quatre chemins. Londres aime ce langage. Il se précipite aussitôt chez lui pour écrire sa joie à ses parents, non sans dissimuler sa superbe et sa fierté :

« Je rentre par la grande porte! Dans trois semaines, vous pourrez m'y lire en vedette... En résumé : affaire excellente, reportage sensationnel et réussite entière de mes idées depuis dix ans [36]. »

Il n'aura douté de lui-même que le temps d'un transfert. Quelques heures de scepticisme, à peine, avant de repartir. Comme en quatorze!

II

LE FLÂNEUR SALARIÉ

1915-1922

5.

Le choix de l'Orient

« L'Orient! Albert, quel voyage! Tu penseras à la petite, tu écriras surtout tout ce que tu fais, où tu vas...

– C'est ça, papa... Je t'enverrai de grandes collections de timbres. Je ferai de beaux articles, toi, tu surveilleras les journaux, tu me diras s'il y a des changements. Raconte-moi un peu, maintenant, les nouvelles du pays : la construction de la nouvelle mairie est-elle décidée [1]?... »

C'est le moment des adieux. Pour l'occasion, Londres a fait un saut à Vichy, à la « Villa Italienne » cette pension de famille que tiennent désormais ses parents et qui les fait vivre plutôt bien que mal. Sur le quai de la gare encore, il doit subir les ultimes recommandations : bien se couvrir, ne pas attraper mal, rapporter des timbres rares et surchargés ainsi que des cigares, écrire tous les jours si possible des lettres, plus encore que des articles, ne pas les laisser sans nouvelles. Il fera tout son possible. Promis. Ce qui l'obsède, lui, c'est sa petite Florise qu'il leur confie de plus en plus souvent et cette fois pour une période indéterminée. De longs mois certainement, un an ou plus, qui sait. Surtout, qu'elle ne manque de rien. Adieu...

Quelle épopée!... Interminable. D'abord Toulon puis Marseille. Le prochain bateau est dans cinq jours. Trop long. Le journaliste file à Gênes puis gagne Milan, Venise, et Brindisi enfin. C'est plus rapide. Surprise : il faut attendre deux jours. Il n'a plus le choix. Il attend. Enfin le bateau. Corfou, Patras, Corinthe... Cinquante-six heures plus tard, Athènes enfin. Pour se rendre à Ténédos, il doit attendre le prochain bateau. Dans huit jours... Trop long. Cap sur Mytilène. En passant par Chio, il décide de souffler un peu. Homère y serait né, conditionnel de rigueur étant donné que six autres villes de la région ont la même prétention. Ce n'est pas l'unique raison de cette escale impromptue sur la route de l'inaccessible Smyrne. Chio, c'est l'occasion d'un premier papier pour *Le Petit Journal* où l'on doit commencer à se poser des questions.

Le sujet de l'article dans cet endroit où tout est calme? Le voici qui s'avance vers lui, dès qu'il foule les pierres du vieux port. Ce jeune indigène a l'immense mérite de s'exprimer en français, d'avoir fait ses études à Iéna et d'être particulièment aimable.

« Vous êtes Français? Que voulez-vous faire? Je me mets complètement à votre disposition.

– Je veux aller là, répond le reporter.

– Aller en Turquie, c'est impossible, vous êtes belligérant [2]. »

En devisant de concert le long des bazars, ils trouvent la solution. Le journaliste n'aura qu'à se faufiler parmi ces réfugiés provisoirement installés à Chio depuis le début des hostilités. De temps en temps, certains ressentent l'appel du pays et cèdent à leur nostalgie. Il lui suffira d'en être. Après maintes palabres, ils dénichent un Grec, une tête brûlée, prêt à prendre sa barque dès le lendemain pour voir ce que les Turcs ont fait de sa maison. A l'heure dite, ils sont seuls sur une mer peu amène. Heureusement, un canot automobile les accoste. C'est M. Paritsis, un confrère de Mytilène qui travaille au journal *Salpinx*. Ce qu'il fait là? La même chose avec un moteur. La cause est entendue. Montez! Le golfe de Smyrne contient assez d'informations pour deux reporters en chasse.

« A Paris, à Athènes, on doit savoir, croit-il. Mais ici nous sommes presque perdus. Si l'on veut être informé, il faut se renseigner soi-même [3]. »

Enfin, le Golfe. Pas un bruit. Pas âme qui vive. Rien. Cela dure trois heures. Le soleil va se coucher. Il est temps de rentrer. Albert Londres tient une information, pas deux : le golfe de Smyrne n'est pas occupé.

A son retour à Chio, il réalise qu'il convient de ne pas s'éterniser. Cap sur Mytilène. Puis enfin Ténédos. Nous sommes le 22 mars 1915. Il est temps de poser le sac, d'autant qu'il retrouve sa

« famille ». Ils sont tous là, Paul Erio du *Journal*, Maizières du *Petit Parisien*, Ward Price du *Daily Mail* de Londres. Ils se retrouvent comme des anciens combattants. Il est vrai qu'ils ont déjà une campagne à leur actif : la bataille de Flandre en 14. Cela crée des liens.

Tous les trois jours, ils achètent un agneau au marché et prennent leur repas chez une vieille Grecque. Ce repos forcé, cette convivialité sont l'occasion de faire le point de la situation, passablement embrouillée. S'ils sont là tous quatre, c'est qu'ils considèrent ce théâtre d'opérations non comme un front secondaire mais comme une pièce importante du dispositif allié. La Turquie, la Bulgarie, la Roumanie, la Grèce et l'Italie pourraient fort bien, si les généraux n'y prenaient garde, rejoindre dans les Balkans le camp de ceux qui l'emporteraient. Ce serait très embarrassant. Cela ne se peut pas. Alors guerre aux Turcs! Seulement voilà : ils savent se battre. De plus, ils sont chez eux. En février et mars, deux attaques navales alliées ont envoyé par le fond... le tiers de leurs propres navires. A Paris et à Londres, les états-majors ne pensaient pas que les détroits des Dardanelles étaient si bien gardés. Cruelle désillusion. Ce n'est pas demain que l'on atteindra Constantinople. Ni même après-demain [4].

L'escadre française fait peine à regarder. Le *Gaulois* est bien mal en point, le *Bouvet* n'est plus qu'un bon souvenir. L'endroit est pour le moins curieux. Ténédos a été grecque, puis turque, puis grecque puis... Aujourd'hui, on ne sait plus. On dit : c'est Ténédos. Des marins anglais de l'océan n'ont conservé de leur navire que le nom sur le béret. Le reste est immergé. Les maisons de l'île sont fermées. La cuisine locale observe une remarquable permanence depuis Virgile. Le mufti, absorbé par la lecture de son Coran, se laisse à peine distraire par le passage des dragueurs de mines. Ils ne l'intimident pas outre mesure [5].

Londres traverse l'île de part en part, en tous sens. Quand il a enfin trouvé le meilleur point de vue, il n'est pas plus avancé. Mais cela fera bien quinze lignes de plus : monter, descendre, tourner... Il a promis d'alterner dépêches et reportages. Mais cela devient une prouesse. Il ne sait rien, ne voit rien. Probable qu'il ne se passe rien. Ce serait le pire. De temps à autre, le canon turc se rappelle à son souvenir. Beaucoup de fracas pour rien. La routine. Il parvient tout de même à se faire le chroniqueur quasi quotidien et scrupuleux de la geste des marins, prêts à offrir leur vie si loin des leurs. Mêlé à des évocations de la Grèce antique et des supputations sur la crise qui couve, cela donne, tant bien que mal, de beaux articles, dépaysants, agréables à lire mais à peu près vides. Le correspondant sur le front d'Orient en est réduit au tourisme de guerre. Tout y passe, Homère et Virgile, Athéna et Hermès, Ulysse et Philoctète sans oublier Achille et son bouclier, Hercule et ses flèches empoisonnées. Heureusement que de temps en temps se glisse l'ombre familière de caporaux sénégalais ou d'officiers australiens pour le rappeler aux dures réalités : qu'écrire quand il ne se passe apparemment rien ?

Cela ne peut pas durer. Londres décide alors de faire un saut à Athènes. Sait-on jamais. Une fois rendu, il s'acquitte de deux tâches d'égale importance. D'abord acheter un cadeau à Florise, ensuite retrouver Eleuthère Venizélos. La première fête sa première communion aujourd'hui à Vichy. Il fouille la ville en vain à la recherche d'une montre en or avec bracelet. Le second est un chef de gouvernement privé de gouvernement. Dépité, il s'exile. Samos d'abord puis l'Amérique. Albert Londres est ainsi fait que dans une ville inconnue, il retrouve plus facilement un puissant qui se cache qu'un présent pour une communiante. Il faut dire que dans un pays où seuls deux hommes comptent – Venizélos et le roi – il suffit de demander son chemin et de se laisser guider par le bruit.

Voici la maison du célèbre homme d'État, désavoué par Constantin, meurtri dans sa dignité. Cette foule éplorée sous des fenêtres, ce ne peut être que pour lui. Londres se faufile et parvient jusqu'au grand offensé. C'est une chance, il est francophile. L'accueil est franc, à bras ouverts :

« C'est la presse française, toujours si sympathique pour moi qui vient se mêler à cette scène d'adieux et j'en suis très touché...

– Monsieur le Président, quand partez-vous?

– Bientôt[7]... »

Londres peut s'en aller satisfait. Il tient une déclaration officielle que d'autres n'auront pas. Il fend la foule à nouveau, dans l'autre sens quand, dans l'antichambre, il aperçoit un vieil homme, accoudé à un poêle, sanglotant, la tête entre les mains. Il tient sa chute. Son papier n'est pas encore écrit mais il est fait.

Il a prévu de rester quelque temps à Athènes mais doit vite modifier son plan. Ce chamboulement ne relève aucunement de motifs diplomatiques, politiques ou stratégiques. La vérité est plus prosaïque : cette ville est splendide, les nuits de clair de lune on peut même lire son journal dans la rue. Simplement, la vie y paraît trop chère, comme dans toutes les capitales des Balkans, qu'il juge luxueuses et rastaquouères. Son habillement lui a coûté une fortune. Le climat est tuant pour le cerveau. Les plus mauvais cigares, même pas de la Havane, sont hors de prix surtout quand on les compare à leur équivalent à Paris ou Amsterdam. Le transport est encore ce qu'il y a de moins cher, mais cela le laisse indifférent puisque la mission française a mis une automobile à sa disposition. Pour oublier, il prend son petit déjeuner avec le ministre de France qui habite au même hôtel que lui, et dîne avec les généraux alliés détachés à Athènes. Il pourra toujours grappiller quelques maigres indices entre le raki et le raki. Mince consolation.

En fait, ce n'est ni Athènes ni la Grèce qui lui insupportent vraiment. Ce sont les Balkans, déjà. Cette impression amère, il la tait dans ses articles mais la laisse éclater dans les lettres à ses parents :

« Rien ne me ferait rester en Orient. Il faut un effort de volonté énorme pour fournir une besogne qui se ferait normalement en France. En deux ans, je crois qu'on deviendrait turc[8]. »

Changer d'air sans quitter la région. Cela devient une obsession. Alors cap sur la Serbie. Londres saute dans le train au départ de Salonique. La puanteur du wagon lui donne un avant-goût de ce qui l'attend. En arrivant à pied d'œuvre, il réalise qu'il lui faudra y vivre dans la crainte permanente du typhus. Surtout ne rien toucher de sale, ne boire que des liquides bouillis, ne... C'est une prouesse de survivre dans ce pays. A la frontière gréco-serbe, en gare de Ghevgeli, la présence d'une mission française forte de cent médecins militaires le rassure. C'est en leur compagnie que le reporter déjeune dans une auberge des environs. Ce sera l'occasion d'écrire le portrait piquant du serveur, un homme à l'habit chamarré de brandebourgs et de passementeries, qui s'agite pour rendre service aux uns et aux autres. Le lieu est infesté d'officiels. In fine, au moment du dessert, le délégué du gouvernement désigne du doigt le serveur et l'introduit pour un petit discours :

« Messieurs, le vice-président de la Chambre, l'éminent député Jouyovitch, veut vous souhaiter la bienvenue[9]... »

Ça, c'est la Serbie. Un pays où l'on sait recevoir. Cela plaît infiniment à un homme comme Londres qui en tire une philosophie sur la mentalité de ce peuple de qualité, convivial depuis son empereur médiéval, le fameux Douchan, jusqu'à son actuel monarque, un vieillard de soixante et onze ans qui en remontre aux Autrichiens.

« Pierre Ier, roi de Serbie, successeur de Douchan, empereur des Balkans, compatriote du prince Marco, qui prenait avant les batailles cent litres de vin, en donnait cinquante à son cheval et buvait le reste, compétiteur de Michel Obrenovitch, qui, rencontrant le vali ottoman au rendez-vous donné, lui lança : "Me voilà, te voilà, donc guerre aux Turcs !" petit-fils de Karadjordjević, le paysan au bras et au cœur d'acier, qui tua son père pour demeurer dans sa patrie et pendit son frère parce qu'il avait forfait à l'honneur; Pierre Ier s'écria : "Je ne me suis jamais senti si jeune depuis la Loire..." Puis apercevant le drapeau, il marcha droit dessus et entra chez lui [10]. »

La Serbie est peut-être un pays qui sent mauvais, avec des poux plein la tête, mais Londres y est bien. La douce folie indigène donne libre cours à son propre délire, à cette fantaisie, cette ironie et cette dérision qu'il garde en lui et qui ne demandent qu'à être débridées. Encore faut-il que la situation s'y prête. Il reconnaît qu'il n'en mène pas large quand une patrouille serbe l'emmène de nuit à cheval, à travers les montagnes frontières, pour enquêter sur des exactions commises à Stroumitza. [11]. Du sérieux. Massacres et charniers en perspective. On ne rit plus et Londres sait retrouver aussitôt les accents pathétiques qu'il déploya pour décrire le Pas-de-Calais sous le déluge allemand.

Fatigue, lassitude, fièvre légère... Le typhus frappe à la porte. Il est temps de rentrer. A Athènes où il est passé prendre une tente, un lit de camp et confier à un confrère italien une lettre pour ses parents, Londres retrouve Erio du *Journal*, Bidetti du *Corriere della sera* et plusieurs reporters anglais. A l'hôtel de Grande-Bretagne où ils ont tous provisoirement élu domicile, ils préparent activement leur expédition dans les Dardanelles. Leur projet est de débarquer dans la presqu'île de Gallipoli en avançant avec les troupes, tout simplement. Londres est alors intimement convaincu que la guerre mondiale est à un tournant et que ce tournant est en Orient. Ses articles restent certes prudents, mais dans ses lettres à Vichy, il prédit pour bientôt une poussée des troupes alliées en Serbie, tellement rapide et efficace qu'elle leur épargnera la prise de Constantinople : la ville se rendra probablement dès que les bateaux mouilleront devant [12]... Face à un tel optimisme et à un tel manque de lucidité, on en vient à se demander si Londres cherche à se convaincre ou plutôt à rassurer ses parents, fous d'inquiétude quant à son sort, inextricablement lié à une aventure meurtrière à laquelle ils ne comprennent rien.

Londres en convient lui-même : quand on a plus de 260 000 soldats turcs en face de soi, il ne s'agit plus d'une expédition mais d'une guerre. Même vu de Moudros, c'est impressionnant. A Moudros, les journalistes piétinent et s'impatientent. L'endroit est juste bon à se ravitailler et à envoyer le courrier. C'est un centre mais ce n'est que cela. Londres et trois de ses confrères se partagent deux matelas dans une seule pièce. Poux, puces, limaces, mille-pattes, ils sont tous au rendez-vous, nuit après nuit, avec une fidélité et une ponctualité confondantes. Le pire les attend au réveil car il n'est plus question, pour eux, de manger les mets locaux. Depuis qu'ils ont compris l'origine de l'odeur qui empuantit cuisines et restaurants – du suif, partout répandu comme si c'était du sel – ils se nourrissent exclusivement de thon et d'œufs.

Malgré tout, le moral est bon. C'est le moment ou jamais. Car maintenant seulement va commencer la campagne d'Orient. Albert Londres peut enfoncer son casque colonial sur sa tête. Cent cinquante bâtiments font escale à Moudros, en route pour les Dardanelles. Les Français vont débarquer sur la côte d'Asie et ce sera naturellement héroïque. On leur a assigné une manœuvre de diversion : la prise de Koum-Kaleh. Elle est appelée à devenir le Charleroi des Dardanelles car les Turcs ont fortifié chaque maison. Autant de tranchées imprenables. On s'étripe à la baïonnette. Et Albert Londres utilise si souvent le « on » pour décrire les corps à corps des alliés avec les Turcs que l'ambiguïté de sa présence ne fait plus guère de doute : il est là pour la France et *Le Petit Journal*.

Dans la presqu'île de Gallipoli, il souffre à pied avec « son » armée qui n'a pas d'arrière, attend la nuit avec fébrilité car les Turcs se battent la nuit de préférence, joue de la pioche et de la pelle pour avancer. Mais il ne se plaint pas, surtout depuis qu'il a entendu, près de lui, un soldat trois fois blessé dire à son capitaine : « Je ne souffre pas, je suis trop fatigué [13]... »

Gallipoli est une nouvelle Babel. On y parle toutes les langues, on en voit de toutes les couleurs, on y mange à toutes les sauces. Voici des Anglais qui vont au feu, cornemuses en tête, sur l'air du Tipperary, « la même chanson qui fait tournoyer leurs petites danseuses dans nos music-halls internationaux[14]! » Voici des Australiens qui font le ménage chez l'ennemi à coups de sabre et de moulinets ravageurs. Voici les Sénégalais qui redoublent d'ardeur au combat depuis que les Ottomans les traitent de nègres. Par leur sincérité, ils font le bonheur d'Albert Londres :

« Ce sont des enfants. L'âge ne leur donne pas de gravité. Ils sont touchants de candeur, de confiance, d'irréflexion.

– Toi, blessé, Sénéga?

– Oui.

– Y a bon alors?

– Y a bon tout de même[15]. »

Voici des légionnaires qui ont la belle vie depuis qu'on s'entretue. Celui-ci qui titube sur le rivage a une balle dans la main mais ne veut pas que cela se sache. Si on le rapatrie loin de la zone de combats, il risque de s'ennuyer quand tous ses amis font la fête, et de rater une bonne prise : le sac et le tabac d'un légionnaire occis.

Une nuit, Londres part en bateau en direction des Dardanelles, enfin. Entre le cap Hellès et Atchi-Baba, le tableau est inoubliable. Il est deux heures du matin. A bord presque tout le monde dort. Sur le pont, on ne distingue que les silhouettes recroquevillées des officiers de quart, des sentinelles et du journaliste :

« Nous sommes une masse noire qui file dans du noir. Quel saisissement que cette obscurité! Les vagues se brisent en froufroutant contre le bâtiment. Je pénètre dans un salon pour me réchauffer. C'est à tâtons que je cherche la banquette. Je voudrais bien noter quelques mots. Il m'est défendu de m'éclairer, même le temps de deux allumettes. Je sors cependant mon carnet, mon crayon et en pleines ténèbres, ne voulant pas oublier tel cri que j'ai entendu, tel coup que j'ai ressenti, une ligne par page, pour être sûr de ne pas en griffonner deux l'une sur l'autre, je me mets à écrire[16]. »

Ces lignes ne sont pas extraites d'une lettre personnelle ou de mémoires inédits mais d'un de ses articles quotidiens. Dorénavant, Albert Londres n'hésite plus à se mettre en scène. Il est un de ses propres héros.

Voir les Dardanelles et rentrer. C'est fait. Le voici à nouveau piaffant à Moudros avec les autres. Une rumeur fait-elle état d'une entente secrète entre Serbes et Autrichiens, il ne lui en faut pas plus pour aller à Nich poser quelques questions embarrassantes au président du Conseil, M. Pachitch. Les Allemands viennent-ils de lancer une offensive de charme sur les Roumains qu'aussitôt il file à Bucarest vérifier si le fond de l'air est frais. Le jeu des Bulgares paraît bien énigmatique et il pousse sa promenade balkanique jusqu'à Sofia. Le labyrinthe grec est-il devenu indéchiffrable? A nous deux Athènes, reine Sophie et Gounaris, roi Constantin et Venizélos. Londres ne connaît pas de frontière. Avec un passeport pour tout viatique, il se croit tout permis. La question de la circulation ne semble même pas se poser. Quand il doit savoir, il bouge, voilà tout.

Juillet 1915, il est temps de rentrer aux Dardanelles. Un grand chambardement est annoncé à la tête du corps expéditionnaire. Paris voudra tout savoir sur ses répercussions. Une fois rendu sur place, Londres comprend. Le général Gouraud, il y a peu encore l'homme de Lyautey au Maroc, doit abandonner son commandement. Grièvement blessé, il a dû être amputé d'un bras. Il sera bientôt remplacé par Sarrail, un général connu pour ses sentiments républicains. Le ministre de la Guerre, Millerand, a dû accepter ses conditions: constitution d'une armée d'Orient, refus d'être placé sous les ordres de généraux anglais et départ avec des divisions de renfort [17].

Voilà qui promet. Londres rejoint l'escadre comme on retourne à son bureau, saluant les visages familiers, tapant dans le dos des fusiliers marins comme s'il les avait quittés la veille. La guerre continue mais elle n'est jamais la même suivant l'endroit où l'on se trouve. Aujourd'hui, Londres est embarqué à bord du *Suffren*. C'est le seul navire qui, après avoir fait sa «toilette de combat», dispose ses marins en formation d'orchestre et de chœur, selon le vœu de l'amiral. Il lui plaît que ses hommes s'échauffent, l'âme et les poumons dix minutes avant les combats en chantant «Les cols bleus»:

«Dans tous pays, même sur terre,
Les cols bleus n'ont pas peur du feu
Marchons gaiement à la frontière...»

Après quoi, clairon et ultime recommandation: «Maintenant, allez me démolir Atchi-Baba [18].»

Londres surveille les opérations aux côtés du capitaine, sur la hune supérieure. Une demi-heure de salves bien ajustées, les batteries ennemies anéanties. Mission accomplie. On peut rentrer et prendre du repos avant d'appareiller à nouveau pour le château de Séduhl-Bahr, le meilleur point de vue de toute la côte.

A terre, perdu dans ce corps expéditionnaire qui crève de n'être pas une armée, un sergent de trente-trois ans écrit dès qu'il n'a plus son fusil en main. Blessé, cité, décoré en Champagne déjà, il a tenu à être là malgré tout. Sur un méchant cahier, il jette ces phrases entre deux assauts :

«... sur la côte d'Asie chaque couleur s'étalait après l'autre et mon caporal, qui était des Beaux-Arts, criait et réclamait quand revenait la même. Chaque rocher noir, chaque cyprès bordé d'or, n'était plus qu'un tampon appuyé contre une des sources du jour... Un canon d'Asie, plus étroit que le français d'un millimètre, l'attaquait avec furie et, dilaté, s'apaisait. Chacun, sûr de sa mort, passait et confiait sa lettre d'adieu à son voisin de droite, immortel [19]. »

Il intitule son texte *Dardanelles*, tout naturellement, ce soldat que Londres a bien pu connaître avant-guerre au *Matin* puisqu'il était le secrétaire de Bunau-Varilla avant de prendre en charge les pages littéraires. Il se nomme Jean Giraudoux, cet écrivain qui n'a publié qu'un livre il y a six ans, *Provinciales*.

Albert Londres commence à être fatigué. Trop de va-et-vient en quelques mois. Avant qu'août ne s'achève, il se décide à prendre du repos à Athènes en compagnie de son confrère du *Journal* André Tudesq. Dès leur arrivée, ils se précipitent rue de l'Université chez Christos Plessas, propriétaire d'une délicieuse confiserie-pâtisserie. Puis ils passent huit jours au Phalère, une plage située non loin de la capitale. Ils ont négligé de s'approvisionner suffisamment en quinine et le payent maintenant par une crise de dysenterie.

Il n'a pas à se plaindre. Les gens du *Suffren* sont charmants. Non seulement il est de toutes leurs expéditions, sans restrictions, mais de plus l'amiral l'invite à sa table chaque dimanche, ce qui l'oblige à troquer son habit de guerre comme un costume de salon [20]. D'où vient alors ce sentiment de malaise, léger mais diffus, dont il s'épanche auprès de son ami Tudesq? Londres a la désagréable impression d'avoir tout dit, tout écrit. Son stock de mots et d'images s'est épuisé. Pour le renouveler, il faudrait que les événements mettent un peu plus d'ardeur à se manifester. Gouraud, c'était bien. Sarrail, c'est mieux. Mais on ne va pas tenir les lecteurs en haleine avec ces détails.

« Les Balkans ne sont pas encore en feu, mais les bûchers sont dressés », écrit-il en attaque à un papier envoyé d'Athènes. Suit, non pas une relation épique de la lutte du peuple serbe attaqué de tous côtés, mais un chapelet de considérations assez ennuyeuses sur les coulisses du chantage diplomatique dans la région [21].

Il aura fallu que la Bulgarie parût gagnée à la cause des puissances centrales et que la coalition austro-allemande montre les dents en Serbie pour que survienne enfin l'événement tant attendu par les correspondants de guerre : le débarquement d'un corps expéditionnaire français à Salonique, au début du mois d'octobre, en violation totale de la neutralité grecque.

Pour Albert Londres, c'est une bonne et une mauvaise nouvelle. Bonne parce que dans la foule des nouveaux arrivants il reconnaît son confrère et néanmoins ami Édouard Helsey, un ancien du front de Champagne. Mauvaise parce qu'il réalise qu'il va devoir jouer très serré : Clemenceau, qui a toujours été critique pour les expéditions militaires par trop exotiques, dénonce déjà les embusqués de Salonique; et quand on sait les liens qui l'unissent à son ancien ministre Stephen Pichon ci-devant directeur du *Petit Journal*...

En retrouvant son camarade de tranchée, Helsey est frappé par sa barbe mal taillée, ses joues creusées, ses yeux enfiévrés et son paletot moutarde trop court, un peu ridicule même. Pour le reste, il n'a pas changé, l'incorrigible poète.

Un matin, Helsey découvre, épinglé sur sa moustiquaire, un papier portant ce quatrain dont l'origine ne fait guère de doute :

« Tu tu vautres dans ton penchant,
Tu n'es qu'un pauvre homme à la traîne :
Plutôt que faible sois méchant.
Honte à ceux que le vice entraîne [22]! »

La première division française est à Salonique. Déjà, les crieurs de journaux se font plus discrets dans la réclame du *Nouveau Siècle*, organe de la propagande allemande chargé de présenter en français aux populations macédoniennes les vues du kronprinz sur l'avenir de leur région! Dans deux jours, les soldats seront en Serbie envahie. Belgrade s'impatiente, écrasée par l'armée allemande, et les Français n'arrivent toujours pas. Les Serbes résistent dans l'espoir des prochains renforts. Ils sont au bout du rouleau depuis qu'ils ont mis l'arrière à l'avant. L'arrière, autrement dit les très jeunes, les très vieux, les femmes et les forçats. Nich-la-Byzantine, après avoir été Nich-l'Ottomane s'apprête à devenir Nich-la-Française. Ce sera éphémère mais bienvenu, pour une fois.

Le comité d'accueil est prêt : banderoles, lampions et drapeaux. La fête malgré les canons. Londres ne tient pas en place, de Nich à Salonique, de présidence du conseil en grand quartier général. Partout, il quémande un sauf-conduit pour le front. Enfin, l'adjoint du ministre des Affaires étrangères compatit. S'abandonnant un instant, il appose sa signature et un cachet au bout d'une lettre :

« Voilà, Monsieur, avec cela vous pourrez aller voir comment la Serbie va mourir [23]. »

Vite, le train de minuit, puis une auto de la division et enfin le front. Il ressemble à d'autres fronts, à ceci près : quand ils voient de méchantes ombres se profiler non loin, les Serbes ne crient pas « Les boches! les boches! » mais « Les Souabes! les Souabes! », ce qui a une tout autre allure, il faut en convenir. Depuis quatre ans, la division de Choumodia n'a jamais fait un pas en arrière. Elle continue. Elle a des réserves de chair. En face, ils ont un stock d'acier. Combien de temps cela durera-t-il?

Il pleut sans discontinuer. Il fait froid. La voiture s'est embourbée. Londres et les officiers continuent à pied, les mollets dans la boue. Leur consolation, c'est d'imaginer que lorsqu'une automobile s'immobilise ainsi, des canons allemands le font également, ce qui forcera leurs servants à se battre au corps à corps. A armes égales. Le reporter est confiant malgré tout :

« La Serbie est à bout, mais elle dure [24]. »

Retour à Nich, la seconde capitale de la Serbie. En déambulant dans ses rues qu'il croyait familières, Londres est étreint par une étrange impression. Il ne reconnaît plus rien. Comme si le silence et les volets clos avaient métamorphosé la ville. Rien ni personne : le vide, semble-t-il. S'il osait, il crierait : y a quelqu'un? ou il se demanderait si le dernier habitant est parti sans oublier d'éteindre les lumières.

Il rôde à l'aveuglette quand ses pas le mènent enfin à la Présidence du Conseil. Personne à l'entrée ni à l'intérieur. Il n'entend que le son de ses semelles sur la dalle. Enfin, une silhouette. Furtive peut-être, mais apparemment humaine. C'est Gabrilovitch, le secrétaire du Premier ministre. Les deux hommes se donnent l'accolade alors qu'ils se connaissent à peine. L'adversité pousse à d'insoupçonnables extrémités. Tout, dans les mains, le regard, la bouche du Serbe, exprime une immense tragédie. Londres le constate et compatit mais il a d'autres urgences : communiquer, transmettre, témoigner. Le temps presse.

« J'ai vu ce que font les vôtres, où puis-je envoyer mes dépêches ? lui demanda-t-il.

– Je me le demande...

– Croyez-vous que j'aie le temps d'aller les mettre à Bucarest et de revenir ? insiste le reporter.

– Vous pouvez encore aller à Bucarest en partant immédiatement. Je ne vous promets pas que vous puissiez en revenir, prévient le fonctionnaire.

– Puis-je aller à Salonique, pour l'instant, par Pritchina ?

– La route est libre, je doute fort qu'elle le soit quand vous arriverez à Pritchina.

– Alors vous êtes assiégés ?

– Nous le sommes[25]... »

C'est donc cela. Il ne reste plus qu'une solution pour envoyer ces précieux articles : cinq jours de cheval à travers la montagne albanaise. Ce n'est pas très sûr, tout à fait inconfortable, probablement éprouvant mais c'est la dernière route qui relie ce morceau de terre au reste du monde. Ou alors rester à Nich et attendre. Mais quoi ? Ils ne sont plus que cinq dans ce bâtiment sinistre de la Présidence du Conseil : le Président, son fidèle secrétaire, leurs secrétaires et le vice-ministre des Affaires étrangères. Le voici justement qui passe la tête par l'entrebâillement de la porte. Londres abandonne à regret le secrétaire, si digne dans son maintien, si noble dans sa détermination. En quittant l'antichambre pour le grand bureau, le journaliste a encore dans le creux de l'oreille les dernières phrases de leur conversation entre les caisses et les malles : « ... la Serbie se meurt, Monsieur, nous n'avons de reproche ni dans le cœur ni dans l'esprit. Nous resterons fidèles à nos amis jusque dans la famine et dans la mort[26]... »

Émouvant Gabrilovitch. Le vice-ministre est, lui, d'un abord plus conforme à son rang, en dépit des circonstances. En faisant entrer le journaliste dans sa pièce, il conserve son maintien très Affaires étrangères. Il fait sombre. Les meubles ont disparu. Ils sont partis avec les hommes. Le ministre cherche vainement un siège du regard :

« Excusez-moi... », lâche-t-il enfin, confus et gêné.

Un des mots les plus tragiques que Londres ait entendus depuis le début de cette guerre. Leur entretien est de courte durée. L'heure n'est pas aux spéculations diplomatiques. Ni l'un ni l'autre, ils n'ont le cœur à cela. L'homme des Affaires étrangères se tourne vers une grande carte murale. Ce qui reste du royaume de Serbie. Ce qui en restera demain... Il passe en revue les frontières puis fixe son doigt sur l'Albanie :

« Allez, Monsieur, et bonne chance. »

Albert Londres salue et s'en va à travers le palais désert. Pas plus d'huissier que de sentinelle. Il jette quelques notes à la hâte sur son carnet. Quelques phrases qu'il s'en voudrait d'oublier. Des stigmates de la plus haute détresse serbe. Puis il rédige ses propres impressions : « ... et si j'avais les yeux secs, c'est qu'on ne peut tout de même pas toujours pleurer [27]. »

L'itinéraire de Nich à Salonique n'est pas une partie de plaisir. Un châtiment exemplaire pour de méchants touristes. Cela lui prend dix-huit jours... A pied souvent, en camion parfois, à cheval longtemps, en char à bœufs hélas, en chemin de fer pourquoi pas. Sous la pluie, la neige, la grêle, dans la boue et le froid presque constamment. Mais ce n'est rien en regard des souvenirs qu'il rapporte de cette expédition : la gale et les poux blancs. Ce n'est pas faute d'avoir traîné : en dix-huit jours, il n'a dormi qu'une seule fois dans un lit, ce qui constitua l'occasion également unique de retirer ses chaussures. Son cheval a failli mourir sous lui, après quatre jours à brouter des rochers. Londres lui-même n'en menait pas large. Pour se rassurer, il avait un revolver en poche et un poignard glissé dans sa botte. Le plus dur, ce fut l'étape albanaise. Ce n'est plus l'Occident, pas encore l'Orient [28].

Moins chanceux que ses compagnons rencontrés en route, des confrères du *Daily Chronicle* et du *Daily Telegraph* ainsi qu'un reporter italien, il a dû se défaire de ses bagages pour chasser la vermine, et attendre d'être arrivé à Salonique pour traiter énergiquement le mal dans la première pharmacie venue.

La Serbie est héroïque et Albert Londres aussi. La première se bat contre l'envahisseur, le second contre les éléments déchaînés. Mais il a, lui, un handicap supplémentaire : il lui faut régulièrement rassurer sa maman. Elle ne comprend pas son mutisme. Il explique : quand on vient d'écrire cinq mille mots et qu'on les recopie pour le télégraphe, cela fait dix mille et on est trop fatigué pour écrire une lettre. Soit. Mais elle ne comprend pas pourquoi il ne se fend pas d'une carte postale, à tout le moins. Il explique : quand on est enfermé pendant trois semaines dans une région coupée du monde, on a du mal à communiquer normalement avec l'extérieur. Soit. Mais elle ne comprend pas alors, s'il travaille autant qu'il le dit, s'il est si éreinté par ses reportages, pourquoi on ne le lit pas plus dans son journal. Là, l'explication est plus technique :

« Mon but n'est pas d'envoyer souvent de petites choses. Un correspondant de guerre n'est pas un pisseur de copie. Pour mon compte personnel, je préfère envoyer un ou deux articles par mois, mais que ces articles soient réellement intéressants, plutôt que dix papiers secondaires. Je fais souvent des voyages qui n'offrent pas assez d'intérêt pour faire l'objet d'un article. Ainsi je reviens de Monastir et de Prilipo. J'ai dépensé cinq jours. Je ne ferai cependant pas d'article. Notre rôle consiste à être là pour le grand jour. Ce grand jour se fait parfois attendre un mois [29]. »

On ne comprend toujours pas à Vichy? Alors Albert Londres, quelque peu excédé, met les points sur i : pour lui, écrire un article consiste à trouver un moyen de transport, se ravitailler, quémander des sauf-conduits dans les états-majors, choisir enfin un angle, hésiter et se décider. Puis écrire. Quand il pose enfin la plume, il n'a qu'une hâte, un souhait, son vœu le plus cher : surtout ne plus aligner de mots. Ne rien faire. Garder la tête vide. Rêver...

Londres fatigue. Il est las. Les Français n'arrivent pas à se rapprocher des Serbes coursés par les Bulgares. La route est vite coupée et le corps expéditionnaire se retrouve dans la nasse. Il lui faut décrocher, battre en retraite vers la Grèce. Sarrail n'a plus qu'à organiser la tête de pont de Salonique en camp retranché. Rien de très glorieux. L'Orient est encore plus compliqué quand on a le nez dessus ou plutôt dedans. Londres ne fait même plus l'effort de soigner les attaques de ces articles. L'un d'entre eux débute ainsi :

« Voici secs et nets les faits qui se sont passés depuis huit jours, du commencement de notre retraite à sa fin. Le 1er décembre... [30] » Un secrétaire des débats à la Chambre y aurait mis plus de panache. Mais lui, il n'a plus le cœur à ça. La situation est devenue folle, incontrôlable. Les longs télégrammes qu'il parvient à envoyer à son journal arrivent cinq jours plus tard, un délai qui les rend inutilisables. Cette tension permanente l'épuise. Parfois, il est à bout de nerfs, rongé par le doute. Pourquoi être ici plus qu'ailleurs? Pour limiter ses allées et venues, il a pris un correspondant local à Salonique, à charge pour lui d'expédier régulièrement au *Petit Journal* les dépêches sur les faits quotidiens, ce qui autorise le reporter à circuler plus librement dans la région [31].

La retraite est meurtrière mais c'est à Paris que tout se joue. Au Quai d'Orsay, Aristide Briand se résigne à l'évacuation de Salonique après une conférence difficile avec les Alliés. Mais son secrétaire général, Philippe Berthelot, ne l'entend pas de cette oreille. A ses yeux, retrait est synonyme d'échec. Plus qu'un constat, ce serait un aveu. Il passe une partie de la nuit à rédiger, d'une écriture fiévreuse, un rapport argumentant sa thèse point par point, puis va réveiller Briand pour le convaincre. Il obtient gain de cause. Le 9 décembre, une délégation française particulièrement tendue reçoit dans ses murs ses partenaires dans l'affaire de Salonique. Tandis que l'Anglais parle, Joffre, commandant en chef des armées françaises, se penche vers l'oreille de Berthelot :

« Est-ce que je peux donner un coup de poing sur la table?

– Certainement [32]. »

La lourde main s'abat. Effet garanti. Il l'emporte mais ce n'est qu'un sursis.

Pendant ce temps, dans la zone des combats, Albert Londres change d'air pour se changer les idées. Il file à nouveau en Macédoine se consacrer à son sujet de prédilection : l'héroïsme du soldat français, l'émotion devant les capotes bleues se détachant sur la neige du Vardar, ce « halte-là! » si familier, si chaleureux, le Sambre-et-Meuse joué, en lieu et place du muezzin, par deux officiers « de chez nous » postés dans un minaret, les remises de croix de guerre au petit matin quand le canon tonne au loin... Plus le sort de cette guerre se joue dans les combines politiques des chancelleries de Paris, Berlin ou Athènes, plus Albert Londres s'attache à ses poilus et ses généraux auxquels plus personne ne semble prêter attention, à cette cote 516 où les cadavres français se ramassent à la pelle dans l'indifférence nationale.

Albert Londres semble avoir changé de ton, et le fusil d'épaule. Les Allemands, il ne les blâme plus pour avoir voulu la guerre mais pour l'avoir dégradée. L'expédition d'Orient ne lui semble plus être si décisive sur le plan stratégique, mais juste assez atroce pour obtenir une page dans l'histoire du grand carnage européen [33]. La nouvelle donne diplomatique autant que son évolution personnelle lui font renouer, dans ses reportages, avec l'esprit de chronique.

Après les valeureux combattants, les villes héroïques. La plus énigmatique et la plus fascinante est sans aucun doute Salonique, « nid d'espions ». On y voit un officier français partager la même table que son homologue et ennemi de l'armée bulgare car le restaurant est complet, le consul général d'Allemagne aller aux champignons sur un terrain d'aviation français, des officiers anglais bavardant dans un café, écoutés par un indiscret si proche d'eux qu'il manque de boire dans leur verre pas inadvertance, un journaliste français qui ne peut pas garder une cigarette éteinte au coin des lèvres sans qu'un mystérieux Autrichien surgi d'on ne sait où la lui allume, un soi-disant diplomate turc qui ne peut pas rater une marche d'escalier sans laisser échapper un juron en bulgare, des adolescents grecs vendre des journaux allemands rédigés en français à la barbe de nos soldats... Et tout cela dans la ville qui prétend servir de base aux armées franco-anglaises d'Orient! Misère...

« Salonique est un accès de fièvre, et si les villes avaient un cœur, de tous les cœurs des villes c'est celui de Salonique qui battrait le plus fort. A chaque pas que l'on fait sur son quai et dans ses rues, on sent que l'on heurte de l'émotion, de la crainte, de l'angoisse, de l'espoir, de la peur, de l'espionnage et de l'affolement[34]... »

Albert Londres est vraiment dans son élément. Chaque coin de rue lui fournit un paragraphe. Il suffit que plus de deux personnes devisent de conserve pour qu'il y ait du complot dans l'air. Les rumeurs circulent aussi vite que les contre-rumeurs. Les démentis n'ont même plus le temps de naître, ils sont déjà dépassés. De jour comme de nuit, cette cité cosmopolite est en proie à la fièvre obsidionale. Le rêve, que ce maelström d'hommes, de couleurs, d'uniformes, de faux bruits.

Vers 19 heures, chaque soir, Londres redescend sur terre en apercevant régulièrement une automobile éclairée sur le quai. A l'intérieur, un homme droit, lucide et énergique, résolu, qui sait où il va. Il est bien le seul ici. Il a de la chance. C'est le général Sarrail. La noblesse de caractère et le prestige que les correspondants français lui prêtent volontiers contrastent avec le mépris dans lequel ils tiennent un Aristide Briand, coupable de ménager le roi Constantin en raison des très intimes relations qu'il entretient avec sa sœur, la princesse Marie de Grèce.

Mars 1916. Allons voir à Corfou si la Serbie n'y est pas. Justement... A peine débarqué à l'hôtel, Londres constate que l'État serbe, dans sa totalité, y est descendu. A l'heure du souper, la salle à manger ressemble à un conseil des ministres à portes ouvertes. Il ne manque qu'un chambellan au bas de l'escalier monumental pour faire les annonces : « Monsieur le président du Conseil... Monsieur le ministre de l'Intérieur... Le ministre de l'Instruction publique... »

Le reporter retrouve d'anciens camarades d'infortune, rescapés de l'épopée albanaise ou de la dysenterie macédonienne. Quand la grande Serbie descend dîner, il en profite pour se promener dans les étages et repérer les chambres. Au premier, le dessus du panier. Au-dessus, les moindres ministres. Dans les salons, les préfets, juges, archimandrites... Cette troupe de voyageurs inattendus a vite transformé les coiffeuses en tables de travail, sans même prêter attention aux portraits du roi Constantin, toujours suspendus aux murs. Une fois son dépistage achevé, il descend dîner.

Le spectacle, car c'en est un, est poignant. « Un État assis à table d'hôte... », le chef de la police qui n'a plus le droit d'arrêter personne... le grand trésorier privé de trésor... un directeur des chemins de fer dans une île qui n'a même pas de tramway... des prélats sans autel... des juges sans tribunaux... Inoubliable.

« On ne parle pas dans cette salle où j'ai ce soir l'honneur de dîner, mais on regarde beaucoup dans le vague. Quelques-uns commencent des gestes que, sans s'en apercevoir, ils ne finissent pas : ils portent la main à leur verre, oubliant ensuite de porter le verre à leur bouche. On mange là mais on est ailleurs [35]. »

C'est Corfou-en-Serbie. Un microcosme de nostalgie. Un univers en marge dans un monde à part. Quatre jours après cette scène qui ne s'invente pas, Londres décide de prendre du recul : il va en mer pour contempler Corfou du large. Las! D'un rocher l'autre, on croirait Monaco! Ce jour-là, trois chalutiers français prennent la mer. Londres est à bord de l'un d'eux. Tout est calme, idyllique même. Qui songerait à la guerre face à une eau si paisible? Soudain, un cri : « Postes de combat, ceintures de sauvetage, feu à mille mètres! »

La *Ginette* a sauté sur une mine larguée par un sous-marin allemand. Six rescapés sur vingt-sept hommes embarqués. La mer est rouge. Londres pousse un soupir de soulagement. La guerre, il avait fini par l'oublier. Le lendemain, il réalise que son chalutier a patrouillé toute la nuit dans une zone où l'on ramassera peu après douze mines : « C'est la deuxième fois que je passe ainsi à cinq mètres de la fin », écrit-il à ses parents [36].

La deuxième, pas la seconde. Superstitieux depuis le début de la guerre, fataliste depuis peu, il a appris à contrôler l'usage de certains mots.

A son retour, il reprend la routine. Un reportage sur l'armée serbe ressuscitée, une dépêche sur la capture de l'équipage d'un zeppelin abattu, une enquête sur Salonique transfiguré par l'espoir, un portrait en pied et en marbre de l'inflexible général Sarrail, une chronique sur la Macédoine dans l'angoisse... Le tout-venant d'une banalité chaque jour un peu moins exceptionnelle.

Sa vie quotidienne à Salonique, il l'a organisée comme s'il devait s'installer dans le pays pour la décennie à venir. Avec Helsey du *Journal* et Rateau de *L'Écho de Paris*, il a loué une magnifique villa dans le quartier des campagnes : six pièces, trois chambres, deux salons, une salle à manger, pour mille francs par mois. Bien qu'ils ne dédaignent pas mettre la main à la pâte et qu'ils partagent souvent le repas au mess des officiers, ils ont engagé deux bonnes et une cuisinière. Après tout, ils sont censés déjeuner et dîner tous les jours chez eux. Rateau, promu chef de popote plutôt qu'officier de bouche, donne des ordres plus qu'il ne fait la cuisine. Un soir, ils décident de pendre la crémaillère avec seize invités. Officiers et journalistes participent aux agapes. Des Français du quartier général et des Anglais de Fleet Street, Marcelle Tinayre en mission mais aussi Henry Bernstein, officier-observateur en avion affecté à l'armée d'Orient, tout à sa pièce *L'Élévation*, qui sera jouée dans un an à la Comédie-Française. Au menu : potage, poisson de rigueur, gigot aux haricots blancs, foie gras, salade, bombe et, bien entendu, vin à volonté [37].

Il règne une atmosphère semblable à celle des milieux diplomatiques occidentaux dans les colonies les plus reculées de l'Empire. Les fêtes y sont une occasion de se retrouver entre soi, les rares indigènes étant des serveurs. Cela crée une situation où les concurrents ne sont plus que des confrères, les confrères des amis et bientôt des partenaires. Si loin de Paris, ils n'épousent pas les rivalités de leurs rédactions. A telle enseigne que Maizières, Londres, Erio et Price louent un grand bateau à pétrole pour cent soixante francs par jour, soit quarante francs chacun. Il tient bien la mer, suffisamment en tout cas pour leur permettre de suivre certaines opérations sans dépendre des autorités militaires [38].

C'est là, à Salonique, que Londres resserre véritablement ses liens avec Édouard Helsey. Ils se découvrent mieux qu'en Champagne. Les circonstances s'y prêtent. Plus disponibles, plus attentifs, plus indolents aussi. Quand Helsey est triste, Londres est là pour le réconforter. En ce moment, il fait tout pour le rassurer car Helsey a perdu sa femme, la comédienne Dussane. Elle n'est pas morte. Disparue tout simplement. Partie en tournée avec la Comédie-Française, elle n'a plus donné de nouvelles depuis un mois. Le journaliste, fou d'inquiétude, a télégraphié partout en vain. Il a même envoyé un ultimatum à la direction du Théâtre Français :

« Je veux savoir où est ma femme ! »

Cette campagne d'Orient aura révélé deux Français à Albert Londres : Helsey, son compagnon pour toujours, et le général Sarrail sur le compte duquel il ne tarit pas d'éloges : « Un ami... un homme extraordinaire... C'est peut-être le plus puissant et le plus curieux que j'aie rencontré. Je l'étudie avec immense intérêt car je le vois chaque jour. C'est une grande leçon de vivre dans l'entourage d'un tel homme [39]. »

Helsey partage avec Londres cette fascination pour le militaire qui représente la France en Orient. Il partage tout avec lui : sa villa à Salonique et, à l'automne, son hôtel, l'Olympos Palace, quand ils le jugent plus pratique, mais aussi les moyens de transport pour se rendre sur le champ de bataille, de communes frayeurs quand un obus tombe à cinq mètres d'eux, cette obscure sensation d'une main puissante qui refoule l'air sur eux, ce voluptueux sentiment d'être toujours en ébullition si près de la mort, l'inoubliable souvenir de ce bruit de moteur qui les fait sortir en même temps sur le balcon de leur chambre, une nuit vers 1 h 30, pour s'apercevoir qu'un zeppelin, que les projecteurs n'ont pas réussi à enserrer dans leurs faisceaux, est maintenant à 800 mètres à peine au-dessus de leur tête, à portée de la main dirait-on [40].

L'automne 1916 apporte d'autres surprises à Albert Londres.

Une marque de confiance : c'est Stephen Pichon, le directeur du

Petit Journal, qui lui télégraphie pour lui annoncer que non seulement il ne veut plus le voir à Paris qu'en coup de vent, entre deux reportages, si possible une guerre et une révolution, mais que de surcroît, il lui confie une mission officieuse : faire un saut à Rome pour demander à l'homme d'État Luzatti ce qu'il pense de « certaines » propositions du Quai d'Orsay[41]...

Une révélation : c'est un prêtre corse, affecté à la censure des télégrammes, qui un soir amène au bar qui sert de Q.G. aux journalistes un jeune confrère affecté, lui, au contrôle des communications téléphoniques. On fait les présentations :

« Voici Maizière du *Petit Parisien* et madame, Ferri-Pisani de la *Dépêche de Toulouse*, et Londres...

– Maurice Long ? demande le jeune homme.

– Non, dit l'intéressé. Maurice Long est un sénateur connu. Moi c'est Londres comme la ville. Et Albert ! »

Quelque peu embarrassé par sa bévue, le nouveau se présente à son tour. Pied-noir, il est le fils d'un imprimeur du Constantinois. Il a fait ses débuts à dix-huit ans comme rédacteur en chef du *Petit Guelma*, et la guerre dans les chasseurs alpins. Il s'appelle Alexis Danan et deviendra un des plus fameux reporters de l'entre-deux-guerres. En attendant, comme il taquine la muse à l'instar de Londres, il accepte de lire quelques-uns de ses poèmes à la demande générale, entre deux tasses de café turc. L'homme du *Petit Parisien*, qui ne cesse de prendre des notes, les publiera dans sa prochaine dépêche de Corfou. Dorénavant, Danan est membre du « club » et pour longtemps[42].

Des retrouvailles : un jour dans une rue de Monastir, Londres tombe enfin sur son vieil ami du temps de la Croix-Rousse, le peintre Rouquayrol. Le sachant incorporé dans l'armée d'Orient, il a cherché son régiment partout, en vain. Et ils se retrouvent inopinément derrière une batterie de 120 qui fait un tel vacarme que pour se parler il faut fuir. Cette journée, ils la consacrent entièrement à leurs souvenirs, oubliant l'un les armes, l'autre le télégraphe[43].

Une expérience originale enfin : la création d'un journal local à Salonique, en français, par des correspondants français. Pas question de laisser le monopole de l'information aux Allemands. *L'Écho de France*, qui paraît tous les soirs à 16 heures, s'est vendu, le jour de son premier numéro, à 5 300 exemplaires, rien qu'en ville. Un succès inespéré. Très vite, il se vendra à 20 000 exemplaires sur le front. La qualité du contenu rédactionnel compense les imperfections techniques et le mauvais papier. Il faut dire que les plus brillantes plumes de la presse parisienne y collaborent et que Londres en est le patron!

« Me voilà en plus directeur, écrit-il aux siens, mais ceci n'est que de circonstance [44]... »

Le ton de ses lettres change quelque peu au cours de l'année 1916. Plus mystérieux, plus amer. Comme s'il rongeait son frein pour un motif qu'il ne peut clairement leur exposer. Il ne s'agit pas de la nourriture, bien qu'il soit passé de 75 à 70 kg. Ce n'est pas non plus la faute aux moustiques. Le fonctionnement défectueux du télégraphe le fait enrager, mais il y a pire : la censure. Le mal absolu, même s'il ne peut le dénoncer qu'à mots couverts, si l'on en juge par ce florilège de sa correspondance :

« Si la censure sévissait cinq années sur un peuple, ce peuple deviendrait complètement abruti [45]... »

« Si l'on pouvait raconter tout ce que l'on voit et tout ce que l'on sait, les lecteurs se précipiteraient sur les journaux. Mais ce sera pour plus tard [46]... »

« Je vais enfin régler son compte à la censure qui s'acharne sur moi [47]. »

Il se dit continuellement attendu au coin du bois par l'homme aux ciseaux. Assassiné par « Anastasie », la censure, il reçoit le coup de grâce du télégraphiste. A l'arrivée et une fois publiés, ses articles lui paraissent méconnaissables. Déjà, il n'a qu'une hâte : les réunir un jour dans un livre afin de rétablir la vérité. En attendant, comme l'ensemble de ses confrères qui enragent sur place pour les mêmes raisons, il a dépensé plus de six mille francs de dépêches pour dire sa fureur contre la censure, ce qui a été naturellement censuré [48]. Son journal le soutient puisque la censure lui a supprimé neuf articles de suite en provenance de Corfou ou Salonique [49]. De quoi le décourager de prendre des risques.

A Paris, la censure suscite autant d'hostilité que sur le champ de bataille. Les patrons de presse dénoncent son illogisme et ses excès, les hommes politiques lui reprochent ses exclusives et les milieux militaires... son laxisme! Plus les journaux et les tribuns du Palais-Bourbon l'attaquent, plus elle se renforce, notamment dans tout ce qui relève des informations militaires. Elle se croit intouchable en raison des circonstances exceptionnelles, alors elle en profite, n'hésitant pas à obéir aux plus intrigants des membres de l'état-major, plus soucieux de régler leurs comptes avec le général Sarrail que d'informer le public sur les difficultés de l'armée d'Orient. Plus Clemenceau attaque, dans son journal *L'Homme libre*, le principe d'une censure qui déborde du cadre strictement militaire pour s'étendre dans le champ social et politique, plus Briand plaide pour une omnipuissance de la censure :

« Nos soldats gardent la frontière, s'exclame-t-il devant les députés, nous, nous montons la garde devant le moral du pays. Je supplie la Chambre de ne pas affaiblir entre nos mains notre autorité indispensable [50]! »

Depuis le début de la guerre, il n'est question que de bourrage de crâne, d'un côté comme de l'autre. Français et Allemands se livrent à une surenchère dans la bataille des communiqués, destinée à bercer leurs troupes et leurs concitoyens dans l'illusion d'une supériorité incontestable et d'une victoire à portée de la main. Après le règne de la fausse nouvelle, qui a beaucoup sévi avant les hostilités, on assiste au règne de l'absence de mauvaises nouvelles. Une consigne : ne pas désespérer le soldat. Un mot d'ordre : gonfler l'arrière. En ce sens, l'évolution de la censure est un bon baromètre; il permet de prendre la mesure de l'agitation et des hésitations des dirigeants, à travers la valse des instructions [51].

En 1914, en Champagne, sur le front des Ardennes et en Flandre, Albert Londres avait déjà eu un avant-goût de ce qui l'attendait si la guerre devait se prolonger. Côté français comme côté anglais, un officier était nommé auprès de l'état-major pour rassembler les épisodes les plus marquants d'un engagement, rédiger un article-rapport, le faire corriger par les généraux et le remettre à la presse dans le fol espoir que cela lui éviterait d'aller voir sur place et mettre son nez dans la vraie guerre. Côté anglais, on poussait même le vice jusqu'à signer l'article « Le témoin oculaire » [52]... Tout ceci n'était encore qu'embryonnaire à l'automne 1914. Depuis, les censeurs ont pris de l'entraînement et de l'assurance. Ils n'hésitent plus à forcer un correspondant originaire d'un pays neutre à s'engager dans un camp ou dans un autre afin que nul n'échappe à la manipulation par la propagande.

Rue de Grenelle, au siège de la censure où l'on reçoit tous les jours les morasses des grands journaux, les juges en tenue kaki grattent de plus en plus souvent des paragraphes entiers, laissant un blanc accusateur sur les clichés des rotatives. Les rédacteurs en chef se révoltent pour la forme, conscients que le bras de fer avec le fameux « Bureau de la presse » de la rue de Grenelle serait sans effet : en cas de refus des blancs imposés, les autorités militaires peuvent ordonner la saisie immédiate du journal. Clemenceau parmi d'autres en fait l'expérience après avoir maintenu dans *L'Homme libre* un article dénonçant les mauvaises conditions d'hygiène des trains sanitaires. Quand il reparaîtra huit jours plus tard, ce sera sous un autre titre : *L'Homme enchaîné*[53]...

Le censeur est tout-puissant. Un mot tombé en désuétude redevient à la mode : échopper. Autrement dit érafler ou plutôt tailler à l'échoppe. Les journalistes étant de plus en plus privés de front, les officiers-informateurs donnant plus volontiers dans la couleur locale et la geste héroïque des poilus que dans l'information brute, on assiste faute de mieux et pour un temps seulement, au grand retour des éditorialistes, les Clemenceau (*L'Homme enchaîné*), Maurice Barrès (*Écho de Paris*), Gustave Hervé (*La Victoire*), Alfred Capus (*Le Figaro*). A eux le ministère de la parole en attendant que les envoyés spéciaux voient leurs articles restitués dans leur intégrité et non en lambeaux jalonnés de blancs.

A Salonique, alors que 1916 s'achève par la bataille de Monastir et la retraite bulgare dans les marécages, la mesure est à son comble chez les envoyés spéciaux. Ils ne peuvent plus travailler dans de telles conditions. Certes, la matière ne manque pas. Albert Londres alterne dépêches et reportages. Comme d'habitude. Mais la plupart sont massacrés au départ comme à l'arrivée. Et il n'est pas le seul dans ce cas.

Son ami Hubert Jacques de l'agence Havas a eu vingt-sept dépêches dénuées de tout commentaire non plus censurées mais purement et simplement supprimées. En six semaines, ce qui est un comble! Il a laissé publiquement éclater sa colère en découvrant dans un journal une de ses dépêches ainsi libellée : « au cours d'une perquisition effectuée hier dans le village de Domokos, nos officiers contrôleurs ont constaté l'absence totale d'armes ou d'éléments d'appareil militaire », alors que dans la version originale, il avait bien précisé : « il a été découvert trois fusils-mitrailleurs, quarante-sept carabines Mauser, douze caisses de munitions, cent grenades, quinze bombes, deux cents mètres de cordon Bickford »[54]. Et c'est reproduit dans la presse nationale! Et c'est signé Havas et daté de Salonique!

« Nous ne pratiquions guère l'optimisme béat, reconnaît Édouard Helsey, ... mais c'était mentir assurément que de taire les saletés de la guerre. N'était-ce pas mentir aussi que de vouloir l'enfermer dans ses plaques de boue[55]? »

A quoi bon chercher à rétablir les faits? A Salonique, ils sont dans la nasse, impuissants. Mais depuis la révolte des Athéniens, l'agression en mer contre le *Zappeion* et le tir des canons grecs contre les cols bleus français, la tension est extrême entre le roi et le général, entre Constantin et Sarrail. La coupe est pleine pour les journalistes et pas seulement les Français.

Un soir, plutôt que de battre tambour contre les portes blindées de la Censure, chacun pour soi et à tour de rôle, quatre correspondants aux mines de conspirateurs décident d'unir leurs efforts. Albert Londres, Édouard Helsey, J.M. Jeffries et G.J. Stevens sont résolus. Ils rédigent à quatre mains un rapport circonstancié sur leur situation, les mensonges qu'on leur fait assumer, la propagande qu'ils sont obligés de signer, les déformations politiques que subissent leurs articles... Ils exposent également leur point de vue sur le trouble jeu de Constantin, son double langage, son progermanisme sournois. Comme de juste, ils concluent à la nécessité d'écarter le roi du pouvoir, laissant au peuple grec le soin de le remettre sur le trône le cas échéant, après la fin de la guerre.

Une fois leur rapport commun rédigé, ils décident d'en envoyer une copie à tous ceux qui dans leurs pays respectifs détiennent une parcelle de pouvoir sur l'exécutif, le législatif ou l'opinion. Et ils attendent...

Sur place, la situation évolue et Londres continue à la suivre avec toute l'attention qu'elle mérite, pataugeant sous la pluie avec l'armée Sarrail bloquée devant Monastir. Au début de 1917, peu après la soumission de Constantin, il écrit un superbe article sur un sujet des plus énigmatiques : l'équipée de deux cents poilus de l'armée d'Orient chez les six mille moines du mont Athos. En dehors de leur saleté et de leur pilosité, ils n'ont rien de commun. Albert Londres, qui les accompagne, raconte par le menu la rencontre historique entre les chemineaux de Sarrail et des ermites d'un autre âge en conversation permanente avec Dieu. Un morceau d'anthologie dans lequel il n'y a pas une ligne pour révéler au lecteur la raison de cette escapade [56]...

Londres a la tête ailleurs. Constantin résiste. Soumission n'est pas démission. Le roi ne plie pas. Alors le quarteron de reporters qui l'a dans sa ligne de mire depuis trop longtemps, prend l'initiative et force la main à l'Histoire. Plutôt que de se contenter de suivre l'événement ou même de le précéder, il est grand temps de le créer. Un soir à Athènes dans une chambre de l'hôtel de Grande-Bretagne, les quatre hommes échafaudent un plan pour que le roi n'échappe plus à son sort.

Quel est son principal soutien en coulisses? Qui est ce gêneur qui retarde en sous-main une issue inéluctable? Le général Philips, le nouveau chef du contrôle militaire, récemment nommé. Or, ce n'est un secret pour personne à Salonique, il est de cette camarilla britannique qui soustrait le souverain grec aux mauvais coups qui pleuvent de partout. Il convient donc, en toute logique, d'éliminer Philips. Tout simplement. L'exécuteur des basses œuvres est tout trouvé : ce sera Lambrakis, un Crétois résolu et exalté, très répandu dans les milieux journalistiques proches du Venizélos, l'ancien chef du gouvernement.

« Nous allons le charger d'abattre le général Philips, déclare Londres, abandonnant tout sang-froid. Postés à proximité du lieu de l'exécution, nous raconterons, sans perdre une minute, que nous avons vu des épistrates s'enfuir, le coup fait. Il faudra bien alors faire marcher sur Athènes les troupes amenées par transports au Phalère en prévision des événements. La suite ira de soi [57]. »

Façon de parler. Un ange passe. Les conjurés ne sont plus qu'un triumvirat. Quand ils quittent la chambre d'hôtel pour se rendre d'un pas décidé chez le tueur, l'un d'entre eux, Jeffries, effrayé par tant de hardiesse, renonce à en être. Peut-être que si la cible n'avait pas été si officiellement britannique...

Chez Lambrakis, après les civilités d'usage, Albert Londres entre dans le vif du sujet : le jeu de Constantin, les manœuvres du général Philips et la difficile tâche de M. Jonnart, le haut-commissaire français, qui ne parvient pas à faire plier le roi malgré les ultimatums...

« Êtes-vous prêt à tout pour brusquer les choses?

– A tout », répond le Crétois sans hésiter.

C'est bien un zélateur aussi déterminé qu'on le dit. Il est tout à fait l'homme de la situation. Albert Londres sort aussitôt de sa poche un énorme revolver d'ordonnance et le lui tend :

« A 5 heures, poursuit Londres, le général Philips prendra le chemin de la rue Sina, au pied du Lycabète. Vous vous cacherez dans les massifs de lauriers-roses, qui sont au coin de la rue Epistimiou. On n'y voit jamais personne dans l'après-midi. Quand vous apercevrez Philips, vous lui viderez votre chargeur dans le ventre. Tâchez de bien viser, nous nous chargeons du reste.

– Entendu, vous pouvez compter sur moi [58]. »

L'après-midi, les trois reporters prennent le thé dans le salon de leur hôtel, à quelques tables de leur victime. Entre deux toasts, ils se jettent des regards mauvais, leur hostilité réciproque n'étant un secret pour personne. Dehors, le tueur fait les cent pas, la poche gonflée, la moue nerveuse. On aperçoit sa silhouette à travers le voile des rideaux. Londres jette un dernier regard furtif à sa montre. C'est l'heure. L'officier anglais se lève. Il s'apprête à quitter la salle pour son rendez-vous avec la mort quand un lieutenant de la mission navale, encore tout essoufflé par sa course, se précipite à la rencontre des journalistes :

« C'est fait, clame-t-il. Jonnart passe outre. Plus rien à craindre. Il vient de recevoir à son bord le Premier ministre Zaimis et de lui communiquer l'arrêt. Le roi a quarante-huit heures posur quitter Athènes [59]... »

A quelques minutes près, les trois reporters n'auraient pas pu interrompre leur affidé dans son projet. Lambrakis aurait été moins désappointé et Albert Londres se serait rendu coupable d'assassinat par procuration.

Un jour, quand toutes les archives des chancelleries les mieux gardées auront livré leurs plus intimes secrets, on saura peut-être si cette entreprise folle et téméraire n'était pas téléguidée par certains milieux parisiens... Il est un fait que dans ces premiers mois de 1917, Albert Londres est de plus en plus mystérieux dans sa correspondance privée, celle qu'il échange avec ses parents comme celle qu'il entretient parallèlement aux dépêches avec Abel Henry, le rédacteur en chef du *Petit Journal*. Certes, il peste toujours contre la censure qui étouffe ses télégrammes, surtout quand on y trouve des phrases aussi univoques que celle-ci : « Depuis un an nous sommes dans la vérité, et depuis un an le gouvernement est dans l'erreur [60] ! »

Au journal, on le défend contre les excités du ciseau et du grattage. Mais il serait bon qu'il y mette du sien, lui aussi. Qu'il fasse plus court, car les articles ne doivent plus dépasser une colonne. Qu'il soit moins entier dans ses jugements. Moins tranchant. Abel Henri l'en implore : « Efforcez-vous de temps en temps de faire des choses que je qualifierai de plus neutres afin qu'elles soient moins suspectes et que les lecteurs du *Petit Journal* puissent se rendre compte que nous avons un envoyé spécial en Orient. Tout cela est une question de forme et non pas de fond [61]. »

Le rédacteur en chef, qui lui renouvelle toute sa confiance et loue ses qualités d'envoyé spécial, ne lui demande pas de se violer ni de perdre son identité. Il essaie juste de lui faire comprendre que pour se faire accepter tant des censeurs que des lecteurs, il doit fournir un effort d'écriture et modérer la virulence de ses analyses sans rien changer à la densité de ses informations.

« Il faut bien s'adapter aux circonstances, conclut-il dans sa requête. C'est là, si je puis dire, votre point faible [62]. »

S'adapter aux circonstances... Justement. Depuis peu, Albert Londres s'y est mis activement, mais par des voies souterraines. Ses lettres sont désormais pleines de mystères, de sous-entendus, de non-dit. Toute une phraséologie que l'on jugerait digne d'un agent de renseignement amateur.

« Si je pouvais depuis longtemps vous dire par lettres ce que je fais, vous sauriez que mon travail de journaliste est devenu accessoire... Ayant la confiance du patron, je me suis mis à travailler à des affaires d'*État*. Ne croyez pas que j'exagère. Vous serez bien étonnés quand je rentrerai, d'entendre ce que je vous dirai... Je vais probablement retourner à Athènes. Vous comprendrez bientôt pourquoi par les nouvelles que vous recevrez. Ce qui s'est passé en Russie * va se passer en Grèce. Vous penserez à ce moment que je n'ai pas été complètement étranger à ce chambardement. Plus tard, vous saurez tout cela. C'est pourquoi je vous ai dit tout à l'heure que le journalisme devenait un peu accessoire [63]. »

Le ton est nouveau. D'autant que dans le développement de cette lettre à ses parents, Londres ne cache pas sa haine pour Briand, le mépris que lui inspire sa politique malhonnête dans les Balkans, la découverte de sa trahison et de ses relations parti-

---

* Première révolution et abdication du tsar.

culières avec la belle-sœur de Constantin, l'ostracisme que cette hostilité implique et qui se traduit par l'étouffement de quarante-trois de ses articles, jugés trop critiques. Sa seule consolation, c'est la chute du ministère Briand en mars. Elle le soulage, le comble, le fait sauter de joie, de concert avec Helsey.

Deux mois plus tard, en mai 1917, il est encore plus énigmatique :

« Je vous laissais entendre dans ma dernière lettre que je travaillais ici entre Athènes et Salonique hors de ma besogne de presse. Là est en effet le plus important de ma mission. Ayant acquis la confiance du patron, lui ayant plu par des qualités de perspicacité et de ténacité, je suis mêlé intimement aux affaires de Grèce où je suis non un truchement mais un moteur. Si je ne m'explique pas plus clairement, c'est que je ne suis pas sûr que mes lettres vous arrivent sans être ouvertes et qu'il est des choses que je ne puis laisser savoir[64]. »

La confiance du patron... Une mission... Des choses que l'on ne peut dire... Quand on sait que le patron en question, Stephen Pichon, s'apprête à reprendre son bureau au Quai d'Orsay dans un cabinet Clemenceau, que Londres est un fidèle supporter de Sarrail et un ennemi acharné de Joffre, Briand et consorts, on se pose des questions sur son statut exact dans cette aventure. Il est certes depuis peu incorporé officiellement à l'armée d'Orient. Mais comme il le dit lui-même, le fait qu'il soit muni d'un livret militaire ne change rien à sa situation morale, pécuniaire ou vestimentaire. Il reste avant tout l'envoyé spécial du *Petit Journal*. En principe...

On peut croire qu'invité à rendre quelques services à une cause qu'il défend dans ses articles, il se soit quelque peu laissé griser. Contaminé par la fièvre obsidionale qui étreint Salonique depuis le début de cette affaire, il a une réaction assez répandue chez nombre de journalistes au cœur d'un maelström d'événements dont ils aimeraient bien être les acteurs secrets. Rien que de très humain, surtout à trente-trois ans, qui plus est lors d'une première campagne dans une région qui autorise tous les romantismes... De là à organiser l'assassinat d'un général anglais!

Salonique, début mai 1917. A 9 heures, Albert Londres passe au quartier général de l'armée d'Orient, comme à son habitude. Un message des plus sibyllins l'y attend :

« N'attendons plus que vous pour kermesse. »

Traduction simultanée :

« On va mettre le roi à la porte. »

Aussitôt il cueille Helsey à l'hôtel et, en l'absence de bateau, ils décident de gagner Athènes par la terre. Autrement dit le train jusqu'à la zone neutre, puis quinze kilomètres à dos de mulet; puis à nouveau le chemin de fer, des petites routes à pied ou par des moyens de fortune, le train encore. Soixante et onze heures de voyage en tout, tenaillés par l'angoisse d'arriver trop tard. Ils arrivent finalement trop tôt. La situation se gâte, s'améliore, se gâte... Le reporter Albert Londres est en chômage technique, pas l'agent de renseignements qui continue à expédier ses dépêches chiffrées[65].

Le 12 juin à midi, Constantin le fourbe, le duplice, l'intrigant est toujours à son poste en dépit de l'expiration de l'ultimatum français. Il prétend que la foule l'empêche de partir. Pour le démentir, Albert Londres fait le tour du Palais en fendant avec allégresse une foule qui n'est point si compacte. Un avion français survole l'Acropole. Dernier avertissement. Des détachements de l'armée Sarrail prennent pied au Pirée, au Phalère, sur les collines du Parthénon. Le soir, le roi et les siens ont quitté Athènes. Direction Copenhague via Corfou avec l'aide des marines française et anglaise. Bon vent! Le massacre annoncé n'a pas eu lieu[66].

Cette abdication, c'est « la » grande victoire alliée. Mais que de bruits, de moyens, de morts pour un si mince succès! Londres jubile. Il écrit : « Depuis six mois l'honneur de la France traînait dans la poussière de Grèce; il vient de se relever[67]. » Il se frotte les mains mais n'en mène pas large. Car dès qu'Athènes apprend que Constantin passe la main, le tocsin se met à sonner, des bandes de centaines d'épistrates défilent d'un pas martial, notamment aux alentours de l'hôtel Grande-Bretagne, repaire d'Européens hostiles à leur roi. Si l'on en croit Édouard Helsey, il s'en est fallu d'un cheveu que les quatre conspirateurs qui armèrent la main du Crétois ne fussent abattus :

« ... Nous fûmes tous quatre condamnés à mort. Parfaitement! Et si l'exécution manqua, c'est que quelques jours plus tard, Jonnart chassait le roi, déportait son entourage, ramenait Venizélos. Il ne s'est jamais douté, le digne homme, du service éminent qu'il nous avait rendu[68]. »

Et dire qu'à Vichy, Mme Londres se demande pourquoi son fils ne lui écrit pas plus souvent...

Le départ du roi, Londres l'interprète comme un signe à usage personnel. Même si l'affaire d'Orient n'est pas encore classée, il est temps, pour lui aussi, de partir. Cela fait plus de deux ans qu'il a quitté les siens. En abandonnant ses chères îles grecques pour monter sur le bateau qui le ramène en France, il rate à quelques jours près un événement qui lui eût fourni matière à un article coloré, comme il les aime : l'incendie de Salonique le 18 août. Il se sent frustré en en lisant la relation dans le journal de ses amis de *L'Écho de France.*

Au départ, un fait divers insignifiant : un réfugié imprudent fait fondre du beurre dans une poêle à frire pour préparer ses aubergines. Mais le feu prend tant et si bien qu'il se propage, gagne la paroi de la bicoque, l'embrase. Comme le vent du Vardar souffle violemment, la maison voisine est gagnée, puis celles de la place Agua Nueva, puis l'ensemble du quartier turc construit en planches et torchis, puis tout le nord-ouest de la ville puis... Vingt-quatre heures après, Salonique a vécu. La rue Venizélos, le grand bazar, la cathédrale Sainte-Sophie ont été touchés. La ville n'est plus que ruines et décombres. Salonique fume. Contre toute attente, l'orgueil de l'Orient aura finalement été vaincu non par l'aviation allemande mais par une poêle à frire trop généreuse[69]... Et il a raté cela!

Sur le bateau du retour, Albert Londres pense au livre qu'il consacrera, sans doute aucun, à cette campagne d'Orient. Depuis plusieurs mois, il le construit dans sa tête. Ce récit, qui reprendra probablement les informations censurées par les consignes de l'ignoble Briand, il estime l'avoir vécu aussi bien dans la conception que dans l'exécution, aussi bien auprès des chefs que parmi les soldats. Il a déjà le titre : *A.O.*, pour armée d'Orient[70]. De ce livre espéré et rêvé, il ne restera jamais qu'un titre[71].

Très marqué par une expérience qui l'emmène, pour la première fois, aux antipodes de l'Allier, de la Croix-Rousse et de Montmartre, il consacre à cette folle quête pour Constantinople le plus émouvant de ses articles, trois mois après son retour. C'est le jour des morts. *Le Petit Journal* lui demande une colonne sur le sujet de son choix mais en rapport avec le 2 novembre. Alors Londres donne des lignes d'un pathétique pour une fois débarrassé de tout lyrisme, sur trois cimetières français par-delà les mers, à Salonique, Moudros et Sédhul-Bahr :

« ... C'est le champ de repos des nations. Tous ces uniformes que vous aurez rencontrés sur le chemin seront là, couchés chacun dans leur carré. L'orthographe des noms vous dira les patries. Vous avancerez dans les allées et les noms de France surgiront sur les croix. Les voilà, ceux qui ne reprendront pas le bateau. Morts de balle ou de fièvre, dans la terre étrangère, pour l'exemple encore, ils se tiennent serrés. L'ordre et la piété y règnent...

Plus tard quand la guerre sera finie et que les paquebots auront repris leur voyage sur les mers, les capitaines en route vers Constantinople, dès qu'ils seront en vue des détroits, étendront le bras et diront aux passagers " Voyez ces croix, c'est le cimetière des soldats français. " Que les voyageurs leur jettent alors une couronne, ce sera la première que recevront les héros qu'aujourd'hui notre jour des Morts ne peut pas toucher [72]. »

6.

La tentation du Renseignement

Paris septembre 1917. Enfin chez soi après quarante mois de promenade. Quand Albert Londres rentre chez lui, la capitale est en pleine ébullition. Clemenceau, qui se sait populaire, ne cesse d'attaquer, à la Chambre, au Sénat, dans la presse. Il s'en prend violemment à Malvy, qui doit démissionner. Peu après, c'est au tour du cabinet Ribot de se démettre.

Au *Petit Journal*, la situation n'est guère brillante. Son déclin se poursuit tandis que *Le Matin* vend un million et demi d'exemplaires chaque jour. A Vichy où il passe quelque temps, la ville, les gens, la pension de famille de ses parents paraissent exactement identiques à l'état dans lequel il les avait laissés. Pendant ce temps, lui en a tant vu... Il ne s'est toujours pas réadapté au rythme de la France métropolitaine, se précipitant tous les jours sur les gazettes et s'absorbant en priorité dans les nouvelles de la France d'Orient, « son » armée. Cette affaire ne laisse pas de l'exciter comme au premier jour. La lecture entre les lignes des communiqués officiels le comble de joie.

« Les événements sont plus forts que les hommes, ce sont eux qui décident! » clame-t-il [1].

En vérité, il exulte. Tout se déroule comme il l'avait prévu. Il se donne l'impression d'avoir été un oracle. Sa seule déception, c'est qu'il a crié dans le désert. Dans ces moments d'intense jubilation intérieure, Sarrail est le seul homme auquel il pense avec un sentiment d'admiration. Il reste le premier artisan d'une œuvre si controversée. Le fait de ne pas appartenir à la chapelle du Grand

Quartier Général lui a beaucoup coûté. On ne lui a pas pardonné d'avoir tout de suite considéré le front oriental comme un lieu d'affrontement essentiel pour emporter la décision finale, et non comme un théâtre d'opérations secondaire. Aujourd'hui, ce sont d'autres que lui qui tirent les marrons du feu. Mais Londres est patient : « La revanche viendra [2]... »

Pourtant dans quelques mois, peu avant Noël, Sarrail va recevoir un télégramme le rappelant définitivement en France. C'est une décision, lui explique-t-on, « se basant sur des considérations d'ordre général ». Désabusé, le général songe à répondre en résumant l'action de son armée d'Orient comme Bonaparte le fit de son armée d'Égypte :

« Vous n'avez jamais été battus, vous ne mourrez pas sans êtrre vainqueurs [3]. »

Sarrail, Salonique, Monastir, le *Suffren*... Autant d'images qui se télescopent dans sa mémoire. A Vichy, Londres vit encore dans ses souvenirs.

« Je vais travailler, qu'on ne me dérange pas », lance-t-il à la cantonade.

« Il arrive pour trois jours et il s'enferme, maugrée sa mère. Il a grandi, ne trouves-tu pas, Florise? Il parle d'une manière si sèche, si assurée! On m'a changé mon petit [4]... »

Il faudra bien des plaintes et des larmes pour que le grand reporter en uniforme d'officier, distingué par le brassard vert des envoyés spéciaux, se décide à quitter sa chambre pour emmener sa fille en ville acheter un manteau, des bas, un chapeau, une montre...

« Et tout le bazar! »

En novembre, quelques jours après le renversement du cabinet Painlevé et la prise du pouvoir par les bolcheviks en Russie, Clemenceau, l'intraitable Vendéen, forme un nouveau cabinet. Naturellement, le directeur du *Petit Journal* Stephen Pichon, le loyal parmi les fidèles, est à nouveau désigné pour diriger sa diplomatie. Londres sent que tout change [5]. De grands événements se préparent. Pour l'heure, ce n'est qu'une intuition. Elle se confirme quand il reprend sa correspondance pour le journal. Son Q.G. se situe désormais à 20 km de Compiègne. C'est là, au château d'Offremont, que le ministère de la Guerre a regroupé les reporters de manière à leur permettre de rayonner un peu partout dans les armées.

Comme tous ses confrères, il a dû signer et approuver une note du ministère de la Guerre quelque peu contraignante. Intitulée *Instructions concernant les correspondants de guerre français aux armées,* elle est longue de trois pages et organisée en onze points. Elle soumet le correspondant de guerre au code de justice militaire, comme n'importe quel officier. Il doit non seulement faire viser ses articles par le chef de la « Mission de Presse Française » mais obtenir son imprimatur pour toute sa correspondance, privée ou professionnelle. Dans les reportages comme dans les lettres, il lui est formellement interdit de porter préjudice aux intérêts de l'Armée, ou atteinte au moral ou à la discipline des troupes. Ainsi, il ne peut divulguer, par la plume ou la parole, les noms des lieux d'unités ou de Q.G., décrire des systèmes de défense ou des procédés tactiques, détailler des postes d'observation, des batteries, des voies ferrées, des ponts, ni même critiquer les opérations car cela serait de nature à faire valoir la force de l'ennemi. Pas question non plus de prendre des clichés et encore moins de les expédier, ni de sortir de la zone des armées sans autorisation spéciale. Son seul droit, c'est de raconter malgré tout ce qu'il voit, ce qu'il sait sans outrepasser ces limites. Son unique devoir, c'est de supporter tous les frais de son séjour aux armées[6]...

En décembre 1917, il a fait un petit tour sur le front italien. Le temps d'écrire une demi-douzaine d'articles et de perdre son bien le plus précieux :

« J'avais invité ma malle, raconte-t-il à sa fille. Elle fit le voyage d'aller, mais ne revint pas. Les Italiens sont-ils des voleurs, ou cette malle est-elle une dévergondée? Je n'ai d'elle aucune nouvelle[7]. »

Par dépit amoureux, il ne voyagera plus désormais qu'avec une vieille valise en peau de cochon.

Mais à partir de janvier, ça redevient sérieux. Il est sur le front de Lorraine, attendant l'offensive allemande. Mystère et secret sur toute la ligne. Tout ce qu'on sait, c'est qu'on ne sait rien. L'air du temps n'est fait que de rumeurs et contre-rumeurs. Le soir, les officiers-reporters redeviennent des écoliers. Assis sur des bancs, ils subissent des leçons de mathématique et de géométrie pour bien comprendre les manœuvres de l'artillerie et celles du repérage.

Mais c'est aux lois de l'intoxication et de la propagande que l'on devrait plutôt les initier. Londres est quant à lui persuadé que le grand état-major allemand cache son dessein même à sa propre armée [8].

Les contraintes de la censure étant ce qu'elles sont, il ne lui reste plus qu'à dresser le portrait du soldat fançais tel qu'il se présente après trois ans et demi de guerre. Mais même là, il doit écrire avec doigté car la réalité telle qu'il la constate est subversive : elle pourrait faire le jeu de l'ennemi. En effet, le poilu de base que Londres côtoie quotidiennement en Lorraine est un être désinvolte, indifférent à la situation, qui plane au-dessus des menaces les plus alarmistes. Tout ce qui l'intéresse, c'est l'approvisionnement en pinard. En avoir ou pas, telle est la question existentielle qui l'agite. Dans cette optique, la menace allemande relève du domaine de la science-fiction. On encouragerait l'adversaire à moins. Pourtant, l'article passe à travers les mailles de la censure. La crainte de l'offensive? C'est bon pour l'arrière. Ici, on prend tout avec calme et détachement. Après tout Clemenceau, ci-devant chef du gouvernement, est venu inspecter les premières lignes et cela ne l'a pas choqué outre mesure. Pour en avoir le cœur net, Londres a refait son chemin après lui et il a interrogé les mêmes troufions.

« C'est vous qui avez-vu le Tigre?

– Oui.

– Que lui avez-vous dit?

– Qu'il ne s'en fasse pas [9]. »

Ainsi va la France combattante.

C'est désormais sa méthode : passer les soldats à la question, mais sans les torturer. En l'absence de militaires, il se rabat sur les civils. En Alsace profonde, il demande au curé, au menuisier ou à la vieille fermière ce qu'ils pensent de la récente déclaration du comte Hertling qui fait tant couler d'encre : en 1870, il ne s'agissait pas d'une conquête mais d'une désannexion de l'Alsace-Lorraine... Les réponses correspondent à son attente. Elles sont autrement plus vécues, authentiques et émouvantes et combien plus efficaces que le plus agressif des communiqués alliés [10].

Peu lui importe que *Le Petit Journal* confie au général Berthaut le soin de faire tous les jours le point de la situation à la une, ou que les grandes plumes qui couvrent l'affaire Bolo Pacha aient droit régulièrement à la manchette. Rien ne vaut le terrain. Loin du pouvoir, au cœur de l'événement. Mais que la tâche est ingrate! Depuis des semaines, Londres et ses confrères courent d'Alsace en Champagne, du guetteur au général, pour tenter désespérément de faire de la copie sans trop tirer à la ligne. Mais que dire quand il ne se passe rien et qu'on a épuisé toutes les ressources des à-côtés des non-événements? L'informateur le plus rigoureux n'a plus que des supputations à se mettre sous la dent. Et encore... « Sur le front, croit-on à l'offensive? Oui...

....

....[11] »

Le censeur fou a encore frappé. Plus rien ne l'arrête. Dans le même temps, le soldat de base en a assez qu'on parle à sa place, qu'on fasse de sa petite personne un héros malgré lui. Albert Londres continue tant bien que mal. A la mi-février il est à Reims. Retour à la case départ. La ville de son premier article. Elle est silencieuse et déserte, comme il y a trois ans. La promenade à travers les ruines est particulièrement sinistre. Ici un pompier, là une marchande casquée qui pousse ses containers de lait dans une mauvaise charrette à bras, ici un vendeur de journaux. Mais où sont les lecteurs? Reims est morte. Lugubre. Et « sa » chère cathédrale? Il la garde pour la chute de l'article.

« Je ne vous en dirai rien... : je n'aime pas parler avec des sanglots dans la voix[12]. »

Après cet épanchement très privé, il ne lui reste plus qu'à écrire un article « pour le moral des troupes » ce qui lui permet, par la même occasion, de retrouver la « une » du *Petit Journal*[13]...

Il piétine, s'ennuie, désespère. Vite un ordre de mission pour la Belgique. De Merckem à Nieuport, il découvre un pays en lambeaux puis un souverain, tout d'émotions et de simplicité vraie. La loyauté faite homme. Un sens de la grandeur de son pays qui l'honore.

« Je suis heureux de vous voir parmi mes soldats : ils ont souffert beaucoup », dit Albert Ier en l'accueillant.

Timide, pas très bavard, le roi des Belges se prête avec bonne volonté à l'interview, même s'il ne se départit pas de son légendaire goût de l'ellipse et de la concision.

« Sire, nous n'avons jamais vu sur le front de France d'aussi effrayants spectacles que ceux au milieu desquels vit votre Majesté. Ils ont ruiné jusqu'aux ruines. Hier nous avons trouvé à Nieuport qu'une niche à chien n'étant pas abattue...

– Ils l'abattront [14]. »

Les obus peuvent pleuvoir encore, ils n'atteindront jamais l'honneur et la conscience de la Belgique trop profondément enfouis, leur Roi s'en porte garant. Il interrompt le questionnaire de Londres pour lui montrer une carte d'état-major. Dorénavant, son armée est sa vraie patrie.

L'entretien officiel s'achève. Albert Londres pose sa plume et change sa casquette pour celle d' « agent en mission » pour le gouvernement. Dès lors, le souverain pose autant de questions qu'il donne de réponses. C'est une conversation directe, sans témoin, et dont la teneur ne doit naturellement pas être reproduite dans un journal. Là, ce ne sont plus les articles de Londres qui nous renseignent mais sa correspondance [15].

En quittant Albert 1er, Londres effectue un dernier tour du propriétaire sur le front belge. Les descriptions qu'il en ramène sont hallucinantes. A bord de son automobile, entre Nieuport et Dixmude, il est de plain-pied avec la réalité. Allemands et Belges ne sont séparés que par des murs de sacs. Dérisoire frontière au-delà de laquelle la mort est quasi certaine. Tout semble inondé. Les poules d'eau assistent avec une indifférence non feinte au massacre des hommes. Jadis, elles auraient battu de l'aile au moindre coup de fusil d'un chasseur aux aguets. Aujourd'hui, après trois ans de carnage, elles ne s'étonnent plus du vol des obus de 105. Ni tranchées, ni boyaux. C'est la guerre à ciel ouvert [16].

A son retour sur le front français, il essaie par tous les moyens de trouver des angles originaux pour ses articles. Mais toujours dans le même registre, le seul autorisé dorénavant, celui de l'exaltation. Alors il exalte cette armée polonaise, poignante et polyglotte, qui est venue en France se battre contre des Allemands pour le salut de la Pologne [17]. Il exalte l'amitié franco-anglaise, ce coude à coude fraternel soudé par le feu ennemi [18] et les héros galvanisés qui se battent à la baïonnette, avec rage, dans la boue, sous la pluie : « La frontière de notre salut n'est plus marquée que par la ligne de leurs poitrines [19]. » Il recueille l'interview de Foch, généralissime des troupes alliées, avec une simplicité aux antipodes des déclarations lyriques et mythologiques de Ludendorff parues dans la presse d'outre-Rhin. Le grand homme, qui reçoit la presse dans son bureau, pointe son lorgnon vers une grande carte murale et lance :

« Eh bien messieurs, nos affaires ne vont pas si mal [20]... »

Les correspondants de guerre en sont pour leurs frais. Ils n'en sauront guère plus. L'autocensure, la leur et la sienne, les condamne tous à échanger des banalités et des remarques anodines sur le temps...

Albert Londres s'en fiche. Il n'est déjà plus là. Son esprit est ailleurs. Plus perplexe, plus sceptique que jamais. Moins en raison de la situation militaire sur le front que de sa situation personnelle dans cette histoire. Car en ce printemps 1918, c'est son avenir qui est en jeu.

Il est devenu un indésirable. Il n'est certes pas le seul rouspéteur de la « Mission de presse française ». La concurrence est rude même. Mais il a tellement tonné contre la censure, la suspicion dont les envoyés spéciaux sont l'objet en permanence, les conditions de travail déplorables au front comme à l'arrière, qu'il est en tête sur une liste noire.

Un soir, la coupe est pleine. Elle déborde.

Rentrant d'un théâtre d'opérations, Londres et Helsey ramènent un blessé dans leur voiture. Le règlement l'interdit formellement. Ils font valoir qu'un humain civilisé ne peut décemment laisser un compatriote au bras arraché agoniser seul sur le talus. Il n'empêche. L'incident semble clos. Mais au dîner, le capitaine de Lévis-Mirepoix, membre de l'illustre famille, veut crever l'abcès.

« Monsieur Helsey, monsieur Londres, vous n'aurez pas demain la voiture demandée.

– Et pourquoi mon capitaine?

– Parce qu'elle ne marche plus. Je ne recevrai pas d'essence avant deux jours.

– C'est bien vrai ce que vous nous dites là, mon capitaine?

– Pourquoi serait-ce faux, Monsieur Londres?

– Mais parce que vous nous mentez tout le temps, alors ce n'est pas agréable pour nous, vous comprenez, mon capitaine, d'être dirigé par un menteur [21]! »

Stupeur et consternation. Un ange passe.

Quelques heures après, il a fini sa course et Londres se retrouve dans les dragons, Helsey du côté des chasseurs alpins. Ils n'en restent pas moins journalistes. Mais il a fallu les sanctionner. Le dossier d'Albert Londres s'alourdit. « Mauvaise tête », y lit-on [22]. Quelques mois après, au lendemain de la victoire, quand Pétain citera à l'ordre de l'armée six des correspondants de guerre attachés à son Q.G., nul ne s'étonnera d'apprendre que Londres n'eut pas, lui, sa croix de guerre.

Albert Londres n'est vraiment pas un reporter comme les autres. Sa personnalité, ses qualités, son caractère, son impatience le classent en marge d'une corporation qui compte plus de notables qu'on ne le croit généralement. Mais ce qui le distingue même de ses plus proches amis, c'est encore l'activité souterraine qu'il mène parallèlement à ses correspondances officielles pour le compte du *Petit Journal*. Au printemps 1918, il se fiche bien des sanctions de ses supérieurs à la « Mission de presse française ». Par l'esprit, il est déjà loin du front. Quelque part du côté de la Russie.

Un grand reportage à Moscou... Cette idée fixe, qui l'obsède depuis la première révolution et l'abdication du tsar un an auparavant, est sans cesse ravivée par les rares nouvelles qui filtrent jusqu'en Occident. Le premier congrès des soviets, la formation d'un comité militaire révolutionnaire à Petrograd, l'insurrection d'octobre 17 et la prise du pouvoir par les bolcheviks, l'ouverture des négociations de Brest-Litovsk, la création de l'Armée rouge, toutes choses qui le font piaffer plus qu'à l'accoutumée. C'est là-bas qu'il faut être et non plus sur ce front où rien ne se passe. Quand bien même se passerait-il quelque chose d'important, il ne pourrait l'écrire sans entraves.

Un soir au château d'Offremont transformé en GQG de la presse, il n'y tient plus et entreprend Edouard Helsey en lui ouvrant son cœur :

« Qu'est-ce que nous fichons ici? demande Londres. Nous sommes correspondants de guerre et l'on ne cherche qu'à nous empêcher d'aller à la guerre. Hier encore, on m'a refusé les moyens de me rendre à Berry-au-Bac où l'on se bagarre tous les jours. J'en ai assez de délayer les topos des services d'information. D'ailleurs ces combats de tranchée sans issue, ces coups de main localisés, toute cette poussière d'engagements à objectif limité vont vraisemblablement se prolonger toute l'année. Et pendant ce temps-là, des événements gigantesques se produisent ailleurs. Un cataclysme est en train de creuser un abîme dans l'histoire du monde et nous n'essayons pas d'en être les témoins. Il faut aller en Russie. Viens-tu avec moi [23]? »

C'est bien Londres. A une question rapide, il exige une réponse tout aussi rapide, quel que soit l'enjeu. Helsey est désemparé.

« En Russie?

– Oui, insiste Londres. Est-ce que ça te fait peur?

– Non, mais à condition de m'assurer une chance d'en revenir. Il n'y a plus de banque là-bas. Impossible désormais d'y recevoir de l'argent. Il faudrait se mettre en route avec une somme d'or dans la ceinture. Cinquante mille francs, au moins [24]... »

Londres acquiesce d'un coup de menton et d'un clin d'œil qui, dans toutes les langues du monde, signifient: pas de problème. Alors Helsey tâche de se faire l'avocat du diable. Stephen Pichon, le patron du *Petit Journal,* les lui donnera peut-être. Mais le directeur du *Journal,* François-Ignace Mouthon, son patron à lui, refusera sans aucun doute. Une telle somme! Et pour une entreprise aussi risquée! Impensable. Alors Albert Londres, laissant libre cours à ses emportements, dévoile ses batteries et révèle ce qu'il a derrière la tête.

« Les journaux! Bien sûr! mais il ne s'agit pas des journaux. Et le gouvernement? Simples journalistes, voyageant à titre individuel, faciles à désavouer dans n'importe quel cas, nous pouvons rendre de grands services. J'ai mes idées là-dessus. Tu feras ce que tu voudras. Moi, je vais trouver demain Philippe Berthelot [25]. »

C'est donc cela son plan. Se faire envoyer en mission par le Quai d'Orsay afin de pénétrer en Russie, coûte que coûte. En ce sens, Berthelot est effectivement le meilleur sésame. Le secrétaire général du ministère des Affaires étrangères est une forte personnalité. Un homme assez inattendu pour donner corps aux projets les plus excentriques. On le dit dérangeant, singulier, provocateur, orgueilleux, mondain, dandy, cynique. Au Quai, dont il est l'homme d'influence par excellence, il passe pour un original, mais on le respecte. Il travaille beaucoup, en coulisses surtout. C'est un authentique haut fonctionnaire guidé par le service de l'État et le mépris total de la politique. Phil l'espiègle, comme on le surnomme, ne cache pas sa violente hostilité à Poincaré.

Briand, qu'il sert sans s'abaisser, lui a confié récemment la création et la direction de la « Maison de la presse ». Sa tâche est de superviser la propagande française vers l'étranger. C'est cela qui pousse Albert Londres à s'adresser à Philippe Berthelot, outre sa réputation d'indépendance, sa façon de se démarquer des us et coutumes d'une institution engoncée dans ses faux cols, et, *the last but not the least,* sa dilection pour la littérature et la poésie, les femmes et les dominos [26]...

C'est lui qui, pour contrecarrer la propagande allemande, envoie des personnalités françaises porter la bonne parole à l'étranger. C'est donc lui qui leur délivrera les viatiques pour la Russie.

Edouard Helsey tourne et retourne le problème dans sa tête. En tous sens. Il tâche de traduire et de décoder le projet audacieux, séduisant mais touffu d'Albert Londres. Il réalise enfin qu'après avoir quasiment assassiné un général anglais à Athènes, il entreprend maintenant de se faire envoyer en mission chez les bolcheviks en émargeant sur les fonds secrets du ministère des Affaires étrangères! La déontologie de la presse en serait secouée à moins.

Ce n'est certes pas une grande première. Nombre de grands reporters anglais collaborent officieusement au Foreign Office sans rechigner. Au nom de la défense de l'Empire. Seulement voilà, *my country right or wrong* n'a pas d'équivalent en français. Il y a bien eu quelques précédents dans la presse française. Gustave de Coutouly, du *Temps*, a bien assisté au Congrès de Berlin (1878) comme envoyé spécial de son journal et secrétaire de Waddington, le plénipotentiaire français [27]. Plus récemment encore, le fameux Jules Hedemann du *Matin* s'est bien rendu à Berlin en 1905 en mission officieuse pour le compte de Delcassé : on lui avait demandé de sonder auprès de la diplomatie allemande les chances d'une éventuelle négociation sur le différend marocain [28]. Et puis Londres n'oubliera jamais qu'un poète et un écrivain comme Gérard de Nerval a accepté d'être officiellement chargé de mission à Vienne en 1839!

Il n'empêche. L'expression « fonds secrets » pue. Que des éditorialistes comme Henry des Houx ou Gabriel Hanotaux soient autant payés par *Le Matin* que par les Affaires étrangères, c'est dans l'ordre des choses [29]. Que *Le Temps* soit subventionné par les Bulgares, *Le Gaulois* par les Grecs, et que la presse financière l'ait été par les thuriféraires de l'emprunt russe, cela ne choque plus personne [30].

Mais un grand reporter!

La Russie bouge. Albert Londres juge ces scrupules inopportuns. La patience n'est pas de toute façon sa vertu cardinale. Alors il fonce.

Très vite, Philippe Berthelot reçoit les deux journalistes à son bureau, au Quai d'Orsay.

« Ça me semble très intéressant, dit-il après avoir écouté leur exposé. Seulement à la suite d'abus, il a été décidé récemment que toute attribution spéciale de sommes prises sur les fonds secrets serait discutée en conseil restreint : Poincaré, président de la République, Clemenceau ministre de la Guerre, Stephen Pichon, ministre des Affaires étrangères, Klotz ministre des Finances, Leygues ministre de la Marine. Un point c'est tout. Je ne demande d'ailleurs qu'à vous appuyer auprès de ce petit sanhédrin. Faites-moi tenir d'urgence une proposition écrite, je pense qu'elle peut être agréée [31]... »

De retour à Compiègne, Albert Londres s'enferme dans sa chambre du château d'Offremont et rédige plusieurs textes différents avant de trouver le bon, à l'issue d'une nuit blanche. Au petit matin, c'est un texte fin prêt et tapé à la machine qu'il soumet pour approbation à son ami. Helsey lit. Plus il avance, plus il blêmit. A la vérité, il est effrayé. Albert Londres est allé loin, beaucoup trop loin dans la surenchère. On le sent, on le sait prêt à tout. Il semble ignorer les limites et les points de non-retour. Ce n'est même plus une question de déontologie, ils n'en sont plus là à ce stade de leur coupable entreprise. Il s'agit de morale.

Dans son rapport, Londres fait une double offre de service : pour recueillir des informations qui échappent généralement aux diplomates et pour s'engager dans l'action directe. Il propose rien moins que recruter des hommes de main afin de lancer des attentats contre les nouveaux dirigeants jugés les plus dangereux, et à cette époque il n'est question que de Lénine et de Trotski, ou pour commettre des sabotages sur des ponts et des voies ferrées, étant entendu qu'il suffit de payer pour trouver des exécuteurs.

Helsey, jugeant le texte décidément trop romanesque et terroriste, s'emploie à l'atténuer quelque peu tandis que Londres trépigne. Il l'interpelle tout en faisant les cent pas :

« Nous sommes en guerre, oui ou non? On se bat partout, oui ou non? des hommes crèvent chaque jour la gueule ouverte, oui ou non? Tu me fais rire avec tes scrupules [32]! »

Le meilleur juge, c'est encore Philippe Berthelot à qui ce factum est destiné. Aussi d'un même pas, les deux journalistes, qui en sont les cosignataires après bien des compromis, se rendent-ils au Quai d'Orsay. Va-t-il éclater de rire ou se scandaliser? Ni l'un ni l'autre.

« Je vais transmettre dès aujourd'hui votre projet à mon ministre, leur dit le haut fonctionnaire, en le recommandant chaudement à son attention. Vous serez prévenus sitôt qu'une décision aura été prise. Je ne doute pas qu'elle soit favorable [33]. »

Tout à son excitation, Londres ne peut s'empêcher d'évoquer ses relations avec le Quai d'Orsay dans une lettre à ses parents. « On va probablement me charger d'une autre mission à l'étranger. Si je vous parle aujourd'hui, c'est que tout est arrêté. Le ministre va soumettre cette semaine le rapport me concernant au comité de guerre qui doit y mettre sa signature. Il n'y a plus que cette formalité. C'est pour la Russie, alors j'aurai fait un grand pas. Vous le verrez et serez heureux quand je vous expliquerai cela, rue de la Chaume. J'attends. Je suis déjà fort content d'être arrivé au point que l'on ne redoute pas de me confier une telle tâche. « On », c'est le gouvernement. Aussi j'ai travaillé et mes articles, vous devez le comprendre, n'étaient qu'une bien faible part de mon labeur [34]. »

On ne saurait être plus clair. Et plus naïf.

La réponse officielle ne tarde pas. Quelques jours après l'entrevue, Londres reçoit un coup de téléphone du secrétariat de Berthelot.

Helsey étant déjà parti pour le front de Champagne, il retourne seul au ministère des Affaires étrangères pour s'entendre signifier la décision du ministre.

C'est un « oui » conditionnel. Il est hors de question de chercher à les contrôler ou à les brider. D'ailleurs, ils y seront officiellement en tant qu'envoyés spéciaux de leurs journaux respectifs et pourront faire de leur « trésor de guerre » l'usage qui leur semblera le meilleur. Mais le ministre refuse de les lâcher seuls dans le tourbillon russe. Trop risqué. Aussi propose-t-il de les rattacher, secrètement cela va de soi pour des vrais-faux clandestins, à la Mission Noulens. Conduite par l'ancien ministre, cette mission tout à fait officielle doit incessamment se rendre en Russie au nom du gouvernement. Albert Londres est satisfait et s'empresse de se procurer un dictionnaire français-russe, une grammaire idoine et des cartes géographiques à jour. En l'observant, l'œil amusé plus qu'inquiet, Helsey réalise que l'esprit de son compagnon de route vagabonde déjà à travers les steppes [35]...

Plusieurs fois ajournée en fonction des événements, la Mission Noulens n'en finit pas de défaire et de refaire ses bagages. Tant et si bien que les deux reporters finissent par l'oublier et la Russie avec. Car entre-temps, le front français est redevenu intéressant. La victoire est proche. Il n'est pas question de la rater. La révolution russe attendra.

Après un tour sur le champ de bataille pour humer l'odeur des shrapnells au petit matin, Londres retourne en Champagne. On dit que les Allemands ont encore assassiné Reims. Il veut voir cette « saleté » qu'ils payeront tôt ou tard. En route, il a la gorge prise par l'odeur âcre de l'incendie. Reims est proche, Reims où tout le ramène au long de cette guerre interminable. En quatre ans il en a vu tant et tant qu'il se refuse désormais à ce qu'il appelle « la poésie de la destruction »[36], pour lui préférer le constat cruel, objectif, cynique même afin que chaque chose vue résonne comme une sentence.

Tout n'est que cendres et décombres. Il est écœuré et ne peut s'empêcher de traiter les Allemands de voyous ou de goujats déchaînés, de vandales sans âme. Ils ont tout cassé. Londres trouve l'indispensable témoin. L'homme qui a vu l'ennemi dans ses plus basses œuvres. Il s'appelle Marcelot, c'est l'employé des eaux et il promet de tout raconter. Il semble être le dernier habitant d'une ville de 130 000 habitants qui n'en comptait plus que 3 500 il y a peu encore, avant que l'exode n'emmène dans ses fourgons jusqu'au maire et au cardinal. Marcelot a tenu bon. Aujourd'hui, il est tout seul sur le pont de Vesle quand Londres l'accable de questions. L'essentiel de son terrible récit n'est pas dans ses paroles mais dans son terrible regard.

« Il a l'air d'attendre la rentrée de tous ses concitoyens pour leur montrer d'un geste le malheur dont il est témoin[37]. »

Quelques jours après, à Amiens, Albert Londres écrit un article que l'on croirait décalqué sur celui qu'il a consacré à Reims tant l'horreur et le saccage y sont semblables. Mais c'est encore plus dérisoire.

« Par terre, des taches de sang. C'est le sang des chiens. Tout chien qui demain matin sera trouvé dans les rues sera abattu, lit-on sur les murs. Les affiches étaient collées trop haut; les chiens n'ont pas pu lire, ils ont continué de rôder. On les a tués[38]. »

Ici, la cathédrale est à peu près sauve. Les maisons groupées alentour, formant une manière de rempart, ont tout pris pour elle. Mais il est à craindre que même Dieu l'ait évacuée. Elle est blessée.

Il y a un grand trou dans le toit à droite juste au-dessus de l'abside. Exactement comme la cathédrale de Reims le 17 septembre 1914... Mauvais présage.

Londres continue de marcher avec les troupes, persuadé lui aussi que la fin est proche. Dans les Flandres où l'ennemi vient de lancer une offensive, il interviewe quelques-uns des cinq cent vingt-cinq prisonniers allemands. Il n'a jamais été aussi « soldat » depuis quatre ans. Comme les autres, il s'assoit sur le talus, le regard vide, fixe, perdu, silencieux. Il ne pense plus. Ses réflexes sont les leurs. Allumant une cigarette, il la tourne instinctivement vers le sol après chaque bouffée pour éviter que les aviateurs ennemis, là-haut, aient la puce à l'oreille et le point rouge incandescent dans leurs jumelles. Il faut tenir. Tout le monde le répète et Londres le marmonne comme si la méthode Coué pouvait vaincre la guerre de mouvement[39].

Au plus fort de l'été 1918, alors qu'il fait des pieds et des mains sans trop d'espoir pour être envoyé en Amérique[40], il se retrouve en pleine guerre sous-marine, juché sur la plate-forme d'un torpilleur en Méditerranée. Le dépaysement est assuré mais le risque est énorme. Il en prend conscience quand le *Balkans*, un des trois paquebots que son bateau est chargé d'escorter, rend l'âme sous les coups de l'ennemi, jetant plusieurs centaines de victimes à la mer.

Aussi en septembre, il se rend dans le désert de la Somme, tout aussi cruel mais plus stable et plus large qu'un torpilleur. Ce paysage ravagé, griffé dans ses moindres parcelles de terre, le fait penser à un désert pas comme les autres, un désert de type européen et c'est sous cet angle qu'il écrit son article. Un désert européen? Autrement dit une région où des armées de deux pays différents n'ont pas voulu se serrer la main.

« Si tant de cris n'avaient été poussés, ce serait à en crier[41]... »

Un univers lunaire, cahoteux et silencieux. Pas plus d'hommes que d'oiseaux. Pas de points d'eau mais des rivières qui ont perdu leur lit dans la bagarre. Pas d'oasis mais des pancartes pour attester de l'antique présence d'un hameau à visage humain.

Albert Londres, qui ne compte plus ses articles sur les cités effondrées, s'oblige à varier l'angle de ses prises de vues. Désormais, il alterne un bref article sur l'héroïsme de six Écossais soutenant un siège dans une place forte, avec de véritables procès-verbaux de batailles, un reportage sur les faits d'armes de la 46e division anglaise avec une promenade dans Lens réduite à l'état d'épave. Les villes martyres, il y revient toujours. Albert Londres y donne la pleine mesure de son talent, comme si elles l'inspiraient plus que les hommes.

« Lens est fantastique. Il y reste dix-sept fenêtres de rez-de-chaussée, un numéro de rue – un seul, pas deux – le numéro 14, une clochette d'enfant de chœur, un morceau d'enseigne où l'on peut encore lire deux lettres : les lettres S et O, et gisant sur les barbelés, une vieille tenture rouge et blanche. C'est tout [42]. »

Tout n'y est que ruines et cendres. Les sites semblent étrangement à une hauteur égale. Des petits tas. Pour s'y retrouver, il doit impérativement localiser l'église et l'hôtel de ville, les deux points de repère les plus pratiques, puisque l'artère principale n'est plus qu'un champ de cailloux. Il cherche des heures durant. Soudain, un tas de briques et de pierres taillées, plus gros que les autres tas. C'était donc là.

« Il ne subsiste plus la moindre trace de l'occupation humaine [43]. »

Sa capacité d'indignation est intacte quelques jours après, quand sa promenade funèbre le mène à Cambrai. Après quatre ans à décrire l'horreur quotidienne, comment trouver encore les mots ?

« Ce sont des barbares. Ne cherchons pas d'autres mots à leurs saletés, il n'y en a pas. Ils ont incendié Cambrai pour rien, uniquement par tradition [44]. »

Seulement là, par manque de temps et pour épouser le rythme de la guerre, l'ennemi s'est contenté d'incendier le centre-ville. Le piéton-reporter, qui n'en finit plus de déambuler dans cette atmosphère de fin du monde, se guide à l'odeur des flammes, au bruit des craquements. Le brasier lui indique le chemin. A court d'adjectifs et d'images, Londres a dès lors tendance à raccourcir ses articles et à les terminer par « vengeance ! » Mais dans son panthéon personnel, Cambrai conservera longtemps une place de choix, au même titre que Reims et Salonique, mais pour d'autres raisons. Alors qu'il poursuit son errance dans la ville désolée deux heures à peine après le départ des Allemands, il croit soudain être victime d'une apparition. L'officier anglais qui l'accompagne dans sa tournée des débris, l'est également.

C'est donc bien vrai. Cette masse noire qui se dresse avec superbe en pleine rue, c'est bien un piano à queue. Incongru, déplacé. Sur le pupitre, une partition est ouverte qui invite les survivants à jouer une sonate de Beethoven. Comment résister à être l'acteur éphémère d'une scène aussi surréelle? Albert Londres s'assoit sur une caisse et s'applique d'un doigt à martyriser un clavier qui n'en peut mais. L'Anglais à ses côtés possède visiblement mieux son solfège. Le reporter lui cède la place.

« Au revoir! jouez toute la sonate, elle a vingt pages », lui crie-t-il en s'éloignant.

L'allegro n'est pas achevé. Il commence à peine à rendre humaine cette cité dévastée quand une forte détonation se fait entendre. Sous les accords du musicien d'occasion, une bombe venait de se réveiller, réduisant le pianiste en bouillie et son piano en miettes.

C'est aussi cela, la guerre[45].

Il lui faudra, les jours suivants, l'accueil délirant de Lille délivrée de ses chaînes et l'ivresse de la libération pour oublier.

Ultimes coups de boutoir de l'offensive générale des Alliés. Les Bulgares signent un armistice, l'Autriche-Hongrie s'effondre et le 11 novembre enfin, l'armistice est signé à Rethondes. Mais Londres ne dételle pas. Pas encore. Il poursuit l'ennemi jusque chez lui comme s'il lui fallait absolument boucler la boucle. Il entre à Spa, le Q.G. de la défaite, avec les troupes britanniques et, en même temps que l'envoyé spécial de *L'Intransigeant*, Pierre Mac Orlan, sillonne l'Allemagne occupée, parmi les fanfares, les drapeaux et les défilés. Malmédy, Montjoie, Aix-la-Chapelle...

L'Allemagne est sous ses pas. Le boche-de-la-rue enfin à portée de la main, prêt à être lui aussi interviewé. Il est d'un peuple qui refuse l'humiliation. L'Allemagne ne baissera pas la tête, ne s'estimant pas vaincue. Sa grandeur connaît quelques mésaventures, voilà tout. Ce ne peut être que passager. Qu'importe! C'est un devoir pour un journaliste d'une nation victorieuse de connaître le vaincu. Et puis entendre Sambre-et-Meuse devant « les Guillaume » est un spectacle d'une volupté qui ne s'explique pas. Londres n'en est pas moins abasourdi par les propos qu'il recueille ici ou là. Car l'Allemagne se conduit comme si elle n'était toujours pas battue. Elle avance des propositions, pérore, renie l'Empereur, ne jure plus que par la République et n'accepte que l'Amérique comme interlocuteur!

Il en a assez. Trop vu, trop entendu, trop tu. Il est temps de rentrer.

Ses parents le trouvent métamorphosé. Plus sûr de lui, plus absorbé, plus travailleur. Par conséquent encore moins bavard et expansif. Son front s'est dégarni. Quelques rides sourdent près des tempes. Quand il leur parle, il ramène tout à la guerre. Même la grippe espagnole, qui a quelque vingt millions de morts sur la conscience :

« Elle est certainement la conséquence de toute la charognerie du front apportée par le vent... » murmure-t-il[46].

Mais très vite, Albert Londres redevient lui-même. Il semble avoir cuvé sa guerre comme d'autres leur mauvais vin. Il ne parle que de partir. Il n'a plus que ce mot à la bouche. Ce n'est plus un moyen mais une fin. Partir... Comme s'il n'était d'autre métier pour lui.

Devant Florise, il danse en faisant gonfler les godets de son raglan. Puis il la prend par le bras.

« La guerre est finie... On ne se bat plus... La vie est belle! Je vais faire de grandes choses. Tu vas voir. D'abord, je pars dans quatre jours.

– Mais tu arrives! se récrie-t-elle.

– Et alors! Si on ne se séparait jamais, nous n'aurions pas la joie des retours... comme aujourd'hui. Écoute ton père : j'ai un nom à présent, un nom et une tribune. Je vais aller regarder, écrire tout ce que je verrai... Mon métier n'est pas de faire plaisir ni de faire tort. Il est de porter le fer dans la plaie. Il y a trop de malheur dans le vaste monde pour qu'on se permette de s'asseoir.

– J'espérais que tu allais enfin t'installer! soupire Florise.

– M'installer! Oh l'horrible petite-bourgeoise! Avoir des meubles à moi, un bon fauteuil qui me retiendrait de ses bras familiers; des rideaux aux fenêtres pour me boucher l'horizon! Et comment alors poursuivrais-je ma mission[47]? »

Le sort en est jeté. Il sera désormais, toute sa vie, l'homme qui part. Il ne se sent bien qu'avec sa vieille valise à ses pieds, ouverte de préférence. En partance... C'est l'atmosphère dans laquelle il se complaît, celle où il se sent exister, être lui-même. Il est déjà épuisé, ce bagage qu'il n'abandonnera jamais plus. Mais il suffit qu'il lui dise « en route » pour qu'il reparte.

Et Albert Londres suit. Par habitude[48]...

7.

Une colère de Clemenceau, une démission de Londres

La guerre est finie? Alors raison de plus pour en fuir les succédanés. Albert Londres ne s'imagine pas couvrant l'ouverture de la conférence de la paix, la signature de traités diplomatiques ou les coulisses des chancelleries européennes. Très peu pour lui. Dorénavant, il veut faire du grand reportage. Du vrai. Dans son esprit, cette attitude exige avant tout qu'il puisse choisir ses sujets et non plus se retrouver pieds et poings liés par quatre années d'une guerre qui lui fait porter l'uniforme d'officier.

Il se guide à l'instinct, en reniflant l'actualité tous les matins, le nez dans la presse parisienne, ou en écoutant ses confrères, au zinc ou au marbre. En ce début d'année 1919, on lui a dit : ça bouge en Espagne. Il ne connaît pas le pays et ignore l'espagnol. Raison de plus pour enquêter sur la situation intérieure de ce proche voisin. Abel Henry, son rédacteur en chef, n'y voyant aucune objection, Londres prend aussitôt le train pour Madrid.

Cette fois, rien ne presse. On n'attend pas de lui des dépêches dignes de concurrencer Havas sur son terrain. Aussi envoie-t-il le premier de ses cinq articles par lettre. Après plusieurs jours passés dans la capitale mais aussi à Séville et Barcelone, naviguant entre les mouvements de troupe, affrontant la censure et l'état de siège, il se fait une religion plus qu'il ne propose une analyse :

« Deux maladies attaquent le pays. L'une est connue, elle n'a pas pour cela trouvé de docteur, c'est la Catalogne; l'autre apparaît : l'Andalousie. La Catalogne veut la liberté, l'Andalousie du pain. Le pouvoir central est pris des deux côtés, c'est la congestion pulmonaire. Il en est pourtant qui s'en tirent [1]. »

Londres organise toute son enquête autour de ces deux postulats qui se résument en une image : celle d'un pays écartelé par une région qui réclame moins de misère et par une autre qui revendique son autonomie administrative, donc politique. Comme il goûte les métaphores les plus audacieuses, il prolonge l'image d'un mal qui ronge l'Espagne – ce qui ne manque pas de hardiesse en ces temps de grippe espagnole. La Catalogne et l'Andalousie apparaissent sous sa plume comme deux plaies purulentes qui risquent fort d'être ravivées par un nouveau microbe : le bolchevisme... Le grand mot est lâché. C'était donc cela, l'idée maîtresse qu'il gardait derrière le feutre taupé. Non que le bolchevisme soit à l'origine des crises espagnoles. Mais il est selon lui probablement responsable de leur aggravation.

Londres pensait s'en tenir à des allusions. C'est une intervention du chef du gouvernement, le comte de Romamonès, devant les Cortès, et un peu plus tard un entretien à bâtons rompus avec lui, qui le mettent sur la piste. L'homme fort de l'Espagne est resté certes très elliptique :

« Alors, c'est grave ? lui a demandé le reporter sur le ton de l'interpellation familière.

– Je crois bien que c'est grave, a répondu le comte. C'est même très grave. Seulement ce qui me rassure, c'est que tout le monde ici croit que c'est inévitable, sauf un seul.

– Qui ?

– Moi [2]. »

Le voilà bien avancé. Les bolcheviks n'ont pas pignon sur rue. Où les trouver ? A Barcelone, il est condamné à faire des papiers sur les cortèges, les bruits, et la fête sur les Ramblas. A Madrid, il se contente de déplorer la vie chère [3]. Mais d'agitateurs rouges, il n'y en a point. Du moins n'en voit-il pas, ce qui, du point de vue de l'informateur, revient au même. Il ne lui reste plus qu'à demander une audience au roi. Sait-on jamais ? Il serait capable de dire quelque chose.

Le palais est impressionnant. Escaliers à révolution, hallebardiers en armes, grands salons, laquais et majordomes. L'horloge marque 18 h 30. Sa majesté attend dans le petit salon.

« Vous avez vu la guerre ? » demande-t-il aussitôt à Albert Londres comme s'il l'avait quitté la veille.

Alphonse XIII est ainsi, du moins ce jour-là. Et c'est sur ce ton que se déroule l'entretien à bâtons rompus, chaleureux et familier, le roi passant du coq à l'âne, de la crise catalane à son affection pour Lyautey sans oublier la question du chemin de fer transespagnol qui mettra Fez à trente-trois heures de Paris... Puis il lâche cette phrase :

« Au Maroc, nous ne demandons rien que le statu quo[4]. »

Londres regagne son hôtel, pas mécontent d'avoir juste assez de matériaux pour composer un article original sur les ors et les lambris du palais royal, le tempérament et les propos de son majestueux maître. L'article paraît, parvient en Espagne et aussitôt c'est le tollé. Le roi s'est-il trop laissé aller devant Albert Londres, mis en confiance et séduit? Ou bien a-t-il, opportunément et stratégiquement, choisi un journal français pour faire passer son message par la bande? Toujours est-il que l'article, et notamment le passage concernant le Maroc, provoquent un violent débat aux Cortès à l'instigation des socialistes[5].

En regagnant la France, Londres est plein d'un sentiment mêlé de frustration et de fierté. Il est toujours incapable de prouver ou même de montrer en quoi les bolcheviks menacent l'Espagne. D'un autre côté, c'est bien la première fois qu'une simple interview signée de son nom provoque une crise politique jusqu'à entraîner la démission d'un gouvernement...

Au *Petit Journal*, on se montre satisfait. Un « coup », même non prémédité, ne peut que bénéficier au prestige et à la vente du quotidien. Mais tant la direction que la rédaction en chef n'entendent pas laisser la bride sur le cou à ce grand reporter. Prometteur mais incontrôlable. Abel Henry a encore en mémoire la plainte déposée par le haut-commandement de la « Mission de la presse française », près de Compiègne, quand Londres y fit preuve d'insolence et d'insubordination. Aussi décide-t-il de lui suggérer des directions d'enquête sans trop le brusquer, de manière à toujours lui laisser le plaisir et la fierté de trouver tout seul ses sujets.

« Arriverai vendredi à quatre heures. Passerai un jour avec vous puis rejoindrai Italie. Baisers joyeux. Albert[6]. »

En recevant ce télégramme dans sa pension de famille à Vichy, Mme Londres comprend que son fils est de nouveau pris de bougeotte. L'Italie? Pourquoi pas. Il doit bien s'y passer quelque chose si Albert y va faire un tour.

En fait, il ne s'y passe rien de particulier si ce n'est que Stephen Pichon, directeur du *Petit Journal* et ministre des Affaires étrangères, aimerait bien que l'on raconte comme cette sœur latine se sort de la victoire. Les Français seraient bien inspirés de méditer ses difficultés sociales, matérielles et politiques pour mettre un bémol à leurs propres plaintes.

Un cauchemar que ce reportage, car pour passer la ligne d'armistice qui va droit de Fiume à Trieste, Albert Londres met quarante-trois heures. Près de deux jours pour parcourir soixante-dix kilomètres. Il a été fouillé à tant de reprises par les carabiniers qu'il se met à regretter le bon temps des frontières balkanes à dos de mulet. Il faut dire que dans la péninsule, on le prend pour un agitateur bolchevik, infiltré sous couvert de journalisme. Un comble[7]!

Être ou n'être pas un homme de Moscou : telle est la seule question qui semble préoccuper les services de sécurité italiens. Ce qui le fait le plus enrager, c'est que non seulement il a un haut ministre pour patron, mais que de surcroît, avant son départ, il a bien pris soin de se munir de lettres de créance délivrées par le ministère italien de la Marine. De plus, il est au mieux avec les officiers interalliés qui accordent les visas et connaît personnellement le commandant italien de la place de Fiume. Deux jours pour soixante-dix kilomètres... De quoi commettre un meurtre. En attendant de succomber à cette tentation, il parcourt un pays qui a faim mais qui se serre la ceinture. Très digne.

Il est décidément bien plus difficile de faire la paix qu'il ne l'était de faire la guerre[8]. Un homme, un seul, saura donner les réponses que tout le monde attend. Cet homme, c'est le roi. François Charles-Roux, le chargé d'affaires français à Rome, lui obtient une audience au palais du Quirinal. Elle est fixée au 29 avril. Mais ce jour-là, à 9 heures précises comme convenu, Albert Londres réalise qu'il en est pour ses frais. Une audience n'est pas une interview. Le souverain ne veut pas faire de déclarations. Juste échanger des idées générales sur la situation. A peine de quoi donner une note d'espoir à un article qui est bien parti pour sombrer dans le misérabilisme.

Contre toute attente, c'est finalement un autre homme qui sera pour Londres la révélation de son voyage. C'est un poète, un guide, un magnétiseur. Il incarne la nouvelle Italie comme nul autre, Gabriele D'Annunzio. Le reporter l'a déjà aperçu, puis rencontré, enfin suivi à plusieurs reprises, à Trieste, à Venise, à Rome. Il est fasciné car D'Annunzio dégage un charisme qui emporte l'adhésion.

« C'est l'apôtre de la nouvelle religion... La foule se précipitait sur lui, taillant à coups de ciseaux des reliques dans les pans de sa cape grise... Pour cette sorte de croisade, le poète est le plus désigné des prédicateurs [9]. »

Londres le quitte à regret, persuadé qu'ils seront amenés à se retrouver tôt ou tard car cet homme est de la trempe de ceux qui engagent leur pays. Il ne se trompe pas.

De mars à mai 1919, *Le Petit Journal* publie les onze articles italiens d'Albert Londres. Mais cela ne va pas sans susciter de vifs remous, non parmi les lecteurs qui sont de plus en plus nombreux à goûter l'impertinence, le sens de la formule et l'indépendance d'esprit du journaliste, mais plus haut, parmi les dirigeants du pays. Car Albert Londres a eu la drôle d'idée de faire son métier. Il ne s'est pas contenté de ramener ce qu'on lui avait demandé. Il a tout vu et tout écouté sans discrimination, et il a rapporté sans se préoccuper des réactions que tel ou tel paragraphe pouvait engendrer. Or, de la lecture de ses articles, il ressort aussi que les Italiens sont très mécontents des conditions de la paix concoctée par Clemenceau, Lloyd George et Wilson. L'Italie est une sœur latine qui n'entend pas mettre en berne son esprit critique. Quand elle se sent frustrée d'une part de gâteau, elle le dit sans ambages. Albert Londres lui prête d'autant plus volontiers sa plume qu'il n'est pas loin de l'approuver. Pour sa part, il n'hésite pas à traiter Clemenceau de « cochon », dans sa correspondance privée, il est vrai [10].

C'est justement Clemenceau qui pose problème. Il est furieux à deux titres. Non seulement ce mauvais son de cloche trouve un vaste écho dans la presse française, mais de surcroît en exclusivité dans le journal de son propre ministre des Affaires étrangères. Une situation qui lui est intolérable. Le chef du gouvernement convoque donc son ministre sur-le-champ, le tance, l'engueule même en invoquant l'incident diplomatique qui est à prévoir si les dirigeants alliés s'ingéniaient à faire l'amalgame entre les thèses du Quai d'Orsay et celles du *Petit Journal* en raison de leur commun patron.

Clemenceau ne décolère pas, Pichon se fait tout petit et Londres attend. Mais le Tigre étant tout de même le vrai maître à bord et le ministre ne souhaitant pas perdre son maroquin, c'est le reporter qui paie. Il est limogé du *Petit Journal.* La nouvelle ne l'étonne qu'à moitié. Il s'y attendait depuis longtemps. La double casquette de son directeur ne pouvait pas ne pas le mettre dans l'embarras, un jour ou l'autre. En acceptant d'être embauché au *Petit Journal* en 1915, Londres y pensait avec nonchalance. Comment aurait-il pu par exemple écrire sur la Turquie un an auparavant? Le ministre Pichon encourageait le projet d'emprunts ottomans lancé par le gouvernement turc, ce qui représentait un pactole de plus de deux millions de francs de publicité à se répartir entre les principaux journaux français, *Le Petit Journal,* ayant quant à lui obtenu 120 000 francs pour avoir le privilège de présenter sous un jour favorable l'économie turque [11]...

Albert Londres s'en va sans regrets ni animosité. Il ne nourrit guère d'illusions sur le haut et le petit personnel politique français. Quant à l'indépendance de la presse, il est payé pour savoir ce qu'il doit en penser.

Pendant l'été 1919, il n'écrit pratiquement pas, se reposant parmi les siens, à Vichy. Jusqu'à ce que *Excelsior* vienne le chercher. Lancé en 1910 par Pierre Laffitte, c'est un quotidien populaire de qualité qui présente une singularité par rapport à ses grands confrères de la presse parisienne: il est abondamment et intelligemment illustré. Les photographies, autant chargées d'informations que les articles, occupent une place très importante, et parfois plus que les colonnes de texte. Londres est ravi. C'est une tribune dont il n'a pas à rougir. Sa direction semble donner le pas à l'information sur les contingences politiques. Elle a les moyens financiers de ses ambitions, même si le tirage ne suit pas toujours. Le voici déjà muni de cartes de visite sur lesquelles on peut lire:

Albert Londres
Envoyé spécial d'« Excelsior »
Paris

Que demander de plus? Pour un de ses premiers articles, il se fait plaisir en racontant la journée d'un baigneur. Notre envoyé spécial à Vichy s'en donne à cœur joie, de 8 heures, moment de la première virée aux établissements de cure, à 20 heures quand le pénitent décomplexé se précipite au restaurant pour rattraper en trois coups de fourchette et deux lampées de bourgogne tout ce qu'il a perdu dans la journée [12].

Mais *Excelsior* ne l'a pas engagé que pour cela.

En septembre 1919, l'actualité a suffisamment de talent pour mobiliser le grand reporter. Cette fois, elle l'envoie retrouver un homme et un pays qu'il vient juste de quitter. Mais pour raconter une épopée que nul romancier n'aurait osé imaginer, fût-il au mieux avec les soldats et les poètes.

8.

Avec D'Annunzio à Fiume

« Vous connaissez ce D'Annunzio, paraît-il? »

S'il le connaît... Depuis des mois, Albert Londres ne cesse de se répandre dans les salles de rédaction sur le compte de ce fascinant personnage. A qui veut l'entendre, il raconte comment il a fait sa connaissance.

C'était en mai à Venise. La sérénissime avait les atours d'une ville de front. Les vitres vibraient encore du bruit des canons. Londres était descendu à l'hôtel Danieli. Le poète vivait à la casa Rossa, sur le grand canal. Ils avaient partagé un repas en tête à tête. Sur un ton calme, empreint de gravité, D'Annunzio lui avait fait part de sa résolution : prendre Fiume, tout seul au besoin, si d'aventure l'Italie venait à s'endormir. Quand, dès son retour, Londres avait répercuté l'information, on lui avait ri au nez. Un coup de force? Par un poète? Un fou, plutôt. Plaisanterie à l'italienne! Il faut être provincial pour tomber dans le panneau... Londres eut beau arguer que le poète était aussi un valeureux militaire, qu'il commandait la squadra de San Marco et que la foule le révérait à l'égal d'une idole, il ne recueillit que des sarcasmes.

Il n'en continue pas moins de le prendre au sérieux, car il a vu lui, le poète en action. Il a entendu les murmures sur son passage. Il a vécu les acclamations de la foule. Londres s'estime mieux placé que quiconque pour prendre la mesure du phénomène D'Annunzio, car c'en est un. Ses discours sont suivis comme des messes. Sa flamme et sa fougue suffisent à emporter la décision. Il ne manque qu'une cause pour mettre ces gens en marche. Pour eux, Dieu est lieutenant-colonel et ils n'attendent que son ordre[1].

Difficile à faire accepter. Mais aujourd'hui, on lui demande ce que vaut ce Gabriele D'Annunzio qui refait parler de lui! On dit qu'il serait sur le point d'accomplir son coup.

Albert Londres n'attend pas la confirmation. Un mardi à 7 h 50, il est dans l'Orient-Express pour Venise. Il a juste eu le temps de griffonner un mot à ses parents :

« Je vais à Venise voir D'Annunzio non pour le journal mais pour le Quai d'Orsay. Il faut causer avec lui. Je pars précipitamment[2]... »

A nouveau le double jeu. C'est devenu une habitude. Mais qui le saura jamais?

Le 19 septembre, il parvient jusqu'à Mattuglie, face aux lignes fortifiées. Ce n'est qu'à cinq kilomètres de Fiume. Mais il est bloqué. Impossible d'avancer. On ne passe pas. La consigne est valable pour tout le monde. Combien de temps vont-ils piétiner là? Londres commence sérieusement à envisager le problème quand une sorte de miracle se produit. Il a la forme d'une estafette montée sur un cheval noir. Le cavalier éperonne en direction des avant-postes. Quel panache! Les carabiniers n'en croient pas leurs yeux. Ni leurs oreilles, car l'homme demande le signor Albert Londres. Celui-ci s'avance et se voit remettre des lettres d'introduction. Le sésame qu'il attendait. Elles n'ont rien de très solennel puisqu'elles se présentent sous la forme d'une page de bloc-notes recouverte d'une écriture régulière de proconsul. Londres lit et relit ce méchant bout de papier qui lui permet, seul entre tous, de franchir les barrages et en déduit déjà trois informations : D'Annunzio a quitté Venise en catastrophe puisqu'il n'a même pas emporté son papier à lettres; il ne confie pas ses écritures à des bureaucrates; il n'est pas nerveux[3].

Ce n'est pas le cas du reporter. La tension, les fouilles incessantes, les attentes dans les gares bondées, la lenteur des moyens de transport ont ravivé son impatience. Mais il est enfin dans la place et cela seul compte. D'Annunzio est bien là également. Il a réussi. Fiume est à lui par la force des armes. Elle restera italienne. Depuis l'écroulement de la monarchie austro-hongroise, ce port sur la côte orientale de l'Istrie est l'objet d'un fort contentieux entre Yougoslaves et Italiens. Les cloches de la ville et les sirènes des vapeurs ancrés dans la rade poussent le même cri : « Vive Fiume italienne! »

La ville est en fête. Elle crie d'une seule voix: « O Italia, o morte! » Les arditi en chéchia noire sont maîtres des rues. Ils se sont substitués aux troupes alliées.

Londres ne s'attarde pas. Avant toute chose, il lui faut rencontrer le héros. D'Annunzio s'est installé, comme de juste, sur la colline dans le palais de l'ancien gouverneur autrichien. Pour y parvenir, il faut passer par les portraits majestueux de Dante, Garibaldi et Verdi, prédécesseurs de notre roi d'un jour dans l'ordre de l'orgueil national. Ils offrent un contraste saisissant avec l'affiche d'un cinéma qui ce soir-là donne *Le Capitaine Fracasse*. C'est impressionnant, toute une cité unie dans la même exaltation. Qu'il s'agisse des bandes armées qui patrouillent en camion ou des sympathiques civils qui déambulent dans les rues, Londres est convaincu qu'ils le hacheraient menu s'il amorçait une critique de la dictature qui s'annonce. Mais cela ne l'empêche pas de murmurer pour son propre compte: « C'est du bolchevisme. De droite[4]... »

En attendant, l'atmosphère est inouïe. Épuisante aussi.

La rue qui mène au palais du nouveau maître porte déjà son nom. Au loin sur le quai, on distingue le profil massif de « ses » six bateaux de guerre, chargés de veiller à l'ordre avec ses vingt mille soldats. De quoi rassurer.

De ce promontoire stratégique, Albert Londres a un point de vue imprenable. Cela lui monte à la tête et débride un lyrisme mal enfoui qui n'attend que cela:

« L'Italie n'est plus qu'une foule de fidèles et là-bas sur la colline inspirée de l'autre côté de l'Adriatique, cloué, mains et pieds saignants, couronne d'épines au front, ecce homo: D'Annunzio[5]. »

Sans le vouloir, Londres donne parfois raison à ses détracteurs qui voient dans la prise de Fiume une expédition littéraire. Qu'importe. Dans cette ville dont le prince est un poète, il se sent tout à fait chez lui. Elle lui convient parfaitement car elle est à sa propre démesure. Avec son viatique en poche, il peut tout se permettre. Un soir, il passe la frontière balkanique et va dîner chez les Slaves, à Sussak, histoire d'y humer le fond de l'air[6]...

Mais il n'a toujours pas pu obtenir de tête à tête avec D'Annunzio. N'ayant pas fait tant de kilomètres pour l'apercevoir derrière ses décorations et ses oriflammes, haranguant la foule de son balcon, il insiste avec opiniâtreté. Enfin, le rendez-vous tant attendu.

« Tiens, c'est vous », dit simplement le poète en l'accueillant. Puis il se met à raconter sa version de l'histoire.

Les événements lui ont forcé la main. Quand il a appris que les Croates s'apprêtaient à mettre Fiume à sac, il s'est senti obligé d'intervenir pour prévenir le massacre. Malgré la fièvre qui le terrassait (39°), il s'est levé et a pris la route. Une aventure? Non pas. Une vocation divine, plutôt; l'appel des profondeurs. Il était urgent d'agir pour voler au secours de l'âme italienne. Pour que l'action soit chargée de symboles, il a même renoncé à emmener des volontaires pour ne prendre que des soldats de l'armée régulière. D'Annunzio a pris Fiume pour le salut de l'Italie et ses troupes, du moindre des *arditi* au plus décoré des officiers, ont prêté serment de fidélité. Ils mourront avec leur chef pour que Fiume reste italienne.

Le poète casqué poursuit le récit de son épopée militaire sans lésiner sur les détails et les faits d'armes, excipe de sa francophilie avérée, montre sa croix de guerre de vieux poilu, quand un capitaine entre dans le cabinet et lui tend un morceau de papier.

« Une nouvelle grave vient de m'arriver, dit-il à Albert Londres. La Conférence reconnaîtrait la souveraineté de Fiume mais simplement comme petit État à part de l'Istrie. Cela est impossible. Je prends mes précautions, je jetterai s'il le faut une proclamation à l'armée pour m'opposer par la force à cette mutilation. Ce matin, malgré l'orage, deux de mes avions sont partis lancer sur Rome et Milan un de mes messages. L'Italie n'est pas impérialiste, son libéralisme est connu. Elle réglera ses affaires seule »...

Il se fait tard. D'Annunzio est tendu. Il s'impatiente. La situation risque de déraper. A nouveau, un lieutenant entre dans la pièce où se déroule l'interview :

« Commandante! »

Un claquement de talons et le poète se retire pour dîner avec ses bersaglieri [7].

Londres est comblé. Son grand homme est fidèle à sa légende. Majestueux. Il domine tout en forçant le respect. Après tout, peu importe que D'Annunzio se serve du prétexte de Fiume dans sa marche vers le pouvoir. Un homme comme lui a tout pour plaire à un homme comme Albert Londres. « Plaire » est en l'occurrence un bien plat euphémisme. Il le subjugue, cet écrivain que Barrès appelle « mon faux frère ».

La fascination n'a rien de physique. Gabriele D'Annunzio, prince de Monte Nevoso, est petit. Ses jambes sont courtes et arquées, et à cinquante-six ans son front est largement dégarni. Mais déjà, quand on est soi-même poète et français, on peut difficilement résister à son magnétisme et la force de sa réputation. De 1910 à 1915, D'Annunzio a su se faire connaître des Français. Dans leur langue, qu'il parle excellemment, il a écrit directement *Le martyre de saint Sébastien, La Pisanelle* et *Le chèvrefeuille.* Ses cinq années d'exil volontaire en France, il les a passées à Paris et Arcachon, dans un chalet dont il a gardé la nostalgie car il y travaillait en paix, loin des fâcheux : « Cinq années d'exil au plus extrême occident, sur le flanc couvert d'épines de la dune océane, une longue suite de jours et de travaux, une longue patience, une longue attente[8] », écrira-t-il. Par la suite, quand il quittera Arcachon pour Venise, il accueillera très volontiers des sculpteurs et des peintres, Maurice Favre et Bouchor pour ne citer qu'eux.

Il se veut non pas l'ami mais l'amant de la France, ce condottiere simple et courtois dans l'intimité, toujours trop soucieux de plaire dès qu'il est en public. Ses hésitations le rendent humain : l'action ou la réflexion? Le mouvement ou le recueillement? Fiume ou Arcachon? Sa critique des généraux et des écrivains, de la médiocrité politique et des bassesses du marché littéraire, sonnent juste[9]. Mais le meilleur écrivain italien de sa génération perd son crédit dans ses affectations de grandeur, dans l'excès de ses attitudes mondaines, dans cette irrépressible tendance de s'imprégner et de s'approprier les idées des autres dès lors qu'elles lui paraissent grandes et belles. Il en fait aussitôt des idées d'annunziennes.

Comment juger un homme aussi exceptionnel, capable dans le même temps, suivant les situations, de jouer sur le double registre de la sobriété et de la mise en scène? Ce poète qui s'accomplit dans l'action voudrait être Chateaubriand ou rien, ce qui n'est pas donné à tout le monde. Il se pose comme un Byron italien qui, à Fiume, entend contraindre l'Europe à respecter sa conquête. De tous les critiques qui se sont essayés à tracer son portrait, André Suarès est probablement celui qui, après sa mort, a le mieux réussi à cerner les contradictions de ce Chateaubriand antiquaire :

« Où le grand René invoque supérieurement le sang noble, les traditions de l'aristocrate et tous les sentiments de l'honneur jusqu'à la parade, Gabriele D'Annunzio tient boutique de magnificences italiennes; bien entendu, la plupart sont des faux... Il se donne le rôle et la figure d'un sublime vieillard partagé entre la hauteur sereine de Sirius et l'ardente sainteté... Il avait les vertus et les défauts d'un homme de la Renaissance [10]. »

Albert Londres connaissait le poète. Mais avant de rencontrer l'homme d'action, il a vent de sa fougue par une affaire qui mobilise la chronique au début de cette année 1919. D'Annunzio, nouveau chantre de l'impérialisme, publie une lettre aux Dalmates dans la *Gazetta di Venezia* dans laquelle il réaffirme la vieille domination vénitienne sur les cités dalmates, en faisant fi des prétentions croates et slovènes à constituer la future Yougoslavie. Il s'en prend donc aux Anglais, aux Américains et, la mort dans l'âme, à ses chers Français. Pour l'Italie victorieuse, il ne veut que la pax romana, la seule qui, dans son esprit, lui préservera l'Adriatique. Mais même ses amis de la presse française ne sont pas d'accord.

Aussi en février, le poète, blessé par ce coup en traître, fait éditer par Bernard Grasset *Les aveux de l'ingrat*, recueil de ses articles sur la question dalmate. C'est une édition par dépit car à l'origine, *Le Figaro* avait promis de les publier : « Vous êtes assez grand pour pouvoir tout dire, nous sommes capables de tout entendre. » Las! De publication, point. *Excelsior* relève le gant et propose de faire paraître les bonnes feuilles du livre. En vain. Il renonce également. C'est que le poète pamphlétaire, par sa véhémence effraie jusqu'à ses plus fidèles soutiens [11].

C'est donc également par défi et par provocation qu'Albert Londres se tient si près de lui. Car la solidarité, la complicité et l'appui qu'il lui témoigne ne sont guère équivoques. Du moins au début. En septembre et en octobre 1919, sa série d'articles est publiée par *Excelsior* sous le titre général « La prodigieuse aventure du poète », et sous-titrée « L' " Annexion " de Fiume par D'Annunzio. » Mais passés les premiers enthousiasmes le ton s'émousse. Sur place, la situation s'aggrave. D'Annunzio s'entête, plus intransigeant que jamais. Le masque du poète tombe, laissant apparaître les traits du dictateur. L'armée est avec lui. Le problème, c'est qu'il n'est pas un homme politique. Pas de compromis possible avec lui. Tous les envoyés de Rome s'y sont cassé le nez. C'est Fiume italienne ou rien. Toutes les tentatives du gouvernement échouent [12]...

Londres lui-même s'en désintéresse. Pendant plus d'un an, il ne retourne pas à Fiume tandis que D'Annunzio tente de donner à l'Histoire la ligne de ses chimères. Le charisme s'est mué en mégalomanie. Il a raté son coup. Fiume n'est plus une affaire internationale, même plus italienne, tout juste locale. Ses harangues quotidiennes du haut de son balcon tournent au délire verbal. Dans le bric-à-brac de ses appartements, entre les plantes vertes et les livres précieux, il reçoit des personnalités de passage, qui le visitent comme un ours dans sa cage. Pour dire un jour : je l'ai vu, je l'ai touché. Le célébrissime Marconi, propagateur de la radio, lui permet de lancer un message au monde. Mais pour le monde comme pour les Italiens, le sublime et l'exceptionnel laissent indifférents par l'effet même de la répétition. Au début de l'hiver 1920, il faut toute la naïveté et le romantisme de deux jeunes poètes anglais comme les frères Sitwell pour rejoindre le nouveau César, un familier de Shelley qui règne par le verbe, chaque soir au balcon de son palais.

« Nous avons raté la prise du pouvoir par Lénine à Petrograd, se disent les deux jeunes esthètes. Si nous allions à Fiume voir D'Annunzio. Cela pourrait être le début de quelque chose [13]... »

C'est plutôt la fin.

Janvier 1921. Seize mois après le début de l'expédition, Albert Londres retournera à Fiume pour voir l'astre du prince de Monte Nevoso, dit Gabriele D'Annunzio, se coucher derrière le Monte Maggiore. Il le retrouvera, lui, le dernier des rebelles, cloîtré dans son palais, gardé par le carré des fidèles, quinze cents légionnaires [14]. La grande aventure s'achève dans le silence et la mélancolie.

« Fiume n'est plus qu'un corps sans armure et qui choit [15]. »

Bientôt, D'Annunzio quitte sa colline pour un repaire plus discret, en ville. A force de chercher, Londres finit par le trouver 18, via Buonarroti. Le héros est au lit. Il soigne une laryngite et ne veut prononcer qu'un seul mot : « Silence! »

C'est un peu court pour une interview, même pour une déclaration exclusive. Le reporter insiste, mais il n'en tire rien d'autre. Son entourage explique que le Commandante veut quitter Fiume le dernier. Sa destination n'est pas encore fixée. Il hésite entre la

France et Gardane. Mais ce devra être au calme, de toute façon, car il a bien l'intention d'y écrire son chef-d'œuvre *La nocturne.*

Il se fait tard, les derniers légionnaires vont embarquer. Avant, ils viennent saluer le poète qui pleure à sa fenêtre. Il n'a jamais autant ressemblé à sa statue souffrante[16]. Fin d'une chimère et début d'une légende.

Rideau!

9.

Parmi les nationalistes arabes

« Demain matin à 7 heures, je pars pour Damas, qui est le nœud de la situation. J'y resterai probablement trois jours, je reviendrai à Beyrouth pour faire avec le général la tournée de la côte et de l'intérieur : Tripoli, Lattaquié, Alexandrette, Mersina... Au retour vers le 20 décembre, je partirai en Palestine : Jérusalem, puis de là, l'Egypte et au Hedjaz... qui me prendront environ un mois. Peut-être du Hedjaz (Djeddah) au lieu de revenir par la mer Rouge, ferai-je le retour par le Soudan. Je débarquerais à Port-Soudan et par Khartoum, je gagnerais Le Caire. Mais je jugerai sur place [1]. »

Ouf! Quelle tête doivent-ils faire, le père et la mère Londres, dans leur pension de famille à Vichy, en lisant un pareil emploi du temps... Vu de l'Allier, il y a de quoi attraper le tournis.

Depuis qu'il est rentré de Fiume, il a la bougeotte. Pas question de rester dans un pays en proie à la fièvre des élections législatives. Aucun intérêt. Bloc national ou pas, il lui faut aller voir ailleurs si l'herbe est plus verte. C'est devenu une déformation professionnelle. A l'heure où les Français ont les yeux rivés sur la France, il se propose, lui, de leur parler de la France en Orient : le général Gouraud sur son cheval blanc et les neiges sous le soleil du mont Liban.

C'est ainsi que le 22 novembre 1919, l'envoyé spécial d'*Excelsior* débarque du croiseur-cuirassé *Waldeck-Rousseau* alors que Beyrouth fait tonner les canons en l'honneur du nouveau haut-commissaire français en Syrie. Sur le quai, le comité d'accueil. Le plus inattendu de ses membres n'est pas Georges Picot, en grand uniforme consulaire, mais un général anglais qui s'adresse à Gouraud par une formule trop belle pour n'avoir pas été mûrie de longue date :

« Nous sommes comme nos deux pays. Nous ne faisons qu'un seul corps à deux[2]. »

Il faut dire que les deux chefs partagent la particularité d'être manchots. Et de croiser leurs crochets!

Beyrouth est en fête. On a tout sorti pour l'occasion, les enfants et les drapeaux. Les clameurs de la foule se fondent en un seul cri : « Vive La France! » Comment n'être pas grisé? En se promenant dans les rues, Londres est vite dégrisé : la vie est deux fois plus chère qu'en France. Il a déjà perdu 38 % au change. Pendant le temps de leur occupation, les Anglais ont remplacé la livre turque par la livre égyptienne. Or celle-ci étant au même taux que la livre sterling, même le tabac et les journaux, denrées de première nécessité pour un reporter, sont hors de prix. Albert Londres est surtout navré d'avoir à dépenser l'équivalent de quatorze sous dès qu'il veut se faire cirer les chaussures, en l'occurrence deux fois par jour, une moyenne qui lui paraît indispensable surtout dans des pays poussiéreux comme celui-ci[3]. Cela étant, il ne se plaint pas plus que de raison. L'hôtel Royal, réquisitionné pour l'état-major et sa suite, est tout à fait convenable. De son balcon, il voit le Liban. Le voilà prêt à partir en expédition et affronter la perspective d'une longue marche dans la Syrie profonde afin d'assister au départ des troupes anglaises et à leur remplacement par celles venues de France.

A Beyrouth comme dans la plaine de la Bekaa, à Baalbeck, Zahlé, il fait connaissance avec un peuple hybride qui se dit franco-libanais, parle français comme Anatole France, rêve de Paris, la ville aux treize ponts, et s'imagine, avec un léger retard d'un quart de siècle sur l'actualité, que Sadi Carnot est toujours président de la République[4].

Cela dit, après avoir traversé la région de part en part en débordant du circuit officiel, Londres comprend vite que les troupes françaises, venues assurer la relève des troupes anglaises, l'ordre et l'administration, auront du mal. C'est une terre de brigands. Il faut être turc pour l'affronter. Ces gens, selon lui, ne comprennent que deux langages : la force et la séduction. Autrement dit, le bâton et l'argent. Le reste, c'est-à-dire les velléités d'indépendance, n'est que de la politique. Comme l'indigène est un bolchevik dans l'âme, mais un bolchevik qui ignore jusqu'à l'existence du Soviet de Petrograd, et qu'il s'exprime par le moyen privilégié du fusil, il va falloir pacifier. A coups de bâtons et de millions. « Si on leur donnait l'indépendance, nous n'aurions pas fini de rire, écrit-il à ses parents. Ils se massacreraient entre père et fils. Ils ont besoin d'une solide éducation avant[5]. »

Au même moment à Damas, un personnage que l'on dit peu recommandable, l'émir Fayçal, se fait proclamer roi de Syrie, une et indépendante. Le général Allenby ne réfléchit pas trois secondes avant de le déporter, le faisant embarquer à bord du *Waldeck-Rousseau* en partance pour Toulon. L'incident ne fait qu'attiser la curiosité du reporter. Depuis plusieurs jours, on ne cesse de lui déconseiller fermement le voyage de Damas. Le propre d'un tabou étant d'être transgressé, il ne tarde pas à se retrouver dans le train de 7 h 15 qui rallie Beyrouth à Damas. En chemin, il est attaqué par des bandits, épithète un peu rapide mais bien pratique pour désigner une secte de Metlaouis. Leur fantasia suscite plus de peur que de mal.

« Nous ne ferons pas de mal aux voyageurs, notre intention est uniquement de visiter le train[6]. »

Les wagons n'ayant rien d'un musée en villégiature, Londres réalise vite qu'ils n'en ont pas après la bourse ou la vie. Le téléphone arabe, mieux que le sans-fil français, leur a appris qu'ils y trouveraient des armes. Une fois leur fouille terminée, ils continuent avec le train puisqu'ils vont dans la même direction. Albert Londres, qui ne cesse de noter les faits et gestes, conclut, peut-être hâtivement, que leur manière de préférer la position debout nez au vent, sur le marchepied, révèle le dédain des premières classes et la crainte du contrôleur.

Damas, tout le monde descend! les voyageurs et leur garde d'honneur. Direction le Palace-Orient-Hôtel. C'est l'endroit idéal pour se reposer et, dans le même temps, être à pied d'œuvre. Car les purs et durs du « club arabe », les soviets au Croissant, s'y retrouvent régulièrement.

« Quarante illuminés venus de partout : Hedjaz, Palestine, Syrie, Mésopotamie, [le club] qui mène le gouvernement de Fayçal, dispose de la police, décide des exécutions. C'est la torche qui voudrait tout enflammer[7]. »

Ce sont pour la plupart des lettrés, intellectuels et hommes de loi, aux manières occidentales et de culture islamique. Deux fois par semaine, ils dînent tous ensemble dans cet hôtel afin d'y fourbir leurs armes et mijoter leurs anathèmes. Ce soir-là Albert Londres glisse une tête hésitante et résolue dans cette docte assemblée de fez, troublée par l'intrusion inattendue d'un casque colonial. Puisqu'il s'invite du regard, on l'invite du menton. Il semble accepté, sauf par quelques caciques qui manifestent bruyamment.

Une voix leur répond qui hurle plus fort qu'eux. Londres se penche vers son voisin qui lui traduit :

« Allons! sachez vous tenir. Si ce monsieur écrit quelque chose sur nous, qu'il ne dise pas au moins qu'il était au milieu de fous [8]. »

Perspicace, le sage du club arabe. A croire qu'il possède la collection de ses articles du *Petit Journal* et d'*Excelsior*. A la fin de la séance, le journaliste et les révolutionnaires font assaut d'amabilités. C'est gagné. Il est accepté. Il tient son papier sur les incorruptibles qui donnent tant de fil à retordre aux puissances occupantes. Le message est passé, ces gens-là sont prêts à tout, la terreur et le pillage n'étant qu'un moindre mal, pour s'émanciper des Anglais, des Français et de tous les Empires réunis.

« Ils préfèrent être des maîtres sur une ruine que des citoyens au milieu du bonheur de leur peuple. Ils appellent ça l'appel à l'indépendance [9]. »

C'est là la grande force des correspondances d'Albert Londres. Il est capable, d'un même tour de phrase, de moquer une des idées qui lui paraissent inconcevables, tout en donnant la parole à leurs sectateurs pour qu'ils les expriment. Car il ne fait guère de doute qu'à ses yeux, ces gens-là ont perdu la raison. Ils piétinent leur liberté afin de réaliser une utopie meurtrière. Pour en avoir le cœur net, Londres interviewe Rizat Pacha, chef du « gouvernement » de l'émir Fayçal. A grand renfort d'images mêlant le sable du désert et les chameaux des bédouins, sur un ton aussi sucré que le plus doucereux des loukhoums, celui-ci ne fait que lui confirmer ses appréhensions. La dynamique est lancée, rien ne l'arrêtera [10].

Message bien reçu. La Syrie est livrée aux bandes. Tout n'est que razzia et anarchie. Le général Gouraud observe. Mais cela ne peut pas durer. La France n'est pas en Orient pour se laisser fusiller sans riposter. Le Français a sa fierté.

« Depuis quand regarderait-il massacrer ses amis sans bouger, sous prétexte qu'il faut être l'ami de tout le monde? L'heure de la leçon est arrivée. Nous ne l'avions ni cherchée ni désirée. On nous l'impose [11]. »

Albert Londres hausse le ton, en lieu et place du général Gouraud. L'envoyé spécial d'*Excelsior* s'est tant et si bien investi de sa mission – de « ses » missions, devrait-on dire – qu'il s'identifie à la France. L'unité nationale en Syrie? Une blague : il y a plus de vingt races. La loyauté de la police à Beyrouth? Une mascarade : ils ne parlent que de jeter les Français à la mer. Le respect de l'uniforme? Une sinistre plaisanterie : des officiers français ont déjà été massacrés sans sommation. Tout en se refusant à mettre un G majuscule à cette guerre qui ne dit pas son nom, il réclame une réaction, un châtiment, une contre-attaque, impatient de voir le général Gouraud décroiser les bras, cesser de contempler la plaine et franchir enfin la porte de la Bekaa [12].

Décembre 1919. Il faut poursuivre. Ne pas rester à Damas à comptabiliser les haines cuites et recuites des uns et des autres. Plus rapide et plus pressé que Chateaubriand, le reporter décide que son itinéraire pour Jérusalem partira de Beyrouth plutôt que de Paris. C'est nettement plus pratique, surtout quand on est à côté. Il forme un équipage en voiture, avec un lieutenant-chiffreur capable de déchiffrer les sans-fils, un photographe en noir et un autre en couleurs. Saida, Tyr, Zib, Caiffa, Saint-Jean d'Acre... Après quelques mésaventures et d'inoubliables kilomètres à dos de bourricot, ils prennent le train avec des éminences fraîchement débarquées d'un croiseur français. Mais ils ne sont pas au bout de leurs surprises. En dépit de la qualité des prélats en mission vers la ville trois fois sainte, le train met douze heures pour couvrir le trajet de cent dix kilomètres. Il faut dire qu'il s'arrête toutes les dix minutes pour déposer, attendre et reprendre un docteur qui fait sa tournée.

Ils arriveront à temps pour fêter Noël à Bethléem.

Cette année en Judée, la messe est célébrée par le cardinal Dubois, archevêque de Rouen. L'envoyé spécial d'*Excelsior* l'attend à Jérusalem, au pied des murailles, à la porte de Jaffa, pour assister à son entrée, précédé de massiers et d'un héraut à cheval, crucifix à bout de bras, accompagné d'évêques et d'officiers français. La procession se rend au Saint-Sépulcre, dans la pluie et la tempête, sous un ciel rayé d'éclairs. Ils sont aussi impressionnants que les notabilités figées par le froid, qui les attendent au pied d'un arc de triomphe édifié pour la circonstance, un petit monument tricolore bien entendu.

Des Anglais du Mandat, officiers et gouverneur, côtoient des princes de l'Église en robes blanches ou bure noire, sous l'œil étonné des badauds, juifs à papillotes et bédouins en escale. Puis l'éminence à la pourpre, les évêques du Mans et de Gap qui l'encadrent comme des gardes du corps, le consul de France et l'amiral Mornet escorté d'un colonel mettent le cap sur Bethléem.

Minuit à la grotte.

Ce pourrait être émouvant, n'étaient les ors et les velours, le faste de l'Eglise en déplacement. Au pays de Jésus, cela ne paraissait peut-être pas indispensable. De toute façon, avec ou sans l'apparat, la situation reprend toujours le dessus dans ces pays-là. On n'échappe pas au temporel, pas plus en terre de Canaan qu'ailleurs. Londres garde le meilleur pour la fin.

« Le cardinal se baissa, prit un enfant et au moment où, de ses bras français, il allait le déposer dans l'étable, où huit saintes sœurs, loin des fastes, rêvaient en extase, le bruit sec d'une main contre une crosse se fit entendre : c'était une sentinelle anglaise qui présentait les armes [13]. »

De Jérusalem, le journaliste conserve un souvenir prégnant. Il juge la ville saisissante et multiplie les articles qu'il lui consacre, pour *Excelsior* bien sûr mais aussi pour *Le Petit Marseillais*, sous le pseudonyme d'Aigues-Mortes, et pour *La Dépêche* où il signe de son ancien nom de poète, Jacques Couzy [14].

Elle est également l'occasion d'une prise de conscience : celle de la grande détresse du peuple arménien, allégrement massacré par les Turcs; le désespoir des immigrants juifs en Palestine, en proie à la violente hostilité des Arabes. Cette dernière expérience provoque un déclic qui se concrétisera dix ans plus tard par une série de reportages intitulée *Le juif errant est arrivé.*

« Yahya el watan! Yahya el watan! »

L'Égypte est vraiment, selon ses propres termes, un pays épatant. Mais aussi agité que la Syrie. Ces manifestants qui scandent « vive la patrie! » n'annoncent rien de bon. Ils sont partout, dans le quartier européen du Caire, aussi résolus, déterminés, inconscients du danger qu'à Damas. Londres en est pleinement convaincu après que deux étudiants, rencontrés au cours d'une émeute, l'aient invité à leurs cours de droit à la faculté El Ahzar. C'est une véritable leçon de nationalisme arabe et d'histoire coloniale que lui infligent tour à tour les intervenants convoqués au tableau par leur maître. Il en a son content [15].

Mais dans son plan, Le Caire comme Jérusalem ne sont que des étapes. Ce qui l'intéresse, c'est le Hedjaz. En Orient, tout ce qui se réclame de valeurs telles que liberté, patrie, indépendance, en appelle au royaume d'Arabie.

« Et quand on a vu la source, on est fixé sur la vertu civilisatrice de l'eau qu'elle répandra [16]. »

Si l'on désigne Djeddah comme une ville, c'est par habitude. Une ville de sable alors. Les habitants ne font que passer. Le roi Hussein n'est que le concierge des lieux saints. Il ne dispose d'aucun pouvoir. Nul ne lui obéit. Comme tout le monde, il paie rançon aux vrais maîtres du désert, les Bédouins. Lui, l'empereur du monde arabe? Fumisterie. Si son empire était constitué de champs, il ne serait pas obéi de ses gardes-champêtres [17]. Un fantoche plutôt. Mais assez malin pour verser son obole aux rançonneurs, offrir un sabre en or au maréchal anglais et refuser catégoriquement d'accorder une interview à un reporter français...

Après plusieurs mois passés à sillonner la région, Albert Londres a une intime conviction : la France n'est pas sortie de la mosquée. Si elle joue le pourrissement de la situation, elle va s'embourber. L'immobilisme peut lui être fatal. La presse nationaliste arabe n'écrit plus « général Gouraud » mais « buveur de sang de l'Islam », ce qui est mauvais signe et même pas très amical. La marmite est prête à exploser. La France en Orient est mal partie.

10.

Dans la Russie des Soviets

Paris le 20 mars 1920. La grande horloge de l'ambassade d'Angleterre marque 12 h 45. Son Excellence le comte de Derby s'impatiente. Tout le monde est là, à l'exception d'Albert Londres. Injoignable. Sa fille, son rédacteur en chef, sa concierge n'ont été d'aucun secours. Le courrier lui est paraît-il transmis quelque part entre l'Occident et l'Orient mais on dit qu'il ne l'ouvre que par inadvertance. La cérémonie doit commencer. C'est donc par contumace que les représentants de Sa Majesté le roi George V nomment le grand reporter officier honoraire de l'Ordre de l'empire britannique [1]. Ils n'ont pas oublié, eux, sa campagne de 14-18 sur le front.

Ce que les Français n'ont pas su faire, les Anglais l'ont fait. Très flatté, Londres. Honoré même, en dépit de son dédain des rubans et breloques. Mais pour l'heure, il s'en fiche. Il a la tête ailleurs. Chez les Russes.

Albert Londres chez Lénine? Autant dire Rouletabille chez le tsar. Il y a de cela. Si le voyage est une aventure, celui qui le mène en Russie bolchevique est une expédition, une folie, une erreur. Quand on se rend dans un pays et un régime honnis par le monde, il faut savoir que partir, c'est compatir un peu. Il faut être dérangé ou communiste ou encore journaliste pour faire preuve d'une telle témérité. Vu de Paris, c'est l'enfer. L'image va perdurer. Un jour, quelques années plus tard, un pégriot des bataillons disciplinaires, coupé de tout dans son bagne de Biribi, dira à Albert Londres :

« Je n'osais pas interroger, je voyais dans les journaux : " les bolcheviks marchent sur Varsovie ". Qu'est-ce que les bolcheviks? que je demandais. Voilà que de nouveaux peuples avaient poussé sur la terre! On me dit : " les bolcheviks, c'est des Russes, eh ballot! " Alors je crus que c'étaient des espèces de Lapons qui s'étaient réveillés et descendaient comme des pirates vers les pays chauds [2]... »

Dans les salles de rédaction parisiennes en 1920, un lieu commun a la vie dure : une enquête sur le bolchevisme en Russie est vouée à l'échec car les reporters n'y ont aucune liberté de mouvement [3]. Henri Béraud les imagine comme des explorateurs s'interrogeant sur la nourriture des naturels de cette impénétrable contrée [4]. Pourtant, depuis les premiers éclats de la révolution, il y a trois ans, un certain nombre d'informations filtrent, pas toutes innocentes.

Les textes de Pierre Pascal sont très lus, du moins dans certains milieux. Ce normalien catholique, qui vit à Moscou depuis 1916, a fondé avec Jacques Sadoul le groupe moscovite des bolcheviks français. Son influence est certaine dans la propagation du communisme en France dès 1920. Il s'emploie à présenter un bolchevisme à visage humain et à décrire « la terreur rouge » comme une exagération de la presse bourgeoise aux ordres du grand capital, dans son entreprise de bourrage de crâne [5]. Dans le même esprit, *L'Humanité*, quotidien du Parti Socialiste, dispose dès octobre 1917 d'un excellent envoyé spécial à Petrograd en la personne de Boris Kritchevski. Mais la réaction ne tarde pas. La Ligue des droits de l'homme consacre une enquête à la situation en Russie. Après une audition de témoins à Paris, en avril 1919, elle condamne à l'unanimité « la dictature des bolcheviks » car « fût-elle provisoire elle perpétue la tyrannie [6] ».

C'est encore dans la presse et en librairie que l'on trouve les plus violentes attaques contre la nouvelle Russie, notamment depuis juillet 1918; l'opinion publique est plus sensible à l'exécution de la famille impériale qu'à l'attentat manqué contre Lénine. Le romancier Serge de Chessin publie *Au pays de la démence rouge* peu avant Ludovic Naudeau et ses deux documents à succès *En prison sous la terreur russe* et *Les dessous du chaos russe*. Le reporter avait été arrêté en juillet 1918 à Moscou, à son bureau du *Journal de Russie*, qu'il rédigeait en français avec l'accord des autorités. A peine libéré, trois semaines plus tard, il réalise une interview de Lénine qui sera publiée par *Le Temps*.

Ils sont rarissimes, les journalistes qui ont eu le privilège de couvrir la scène russe depuis trois ans. Outre Naudeau et dans des circonstances bien particulières, ils ne sont guère plus que trois à avoir été autorisés à pénétrer au Q.G. bolchevik de l'Institut Smolny, à Petrograd : Arthur Ransome du *London Daily News*, Morgan Philips Price du *Manchester Guardian* et John Reed de *The Masses*. Ces deux derniers sont certainement les plus « engagés ». Philips Price n'a de cesse de combattre l'antibolchevisme de la presse anglaise, symbolisé par le célèbre éditorial du *Times* : « Un seul remède au bolchevisme : les balles », y lisait-on en commentaire aux velléités des Soviets de se poser en avant-garde de la révolution mondiale.

Philips Price, témoin de première main des débuts du régime, assiste à la création de l'Armée rouge par Trotski et interviewe régulièrement Lénine; il vit chez le fils de Tolstoï et gagne sa vie comme traducteur au ministère des Affaires étrangères à Moscou. Tant et si bien que progressivement, il ne se contente pas de dégonfler « le mythe » de la terreur rouge : il s'exprime comme les Soviets, dans un jargon qui fleure bon le marxisme des mots d'ordre, des slogans et des consignes [7].

Quant à l'Américain John Reed, son engagement aux côtés de la nouvelle Russie ne souffre aucune ambiguïté. Champion de la révolution mexicaine, communiste convaincu, révolutionnaire de la tendance la plus romantique, il achève son parcours selon la loi du genre, en expirant à trente-trois ans en octobre 1920, des suites du typhus à l'hôpital Marinski de Moscou [8].

Le point commun et l'atout de ces trois journalistes qui ont le privilège d'assister aux premiers pas de la Révolution, c'est qu'ils sont des correspondants et non des envoyés spéciaux. Tout autre eût été leur situation s'ils n'avaient fait que passer. Installés, implantés, ils bénéficient de réseaux, d'introductions, de contacts sans lesquels ils eussent été soit broyés soit expulsés. Les révolutions ne font pas toujours le détail.

Dès octobre 1917, Albert Londres n'a pas cessé d'y penser. Où qu'il se trouve, il a la Russie en tête. Plus on l'empêche d'y pénétrer, plus il a envie d'essayer, dût-il recourir aux grands moyens et proposer au Quai d'Orsay d'y fomenter des coups de main contre des personnalités du régime. Depuis l'affaire de la mission Noulens, à laquelle il devait être incorporé avec Helsey, il cherche la brèche qui lui permettra de s'engouffrer dans ce pays qui semble coupé du monde. La rupture des relations diplomatiques avec la France n'arrange rien.

Depuis son retour d'Orient, Londres multiplie les contacts, s'arrange pour ne pas s'absenter trop longtemps de Paris, dans l'attente fébrile que les événements se décident enfin à aboutir. Entre deux locations d'appartement, il vit dans l'atelier du peintre Rouquayrol, son ami de jeunesse, dîne avec Gémier, le directeur de théâtre, qui se dit emballé par son idée de consacrer une pièce à Gambetta. Le journaliste aurait besoin d'un mois de travail supplémentaire pour la mener à son terme. Mais il n'a pas la tête à cela. Par l'esprit, il est en Russie. Si d'aventure les Soviets échouaient, il ne peut s'imaginer ailleurs qu'à Petrograd[9].

Excelsior est d'accord. Très favorable même, et « chacun sait que les journaux ayant des idées sur tout, il faut se garder de discuter les idées de son journal, principalement quand elles sont accompagnées d'un chèque en bonne forme[10] ».

Étant entendu que dans un continent où la liberté est la valeur suprême, un voyageur privé de passeport équivaut sur les routes à un naufragé sans radeau juste au centre du Pacifique[11], la quête des visas est une urgence absolue. Dans l'Europe de 1920, on ne compte guère que trois représentants des Soviets : Kopp à Berlin, Litvinoff à Copenhague et Gloukovsky à Reval. Or ces gens ne sont pas dans l'annuaire. Certains même n'ont pas pignon sur rue. On croirait qu'ils se cachent, ce qui est une bien curieuse façon de promouvoir une cause.

Londres comprend vite à ses dépens que contrairement à une légende bien établie, il est plus difficile d'entrer en Russie que d'en sortir. Il lui faudra cinquante-deux jours pour aller de Paris à Petrograd !

Pour l'heure, il n'en sait rien. Très excité à la veille de son départ, il prévoit de passer deux mois en Russie. Son seul contact sur place s'appelle Lebedeff. Avant de se consacrer à la formation de corps de volontaires, il était gérant du ministère de la Marine. Il paraît qu'en Russie, c'est une figure. Londres s'est lié avec lui un soir de solitude dans un restaurant de Salonique. Lebedeff était alors lieutenant de la légion étrangère. Il s'apprêtait à regagner Petrograd pour y faire « de grandes choses » sur lesquelles il ne pouvait lever le mystère. C'était quarante jours avant le grand soir[12]...

Première étape : Berlin. Dès son arrivée, le reporter se met en chasse. Victor Kopp? Inconnu. Quarante-huit heures durant il le cherche en vain, commence déjà à perdre patience. L'ambassadeur des Soviets n'a peut-être pas d'ambassade. Cela se conçoit, la nouvelle Russie n'étant pas un pays comme les autres. Mais si ce Kopp est un homme comme les autres, il doit bien dormir et manger quelque part. Londres met quelques indicateurs sur le coup.

« Fasenenstrasse [13]! »

Un pisteur, vieux Berlinois à qui on ne la fait pas, l'a trouvé enfin. Seulement il ignore le numéro et la rue est une des plus longues du quartier de Wilhemsdorff. Qu'à cela ne tienne. Partant du principe très contestable selon lequel un rouge ne saurait vivre qu'à droite, Albert Londres tire toutes les sonnettes du côté impair. Las! Le bolchevik est bien un homme de gauche. Le journaliste s'en aperçoit après avoir ameuté presque toute l'artère. Kopp enfin.

« Monsieur le représentant du gouvernement des Soviets, nous venons vous demander un visa pour entrer chez vous. Nous ne sommes pas bolchevik, nous ne sommes rien : c'est-à-dire journaliste. Il est un courant, par le monde, qui tend à proclamer que vous n'êtes nullement les vulgaires assassins dont on aimait à se représenter la tête un coutelas entre les dents. Nous sommes tout prêt, si c'est vrai, à le constater. Nous avons, pour cette tâche, affûté nos yeux et nos oreilles. Qu'en pensez-vous?

– Revenez demain [14]. »

Un peu sec, l'ambassadeur, et résolu mais urbain. Quarante-huit heures de traque pour en arriver là. Le lendemain, les mêmes, au même endroit.

« Je vais vous aider. Mais il faut la permission de Lénine. La mission militaire française à Berlin possède un sans-fil. Priez-la de transmettre de ma part votre demande à Moscou. Moscou vous répondra.

– Oh! monsieur, se récrie Londres. Comment voulez-vous que je demande à un général français d'échanger des ondes avec Lénine!

– Essayez [15]. »

Inutile. L'entreprise serait vouée à l'échec. Il faut tenter autre chose. Une initiative plus directe.

« Alors voilà tout ce que je puis faire pour vous... »

Et le Russe de tendre au Français une carte de visite sur laquelle il est écrit : « Victor Kopp » suivi de trois lignes en caractères cyrilliques et les initiales qui dorénavant désignent l'ancien pays des tsars : RSFSR.

Londres empoche la carte et sort un billet de chemin de fer pour Reval. Cap sur l'Estonie. Six jours de train dans des conditions rien moins que ferroviaires puisque la Lettonie, craignant une attaque de l'Estonie, a déboulonné des kilomètres de rail. De surcroît, la mer est gelée. Reval est donc coupée du monde. On y accède tout de même, surtout les voyageurs animés d'une idée fixe, la recherche d'un visa par exemple.

« Ah! quel circuit!... marmonne Londres. Combien il est dur de s'instruire par les temps qui courent [16]. »

Il réalise qu'il s'est lancé dans le plus difficile de ses reportages et vit des situations qui lui font regretter les tracasseries des carabiniers aux alentours de Fiume. Sur la route de Reval, en pleine nuit, par moins vingt degrés et une neige qui envahit les chaussettes, il croit atteindre le point de non-retour de la haine antislave quand un contrôleur le garde cinq heures parce que l'encre d'un de ses visas est un peu estompée, ce qui n'est pas très normal, il faut en convenir.

Une consolation non négligeable l'attend à son arrivée dans le bourg de Reval. Gloukovsky, l'envoyé des Soviets, existe bien et il a même une adresse. Seulement quand on sonne à sa porte, il l'ouvre lui-même et répond que Monsieur n'est pas là. Londres n'ayant pas fait tant de kilomètres dans les pires conditions pour s'essayer au jeu du domestique, il insiste avec la détermination du visiteur prêt, si nécessaire, à laisser sa chaussure dans les gonds.

« Voulez-vous lui transmettre une prière de ma part?

– Si je le vois [17]. »

Le lendemain, il revient. Le manège dure quatre semaines. Plus de trente jours à faire le pied de grue, matin et soir, dans un hôtel meublé transformé en Q.G., et à attendre un radio de Lénine en réponse à sa demande, transmise en courrier diplomatique par le vrai-faux Gloukovsky. La tension monte de manière très perceptible, Londres traitant tous ces Russes affairés de « fanatiques » et le personnel demandant à l'impatient camarade si, de temps en temps, il n'a pas honte d'être Français. Enfin, la réponse arrive. Londres espère un mot, un seul : « Arrivez. » Il en découvre au moins six : « L'entrée dans la Russie des Soviets regarde Litvinoff. Signé. Tchitcherine [18]. »

On deviendrait anticommuniste à moins. Mais ce n'est pas le moment. Cap sur Copenhague, le port de la dernière chance car au-delà il n'y a plus d'ambassadeur des Soviets en Europe. Seulement Reval est toujours bloquée. Coupée du monde. La mer dégelant plus vite que les Lettons ne refixent leurs rails, le reporter s'embarque aussitôt pour les pays scandinaves. Il voit l'aurore boréale qu'il juge impressionnante, émouvante même, mais moins qu'un visa sur un passeport. Stockholm? Une jolie ville... La Baltique? Des îles et des fjords, splendides... Copenhague? Pas habitable [19]... Cela dit, rien ne vaut la Russie. Il y mettra le temps nécessaire mais il y entrera. Il a déjà quarante jours de retard sur son horaire. Un peu plus, un peu moins...

Le camarade-diplomate sait vivre. On le trouve à Copenhague à l'hôtel du Prince-Frédéric. Cinq jours durant, Londres monte la garde en vain. Litvinoff est invisible. Le sixième, c'est l'apparition. Londres déballe son boniment, le même qu'il servit à ses homologues Kopp et Gloukovsky. L'homme est de marbre. Il faut lui forcer la main.

« Enfin, si ce qui se passe chez vous ne peut pas se voir, si c'est une vaste salle d'opérations chirurgicales, refusez-moi le passeport, je comprendrai!

– Je vous téléphonerai [20]. »

Il aurait pu dire tout aussi bien : on vous écrira, ou repassez demain! Six jours durant, Albert Londres ronge son frein, dévorant des yeux le téléphone désespérément muet. L'obstacle, il le connaît parfaitement. Aux yeux des bolcheviks un journaliste français est d'abord un Français, c'est-à-dire une émanation de son gouvernement, un suppôt de Clemenceau, l'envoyé d'une république bourgeoise à la botte du capital, fort mal disposée à leur endroit comme en témoigne l'absence de relations diplomatiques.

Pour débloquer la situation, il faudrait un coup d'éclat qui ne peut venir que de Paris. Le voici justement, en toutes lettres, dans un journal du matin. C'est un discours que Louis Barthou a prononcé il y a peu à la Chambre, excipant de la bonne volonté de la France, toute prête à reconsidérer sa politique russe. Inespéré!

Le journal en poche, Londres se rend immédiatement chez Litvinoff, sans oublier de faire traduire en russe le précieux discours.

« Lisez! C'est la preuve que depuis plus d'un mois, nous ne vous bourrons pas le crâne. C'est de Louis Barthou... »

L'ambassadeur lit, sans se laisser impressionner.

« ... l'ancien président du conseil... »

Imperturbable, il poursuit sa lecture.

« ... de l'Académie française!... »

Litvinoff lève enfin les yeux.

« Vous avez votre passeport?

– Voilà... Dix-sept visas pour arriver jusqu'à vous », explique Londres en dépliant un document en accordéon qui dut avoir, dans sa jeunesse, l'aspect d'un passeport à la française.

– Ça fera dix-huit [21]! »

Enfin un sourire. Le soviet au rictus de glace s'est déridé. Il était temps. Pour ce simple coup de tampon et ce paraphe RSFSR à l'encre rouge, Londres aurait pu tuer quelqu'un. A quelques jours près...

Il n'est pas pour autant au bout de ses peines.

A peine rendu à Helsingfors, il constate que les Soviets et les Finlandais sont en guerre. Ce n'est donc plus une douane mais un front qu'il doit franchir. Après cinq jours de démarches, il obtient un sésame qui peut le faire passer de l'autre côté de la frontière au moment jugé le plus opportun par le commandant du secteur, un papier qui ne fait que s'ajouter à son propre passeport, sa carte de presse, son chapelet de visas, le sauf-conduit de Litvinoff... L'attirail du parfait explorateur en terre vierge. Une gare, une rivière, un pont, des conciliabules entre gardes-frontières et c'est la mère patrie du bolchevisme. Londres commençait à douter de sa réalité. Elle est pourtant bien là, tout en rouge. En route pour Petrograd! Il n'y en a que pour trente-sept kilomètres, en principe.

« On aurait dit qu'à mesure que j'avançais, l'air de la Russie se raréfiait. Je recevais à mon insu le baptême du bolchevisme [22]. »

Alors qu'il commence à prendre ses aises dans un wagon pourri, des camarades résolus le font descendre. Il fait nuit, on n'y voit goutte. Ce pourrait être désert. S'ils ont l'intention de le mener à pied jusqu'à Petrograd, ils doivent au moins connaître un raccourci. Enfin quelqu'un, après un long moment d'angoissante solitude. C'est une femme, d'aspect misérable, pauvrement vêtue, que l'on vient de tirer de sa prison car elle parle français. Elle s'exprime avec une certaine dignité. Ce n'est donc pas une femme, mais une dame, bibelot d'ancien régime oublié dans un conseil de soviets.

« Vous quittez Paris pour venir ici! Paris... »

Jusqu'à trois heures du matin, à la lueur des bougies qu'il avait pris soin d'emporter, il l'écoute non pas répondre à ses questions mais poser, elle, des questions sur le cours de la vie dans ces pays où l'on ne perquisitionne pas, où l'on se fait coiffer et où l'on peut voir des amis sans en rendre compte à quiconque. Les rats infestent la datcha. Il est temps pour elle de regagner sa geôle, non sans accepter le compromettant hommage d'un parfum. Le camarade-commissaire fait son entrée à l'aube. Interrogatoire de pure forme : bien dormi? combien d'argent en poche?... quelle appartenance politique?...

« Votre but?

– Voir.

– Eh bien vous voyez que l'on ne vous a pas encore mangé[23]! »

Albert Londres exprime sa reconnaissance pour cet accès de faiblesse coupable. Il peut désormais poursuivre sa route. Ce n'est plus un voyage mais une équipée. Après quelques déboires ferroviaires auxquels, croit-il, la dialectique marxiste ne doit pas être étrangère, il touche au but.

A Petrograd, à Moscou comme ailleurs, il procède de la même manière. Avant d'essayer de comprendre le système et d'interroger les responsables, Londres se promène, traîne, observe.

Petrograd d'abord. Le journaliste est très honorablement logé dans de somptueux appartements, à l'intérieur d'une sorte de palais. Le propriétaire ne l'ennuiera pas : il vient d'être fusillé. N'ayant rien trouvé à manger, il se décide à quitter ce décor de Russie éternelle pour affronter la rue. Deux sentiments la dominent et l'étreignent : la peur et la faim. Dans cette ville, on ne marche pas, on erre. Peu ou pas de voitures. Les habitants ont des figures de sursitaires du typhus. Les animaux sont aussi rares que les automobiles. On dépèce les chevaux là où ils tombent. En pleine rue. Tout est sale. Une puanteur tenace sourd à tous les coins de squares. Les vitrines des magasins sont désespérément vides ou, à la rigueur, garnies selon le nouvel esprit de la cité : celui du dépotoir. Les sept cent mille errants de Petrograd ont une idée fixe : manger. Une crainte : que cela se sache. Ils ne marchent pas avec un sac au bras mais un seau à la main. Comme des animaux, ils se nourrissent sur place, là où ils trouvent leur pitance.

De sa gloire passée, la ville de Pierre le Grand n'a conservé que l'esprit français du tracé de ses rues, l'inspiration italienne de certains de ses monuments baroques et classiques. A ces exceptions près, elle n'a plus rien de « la fenêtre de la Russie sur l'Europe ». Feu Saint-Pétersbourg est devenu un campement livré à une soldatesque pouilleuse et nonchalante. Ils ont à peine la détermination de faire régner l'ordre dans cette cour des miracles qui n'a pas l'énergie de se révolter tant elle est accablée par le spectre de la mort.

Albert Londres est abasourdi. Écœuré par ce qu'il découvre. Ce n'est pas de la propagande bourgeoise. Cela ne relève pas du bourrage de crâne martelé par des feuilles stipendiées. C'est pire : une réalité qu'il peut lui-même, de visu, constater sans aucun intermédiaire. Nul besoin de parler le russe pour voir Petrograd. Il suffit d'ouvrir les yeux et de constater une situation que, pour sa part, il se refuse à analyser, en termes politiques ou idéologiques s'entend. Ce serait entrer dans le jeu de ce pouvoir qu'il exècre déjà. Aussi sa description de la ville est-elle purement épidermique. Elle n'obéit pas à une réflexion argumentée mais à une réaction instinctive. Cela lui fait écrire, en chute de son article, une phrase dont le cynisme lui sera longtemps reproché :

« Entrez là-dedans, dans ces soupes. C'est les yeux agrandis que nous avons regardé distribuer cette manne communiste. De 3 à 4 heures, le troupeau humain s'y traîne. Chacun porte son écuelle on une vieille boîte de conserves ou un ex-plat à barbe, voire de vraies gamelles. Ils tendent cela au comptoir graisseux. La portion de bouillon immonde, éclaboussant, tombe comme elle peut dans leurs baquets. Avidement, ils l'avalent. C'est le dernier degré de la dégradation, ce sont des étables pour hommes. C'est la troisième Internationale. A la quatrième on marchera à quatre pattes, à la cinquième on aboiera[24]. »

On le sait, et cela se vérifiera à maintes reprises, Albert Londres ne résiste pas à un bon mot, une pirouette, un exercice de style. Quand, sous sa plume, une formule pointe son museau, il ne la laisse pas échapper. Mais il faut convenir qu'il sait également se brider, s'agissant d'hommes et d'idées qu'il respecte plus que d'autres. C'est un cynique à géométrie variable.

A Petrograd encore, il substitue au vocabulaire de la misère celui de la dignité quand il rend visite à une Française pour lui remettre une photographie de la part de sa fille, une Parisienne qu'elle n'a pas revue depuis trois ans. Il trouve encore des mots pleins de noble compassion, absolument dénués de l'ironie, du recul et du goût de la dérision qui font sa patte, quand il assiste à une messe en la chapelle de Notre-Dame-de-Lourdes, à Petrograd :

« Ces hommes au temps jadis ne devaient pas assister à l'office. Ils ne le manquent plus aujourd'hui. Dimanche n'est plus seulement pour eux le jour du Seigneur, c'est celui où – entre soi – on peut échanger des regards [25]. »

Il est vrai que ce sont des compatriotes. Car plutôt que de tenter de rencontrer les Français de la ville chez eux, il a préféré les retrouver dans leur église, avec leur curé, afin de leur annoncer, avec du Saint-Saëns en fond musical, que les formalités administratives leur permettant de rentrer au pays étaient enfin accomplies.

En quittant Petrograd pour Moscou, le reporter comprend qu'il laisse le meilleur derrière lui. Le pire est encore à venir. Il le reconnaît d'emblée :

« Avec Moscou pour repoussoir, Petrograd ressemble à la liberté. ... A Petrograd on n'a que l'impression d'avoir une chaîne au cou; à Moscou, c'est la main sur la nuque [26]. »

Impossible cette fois d'échapper à l'espionnite. On ne peut pas se perdre dans cette ville. Un « guide » vient immédiatement au secours de l'étranger en déroute pour lui indiquer le chemin. Comment sait-il? D'où sort-il? Où va-t-il? Ce sont les nouveaux mystères de Moscou. L'envoyé d'*Excelsior* s'y fait vite. Un léger incident l'affranchit peu après son arrivée.

Un jour, il invite le romancier Charles Petit, comme lui de passage au pays des Soviets, à deviser sur la situation, avec lui, dans ses appartements. A la fin de l'après-midi, la pièce est noyée dans un épais nuage de fumée, les deux hommes de lettres étant également portés sur le tabac. Soudain, l'armoire se met à tousser. Intrigué, Londres ouvre la porte et découvre sous les piles de linge une jeune femme vêtue de soie noire. Ils l'interrogent mais elle fait mine de ne pas comprendre, alors que c'est sans aucun doute sa connaissance du français qui l'a désignée pour cette inconfortable mission. Plutôt que de continuer à fumer par procuration, les deux Français lui proposent donc de se joindre à eux pour tirer sur quelques cigarettes bien gauloises, ce qu'elle accepte volontiers [27].

Moscou, qu'il visite aussitôt, lui paraît aussi mal entretenue et misérable que la Venise du Nord. Le Kremlin, bien ramassé derrière sa muraille crénelée, est encore plus impressionnant qu'il a jamais dû l'être. A sa puissance physique, qui en imposerait à plus d'une armée, s'ajoute une nouvelle dimension : celle de l'énigme. Que font-ils là-bas dans leurs bureaux si bien protégés? Que se disent-ils, Lénine, Trotski et les autres? Et comment peut-on espérer pénétrer dans un endroit pareil?

Sur les murs de l'hôtel de ville, une plaque lance un slogan en grosses lettres : « La religion est l'opium du peuple. » Bizarre, incongru même, dans cette ville où il y a tant de cathédrales, de chapelle, d'icônes. Les rues sont vides de voitures, le marché noir ne prend plus la peine de dissimuler sa coupable activité, les jardins publics sont pleins de personnages muets qui regardent par terre. Le seul exutoire à cette atmosphère lugubre, c'est encore le théâtre, ultime rémanence du régime honni, et Féodor Chaliapine, grande basse et fameux tragédien, le seul qui puisse leur faire oublier une autre tragédie, plus quotidienne, plus immédiate : la faim, le froid, la peur [28].

Sachant qu'il aura à écrire en tout entre quinze et vingt articles, Albert Londres ne se contente pas de récolter des cartes postales. *Excelsior* veut aussi de l'analyse. Les hommes qui ont fait cette révolution gagnent certainement à être mieux connus, encore faut-il auparavant décrire le système dont ils se réclament et le régime qu'ils ont bâti.

Albert Londres grand reporter ne sera jamais essayiste. Aux idées il préfère les hommes, aux théories les goûts. C'est un littéraire, dans la plus noble acception du terme. S'il a choisi ce type d'écriture, c'est au départ par dépit de poète. Il n'a pas de message politique ou social à faire passer, hormis ceux qu'il envoie régulièrement par la poste à ses parents. L'éditorial n'est absolument pas son genre. Si le reportage lui convient si bien, c'est qu'il lui permet, outre le voyage au long cours, de descendre dans les culs-de-basse-fosse de la société dans tous ses états : paix, guerre, crise, révolution, émeute... Et de toucher au plus près la vérité des hommes. Gardons-nous d'en déduire un quelconque « dégagement » ou « désengagement » mais n'oublions pas le parti dont il se réclame le plus souvent – le parti pris d'en rire – et la distance qu'il met dans ses commentaires dès lors qu'il s'agit non plus des hommes qui souffrent mais d'une situation politique.

En Russie bolchevique, il n'est pas à son aise. Comment expliquer aux lecteurs d'*Excelsior* le phénomène bureaucratique, le fonctionnement du régime, la nouvelle Constitution, l'élection du comité central... Le IXe congrès du Parti s'est achevé quelques jours avant son arrivée. On y a critiqué la dictature du PC et la dégénérescence bureaucratique de l'oligarchie au pouvoir. Bien. Syndicalistes et intellectuels se sont séparés en tendances antagonistes. Soit. Depuis trois ans, il est question de dictature du prolétariat et des paysans, puis de dictature du prolétariat et des paysans pauvres, puis de dictature du prolétariat tout court, puis de dictature du PC et enfin de dictature du Comité Central [29]. Après tout, pourquoi pas? Jusqu'à ce que Trotski se lève et reproche à Lénine la dictature sur le prolétariat. Là Londres applaudit, révolté par le dévoiement de l'idéal bolchevik [30].

En vérité, il n'y comprend rien et n'esquisse même pas une comparaison avec l'Ancien Régime. Si la philosophie politique lui passe généralement au-dessus du feutre, la logique marxiste lui échappe plus que de raison. Ce n'est pas faute d'avoir essayé. Armé d'un bon sens bien gaulois, les deux pieds ancrés dans la glaise, il a déjà su expliquer des situations inextricables, des subtilités du labyrinthe grec aux litotes vengeresses du club arabe de Damas. Les lecteurs ont suivi, qui l'ont plébiscité. Mais la Russie, ou plutôt la RSFSR, semble lui faire perdre ses moyens traditionnels. Une première fois, il réussit à coincer Krassikoff, le commissaire à la Justice, pour l'obliger à se projeter cinquante ans en avant, puisqu'ici, tout le monde ne cesse de se répéter que le communisme ne se fera pas en vingt-quatre heures. Alors en 1970...

« On pourra manger comme on voudra?

– Non. Ce sera le communisme parfait. Chacun devra se conformer au menu du jour. Il n'y aura plus de soupes communes, mais chaque maison recevra chaque matin en abondance, car l'abondance règnera, les mêmes aliments...

– Et pour les vêtements?

– Même chose. Nous aurons des vêtements en abondance, mais personne n'aura le droit d'en avoir un de plus que l'autre. Vous toucherez vos vêtements (car en 1970, l'argent sera supprimé, tous les projets seront réalisés, ce sera le paradis du bolchevisme), on touchera ses vêtements régulièrement, deux fois par an si nécessaire.

– Aura-t-on le droit de choisir?

– Il y en aura de toutes les tailles.

– Et les dames? Les dames seront-elles habillées en gros?

– Vous savez bien que nous ne faisons pas de différence entre un homme et une femme. Et tout ira ainsi. Tout souci matériel sera supprimé. L'homme n'aura plus que la pensée du bien commun[31]. »

Cette interview est à prendre au premier degré car c'est dans cet esprit qu'elle est réalisée, tant dans les questions que dans les réponses. Pour expliquer le nouveau régime, Albert Londres ne va pas perdre son temps dans les meetings ou les réunions de cellule. Il écoute, observe et se fait sa religion.

Ses conclusions? D'abord, contrairement à une idée répandue en Occident, ces gens-là ne sont pas exactement des bandits. C'est un jugement succinct et pour tout dire hâtif. Ce sont plutôt des utopistes, qui se bercent de l'illusion que pour construire il faut d'abord détruire. Ils vouent aux gémonies, pêle-mêle, la République, le Parlement et les élections. Pour comprendre, il ne faut pas se fier au petit nom du régime – République socialiste fédérative des soviets russes – mais plutôt à son nom de famille : dictature du prolétariat. Pour parvenir à leurs fins, ils ont décrété une nouvelle sorte d'humain : le camarade, et deux catégories de citoyens : le prolétaire et le parasite.

A ses yeux, le bolchevisme n'est pas un parti politique mais un ordre monacal qui a sécrété une nouvelle manière de monarchie absolue pour le XXe siècle. Seulement le Roi ne porte plus le doux nom de Louis ni un prénom en chiffres romains mais se nomme Sa Majesté Prolétariat 1er. Jamais à court d'images pour enfoncer le clou, Londres compare le régime à un immense internat dont le commissaire serait le pion tout-puissant, étant bien entendu que la RSFSR est le dernier État militariste d'Europe. Le reporter a aperçu *Le Capital* de Marx juste assez pour le désigner comme une brique indigeste, dont les paragraphes sont appliqués au jour le jour par les soviets[32]. Alors le système? Un mélange de franchise cynique et de ruse de foire.

C'est court mais sincère. Ce monde n'est pas vraiment le sien. Pour le percer à jour, Londres se résout à faire le siège des dirigeants. Une seule adresse où camper nuit et jour pour les mettre à la question : l'hôtel Métropole. C'est là qu'il faut être car c'est là que le tout-Moscou de la haute camaraderie a pris ses quartiers. Londres voit déjà dans la métamorphose de l'imposant bâtiment le passage du tsarisme au bolchevisme, le palace de six cents chambres étant devenu selon lui un caravansérail de six cents niches. « Métropole » pourrait être, tout aussi bien, un vaste paquebot dans lequel les émigrants se seraient indûment installés en première classe, sans bourse délier, à la faveur d'un naufrage.

« C'est la cale qui a conquis le pont[33]! »

Après de multiples repérages dans les couloirs et les salons, il est en mesure de donner l'assaut. Nul besoin de connaître le russe. L'instinct, l'intuition, une certaine acuité visuelle dans l'inventaire des manies, du protocole et des odeurs ainsi que le langage des mains y pourvoiront. Mais pour ce qui est de l'interview proprement dite, il serait téméraire de se lancer sans interprète.

Quatrième étage, chambre 423. Le commissaire aux finances habite là. Il est absent. Londres l'attend, tâchant de le reconnaître parmi la foule qui déambule dans les couloirs. En voici un qui tient son dîner à bout de bras dans un panier. Lait et harengs saurs. C'est sûrement notre homme. C'est lui, le ministre du Trésor, l'homme des fonds, le seul milliardaire en roubles d'un régime qui prône la suppression de l'argent. Présentations, asseyez-vous, quelle est votre question... Ses reparties-fleuves fleurent bon la dictature, avec ou sans prolétariat. Il a réponse à tout mais aucune de ses réponses ne satisfait le reporter, il s'en faut. C'est un dialogue de sourds qui n'ont rien à se dire. Chacun parle pour soi, à tour de rôle. N'eût été le truchement de l'interprète, on mettrait cette incommunicabilité sur le compte de la langue.

Londres s'exprime avec les mots et les réflexes d'une IIIe République bourgeoise et repue qui n'en revient pas d'avoir digéré sa Commune. Le commissaire aux Finances, lui, appelle de ses vœux un système dans lequel le ticket remplace l'argent, tout le monde travaille, personne n'a envie d'aller à l'étranger. In fine, il assure que la Russie ne recevra que les étrangers qu'elle voudra bien accueillir, en nombre restreint et sous certaines conditions. A bon entendeur... Il est temps de prendre congé. Londres est stupéfait. A telle enseigne qu'en rédigeant son article, probablement sous le choc de cette rencontre, il en oublie de nous donner le nom de l'interviewé[34]!

Au suivant. Il consulte sa liste. Celui-ci s'appelle Tchitchérine et il est commissaire aux Affaires étrangères. Après quelques palabres d'usage, son secrétariat convient d'un rendez-vous pour 3 heures.

« Demain à 3 heures de l'après-midi... précise le journaliste.

– Non, camarade, cette nuit même à 3 heures du matin. »

Par la force des choses, Londres découvre les surprises de Moscou la nuit, les coups de fusil inexpliqués en bruit de fond, et les queues devant les magasins pour être les premiers à l'ouverture. A l'heure dite, il est introduit dans sa chambre-bureau. Un joyeux désordre y règne. Tchitchérine est d'une ponctualité qui l'honore.

Physiquement plutôt insignifiant. Quand il s'approche de la lumière, Londres réalise que c'est lui, le manutentionnaire en bras de chemise sur le dos duquel il a trébuché la veille à son ministère, alors qu'il ficelait des paquets à même le sol! Une révélation que cet homme : un bouquet dans une prison, un communiste d'avant la Commune, le plus noctambule des chefs de diplomatie, quelqu'un qui vous donne enfin du « monsieur ». Un cas d'espèce.

« Dans cette étouffante atmosphère de dictature incorruptible, sous ce régime survénitien d'espionnage et de délation, le Kremlin, comme le palais des Doges, possède à sa manière ses bouches de lion où tombe, comme résultat, la dénonciation anonyme. Au milieu de ces fanatiques, tous masqués de la cagoule rouge, de ces inquisiteurs sociaux à complaisances asiatiques, de ces parvenus en train d'apprendre, sans dispositions, comment on fume un bon cigare, de ces Géorgiens, de ces Caucasiens, de ces israélites farouchement pendus aux mamelles déchirées de la Russie, qu'il est doux d'apercevoir le Russe Tchitchérine[35]! »

Albert Londres a enfin trouvé son bon camarade.

Mais pour être un Tchitchérine, on n'en est pas moins communiste et représentant officiel de la politique étrangère des Soviets. La langue de bois, il connaît lui aussi. Son discours est aussi lénifiant que les autres. L'essentiel de son message tient en substance en quelques mots : nous voulons la paix, nous aimons tout le monde sauf ceux qui nous forcent à faire la guerre. Impérialisme? L'idée lui est tellement étrangère qu'il a oublié jusqu'au sens de ce mot. Des brasiers dans l'empire britannique? C'est le vent des idées et non la RSFSR qui attise les flammes. Les rapports avec le monde non communiste? Nous ne sommes pas des sauvages et tous les gouvernements peuvent user du sans-fil pour nous questionner, nous répondrons...

Londres s'agite sur sa chaise, se tortille d'avoir à subir cet échantillon de propagande battu et rebattu. Tant et si bien qu'il fait s'écrouler une haute pile de livres et documents en équilibre instable sur le bureau.

« Cela ne fait rien, je les ramasserai », sourit l'humble camarade-commissaire.

Quatre heures du matin. Il n'y a plus de pétrole dans la lampe. Albert Londres n'est guère avancé sur les intentions internationales du régime. Mais il a rencontré un grand bolchevik à visage humain. Cela valait bien une nuit blanche.

Au reste, il n'est pas au bout de ses surprises. En questionnant les uns et les autres, au fil de la conversation dans la nef du Métropole, il s'aperçoit que contrairement à ce qu'il croyait, les tsars de toutes les Russies précédentes, pas plus que les capitalistes au cigare entre les dents ou les nationalistes obtus de la vieille Europe, ne sont leurs ennemis privilégiés. Dans la hiérarchie de la haine et du ressentiment, ils viennent loin derrière les Cachin et les Renaudel, les Longuet et les Kautsky. Ceux-là ne survivraient pas cinq minutes s'ils venaient à traîner du côté de l'hôtel Métropole.

Les socialistes de la IIe Internationale font ici figure de bouffons et de traîtres, de renégats et de saltimbanques de meetings. Leurs noms sont hués régulièrement dans des réunions qui se tiennent, ironie du sort, dans des salles où trône le buste de Jaurès! Les Soviets n'ont que faire de leur sympathie, de leurs brochures de soutien et de leurs articles bienveillants. Ce qu'ils exigent d'eux, ce n'est plus de la compassion mais de l'action. Un engagement physique et immédiat qui ne peut se traduire que par leur présence effective à Moscou, là où la révolution est en marche. Sans quoi ils se condamnent d'eux-mêmes à rester dans leurs pantoufles d'arlequins du capital et de valets de la bourgeoisie. Désormais, la cause prolétarienne a une patrie. Celui qui la soutient sans la rejoindre n'est pas seulement un ingrat, mais un traître [36].

L'antienne commençant à lui rebattre les oreilles, Albert Londres cherche à remonter à la source. Son enquête le mène inéluctablement aux deux hommes qui incarnent le régime à eux deux, acteurs omniprésents et omnipuissants d'une Histoire qu'ils façonnent chaque jour, du verbe et du poing : Lénine et Trotski.

Le reporter ne peut se résoudre à les décrire autrement que par le biais d'un portrait croisé. A ses yeux, l'un sans l'autre n'existe pas. On ne peut les dissocier sous peine de passer à côté des deux personnages pris individuellement.

« C'est Lénine qui a dit : là dans ce rocher se cache une source, si quelqu'un frappe elle jaillira. Et c'est Trotski qui a frappé [37]. »

Lénine, cinquante ans, président du conseil des commissaires des peuples, insurgé en chef des journées d'octobre 17, lui apparaît comme l'archétype du penseur, tendance rêveur, un peu fou probablement mais sûrement pas fumiste. Saint Paul de Karl Marx, il ne renoncera pas à trois mots de sa doctrine. Il règne sur toute la Russie, excepté sur cent millions de paysans, trop défiants à l'endroit de l'État. Londres l'assimile volontiers à une sorte d'inventeur, un homme en blouse blanche affairé au milieu de ses alambics. Une manière de Pasteur, qui a troqué le poignard pour l'éprouvette et qui, pour avoir trop lu Marx, s'est mis en tête d'inoculer le microbe du communisme au peuple russe afin de le guérir de ses maux. Si l'expérience est positive, il aura sauvé l'humanité. Dans le cas contraire, il continuera. Ses cobayes sont des hommes et le réservoir est inépuisable. Lénine est le cerveau, Trotski est la poigne.

> « L'un, Lénine, est sédentaire; l'autre, Trotsky, est ambulant. Lenine médite, un chat sur les genoux. Trotsky se fait chauffer des trains. Lénine ne sort pas de Moscou. Il sort même peu du Kremlin. S'il prend l'air, c'est comme le pape, entre les murs de sa forteresse. Trotsky roule dans son auto, roule dans son wagon. Où est Trotsky? Il est en Sibérie. Où est Trotsky? Il est sur la Haute-Bérésina. Et il est à Petrograd, s'il n'est pas à Toula. Lénine réfléchit, écrit. Il publie des brochures : *la Grande initiative, le Travail libre et gratuit, Études théoriques dans l'internationale communiste.* Il fut journaliste, il le reste. Un journaliste, président du Conseil, dans notre vieux monde, dépose sa plume. Lui, la redore. C'est son moyen favori d'action. Dans chacune des brochures des soviets, il y a un Lénine. Ce n'est pas un écrivain du genre brillant. Ce n'est pas le lyrisme qui le porte. Ses proclamations ne sont pas du d'Annunzio sur les murs de Fiume. Il opère par procédés froids. Infatigablement, il assure que la IIe Internationale n'est qu'une pensée avortée. Il prend son chef, son rival d'hier, Kautsky, le met sur la dalle et, savamment, l'autopsie. Il ne s'emballe jamais, il s'obstine toujours.

Les Trotsky – Trotsky aussi était journaliste – ne sont pas de la même veine. Ils ne sont pas « pensés », ils sont bâclés. Trotsky, lui, ne médite pas, il agit. Ses articles ne sont pas bourrés d'idées, mais de coups de poing.

Lénine parle. Il ne sort pas pour se promener, il sort pour parler. Il ne recule pas devant un discours. Congrès politiques et professionnels le voient apparaître. Il parle comme il écrit : sans effet. Il n'est pas plus orateur que polémiste. Ses discours sont sans habileté, sans truc. Ce n'est pas de la cuisine artistement préparée. Il ne vise pas au succès extérieur. Son but n'est pas d'arracher au bout d'une tirade des « oh! » d'admiration aux auditeurs. C'est une conversation qu'il vient tenir à la foule.

Au Grand Théâtre, il arrive sur la scène. La salle est noire des camarades. Il se promène tranquillement, mains aux poches. Il a commencé son discours qu'on ne s'en est pas aperçu. Sa voix ne résonne pas; lui ne vibre pas davantage. Il parle, se promenant toujours. Son langage est simple. Il se sert d'expressions populaires. La seule fantaisie qu'il ait sont des plaisanteries joviales. Il dira, par exemple :

– Pourquoi voudriez-vous, camarades, que le corps fût composé de tant de parties si, réellement, on ne devait penser qu'à son ventre?

Il agit sur ces masses par répétitions. Exemple : s'il parle sur la nécessité de travailler joyeusement, il redira cent fois dans un discours d'une heure :

– Il faut travailler joyeusement; il faut travailler joyeusement. Il vous poursuit de son idée comme une horloge de son tictac. Seul, dans sa physionomie, l'éclat bizarre de ses petits yeux frappe. En dehors de cela, rien ne brille chez lui, pas même son crâne, qu'il recouvre d'une casquette lorsqu'il a fini.

Trotsky, sur la scène, est plus dompteur. Il ne paraît pas sans avoir préparé sa cravache. Ce qu'il vient dire, il l'a rangé en ordre de bataille. Bataillon par bataillon, tout défilera. Pas de théâtre, il ne ponctuera pas ses finales d'un geste. Il n'aura même jamais de geste. De la voix. Lénine traitera de points de doctrine, lui, cela n'est pas son affaire. Son affaire, ce sont les faits. Ce qu'il lui faut, c'est de la substance.

– Camarades, les chemins de fer ne marchent pas; ils doivent marcher; et pour cela j'ai décidé...

Et il faudrait voir qu'un murmure s'élevât! De temps en temps, il assure son binocle. Quand ce qu'il a à dire est dit, il ne s'arrête pas à sourire; les applaudissements, depuis longtemps, ne caressent plus son épiderme. Il saute dans son auto, et en vitesse!...

Lénine, pour les siens, est le génie. Son infaillibilité est un dogme. Qui a poussé, malgré Trotsky, à la signature de la paix de Brest, « sachant fort bien qu'un temps prochain se chargerait de l'annuler »? C'est Lénine. Qui, dès le début, dit en public : « Camarades, la formation des armées blanches, payées mais mal soutenues par l'Entente, est pour nous un grand mal d'où naîtra un grand bien. Ainsi nous ferons voir que nous sommes le pays? » C'est Lénine. Il réalise pour « les siens », et grâce à la clarté de son intelligence, l'idéal scientifique du communisme. Bref, il est le théoricien au plus haut degré, le pilote à l'œil sûr. « Lui à la barre, vivent les tempêtes : elles prouveront qui nous sommes. »

Trotsky ne nage pas dans tant d'idéologie. Son but n'est pas de démontrer que s'il est au pouvoir c'est que l'heure du marxisme, à l'horloge sociale, a sonné, mais que, puisqu'il y est, il est de taille à s'y maintenir.

Pour réaliser son règne, il ne reculera devant rien.

Il ne sait pas toujours ce que le peuple russe désire, mais il sait ce qu'il désire du peuple russe, et ça lui suffit. Les difficultés ne l'arrêtent pas, elles l'éperonnent. Son énergie est sans contrôle. Il porte cette férocité réalisatrice dans les deux traits qui tranchent son visage, du nez aux commissures des lèvres. La première sensation que l'on éprouve devant lui est plutôt inquiétante. Si l'on était impressionnable, on se demanderait : « Eh! eh! que va-t-il bien me faire? » Ses qualités font qu'il se trouve à sa place partout. Où il est besoin d'un sursaut d'énergie, on appelle Trotsky. C'est l'homme des coups de chien.

Les transports flanchent, Trotsky prend les transports. Contre Youdenitch, c'est lui qui sauva Petrograd, Youdenitch était à cinq kilomètres de la Nevski, tout le monde croyait tout perdu; lui, Trotsky, n'a rien voulu croire. Il est parti pour Petrograd. Il a ramassé tout ça dans sa poigne. Pendant ce temps-là, Lénine rêvait dans son Kremlin.

Lénine est moins craint. On trouve des indulgences pour lui

jusque chez ses victimes. « Il ne sait pas », c'est ce qu'on dit. « Mon père, pardonnez-leur, car ils ne savent ce qu'ils font. » A son nom, des légendes se sont attachées. Dans son pays, sur la Volga, on assure qu'il est la réincarnation du héros cosaque Stenka-Razine, revenu dans notre vallée de larmes pour redonner la terre aux paysans. On le croit sincère : on le maudit mais on le respecte.

Trotsky, lui, c'est la réincarnation de la schlague. On tremble à son nom. On le hait.

Lénine est encore autre chose que le héros cosaque Stenka-Razine. « Camarades, s'écrie Zinovieff, à Petrograd, Lénine n'est pas seulement notre chef, il n'est pas seulement l'élu de millions d'hommes, il est notre maître *par la grâce de Dieu*, le maître authentique, celui qui, dans l'Histoire de l'humanité, naît tous les cinq cents ans. »

C'est la IIIe Internationale : *Gott mit uns!*[38]. »

D'évidence, ce double portrait souffre notamment d'un manque : l'interview. Elle ne lui aurait peut-être pas fourni des renseignements exclusifs, mais un contact personnel aurait probablement modulé certains jugements à défaut de les modérer. Mais Lénine et Trotski sont inapprochables pour l'envoyé d'*Excelsior*. S'il veut les apercevoir, il doit se mêler à la foule. Sans plus. Par dépit et pour oublier l'atmosphère étouffante de l'hôtel Métropole, il va à la rencontre de Gorki à Petrograd. Au moins pourra-t-il vérifier si le grand dramaturge des *Bas-fonds,* le romancier de *La mère* est aussi amer que son pseudonyme l'indique. Si la rencontre est féconde, il espère secrètement lever le voile sur l'énigme qui semble passionner les intelligentsias : Gorki est-il oui ou non un bolchevik?

Londres fait antichambre dans son salon, détaillant à l'excès les tableaux napolitains accrochés au mur. Des lits sont disposés un peu partout pour les amis, des artistes de passage. L'écrivain, traité en seigneur par le régime, n'oublie pas que d'autres sont traités comme des réfugiés, des exclus, des parias.

11 h 30. Le voici enfin. Pour la première fois peut-être depuis son arrivée dans ce pays, le journaliste s'adresse à un homme sûr de lui, visiblement bien dans sa peau. On le dirait en parfaite identité avec lui-même.

« Je ne suis pas communiste ! » lance-t-il tout de go, comme s'il voulait prévenir l'inévitable question.

Mais alors, bolchevik peut-être? Pas plus, cela va de soi puisque l'un et l'autre sont intrinsèquement liés. Gorki n'est pas l'homme qui lâchera le morceau. Il dirige deux maisons d'édition officielles, veut bien s'étendre sur les éditions de Tolstoï rétablies dans leur intégrité par rapport à la censure tsariste mais n'évoquera certainement pas les coups de ciseaux du commissariat à l'Instruction publique. Il ne peut en dire plus. Gorki entend réserver ses déclarations à son peuple. Londres ne veut pas lâcher prise et l'interroge sur son œuvre. A-t-il écrit depuis deux ans?

« Niet[39]. »

Cette fois, c'est vraiment fini.

En rentrant à Moscou, le journaliste se demande s'il trouvera jamais un bolchevik à qui parler à cœur ouvert. Mais comment s'expliquer avec un homme dont on ne parle pas la langue? Comment le pousser dans ses retranchements et le mettre devant ses contradictions sans avoir recours au filtre de l'interprète, plus ou moins bon, plus ou moins fidèle, et nécessairement réducteur et partial? La parade, il la trouve en rencontrant des bolcheviks français, tout simplement.

Hôtel Métropole, à l'étage du commissariat aux Affaires étrangères. Albert Londres fait les cent pas en attendant un billet de logement promis depuis des heures. Soudain, un homme que son uniforme désigne comme un banal soldat russe, s'avance vers lui, la main tendue :

« Enfin! un Français! Je suis bien heureux de vous voir. Je suis Pascal[40]... »

Pierre Pascal! Inespéré. C'est bien lui, ce normalien qui était lieutenant à la mission française à Petrograd quand les événements ont éclaté. Conquis, il est resté. Aujourd'hui, il rédige l'hebdomadaire *La IIIe Internationale* et travaille au ministère dirigé par Tchitchérine, comme chef du service de la propagande internationale par TSF. Un homme informé de surcroît! Il n'a de cesse de dénoncer l'image déplorable donnée par la presse occidentale des « bandits » bolcheviks. Il y a peu encore, il écrivait à ses parents : « Surtout ne croyez rien de ce qu'on voit dans *Le Matin* et autres journaux du même acabit sur la Russie : c'est pur mensonge. J'en ai ri ici des journées entières[41]. »

Albert Londres a deux lettres à transmettre de la part de Longuet : l'une est destinée à Trotski, l'autre à Steklov, le directeur des *Izvestia*. Le socialiste français, furieux d'être injurié à longueur de journée par les bolcheviks et mécontent de ce qu'ils disent de la situation en France, signe : « Camarade quand même [42]! »

« Mais sortons d'ici, voulez-vous Pascal ? Allons nous promener.

– Enfin voilà un Français qui s'est décidé à venir voir ce qu'est vraiment le bolchevisme...

– Et ce Français, reprend Albert Londres, croyez-le, n'en revient pas encore.

– N'est-ce pas, que c'est réellement nouveau ? Quel effet cela vous produit-il ?

– L'effet que je suis dans un asile où les fous auraient passé la camisole de force à leurs gardiens et gouverneraient !

– Ah ! non ! se récrie Pascal. Voyons ! ce n'est pas possible. Vous vous trompez, je vous affirme. C'est justement la raison qui gouverne ici, une nouvelle raison, je vous l'accorde. Il faut s'y habituer, je vous l'accorde aussi. En un mot, il faut comprendre. Mais quand on a compris, alors tout ce qui vous semblait bizarre vous apparaît clair, logique. Et l'on se demande – et souvent, pour mon compte, je me le demande – comment on a pu vivre avant la naissance du bolchevisme [43]. »

Désormais, le reporter ne doute plus. Il sait ce qu'est le bolchevisme : non pas un nouveau parti politique mais une vraie religion révélée dont Marx est le prophète, et Lénine et Trotski les califes. Pierre Pascal a renoncé à tout : une situation, une carrière, un avenir, le confort, les plaisirs de la vie, sa famille, sa patrie... Tout. Si ce n'est un acte de foi, qu'est-ce donc ?

Il serait bon de le vérifier sur les autres bolcheviks français. Où est l'ex-capitaine Jacques Sadoul, l'autre officier de la mission française de Petrograd dont les éditions de la Sirène à Paris ont publié l'année dernière les *Notes sur la révolution bolchevique ?* Hélas, il est à Karkov, aux côtés du patron de l'Ukraine. Mais un troisième Français n'a-t-il pas choisi lui aussi le bolchevisme dans le maelström révolutionnaire ? Tout à fait. C'est même un confrère puisqu'il était correspondant du *Figaro* et du *Petit Journal* à Petrograd. Il collaborait même à l'ambassade de France. Il s'appelle René Marchand et vit au cinquième étage de l'hôtel Métropole. Tout heureux de mettre la main sur un bolchevik qui présente de surcroît le double avantage d'être un journaliste et un compatriote,

Londres l'emmène à minuit se promener dans les rues de Moscou. D'emblée, il lui fait part de ses impressions : comment qualifier un régime qui engendre la peur, l'angoisse, la misère, la faim...

« Ah! l'interrompt Marchand, je vois tout de suite que vous n'avez pas compris. Avez-vous lu Karl Marx?

– Je ne fais que cela depuis un mois.

– Le savez-vous par cœur? Non. Au fait vous avez peut-être lu Karl Marx, mais vous n'avez pas été éclairé par lui. Si vous aviez reçu la lumière du marxisme, vous ne me demanderiez pas pourquoi je suis bolchevik, vous le seriez vous-même. Vous ne vous rendez vraiment pas compte que la société telle qu'elle est ne peut durer. Il y a deux ans, moi non plus, je ne m'en rendais pas compte.

– Cela est peut-être bien possible, mais pourquoi croyez-vous que c'est le bolchevisme qui doit la remplacer?

– Pourquoi? Parce que depuis plus de cinquante ans Karl Marx l'annonce et que tout ce qu'a prédit Karl Marx s'est réalisé et que...

– Dites donc, Marchand, hein? Je suis bien gentil, mais il est inutile de me prendre pour un paysan russe!

– Mais non! Mais non! Je vous dis le fond de ma pensée, de mon intelligence, de mon cœur : quand on sait Karl Marx, on ne peut plus douter, c'est le bolchevisme qui doit sauver le monde[44]. »

Lui aussi a la foi, à n'en pas douter. C'est un croyant, aussi passionné et dévot que Pierre Pascal est mesuré et posé. Différence de tempérament, pas de religion. Londres et Marchand poursuivent leur promenade à une heure avancée de la nuit sur la place Rouge. Quelques affamés gisent çà et là, des coups de feu non identifiés résonnent au loin. Rien que de très ordinaire. Le bolchevik s'essaie à un commentaire appliqué du *Capital* tandis que le reporter menace de s'endormir debout tout en marchant. Soudain, quand la conversation glisse sur les socialistes français, il se réveille car Marchand éructe :

« Ce sont tous des traîtres! Dites-le-leur, dites-le-leur de ma part. Dites-leur ce que nous, de la IIIe Internationale, nous pensons d'eux ici. En tant qu'hommes, s'ils viennent, nous leur serrerons la main, puisque nous avons tout de même été des amis, mais en tant que militants, c'est chacun d'un côté de la barricade que nous nous trouverons. Et je tirerai sur eux comme sur des chiens, et avec joie, vous entendez, avec joie[45]! »

Il est décidément resté très journaliste, ce communiste. Sans s'en rendre compte, il fournit à Londres le titre de son prochain article. Il lui remet également des photographies de lui-même et de Pierre Pascal. Le reporter va en recueillir d'autres : Lénine prononçant un discours à Moscou, une réunion du Conseil des commissaires du peuple, l'Armée Rouge défilant en route pour le front polonais... C'est un nouveau réflexe, rapidement acquis : *Excelsior* n'est ni *Le Matin* ni *Le Petit Journal*. L'image y compte autant, si ce n'est plus, que le texte. Une règle à laquelle Londres se plie d'autant plus volontiers qu'il prend souvent lui-même ses propres clichés.

Paris 12 mai 1920. Sur les boulevards, les crieurs brandissent leur *Excelsior*, soutenu, ce jour-là, par une promotion exceptionnelle. A la une, en haut à gauche, on peut lire dans un cartouche collé au nom du journal :

« En page 2 : nous commençons la publication d'une série d'articles sensationnels de notre envoyé spécial en Russie. M. Albert Londres est le premier journaliste français qui ait réussi à pénétrer, au prix des pires difficultés, jusqu'au cœur même de la République des Soviets. Il a vu Petrograd, il a vu Moscou; il a interrogé dirigeants et dirigés. Et nous allons connaître, enfin, par une enquête passionnante comme un tragique roman d'aventures, mais rigoureusement impartiale et documentée : la vérité sur le bolchevisme. »

La vérité sur le bolchevisme... Albert Londres n'a pas cette prétention. Seulement il peut désormais parler en connaissance de cause quand on évoque devant lui la mère patrie du communisme. Il a vu. Il sait. Mais il juge que les apôtres étaient plus malins que les bolcheviks, car s'ils promettaient eux aussi d'établir le paradis sur terre, jamais ils ne donnèrent de visa à des reporters pour vérifier sur place [46]...

Quand il s'escrimait à l'obtenir pour pénétrer en Russie, il tambourinait à toutes les portes :

« Laissez-moi entrer. On raconte partout que vous êtes des bêtes féroces. Si c'est vrai, je le dirai. Si ce n'est pas vrai, je dirai le contraire. »

Veni, vedi, vici. Avant son départ de Moscou, Tchitchérine lui demande :

« Eh bien Monsieur Londres, vous avez vu maintenant. Sommes-nous des bêtes féroces?

– Non, mais vous êtes des bêtes[47]. »

Inutile de préciser que la publication de ses dix-sept articles n'a pas fait très bonne impression sur les rives de la Neva. Londres n'y a pas laissé un agréable souvenir. S'il n'y est jamais retourné, ce n'est pas faute d'événements à couvrir.

Ce ne fut pas un voyage d'agrément. Peut-être même, jusqu'a présent, le plus éprouvant de ses reportages. Quand il quitte Moscou, on annonce l'arrivée imminente des socialistes français Marcel Cachin et L.O. Frossard. Malgré la famine, la misère et son cortège de maladies, l'Américain John Reed écrit encore : « La Révolution vit. Elle brûle d'une flamme tranquille qui vient lécher les fondements inflammables de la société capitaliste européenne[48]. » Pendant ce temps à Paris, le peintre mondain Domergue publie chez Perrin *Du plaisir, de la boue, du sang. La Russie rouge* il est vrai que c'est un spécialiste, à sa manière, puisqu'il eut un temps Vladimir Ilitch Oulianov comme valet de chambre[49]...

9 juin 1920. Dans son courrier, Albert Londres trouve une nouvelle lettre de l'ambassade d'Angleterre à Paris. Ils l'ont raté une première fois il y a trois mois. Cette fois, Sir George Grahame tient absolument à ce que le reporter lui fasse connaître la date de son choix afin que lui soient remis les insignes conférés par Sa Majesté. On ne badine avec les décorations[50]!

Celle-ci, Albert Londres a bien failli ne jamais l'avoir. Car il s'en est fallu de peu qu'il laissât sa peau en Russie. Il en a réchappé de justesse. Mais cela, il ne l'apprendra que deux ans plus tard. Au cours d'une escale à Dalat, en Indochine, en 1922, il rencontrera un personnage très bien informé et répandu dans les couloirs de la Chambre des députés – on n'en sait guère plus sur son identité. C'est un compagnon de ses débuts. Il l'a perdu de vue depuis la guerre, mais l'homme, lui, l'a suivi pas à pas, à travers ses reportages. Ce qu'il révèle à Londres le stupéfie.

Quand le reporter était en Russie, la police politique a cherché à se renseigner sur son compte. Quand elle eut fini de constituer son dossier, il était déjà reparti en France. Heureusement pour lui. Car la Vetchéka (« Commission extraordinaire panrusse de lutte contre la contre-révolution, la spéculation et la sabotage »), qui depuis deux ans avait le droit de condamner et d'exécuter sans en référer aux tribunaux révolutionnaires, avait mis la main sur un document explosif. « Compromettant » serait en l'occurrence un doux euphémisme. Quelques pages à peine, mais prévoyant dans le détail la mise sur pied d'un commando, l'assassinat de dirigeants, le déraillement de trains, la déstabilisation du régime, la propagation de fausses nouvelles...

Sous le paraphe d'agents stipendiés de la contre-révolution, ce ne serait que routine. Mais pas sous la signature de deux grands reporters français : Albert Londres et Edouard Helsey. C'était le rapport qu'ils avaient rédigé de conserve et que Londres avait remis à Philippe Berthelot au Quai d'Orsay en 1918, dans l'espoir d'être envoyés en mission au pays des Soviets [51].

Un texte estampillé « secret » tiré à cinq exemplaires seulement destinés au Président du Conseil, à trois de ses ministres et au secrétaire général du Quai d'Orsay. Comment la Vétchéka s'était-elle procuré un de ces exemplaires?

Albert Londres préférera ne jamais le savoir.

11.

En passant par la vieille Europe

Été 1920. Rien. Il ne se passe rien ou presque. Dans ces moments-là, Albert Londres fait de la présence au journal, redécouvre Paris, s'attarde à Vichy. Il se laisse vivre. L'actualité ne le mobilise pas, alors il attend. Ce n'est pas lui qui ira interroger Cachin et Frossard, retour du congrès de la IIIe Internationale. La Russie, ça suffit pour l'instant. La Société des Nations fait ses premiers pas à Genève? Tant mieux. Le Sénat américain refuse de ratifier le traité de Versailles? Tant pis. Les syndicalistes du chemin de fer ont échoué dans leur grève? Désolé. Quant à la valse des locataires à l'Élysée, de Deschanel en Millerand, c'est plutôt drôle, nettement plus en tout cas, que les rumeurs de scission entre socialistes et communistes.

Il est ainsi, Londres. Aux antipodes des préoccupations les plus immédiates de ses compatriotes. Il a toujours la tête ailleurs. En ce moment, du côté de la Grèce. En août, son Premier ministre Eleuthérios Venizélos connaît des jours difficiles. Il est de plus en plus impopulaire depuis qu'il a commis l'erreur d'embourber son armée en Anatolie. Le Crétois a un passé de rebelle, les Turcs en savent quelque chose. Mais en occupant le plateau anatolien avec le consentement des puissances alliées, il ignorait qu'il aurait à faire face à la détermination de Mustafa Kemal, le nouvel homme fort d'Ankara, qui dirige le conseil des ministres depuis peu.

En novembre, la Grèce se retrouve confrontée à son dilemme préféré: Venizélos ou Constantin? L'éternel Premier ministre ou le roi qui par deux fois l'a renvoyé? Il va falloir choisir et, à travers eux, la carte des alliés ou celle des puissances centrales.

A peine débarqué à Athènes, le reporter s'en donne à cœur joie car ce pays est des rares où la lutte entre adversaires politiques conserve encore une certaine allure. Même quand l'inspiration fait défaut, les portraits et récits sont, à tout le moins, chevaleresques et romantiques. Rien n'est joué. Le roi aurait intérêt à ne pas trop faire la fine bouche et à cesser ses coquetteries. Car la République est à la disposition du peuple souverain, toute prête à servir[1].

Le jour des élections est fixé au dernier dimanche de novembre. De 7 heures à 19 heures, il n'est question que du triomphe de Venizélos. Mais en fin de journée, en s'attardant dans la rue puis au ministère des Affaires étrangères, Londres comprend, aux mines, qu'il est battu. Athènes est plongée dans la nuit. L'envoyé spécial déambule dans les grandes artères, à la recherche d'un introuvable coup d'État militaire. Il est convaincu que l'armée, fidèle à Venizélos, n'acceptera pas le verdict des urnes.

Rien. Deux heures du matin. Déçu et sceptique, il se rend au domicile de l'homme politique, rue du Lycabète. On le fait entrer dans le salon. Il ne le voit toujours pas mais l'entend. Le vieil homme à binocles et barbiche blanche pleure dans sa chambre. En parfait républicain, Venizélos ne saurait refuser le choix exprimé par le peuple. C'est plutôt une certaine ingratitude qui le fait chavirer : la Macédoine orientale, cette région même qu'il a par deux fois délivrée du joug bulgare, ne lui a pas donné un siège...

Huit heures du matin. Toute la ville est levée. Prête. Sait-on jamais. On s'arrache les premières éditions : certaines annoncent une victoire, d'autres une défaite, comme de juste. Elles expriment pourtant la même vérité. Londres file au Pirée, fief traditionnel de Venizélos. Son portrait a déjà disparu des devantures... Un coup d'œil aux rues les plus commerçantes. Les magasins sont fermés. Il a compris. Il prévoit, d'expérience.

« Quand en Orient, vous voyez qu'on met les rideaux de fer, vous êtes sûr du coup. C'est le baromètre. L'émeute vient[2]. »

En effet. Il est temps de retourner au domicile de Venizélos. Ses partisans l'attendent sûrement à sa fenêtre pour une ultime harangue. La foule des grands jours. Londres se fraye un passage et parvient, après de multiples palabres, plus gestuelles que langagières, à passer le dernier carré des Crétois, sa garde prétorienne, tout de noir vêtue, revolver à droite, poignard à gauche. L'antichambre est bourrée. Venizélos l'aperçoit, l'interpelle et lui parle, plus pâle que jamais sous le masque de l'amertume.

« Je croyais que le peuple me suivait... Je me suis trompé... Je n'ai qu'à m'incliner [3]... »

Pas question de recourir à l'armée, ni d'insulter l'avenir. Venizélos s'exprime sur le ton de la confidence, car il sait que le journaliste français « vote » contre Constantin, dans ses articles.

Londres s'en va. Il a de quoi nourrir sa dépêche. Il est le seul à avoir vu les deux facettes de l'homme du jour : la déception du vaincu, le chagrin de l'homme trompé. A grand-peine, il s'extrait de cette masse de plus en plus compacte et tendue. La rue a toujours une sale tête. L'émeute sourd à tous les coins. Il faut encore se battre et jouer des coudes pour fendre non la cohue mais un rideau de fer et pénétrer chez un papetier afin de lui soutirer de quoi prendre des notes.

Pour écrire tranquillement son article, c'est encore au ministère des Affaires étrangères qu'il sera au mieux. Une salle quasi déserte, enfin. Un crayon, du papier... Il écrit sans savoir si la dépêche partira, ignorant tout de l'état du télégraphe et de l'identité de l'homme qui, à cette heure précise, règne sur les communications en Grèce. La dépêche part mais elle ne parviendra jamais jusqu'à *Excelsior*...

Une porte s'ouvre. Quatre diplomates au front soucieux sortent et poursuivent leur conversation dans l'entrebâillement, tandis que Londres se fait plus mince et plus petit.

« Je ne suis plus diplomate, dit l'un. La rue est mauvaise. Je redeviens soldat. Je vais mettre mon uniforme. Je vais « le » défendre [4]! »

Venizélos est fini mais il n'est pas tout seul. C'est l'heure de la dernière salve d'honneur : l'émeute tant redoutée. Coups de feu, cris, cavalcades dans les couloirs du ministère. Londres se précipite à la fenêtre. Il jouit d'un point de vue de vigie. Devant, des soldats tirent vers des maisons. L'une d'elles abrite le siège du quotidien *Scrip*, fidèle au roi. Ses rédacteurs-partisans, postés sur le toit, font bégayer leur mitrailleuse.

« Voilà au moins du bon journalisme d'opposition [5]! »

Londres ne rate pas une occasion, quelles que soient les circonstances. Mais avant de conclure cette journée de fureur et de sang que tout annonçait, il redevient lui-même et se met en scène, regagnant son hôtel en enjambant trois hommes et deux enfants morts.

« Sa Majesté peut revenir[6]... »

Le journaliste ne songe même pas à dissimuler ses préférences. Sa détestation pour l'Ubu-roi Constantin est claire. Il ne comprend pas comment et pourquoi un pays aussi sympathique que celui-ci est assez tordu pour faire de Venizélos un tyran et de Constantin un libérateur. C'est le monde à l'envers. Les Grecs, qui ne reculent pas devant les plus audacieuses comparaisons, l'ont pris pour le tsar Nicolas II et ils ont voulu le remplacer par un monarque confondu avec Lénine. Cela défie la raison et le plus élémentaire bon sens politiques. Albert Londres renonce.

« Les riverains de l'Égée ont inventé le bolchevisme cubiste[7]. »

Cela relève du suicide. Mais le libre droit au suicide politique n'est-il pas le comble de la perversité en démocratie? Puérils, ces électeurs. Ils se surprennent de leur propre hardiesse. Comme s'il suffisait à l'employé de renvoyer le patron pour s'affirmer! Dorénavant, grâce à Constantin, il fera soleil tous les jours jusqu'à 22 heures. Autrement dit : démobilisation, politique de neutralité, isolationnisme et Grèce über alles! En attendant le retour du roi, la foule, de plus en plus dense, chante la fantasia du reniement tandis que Venizélos prend ses quartiers d'exil près de Nice. Triste épilogue.

Deux mois après cet intermède électoral qui lui laisse un goût amer dans la bouche, Albert Londres a passé la frontière. Il est en Bulgarie. Le pays est en ébullition. En vertu du traité de Neuilly, signé un an auparavant, elle a dû céder à la Grèce des territoires côtiers de la Thrace. Les exilés sont rentrés et ils se font entendre. Les revendications sur la Macédoine sont martelés avec insistance. Surtout, le pays fleure bon la décomposition intérieure. C'est que Stambouliski, le chef du parti paysan, a de fortes ambitions : il veut créer une grande Slavie du Sud.

Stambouliski? Un personnage. Dès son arrivée à Sofia, Londres se précipite pour l'interviewer et écrire son portrait.

« Massif comme un fort bétonné, mâchoire à broyer du silex, cheveux plantés sur la tête tels tessons de bouteille à l'arête d'un mur. Quant à la grâce, en possédant ni plus ni moins que Lucifer de sainteté. Si vous êtes à la recherche d'un homme enveloppant, n'allez pas chez celui-là. Les rides lui viendront mais ce ne sera pas d'avoir souri. Quarante-quatre ans. Puissant de santé, au point que son sang ne coule pas tout bonnement à travers son corps comme chez tout le monde, mais y déferle, du moins on le suppose. Même immobile, il est fougueux. Ses poumons? Quelle forge! et quand il parle, autant dire qu'il tonne. C'est un homme[8]. »

Mais un homme qui ne comprend que le bulgare, il en reste. Qu'importe. On envoie quérir une interprète, Mlle Stanioff, fille du ministre de Bulgarie à Londres, aussi belle que l'autre est fort. A 10 h 30 ce matin-là, le reporter fend la ville, glacée et neigeuse comme toujours en février, pour ne pas rater le rendez-vous. L'entretien est rapide, sec, efficace. Dans sa teneur, il est aussi engagé qu'un communiqué du quai d'Orsay. Mais Londres n'est pas trop déçu. Ce que Stambouliski a à déclarer, il s'en fiche un peu. C'est l'homme qu'il voulait approcher, à défaut de sonder ses intentions les mieux enfouies. En le quittant, il note quelques mots qui résument tout le personnage : Stambouliski, c'est Paysan 1er qui installe son trône à côté de celui de Boris pour y présider l'Internationale verte[9]... Tout antibolchevique qu'elle se prétend, elle n'en est pas moins la copie de sa grande sœur russe, le paysan ayant remplacé le prolétariat dans l'ordre de la dictature[10].

Convaincu que Stambouliski est le genre d'homme avec lequel on peut s'entendre, Londres le revoit à plusieurs reprises. Outre *Excelsior* bien sûr, *Je sais tout* et *La Revue universelle* lui ont demandé des articles, ce dont il s'acquitte volontiers. Pour faire entendre, tout de même, un autre son de cloche, il réalise une grande interview de l'homme-de-la-rue sur toutes les grandes questions franco-bulgares. Mais in fine seulement, il nous apprend que ce mystérieux individu, qui se révèle très bien informé, n'existe pas : dans sa bouche, il a mis, pêle-mêle, des propos recueillis auprès du président du Conseil, du ministre du Commerce, de ses homologues des Finances et de l'Instruction, de professeurs, de patrons de presse, de chefs d'entreprise et même d'authentiques hommes-de-la-rue! Cet oiseau rare, auquel il consacre tout un article, représente la Bulgarie à lui tout seul[11]!

Il en est pourtant un autre, qui pour certains incarne la patrie tout aussi bien que l'impétueux Stambouliski. Il s'appelle Boris II.

Dans la vie, il est roi de Bulgarie. Le reporter se force à demander une audience par principe, pour qu'on ne lui reproche pas d'avoir fait l'impasse. Car il est d'avance persuadé qu'il n'y a rien à tirer de lui, ainsi qu'il le confie à ses parents.

« Ce soir à 5 h 30, je suis reçu par le roi. Cela c'est plutôt par politesse parce que ce jeune homme ne fait pas grand-chose dans ce pays. Enfin, ça fera un roi de plus [12]. »

Il a vingt-sept ans, ce jeune monarque qui vit dans un palais triste comme un lendemain de fête. Son peuple l'a surnommé le « tsartse », le petit tsar. Bon, trop bon probablement, doux et tendre même. Bien qu'il n'ait pas encore adhéré à la IIIe Internationale, il est le camarade de tout le monde. C'est un chic prince qui fait le dur apprentissage de son métier. Il n'a que le mot « paix » à la bouche. Le pire, c'est qu'il semble sincère. S'il savait [13]...

Albert Londres, lui, sait. Sa profession l'exige. Constatant que sept ans de guerres et de traités n'ont pas ramené le calme dans la région, il se demande si l'avenir n'est pas dans de futurs États-Unis des Balkans, une manière de confédération des Slaves du Sud qui regrouperait Slovènes, Croates, Serbes et Bulgares [14].

Boris II est trop isolé dans son rêve, trop coupé des réalités, pour imaginer cela. C'est ce que Londres appelle le dur métier de roi. Gardons-nous d'y voir la marque de l'ironie ou la teinte du mépris. Car à quelques exceptions près il est le plus souvent fasciné par ces Majestés. Qu'il s'agisse du prince Alexandre de Serbie ou du roi Alphonse XIII d'Espagne, il respecte leurs altesses. Quels que soient leurs travers, le journaliste à la plume insolente aurait du mal à les brocarder comme il le ferait de n'importe quel chef de gouvernement. Trop impressionné pour les bousculer, le petit Vichyssois.

Après le jeune Boris II de Bulgarie, il doit, à la demande d'*Excelsior*, se mettre en chasse de Charles IV, anciennement empereur d'Autriche et pas encore roi de Hongrie. D'un monarque l'autre...

Celui-ci a tout simplement disparu. A Budapest, le général Lehar et ses officiers veulent le faire rester dans le pays. Mais le successeur de François-Joseph reste introuvable. Aux dernières nouvelles, il aurait pris le chemin de l'exil. Guidé par son intuition, Albert Londres tente la Suisse. C'est un pari qui en vaut bien un autre, eu égard au nombre de points de chute du souverain. Sitôt à pied d'œuvre, après une brève halte dans le bureau du rédacteur en chef du *Journal de Genève* pour prendre la température internationale, il lance au cocher qui l'attend :

« A Prangins, chez l'empereur, chez lui-même ! »

Charles IV y possède une villa voisine de celle de Louis-Napoléon Bonaparte. Tout un programme ! L'endroit est magnifique. Quatre sous subrepticement versés dans la paume de la gardienne qui se fait prier et Londres franchit le perron. Pour ne rien brusquer, il ne demande pas à rencontrer le roi mais son aide de camp, le capitaine Werckmann. En l'attendant dans le bureau, il prend quelques notes sur le petit peuple des gardes et des soubrettes qui s'affairent dans l'attente d'un événement, relève l'intitulé de quelques étiquettes sur les dossiers empilés dans la bibliothèque (celui consacré à « Monarchie » est particulièrement épais), feuillette les journaux de toute l'Europe étalés dans un sympathique désordre.

L'officier se présente enfin. Il ne sait rien. Ses renseignements, il les tient des journalistes en poste à Genève auxquels il téléphone régulièrement. Londres est insatisfait. Il insiste. Un aide de camp devrait savoir où va l'homme qu'il sert ! Alors : la Suisse ? l'Espagne ? la Suède ? Le capitaine Werckmann secoue la tête de gauche à droite, sans même un sourire entendu. A bout d'arguments, il lâche sur un ton enfin complice :

« Ce n'est pas à moi, Autrichien, que le roi de Hongrie viendrait faire des confidences [15]... »

Le reporter a fait le voyage de Prangins pour rien. Mais il consacre tout de même deux longues colonnes de son journal à signifier qu'il n'a pas trouvé ce qu'il cherchait. Londres a l'échec bavard. Il ne s'avoue pas vaincu pour autant. Il croit aux heureuses surprises de fin de parcours.

En attendant son train, un soir sur le quai désert de la gare de Genève, il aperçoit une silhouette familière. Un homme corpulent, emmitouflé dans un vaste pardessus, la pipe au bec... Henri Béraud !

Depuis quelques années, les deux amis de jeunesse se sont perdus de vue. Ils auraient pu se croiser plus souvent mais s'ils ont également beaucoup bougé, cela n'a pas toujours été dans la même direction. Après avoir collaboré à *Guignol* et au *Canard enchaîné* à la fin de la guerre, Béraud a signé ses premiers grands reportages dans *L'Œuvre* avant d'entrer au *Petit Parisien*. Une fois passé l'instant émouvant des retrouvailles, ils l'arrosent dans une taverne des environs avant de s'apercevoir qu'ils cherchent tous deux... le même homme! Stupéfaction et éclat de rire. Pour être rivaux, ils n'en sont pas moins amis et c'est bras dessus bras dessous qu'ils se mettent en chasse de Charles IV. Ils retrouvent sa trace assez vite, à l'hôtel National de Lucerne, au moment où le roi peine à remplir sa fiche de police à la ligne « profession » [16]...

Sans attendre, Albert Londres envoie un premier article à *Excelsior*.

« Si Sa Majesté a bien dormi, elle seule le sait. Elle est invisible [17]... »

Le reporter a passé toute la nuit dans les couloirs, à observer le va-et-vient des femmes de chambre, de la dame d'honneur, du brosseur de tapis... En vain. Depuis minuit, la porte reste close. Mais il faudra bien qu'il sorte et qu'il s'explique. Le canton de Vaud ne veut plus de lui. Lucerne n'est donc qu'une étape pour la famille de cet homme qui, « parti pour une couronne ne ramènera qu'une casquette de cycliste » [18]. Toute interview est hors de question. C'est d'autant plus frustrant que le roi pourrait faire un magnifique récit des événements, son aide de camp l'assure. Malheureusement, il a promis au gouvernement fédéral d'éviter toute déclaration politique. C'est la règle.

Soit. Albert Londres et Henri Béraud font son siège tant et si bien qu'il accepte le principe d'une interview. Pour qu'elle ne se transforme pas en conférence de presse, il en donne deux, séparément, pour l'envoyé d'*Excelsior* et pour celui du *Petit Parisien*. D'un commun accord elles paraîtront le même jour, le 13 avril.

Aucun ne doit griller l'autre. Mais rien dans cette entente cordiale n'empêche Londres de mieux se préparer. Son rendez-vous est fixé à 10 heures du matin. En entrant dans son salon, il sait déjà qu'il a affaire à un homme sur les nerfs. Après avoir interrogé le portier de l'hôtel, il a appris qu'ils sont partis précipitamment, sans bagage, puisque la veille au soir Zita de Bourbon-Parme, la femme de Charles, l'a sonné pour lui demander brosses à dents et savonnettes. Londres a également pris soin de se rendre dès 9 heures à la cathédrale de Lucerne, située en terrasse sur le lac des Quatre-Cantons. En observant le roi communier, s'agenouillant nerveusement, entouré de ses gardes, il a réalisé dans quel état il se trouvait. Ainsi, alors que l'interview n'est pas commencée, il le « sent » déjà.

Trente-quatre ans, déjà des cheveux blancs, tendu et emphatique, craintif et agité, il semble confus bien qu'il s'exprime dans un excellent français. Ses propos fleurent bon le communiqué tout préparé. Il récite de mémoire, suffisamment entraîné pour ne pas lire son papier. Aucun intérêt. Londres tente de le pousser dans ses retranchements. Le roi reste très solennel. Il déclame.

« La chaîne qui m'attache aux Hongrois, la chaîne qui attache les Hongrois à moi est plus puissante que jamais, les forces les plus malignes s'apprêtent pour la briser [19]... »

C'est une interview pour la forme. Elle permet au journaliste de prouver qu'il a bien rencontré le monarque le plus recherché d'Europe, et au roi de démentir des propos qui lui ont été indûment prêtés, sans toutefois aller trop loin eu égard à la réserve que la Suisse exige de ses hôtes encombrants.

Le Habsbourg continue de s'écouter parler. Il y croit, bien qu'Albert Londres, lui, n'en croie pas un mot. Pour bien faire comprendre à ses lecteurs qu'il n'est pas dupe, il les entraîne à la fin de son article à l'étage au-dessous, dans sa propre chambre, à l'abri des oreilles indiscrètes, pour leur confier : en vérité, le roi a un plan, il veut refaire le même coup que Constantin en Grèce, il va renvoyer le Parlement, il y aura de nouvelles élections « à la grecque » c'est-à-dire pour ou contre le roi... Tout est prêt. Il ne manque que les finances.

« On cherche des argentiers. Avis aux nouveaux riches qui désirent se faire des relations [20]. »

Le lendemain, Charles IV quitte la Suisse pour la Hongrie. Rien dans le reportage ne le laisse présager... Qu'importe. A Budapest, c'est Léon Singer, le correspondant d'*Excelsior*, qui prend le relais.

De toute façon, Albert Londres n'a pas le temps de se retourner. C'est une des raisons pour lesquelles il ne donne pas toujours de suite à ses reportages. Question d'opportunité. Et de moyens de transport : s'il s'était trouvé aux Amériques quand D'Annunzio s'est décidé à quitter Fiume, il n'aurait probablement pas bouclé la boucle.

En mai 1921, il n'a qu'une idée en tête : explorer le labyrinthe berlinois. Quelques semaines auparavant, il avait déjà fait un tour à Düsseldorff pour y observer les tours et détours de l'occupation française. Le spectacle l'avait réjoui par son faux air de vraie fronde : au théâtre, à la gare comme partout dans la rue, il n'avait vu que des Allemands indifférents aux ordres affichés par les troupes de l'Entente. Ils sortaient le soir comme si de rien n'était, bravant avec nonchalance une occupation à la bonne franquette [21]. Depuis, la tension est montée. Il faut dire que le montant et les modalités des fameuses réparations ont été fixés. La France a même lancé un ultimatum qui a déchaîné le pays.

Son enquête dans le Reich commence inévitablement par l'obtention d'un visa.

« Ah! si nous pouvions espérer qu'enfin vous parlerez de l'Allemagne comme elle mérite qu'on parle d'elle », se plaint Fortsner, le conseiller de l'ambassade d'Allemagne à Paris.

Il se fait tirer l'oreille, plus sournois que diplomate, plus Allemand que nature. Londres n'y tient plus qui se montre, lui, plus sarcastique que nature.

« Peut-être pourrais-je vous signer sur-le-champ un papier m'engageant à la voir plutôt par vos yeux que par les miens [22]? »

Et il claque la porte de l'ambassade, furieux d'avoir à affronter la morgue d'un vaincu. Ce n'est qu'un avant-goût de ce qui l'attend. Son geste lui aura fait économiser soixante-quinze francs de tampon bleu. Mais combien risque-t-il de lui coûter? Tant pis. Il prend un billet de chemin de fer et quitte Paris sans visa. On verra bien.

C'est tout vu. A Berlin, quand il descend en gare de Friedrichstrasse, il se sent hors-la-loi. D'expérience, il sait que son répit n'excédera pas une semaine. Après quoi, les policiers, s'étant avisés de sa situation irrégulière, l'interrogeront. Il n'aura plus qu'à égrener, sous leurs yeux ébahis, la longue liste de ses rendez-vous avec les notabilités berlinoises de la politique, de la diplomatie et de la presse.

Tout se déroule comme prévu. Pour cette enquête, il a choisi de privilégier les interviews factuelles au détriment des portraits d'humeur. C'est d'ailleurs bien comme une « enquête » et non comme un « reportage » qu'*Excelsior* présente la série. Au siège du Parti socialiste, il retrouve Hermann Muller, l'ex-chancelier allemand, celui-là même qui signa le traité de Versailles. Son message tient en quelques mots : faites confiance à l'actuel chancelier! C'est court et pas très excitant [23]. L'interview de Maximilien Harden ne l'est guère plus, bien que le directeur de l'hebdomadaire satirique *Die Zukunft* (L'avenir) soit trop homme de lettres pour s'exprimer dans la langue de bois des politiques.

Londres poursuit sa tournée avec Théodor Wolff, rédacteur en chef du *Berliner Tageblatt*, un quotidien qui ne cesse d'injurier le gouvernement français. Les deux journalistes se livrent a un dialogue de sourds, l'un réclamant le respect du droit du vainqueur, en l'occurrence le paiement des indemnités, l'autre les jugeant trop chères. Ce n'est plus une interview mais un interrogatoire.

Cette issue était inévitable, les deux hommes s'étant identifiés à leurs pays, leurs peuples et même leurs gouvernements respectifs au fur et à mesure que le ton est monté. C'est le heurt de deux nationalismes. Tout y passe : l'Alsace-Lorraine, la possession des richesses de la Haute-Silésie... Il ne faudrait pas le pousser beaucoup pour que Londres exige des comptes sur le bombardement de la cathédrale de Reims et le saccage de l'église d'Amiens! Quand ils se quittent, la force de leur poignée de main fait encore figure d'argument[24].

Albert Londres est furieux. Il déverse sa bile dans un article que publiera la *Revue hebdomadaire* sous un titre curieux : « Nous occupons l'Allemagne et les Allemands nous occupent. » Tout prêt à croire qu'il s'agit d'un peuple d'arrogants et d'orgueilleux, de fiers et de belliqueux, incapables de tirer les leçons de leur défaite, il se rassure en dînant un soir à l'hôtel Adlon, aux côtés d'un étonnant personnage qui lui inspire un portrait d'un tout autre ton. Il ne paie pas de mine, ce petit bonhomme mal fagoté, plutôt miteux. A une table voisine, une dame anglaise, braquant son face-à-main dans sa direction, lâche dédaigneusement :

« Quel est cet épicier? »

Le journaliste, intrigué, interroge le maître d'hôtel.

« C'est Hugo Stinnes... »

Déjà une légende vivante. Un grand homme d'affaires dont les intérêts touchent au charbon et au coke, au fer et à l'acier, au cuivre et au gaz. Il possède six compagnies employant 250 000 employés, mais son trust en contrôle une trentaine d'autres. Ni pingre, ni ambitieux, il semble travailler par destination. Pour tromper l'ennui. C'est lui, le vrai patron de l'Allemagne[25].

Au fur et à mesure que son enquête avance, Albert Londres a le sentiment d'une persistance du culte de la monarchie sous la République. Elle est diffuse mais bien réelle. Bien sûr, il ne parierait pas cinq francs sur le retour de Guillaume II. Signe des temps : on organise des expositions de peinture cubiste dans le palais du Kronprinz! Mais bien que « république » n'ait toujours pas remplacé « reich » dans certaines terminologies officielles, il veut croire à la Prusse et à son sincère désir de paix[26].

Au terme de ses investigations dans les chancelleries et les cafés, les salles de rédaction et les gares, Albert Londres distingue trois Allemagne. Elles ont certes un point commun, plus qu'un ciment national : elles n'aiment pas la France. Mais elles se différencient tout de même. La première est au pouvoir, elle s'emploie à faire respecter le traité de Versailles et se veut démocrate et pacifiste. La deuxième est à débusquer dans le pays profond. Elle ne s'intéresse qu'au coût de la vie et règle d'un slogan tous les maux : « C'est la faute aux Français. » Mais elle n'est pas prête pour autant à coiffer à nouveau du casque de tranchée pour retourner à Verdun. La troisième enfin est pangermaniste et revancharde. C'est l'Allemagne qui ne veut pas désarmer.

N'y a-t-il donc pas un homme dans ce pays à qui tendre la main? Si. Pas deux, un : Joseph Wirth, député du centre catholique, ancien ministre des Finances et chancelier depuis quelques semaines. Il est impopulaire car il entend « réparer » comme les Alliés l'exigent et envisage même le partage de la Haute-Silésie avec les Polonais. Il fait du bon travail, dans des conditions difficiles. La France serait bien inspirée de ne pas l'ignorer[27].

Albert Londres plaide sa cause. Car à ses yeux, un grand reporter, cela sert aussi à cela.

12.

L'appel du large

« Consommé brunoise
Soupe de tomate
Ara poché sauce câpres
Côte de bœuf (premier choix et légumes)
Asperges sauce vinaigre
Glace aux amandes
Café
Dîner dansant avec orchestre[1]. »

Albert Londres referme le menu, daté du 24 janvier 1922. Ce n'est pas ce mardi-là, à l'Imperial Hotel qu'il va grossir. En France, il mangeait. Ici au Japon, il se nourrit. Nuance.

Tokyo... Autant dire une autre planète. Ce n'est pas une escale ni un but mais le point de départ d'un long périple. Six mois de voyage, soixante-quinze jours d'enquête. *Excelsior* était d'avis qu'il serait bon pour ses lecteurs d'avoir quelque lumière sur l'Extrême-Orient, grâce à des séries d'articles dont le ton oscillerait entre la carte postale et le roman vécu. Au programme : Japon, Chine, Indochine, Inde.

Tokyo d'abord. La nomination d'un nouvel ambassadeur de France en la personne de M. Paul Claudel n'est qu'un prétexte. Avec ou sans lui, le Japon ne laisse pas d'inquiéter. Les oracles de la diplomatie intercontinentale, qui ne cessent de prévoir un typhon guerrier du côté de l'Extrême-Orient, le tiennent pour l'épicentre du phénomène. C'est que le Japon est sorti de trois siècles de réclusion de la plus bruyante manière. Invité à participer au grand concert des nations, il s'y est rendu avec ses canons. Les Chinois et les Russes en savent déjà quelque chose. C'est donc bien par Tokyo que notre reporter doit commencer son tour du propriétaire.

Dans ce pays il va de surprise en surprise. Après quelques jours de vie à la japonaise, il réalise que tout doit être bouleversé, dans les hiérarchies et les valeurs, les priorités et les critères. Le temps d'abord. Si en Orient il ne compte pas, en Extrême-Orient il compte deux fois moins encore. Question de patience. L'unité de mesure s'évalue en fonction des quinzaines et non des jours. Il suffit de savoir attendre et, au besoin, accueillir avec le sourire à 22 heures la personne, aussi embarrassée et essoufflée, avec laquelle on avait rendez-vous à l'aube [2]. L'espace ensuite. Là encore, c'est un autre univers.

« Toutes les maisons sont sœurs, les rues sont jumelles et après avoir croisé deux mille Japonais vous êtes persuadé que vous avez toujours rencontré le même. La vie changeait de plan. Le monde me paraissait à l'envers. J'étais plus grand que d'habitude, semblait-il. Je pouvais presque regarder les toits du haut de ma hauteur [3]. »

Il a du mal à s'y faire et régulièrement, en pénétrant dans ce qui lui paraît être une maison de poupée, ôte son chapeau en lieu et place de ses chaussures. Ce n'est qu'une question d'extrémités, après tout. Il faut la patience et la bienveillance d'un Parisien qui a vécu dix-sept ans dans ce pays, pour l'affranchir sur les us et coutumes locaux. La rencontre de cet homme est providentielle. Il lui évite quelques gaffes qui ne manqueraient pas de vexer ses hôtes successifs.

Plus Perrichon que nature, Londres est visiblement inspiré par ce pays dont il ne sait rien. Il retrouve la veine de ses meilleurs papiers et renoue avec un style coloré et vivant, fait d'heureuses métaphores et d'ironie respectueuse. Sous sa plume nipponisée, les pousse-pousse deviennent des gondoles d'une Venise à sec, les geishas des danseuses d'attitudes et le Japon l'étrange Empire du Bout, la Chine étant celui du Milieu...

Tout y passe : la description des maisons de thé, le rituel du repas, la cérémonie du saké, le ballet des courbettes et inclinations... Dans un premier temps, il se considère moins comme un grand reporter en mission que comme un touriste qui connaît son affaire [4]. Les traditions séculaires de ce pays moderne, il les aborde genre par genre, à travers quelques personnages typiques.

Voici d'abord le mikado en déplacement. Dès que son passage est annoncé, tous les rideaux de l'Imperial Hotel, entre autres, sont fermés sur ordre. Londres s'insinue dans d'autres chambres pour tenter de risquer un œil à travers un store récalcitrant. Des policiers à cheval surveillent la rue, d'autres les façades. Le mikado va prendre le train, entre des haies de redingotes surmontées de hauts-de-forme. Le sifflet de la locomotive se fait entendre. La vie peut reprendre son cours normal.

Son Altesse Impériale le prince Hirohito est nettement plus peuple. Londres a loué une redingote et coiffé son tube pour le voir à la Chambre des Pairs le jour de l'ouverture de la séance. Le régent s'y rend certes en carrosse. Mais il salue ses gens, main au képi, et ils le regardent passer. Ils ont le regard aussi droit que le dos. Il y a cinq ans, ils se seraient prosternés. C'est cela, la révolution. Au-dessus du gouvernement mais en dessous de l'empereur. C'est un de ces directeurs de conscience qui depuis des siècles mènent le pays par les armes et les lois. Il n'en reste plus que deux et ils ne sont plus tout jeunes. Et puis il y a l'illustre samourai, l'ambassadeur de toutes les mythologies nippones en Occident. Londres en trace un superbe portrait :

> « Le samourai, lui, est un mort qui se porte bien. Il n'y a plus de samourais, mais par les chemins on ne rencontre qu'eux. Le samourai est au Japonais ce que l'idéal était à Don Quichotte. Autrefois, vassal d'un daimyo, ayant pour toute carrière celle de veiller sur la vertu de l'âme, deux sabres au côté, redresseur de torts, chevalier du Point d'honneur, la révolution le jeta hors de son sacerdoce.
>
> Il tomba de la lune sur la terre, tout raide dans son armure mais dépouillé de ses privilèges. Meiji, le mikado du Salut, celui qui naquit un pied dans le Moyen Age et mourut un autre dans le XXe siècle, le dédommagea par du vil argent - lui qui ne touchait pour paiement que des sacs de riz – de la perte de sa fonction sacrée. Et le samourai, triste, entra dans la norme.
>
> Mais il n'avait pas vendu sa cuirasse, il l'avait mise à même

sa peau et ses nouveaux vêtements par-dessus, préservant de la sorte sa vieille conscience des attentats de la vie. Il traîna ses traditions à ses chausses. Et c'est alors qu'il n'existait plus légalement, qu'il propagea le mieux sa morale : vénération de la famille, culte des ancêtres, mépris de la mort, vengeance de l'injure. En cette année 1922, le président du Conseil, les ministres, les chefs de l'armée, de la marine, la tête entière du Japon est samourai [5]. »

Il parcourt le pays et se promène tant dans Tokyo que Kobé, Kyoto ou Yokohama. Mais c'est probablement à Osaka qu'il perçoit le mieux ce qui reste de l'esprit samourai tel qu'il se l'imagine. Dans ce Creusot japonais qui l'impressionne vivement, les temples sont des usines et leurs piliers des cheminées. Osaka, c'est le Japon qui bouge, le pari de l'avenir. Une ville dont le maître mot est efficacité. Une consigne : la rapidité. Un blanc peut y déambuler dans l'insouciance, se tromper et commettre des bévues sans être inquiété car les indigènes ne le remarquent même pas : ils sont trop affairés à bousculer l'ordre des choses, le poids des traditions. Pour comprendre comment un tel peuple à réussi de si grandes choses, c'est à Osaka qu'il faut être. Osaka, le parc d'artillerie de la guerre économique, car c'est bien de cela qu'il s'agit. Osaka ou l'autre versant du Japon des mousmés.

Albert Londres est plus que fasciné. Pour aller au bout de son envoûtement, il se livre à son test habituel en terre étrangère : la visite commentée du journal local, en l'occurrence l'*Asahi* d'Osaka. Au vu de l'immeuble, ce pourrait être tout aussi bien le *Berliner Tageblatt*. La salle de rédaction est des plus vastes. Quatre-vingts journalistes y sont au travail. Impressionnant.

« C'est une école? demande-t-il au directeur qui le guide.

– Les rédacteurs...

– Quatre-vingts? Vous allez bien! Si vous ratez une nouvelle, vous méritez que l'on vous ouvre le ventre!

– Nous n'en ratons jamais. »

Près de la moitié d'entre eux ont la tête cerclée d'un écouteur et d'un transmetteur. Ce ne sont pas des téléphonistes pour autant. Ils s'informent en permanence, voilà tout, branchés sur des correspondants dans tout le pays, eux-mêmes branchés sur leur coin de terre et sur le monde. Les ateliers sont du même esprit. A ceci près que leur tâche est bien plus ardue que celle de leurs collègues français car ils doivent se battre, dans des temps records, non pas avec les vingt-six lettres de l'alphabet mais avec cinquante signes japonais et trois mille caractères chinois! Même après un long stage, plus d'un typo de Montmartre y perdrait son latin.

L'*Asahi* d'Osaka sort huit éditions par jour, sur douze pages et à 800 000 exemplaires. De quoi donner le tournis à plus d'un *Petit Journal*. Le jour de la visite d'Albert Londres coïncidant opportunément avec la démission du ministère Briand et la formation du ministère Poincaré, il assiste à la course aux documents. Car dans ce pays où les habitants paraissent indifférents à ce qui se passe hors de leurs frontières, un tel événement doit être totalement couvert, avec la même rigueur qu'un déraillement de train à Yokohama. En quelques minutes, toutes les photographies des membres du gouvernement français sont disposées sur le bureau du rédacteur en chef, à la stupéfaction de Londres. Mais il en manque une. Enfer et damnation.

« Comment? Nous n'avons pas la tête de Maunoury! »

Il est confus, le rédacteur en chef. Son professionnalisme est pris en défaut, devant un confrère français de surcroît. Craignant peut-être un hari-kiri un peu hâtif, Londres lui explique que ce n'est pas si grave. Après tout, Osaka ne fait pas partie de la circonscription de Maunoury. Et puis rien ne dit qu'*Excelsior* a dans ses tiroirs les trombines de tous les ministres du Japon.

« Voyons, vous qui êtes Français, regardez, vous le trouverez peut-être?

– Ah, ne vous tourmentez plus, dit Londres après avoir cherché en vain. En voici un qui lui ressemble comme un frère.

– C'est vrai?

– Ma parole!

– Maintenant roulez! ordonne le rédacteur en chef, faisant indûment de M. Groussier le ministre de l'Intérieur de Poincaré, le temps d'une édition de l'*Asahi* d'Osaka.

En quittant ces sympathiques confrères, Albert Londres passe de la stupéfaction au ravissement. Leur ardeur et leur sincérité, telles qu'il vient de les expérimenter, justifient son impression d'ensemble. A savoir que quelquefois, le Japon déborde du cadre de l'estampe [6].

En prenant pied dans ce pays, Albert Londres n'a qu'un a priori, quelque peu dicté par la direction de son journal : ce siècle sera celui du Pacifique, la Méditerranée et l'Atlantique n'étant plus que de vieilles eaux qui sentiront bientôt la vase. C'est dans cet esprit qu'il explore le Japon des chancelleries et des cabinets.

Tristesse et amertume. C'est bien le sentiment dominant, même si la plupart de ses interlocuteurs s'efforcent de n'en rien laisser paraître. Les Japonais, qui ont été invités par les Grands à rompre leur splendide isolement pour venir jouer dans leur cour, sont terriblement déçus. Ils estiment avoir été roulés. Toutes leurs rancœurs, exprimées explicitement ou simplement suggérées, ramènent immanquablement à la conférence de Washington. L'encre des traités n'a pas eu le temps de sécher mais ils sont d'ores et déjà convaincus d'avoir été bernés. Les accords qu'ils ont paraphés ont fixé à 315 000 tonnes leur importance navale. Ils les ont également poussés à garantir le statu quo dans le Pacifique, renoncer à l'alliance avec l'Angleterre, rendre Chan Toung et Kia Tchéou à la Chine.

Trop jeune pour avoir fait ses preuves en matière de roublardise diplomatique, le Japon moderne tel que Londres nous le présente s'est rendu à Washington sans trop se méfier. Du moins s'est-il méfié en gros mais pas en détail. Quand ils oublient un instant leur fierté et écartent leur superbe, les dirigeants japonais de bonne foi en conviennent à demi-mot.

Leur déception, ils l'illustrent par deux blessures qu'ils ne sont pas près de pardonner à leurs partenaires. D'une part, on les a amenés à s'engager dans une affaire qui n'intéressait, somme toute, que les colonies et dominions des autres pays. D'autre part, l'accord leur enlève le droit de fortifier leurs propres territoires quand l'Amérique conserve celui de fortifier Honolulu, terre étrangère. Le Japon ayant signé a décidé de se taire en baissant la tête. Le contraire ne serait pas convenable. Mais il n'en pense pas moins.

Il ne faut pas être grand clerc pour s'apercevoir que le ressentiment nippon se focalise sur une seule catégorie d'individus dans le monde : les ressortissants des États-Unis. Albert Londres rapporte même une scène dont il a été témoin à l'Hôtel Impérial : deux couples de bourgeois japonais qui, après s'être enquis auprès de la réception de la présence d'Américains dans la salle de restaurant, renoncèrent haut et fort à y dîner. Les Américains ont si peu la cote à Tokyo qu'à chaque fois qu'il veut obtenir une faveur – une réduction pour l'achat d'une babiole, une place assise dans le tram, un whisky pur malt – Londres se contente d'affirmer qu'il n'est pas Américain, contrairement à d'autres...

Dans ce pays dorénavant, le spectre de l'étranger a un visage : le masque hideux car déformé à l'excès de l'Oncle Sam. Sa faute, sa très grande faute est double : non seulement il s'est mêlé des affaires du Japon, lui a forcé la main et mis devant le fait accompli; mais de plus il lui a envoyé son armée, sur le mode le plus sournois qui soit : l'Armée du Salut. Comme Américain et comme protestant, il doit être voué aux gémonies. Mais à la japonaise : avec détermination, poliment et tout sourire [7].

Qu'il est doux d'être Français au Japon! Même s'il a parfois l'impression d'être citoyen d'un pays honoraire, Londres est moins martien qu'il le dit. Puisque la France est ici inexistante, tant sur le plan économique que politique, il ne lui reste plus qu'à se rattraper sur le terrain où elle se sent le mieux : celui des idées et de l'intelligence. Le moment est propice car dans la jeunesse, chez les intellectuels et du côté des universités, on sent un vent nouveau se lever. Plus sceptique et plus curieuse, l'intelligentsia japonaise est mûre pour rejeter les traditionnelles influences étrangères, leur préférer un léger parfum de France afin de mieux dégager de toutes ces alluvions étrangères une substance nationale. En ce sens la nomination du nouvel ambassadeur de France survient à point nommé.

Albert Londres ne tarit pas d'éloges sur Paul Claudel. Plus qu'un homme, un phénix! Un poète qui plus est, et des plus grands, se faisant glorieusement promener sur quatre roues impériales! En en faisant son ministre à Tokyo, la France a frappé un coup sonore sur le gong du soleil levant! Les universités ont lancé en chœur trois bonzais (vivats) pour l'occasion! Pour une fois, le Quai d'Orsay a mis dans le mille! Ce merveilleux oiseau ami des muses va faire frissonner les branches de nos jeunes arbres!...

C'est peut-être l'effet du saké ou l'inadaptation au changement de fuseaux horaires. Mais il n'est pas interdit de penser que cette fois Albert Londres en fait trop. La vision céleste de l'auteur de *L'annonce faite à Marie*, a peut-être, comme il le rapporte, enthousiasmé les étudiants, mais elle lui est certainement montée à la tête. Deux mois après son arrivée, Paul Claudel accorde une déclaration exclusive à l'envoyé spécial d'*Excelsior*. Sur le fond, il contredit toutes les impressions de voyage rapportées par Albert Londres dans ses articles: « Je trouve que ces jeunes gens ressemblent souvent à notre meilleur type d'Européens... On se sent en présence d'un peuple qui apprécie toutes les bonnes choses que la civilisation européenne lui a apportées et saura en tirer profit [8]... »

C'est à se demander si l'un et l'autre y accordent un quelconque intérêt tant ils sont au diapason sur la seule question essentielle qui se pose à l'observateur du Japon de 1922. Non pas l'influence intellectuelle dont tout le monde se fiche à l'exception des poètes-diplomates, des reporters-poètes et des libraires, mais la vraie nature de ce peuple et de son gouvernement: pacifiste ou belliqueux? Là, les deux hommes parlent d'une seule voix, convaincus que ces gens sont les plus doux qui soient, qu'ils ne font la guerre que contraints et forcés, qu'ils ne se poussent en direction de la Russie, de la Chine ou de la Corée que par goût de la promenade virile, qu'il leur faut bien se sauvegarder du chaos qui menace le monde, et que, bref, tout le reste n'est que calomnie.

On l'aura compris, Albert Londres et Paul Claudel sont au mieux. Le reporter dîne souvent à l'ambassade avec Son Excellence et son épouse. Tous trois très complices, ils se moquent volontiers mais à mots codés, du régent le prince Hirohito, en présence d'officiels japonais. C'est ce que Londres appelle « se payer quelques soirées de rire » dans une ville qui manque singulièrement de distractions. Mais ses récits pittoresques des soirées de chancelleries, que Londres réserve pour sa correspondance privée à ses parents, montrent qu'il n'est pas tendre non plus pour les hôtes de marque français, les personnalités de passage tel le vainqueur de la Marne, Joffre et sa femme :« Mais il est gâteux, le cher Maréchal!... Quand on est en possession d'un morceau pareil [*Mme Joffre*] on lui fait faire sa cuisine et on ne l'amène pas voir les rois ni les Princes. Mais voilà, il ne savait probablement pas qu'il deviendrait maréchal [9]... »

L'enquête sur le nouveau Japon s'achève. Il est temps de gagner la Chine. Albert Londres fouille ses poches. Il ne lui reste plus que quelques yens. A peine de quoi manger. Mais pas de quoi télégraphier au journal, ou attendre que l'ordre de paiement arrive à la banque, ni de quoi acheter un billet de transport. On ne fera pas la manche auprès des compatriotes. Question de fierté et de standing. Un seul recours: Paul Claudel.

« Si vous ne voulez pas me nourrir et me rapatrier, trouvez-moi du travail », lui demande-t-il [10].

C'est ainsi que quelques jours plus tard, Albert Londres publie, pour la première fois, une série d'articles en japonais dans un journal dont il ne comprend pas un traître mot. Payés au prix fort, ils lui permettent de poursuivre sa route.

13.

La Chine en folie

Ce matin-là, à 7 heures, au Grand Hôtel de Pékin, le boy déroge à toutes les bienséances. Dans les pays à principes, ce n'est généralement pas très bon signe. Il pénètre sans frapper dans la chambre 518, oublie le thé et les journaux européens et tire Albert Londres de son lit sans même ouvrir les volets.

« Sir! Tsang-Tso-Lin, canon! Wou-Pé-fou, canon[1]! »

Le premier a la haute main sur la Mandchourie. Le second a mis le Petchili en coupe réglée. Ce sont les Bouddhas de la guerre. Il semble qu'ils aient eu des mots. Leurs troupes vont joyeusement s'étriper à Pékin. La routine... Albert Londres va devoir y aller et quitter sa chambre à regret. C'est son havre de paix. Son territoire, plus que n'importe quelle autre capitale. Il dit « mon 518 ». Car dehors la folie est permanente. C'est la Chine de tous les jours.

La journée s'annonce ébouriffante. Soudainement métamorphosée en une manière de Magic City, Pékin perd la tête, les pédales et le sens de la mesure. Des milliers de Chinois courent en tout sens. La noria des pousse-pousse semble tourner dans un film en accéléré. Les banques sont assaillies par deux courants contraires : ceux qui viennent retirer leurs biens et ceux qui préfèrent les y déposer, les uns et les autres n'ayant visiblement pas les mêmes sources d'information. On voit des Chinois demander le chemin de la légation de France et des bouddhistes se réfugier dans la très protestante YMCA.

Ce n'est pas l'état de siège mais son spectre. Le plus terrifiant des deux n'est pas celui qu'on croit. Ici, la rumeur et la méfiance font des ravages.

« Pékin n'est que murailles qui s'emboîtent : muraille principale, murs de la Cité interdite, murs de la ville diplomatique et, dans la ville diplomatique, chaque légation elle-même est entourée de murs. On sent tout de suite que la confiance règne. On se regarde à travers des créneaux [2]. »

A son arrivée en Chine, Albert Londres a tout de suite eu le sentiment que la situation était beaucoup plus complexe qu'au Japon. Pour tâcher d'y voir clair avant d'affronter les principaux acteurs de cette tragi-comédie, il rencontre ses compatriotes informés. Pour tâter le terrain, la première semaine, il est si souvent invité qu'il ne prend pas un seul de ses repas à l'hôtel. A plusieurs reprises, le reporter s'entretient successivement avec M. de Fleuriau, ministre de France à Pékin, André d'Hormon, conseiller du président de la République chinoise, le capitaine Mathieu, qui fut officier d'ordonnance de Sarrail, et Albert Nachbaur du *Journal de Pékin*... La Chine, pour eux?

« La Chine, mon ami... »

Et ces Français informés de s'embarquer dans de longs discours entre rêve et réalité, au fil d'une promenade entre le Temple du ciel et le Palais d'été. Au bout d'une semaine, Albert Londres reconnaît dans une lettre à ses parents :

« Au point de vue politique, c'est inextricable. Je commence un peu à m'y reconnaître. Mais c'est un travail d'Hercule [3]. »

C'est symptomatique. Il vient d'arriver et son approche est encore sérieuse et rationnelle. Quelques semaines plus tard, gagné lui aussi par l'ambiance, le journaliste s'abandonne à un doux délire. Son récit, publié dans un premier temps par *Excelsior*, puis par *Les Annales politiques et littéraires* et enfin dans un livre intitulé *La Chine en folie*, est le plus drôle et le plus pittoresque de ses reportages. La forme y prime sur le fond et les péripéties sur l'explication politique. Moins substantielle que ses précédentes enquêtes, écrite dans un style volontiers familier sinon relâché, celle-ci révèle pleinement un Londres gouailleur et picaresque dont le vaudeville était peut-être la véritable vocation. Développant une philosophie de la bonne humeur à travers des tranches de vies et des tableaux de genre, il s'abandonne à de merveilleuses divagations qui ont dû donner aux lecteurs français une bien curieuse idée de ce pays.

Sous sa plume, la Chine apparaît comme la terre promise des bandits et des rançonneurs. Ici, on ne respecte que l'argent. La richesse : voilà ce qui fait courir les Chinois en tout sens. Tout est à vendre dans ces vingt et une provinces qui comptent autant de tyrans. Absolument tout, des palais aux fleuves. Seul l'air libre échappe à cette foire à l'encan. Mais cela ne durera pas. Les généraux, qui prélèvent toutes sortes de gabelles sur toutes sortes de gens, trouveront bien un moyen de le taxer. Leur justice est expéditive. Elle tient compte de la muflerie et de l'âpreté au gain. Dans les villages, on enlève couramment les femmes pour les restituer moyennant un bon prix. Londres nous entraîne à Honrato, à huit cents kilomètres de la capitale afin d'assister à l'une de ces transactions :

« Je suis pauvre, voilà ce que je puis faire : cinquante dollars.

– Bien! dit le chef qui empoche, moi je suis pour la justice, avance!

Il ouvre une porte, les otages sont alignés.

– Où est ta femme? Celle-ci? Parfait.

De son sabre, il la coupe en deux.

– Voici ta part, quand tu rapporteras cinquante dollars, tu auras l'autre moitié[4]. »

Telle est la Chine. Mais on n'est pas forcé de le croire.

C'est un pays sans tête qui, pour se consoler, s'est fait octroyer deux cerveaux. L'un est à Pékin, l'autre à Canton. Le Nord est dirigé par Sin-Che-Tchang qui est président de la République comme Albert Londres est rickshaw, de père en fils. Le Sud est dirigé par Sun-Yat-sen, un homme qui a le même genre de problèmes. Les provinces, perpétuellement rebelles, sont en fait sous la coupe des mercenaires et des chefs de guerre, des bandits et fantassins de la dèche. Pour en avoir le cœur net, le reporter décide de courser à travers la Chine le célèbre Tsang-Tso-Lin, tyran absolu de Mandchourie, chef du gang des moustaches rouges, qui n'a pas fini d'écumer la région. Il le traque dans le tourbillon pékinois, le froid de Moukden, l'hostilité de Harbin. Finalement, l'évêché local, qui entretient les meilleures relations avec « monsieur le maréchal », s'entremet pour qu'il puisse rencontrer ce personnage auquel l'évêque accorde toute son amitié à défaut de l'absolution. Le secrétaire très particulier de Tsang-Tso-Lin vient à l'hôtel pour fixer un rendez-vous. Le reporter est comblé.

« Que les mille bénédictions du président de la République française descendent sur vos crânes. Paix et félicité au très vieux Tsang-Tso-Lin. A trois heures dites-vous? J'y serai[5]. »

Le Palais, les gardes, le grand Chambellan. Enfin le fameux tyran. Pas plus grand que Napoléon, une moue de charognard en manque, le regard fuyant, la fourberie faite homme. Sur sa calotte de pape, Londres distingue une superbe perle qu'il se promet de voler au cas ou le maréchal-bandit viendrait à s'endormir pendant l'interview. Il plaisante, le journaliste, se moque volontiers mais sur le moment, il n'en mène pas large. Quand on est face à ce genre de brute qui avoue une dilection certaine pour la décollation, il vaut mieux avoir une tête qui lui revient. Excellence! Maréchal! Majesté! Albert Londres joue le jeu par le truchement de l'interprète, figé par l'angoisse. Mais en son for intérieur, il marmonne : canaille! forban! assassin!... Il semble somnoler. Pourtant l'entretien doit commencer. Comment dire... : on vous prête l'intention de déclencher la guerre autour de Pékin depuis votre Palais...

« La Chine est grande, grande... »

Bon. Mais à l'étranger, on la dit en proie à l'anarchie?

« La Chine est la Chine et le reste du monde est le reste du monde... »

Soit. Mais encore?... Le reste est du même tonneau. Soudain, le tyran sort de sa torpeur, se fait apporter une photo de lui en grand uniforme de gala et d'un pinceau mal assuré, la dédicace : « Tsang-Tso-Lin à Monsieur Albert ». Puis il le fait raccompagner à son hôtel dans son automobile jaune, celle qui a des sirènes devant, des mitrailleuses sur le côté et des soldats sur le marchepied. Ainsi, Londres rentre-t-il pour une fois fier et grisé d'une interview sans intérêt. C'est la première fois qu'il traverse une ville en inspirant la terreur aux habitants[6].

Quand on pense que Tsang, c'est la Chine, que la Chine a un délégué en redingote à Genève et que ce délégué dit le bon droit devant les faces complaisantes de la Société des Nations... Cette réflexion, Albert Londres la cueille au passage dans la bouche d'un inconnu qui lui ferait presque aimer Moukden. Il le rencontre par hasard, ce Français du bout du monde qui se présente comme marchand de peaux car compatriote n'est pas une profession. Cela fait près de vingt ans que ses clients l'engueulent en dialecte chinois et qu'il les insulte avec l'accent bourguignon. Il s'appelle Bétillon et comprend mieux ce pays que bien des diplomates[7].

Telle est la Chine. Albert Londres ne renonce pas à comprendre. Sa capacité d'étonnement est intacte. De retour dans la capitale, il lit dans *La Politique de Pékin* un décret relatif au mariage du dernier empereur âgé de dix-sept ans. Tout est décrit de telle manière, avec les pompes de circonstance, que le reporter n'y comprend plus rien. Il est pris d'un doute. On lui a toujours dit que la Chine était une République, mais après tout elle est peut-être bien un empire déguisé en fausse démocratie. Pour en avoir le cœur net, il descend et interpelle les uns et les autres.

« Avez-vous un président de la République ou un empereur?

– Nous avons les deux, répond l'un.

– Le chef de l'État est le Président de la République, ajoute l'autre, non sans préciser : mais il y a aussi l'empereur bien entendu et pour moi le maître est Tsang-Tso-Lin[8]. »

Désespérant. Dans le quartier des légations, les diplomates d'Europe n'en savent pas plus. Ils sont trop occupés à jouer au tennis. Londres se résout alors à questionner Monestier, son confrère de *La Politique de Pékin*. Après tout, c'est lui qui a diffusé la nouvelle impériale. Il doit savoir. Alors confrère, c'est une blague votre histoire?

« Pas du tout. Cet homme est, si vous préférez, l'empereur du président de la République de Chine.

– Ne jouez pas avec moi, Monestier. Je ne suis pas venu en Chine pour la quitter sans savoir si la Chine est une république ou un empire.

– Depuis combien de temps êtes-vous ici?

– Depuis quarante jours.

– Eh bien moi j'y suis depuis dix-sept ans et je ne le sais pas encore[9]! »

Convaincu d'être tourné en bourrique même par un compatriote – un comble, dans ce pays! – Londres se rend chez son rival, le rédacteur du *Journal de Pékin*. Alors confrère, Empire ou République?

« Moi, je m'en fous... »

Comme il prend cela à la rigolade et tourne en dérision ses plus sérieux tourments, Londres le bouscule. Alors Nachbaur crie plus fort.

« Vous êtes peut-être ici, vous aussi, pour découvrir le citoyen chinois ? Si vous ne voulez pas rigoler, c'est votre droit, mais laissez-moi rire. Depuis plus d'un mois, vous êtes là, vous martyrisant ce qui vous sert de cerveau. Vous voulez comprendre ce qui se passe en Chine. Au cinéma, quand c'est l'heure du film comique, prenez-vous votre noble front dans vos nobles mains comme un penseur ? Vous dilatez votre rate et non vos méninges. La Chine, c'est Charlot ! C'est le Charlie Chaplin du vaste écran politique. Rions, vieux compatriote ! La Russie, c'est le drame. La Chine, c'est la farce [10] ! »

La farce ? Malgré toute sa bonne volonté et sa pente naturelle, Londres ne veut pas y croire. L'explication est séduisante mais courte, même pour lui. Son dernier recours, c'est le lama en chef, celui qu'on appelle le Bouddha vivant. C'est un sage. Il saura et il dira qui dirige la Chine.

« C'est Padma Gambhava, né du Lotus, l'éternel génie vivifiant.

– Mais à part lui ?

– A part lui, qu'importe... »

Albert Londres a touché le fond. La Chine n'a plus de secret. Il sait désormais comment la prendre. A l'envers, systématiquement.

Des individus hors normes, il ne va pas cesser d'en rencontrer au cours de cette folle odyssée. Il y a d'abord Monsieur Pou, qu'il surnomme Gnafron tant il en a la trogne. Les Lyonnais retrouveraient en lui une vieille connaissance. C'est l'interprète désigné par le ministre de France. Un authentique lettré chinois qui vit derrière Hatamen, en pleine ville tartare. Il craint pour la vie de son nouveau « maître » et, sans répit, le presse de quitter le Grand Hôtel de Pékin pour l'hôtel des wagons-lits dans le quartier des légations, à l'abri derrière une muraille, jouissant de l'extra-territorialité. De plus, les coupeurs de tête y sont mal vus, ce qui est encourageant pour l'avenir. Mais Londres ne se laisse pas raisonner. Ce n'est pas demain qu'il fuira l'événement. A l'abri ? Bien au chaud ? Quelle horreur ! C'est justement dans la tempête qu'il veut être. Pas question de déménager. Mais Pou-Gnafron est têtu. Pour lui faire lâcher les valises, il faut le forcer à se rendre au bar et fêter au champagne l'imminence de la guerre [11].

C'est que Monsieur Pou n'est vraiment pas courageux. Il ne pense qu'à se planquer dans l'attente du grand jour. Par moments, Albert Londres désespère de ne jamais trouver un interlocuteur local à sa mesure. Un vrai Chinois avec lequel il pourrait avoir de vrais échanges sur la situation.

Un soir, l'espoir renaît. Il est invité par quatorze journalistes chinois à partager leur dîner. Il s'y rend tout guilleret, non sans avoir, par prudence absorbé en cachette dans sa chambre un filet de bœuf, des œufs et du jambon. Pendant toute la soirée, il s'acharne à les faire parler de l'anarchie ambiante, de la déliquescence politique, de la faillite économique, de la terreur quotidienne. Bref, de la Chine de tous les jours. Mais ils n'ouvrent la bouche que pour la remplir. Quand ils consentent à parler, c'est pour louer les ailerons de requin ou la température du vin.

Excité de plus belle, Londres poursuit sa description apocalyptique de ce pays où les fonctionnaires ne fonctionnent plus, où les tyrans déboulonnent les rails pour en faire des cure-dents, où le ministre des Communications s'est sauvé à bord de la dernière locomotive, où les boys n'osent pas être des citoyens... Enfin, ils réagissent. Il était temps. Les journalistes compatissent au grand scepticisme de leur confrère blanc. Ce n'est pas de sa faute, mais il n'a rien compris.

Le Chinois a toujours rampé, les femmes pures ont toujours préféré le saut dans le puits au viol collectif, le paysan serait perdu s'il n'était pas imposé. Il n'y a plus de gouvernement? Mais quelle importance! Pour eux tous, cela ne change rien puisque tout ceci participe non d'une politique mais de séculaires traditions nationales. Pas de quoi gâcher un aussi bon repas.

Abasourdi, Londres repart à l'assaut. Cette fois, il reçoit le coup de grâce car le dessert est proche et il mérite qu'on s'y consacre. L'anarchie? Mais elle est dans la tête des Européens! Les blancs sont assez sots pour s'imaginer qu'un pays marche grâce à un gouvernement. Même les bolcheviks ont commis l'erreur de reconstruire après avoir tout cassé au lieu de tout laisser en plan. Alors que la preuve en est faite en Chine : jamais une nation ne se porte mieux que lorsqu'il n'y a plus d'État. On boit, on chante, on mange, on vole, on achète, on vend, on circule avec modération et plus d'entrain qu'avant [12]. La vie est belle, non?

Ce n'est pas Albert Londres qui les démentira. Mais il n'en pense pas moins. La Chine, c'est l'anarchie. Il n'en démord pas, même si dans l'histoire, le barbare c'est lui. Pour en avoir le cœur net, il fait même le voyage en train jusqu'à Tien-Sin. On y annonce une belle guerre fratricide entre Wou-Péfou, au nom prédestiné, et cette canaille de Tsang-Tso-Lin. Ils vont se battre pour le pouvoir, non pas le leur mais celui de leur candidat. Des centaines de milliers de soldats sont prêts à s'étriper pour cette campagne électorale que l'on prédit saignante. La ville est en ébullition. Les mercenaires et la racaille l'ont investie. Un spectacle haut en couleurs.

« Voilà les bataillons qui passent à cette heure devant le cercle de Tien-Sin. Ce sont les soldats de Tsang-Tso-Lin. Qu'ils n'aient pas de souliers, c'est décent, mais – et je le jure devant la Société des Nations – il y en a qui sont sans culottes. C'est des derrières que le tyran fait défiler au son de la fanfare[13]. »

A l'issue des combats, le maréchal Tuang-Si-Joui a de fortes chances de devenir président de la République. C'est tout le mal qu'on lui souhaite. C'est donc lui l'heureux élu – si l'on peut dire – qu'il convient d'interviewer au plus tôt. Le voici enfin, caché derrière une obséquieuse domesticité. A quinze reprises, Albert Londres réitère sa question :

« Si Tsang-Tso-Lin est vainqueur, deviendrez-vous président de la République ? »

A quinze reprises, Monsieur Pou traduit à sa manière, craintive. Et Londres s'attire à chaque fois des réponses qui ne le satisfont pas du tout : heureuse bienvenue... vous êtes très sympathique... vous reprendrez bien du thé... Cela pourrait durer longtemps. Il faut en finir, au risque de brusquer le Maréchal, et lui demander s'il ne craint pas qu'en cas de victoire, Tsang-Tso-Lin s'autoproclame président de la République. Touché! Monsieur Pou a correctement traduit pour une fois. Le Maréchal remue nerveusement les doigts de pied. Les deux hommes envisagent une retraite hâtive quand il leur dit :

« Je suis honnête. Les profits ne m'ont jamais fait agir. J'appartiens seulement à mon pays. Je ne suis pas un homme d'argent.

– C'est vrai, confirme Monsieur Pou.

– Mais je ne leur ai rien offert! » se récrie Albert Londres[14].

Cette fois, il est urgent de trouver la sortie. Ils se rendent aussitôt chez le président du Conseil. Un filou, selon l'interprète. C'est dire. Depuis trois mois, il s'est mis en congé. Maladie diplomatique. Quand les combats auront cessé, il rentrera à Pékin car à ce moment-là, ses rhumatismes iront probablement mieux. Alors il mettra fin à l'anarchie. Triste lotus.

Quel pays! Où qu'il aille, Albert Londres va de surprise en coup de bambou. A Shanghai, il croyait que ce serait mieux. C'est pire. Piraterie, paysages urbains, jeu, cocktails (morphine, opium, cocaïne) tout est ramené à l'argent. La seule langue que les natifs et les étrangers parlent couramment n'est basée sur aucun alphabet connu, mais sur les chiffres. Bank, banco, banque, banking: dans la rue, ils vous cernent. L'argent est la matière première et dernière de cet univers. Shanghai n'est pas une ville ni même un coffre:

« C'est un veau d'or adipeux. Si Lénine a vu Shanghai, il est excusable [15]. »

Le reporter a tôt fait de regagner Pékin. En regard, c'est un paradis pour humanistes. Londres ne la quittera pas pour l'Indochine, sa prochaine étape, sans en avoir le cœur net. Que se passe-t-il donc dans ce pays? Qui fait quoi et dans quel but? Il reste encore quelques hauts personnages dignes d'apporter un élément de réponse. Les interviewer est un devoir. M. de Fleuriau, ministre de France et intime de Paul Cambon, lui assène un lourd discours sur la collaboration bilatérale en matière intellectuelle et économique, qui débute par une version très diplomatique de la Chine en folie:

« La Chine est à un moment très curieux [16]... »

En effet. Le président de la République chinoise soi-même n'est pas tellement mieux renseigné. Sin-Che-Tchang lui fait un honneur en le recevant. Son propos se veut rassurant. Tout va bien, le reste n'est que calomnie. Quand cela va mal, c'est la faute aux Allemands qui ont fait pousser des fusils sur cette terre et forcé notre peuple, si pacifiste, à devenir un peu plus belliqueux [17]. Anarchie? Division Nord-Sud? Banditisme? Que de rumeurs malveillantes... Air connu.

Finalement, c'est le docteur Yen qui réconcilie le reporter avec ce pays qui marche sur la tête. Il est président du conseil par intérim et ministre des Affaires étrangères par bonté d'âme ou par résignation, suivant les jours. Son palais est tellement désert qu'au vestiaire, les boys suspendent le chapeau et le pardessus du reporter sur deux porte-manteaux différents et sa canne horizontalement sur trois numéros, pour donner l'illusion d'une quelconque agitation politique. Pris de pitié, Londres leur jette même son écharpe mais n'ira pas plus loin. A lui seul, il tient lieu de six visiteurs. Alors docteur Yen, l'anarchie, la gabegie, la faillite, le pillage institutionnalisé, tout cela, vous connaissez? Non seulement il connaît, mais il reconnaît et en plus il parle français avec un débit tel qu'il permettrait à Londres de calligraphier ses notes sur son calepin. Cet homme est un miracle. Il rachète son peuple à lui tout seul. Mais cela ne signifie pas pour autant qu'il comprenne quoi que ce soit à la situation. Tout de même. Il ne faut pas trop en demander.

«... Ce qui se passe en Chine tient plutôt du phénomène céleste que de la politique... Ce n'est pas un pays, c'est un continent. C'est plus grand que votre Europe tout entière. Quatre cents millions de concitoyens!... Nous nous déchirons mais en famille. Nos chiens sont subitement devenus des loups, mais n'ont pas quitté leur ferme. Des satrapes mettent simplement de l'argent dans leur poche. C'est un militarisme domestique... Les soldats n'appartiennent plus à l'État mais à des particuliers. Nous sommes une République parlementaire mais nous n'avons plus de parlement... Les fonctionnaires ne montent plus chaque matin à leur travail, mais à l'assaut de nos caisses vides... Bref, pour l'heure, le système est légèrement dérangé [18].»

C'est donc bien le chaos.

Albert Londres commençait à exprimer des doutes sur sa propre santé mentale. Le voilà rassuré. La Chine est folle et il est, lui, parfaitement sain d'esprit. Mais saurait-il pour autant raconter ce pays en termes sensés, en accrochant l'une à l'autre des phrases raisonnables et cohérentes?

Avant de partir, il va une dernière fois respirer l'air du champ de bataille, dans la province du Tchély. Jusqu'à présent, son reportage de guerre s'est plus nourri de rumeurs que d'images. Il est bon de fouler le terrain. Bien lui en prend.

«Hello! How are you?»

Londres se retourne. Un ressortissant de sa Majesté, sans aucun doute, anglais jusqu'au bout du stick. Mais c'est...

«Ward Price! Vieille chose ambulante! lumière du *Daily Mail*, confrère et frère, que fichez-vous là [19]?»

La même chose que lui. Une fois passée l'émotion des retrouvailles, les deux reporters au long cours en viennent aux choses sérieuses. L'Anglais se renseigne auprès du Français qui fait déjà figure d'ancien. Ici on ne parle aucune langue connue, le télégraphe ne fonctionne pas, rien ne va plus et tout va bien. Ward Price débarque à peine. Il veut savoir. Les deux hommes déambulent le long de la ligne de chemin de fer tandis qu'au loin le canon tonne.

« Racontez-moi! Enfin! la Chine qu'est-ce que c'est? »

Albert Londres sourit et prend le bras de son confrère.

« La Chine, mon ami... »

14.

Indochine, colonie des ménages

Un jour, une colonie française a mis ses bigoudis et chaussé ses pantoufles. Puis elle s'est mise à ronfler comme n'importe quelle sous-préfecture de la métropole. Saigon en 1922... Cette image, beaucoup de coloniaux ne la pardonneront jamais à Albert Londres. La sieste passe encore. Elle a ses vertus. Mais les bigoudis!

C'est pourtant bien l'impression première qui est la sienne en débarquant droit de la folie chinoise dans l'assoupissement indochinois. A ses yeux, Saigon est la colonie de la colonie. D'ailleurs, les gens d'ici ne prétendent pas être d'Indochine, mais « de la colonie ». Comme s'il n'y en avait qu'une dans tout l'Empire français. Il s'attendait à découvrir une terre de pionniers en lieu et place de cette colonie des ménages, où ceux qu'il a pris indûment pour des aventuriers ont amené avec eux femme, enfant et belle-mère. Sa déception, il l'illustre d'un mot cruel :

« Après le feu sacré, le pot-au-feu [1]. »

Idéaliste, trop idéaliste, Londres s'est longtemps nourri d'images d'Épinal, version conquêtes et pacifications. Ici on en est revenu depuis longtemps. Mais il est arrivé, lui, l'esprit embué de toutes sortes de mythologies dans lesquelles le salut de la France par l'Indochine et ses cousines tiennent une grande place.

Saigon, il en a vite fait le tour. Dans les meilleures conditions puisque le gouvernement général a pris soin de lui : un bel appartement à sa disposition, trois pièces avec fenêtre sur parc, des boys corvéables à merci, une automobile qui n'attend que son claquement de doigts pour démarrer. Le grand jeu [2].

La ville tient en quelques centres névralgiques. L'église catholique, la statue de Gambetta, le théâtre, le palais du gouverneur, la rue Catinat et surtout l'hôtel Continental. Avec le Cercle sportif de Saigon, très british de mœurs, c'est le haut lieu de la société coloniale, le havre préféré des reporters et des diplomates. Il est plus récent que le Cosmopolitan Hotel, construit en 1872 par un Chinois. Mais il est aussi plus prisé. Son gérant, un Corse du nom de Frassetto, travaille pour la Société des Hôtels Indochinois[3]. Tout en ponts et en coursives, du moins dans l'atmosphère qui s'en dégage, il ressemble à un paquebot échoué. C'est là qu'à 17 heures les crieurs de *L'Impartial* et de *L'Opinion* réalisent leur meilleure vente au numéro. Autour d'un pastis, on s'y congratule entre casques coloniaux.

Voilà Saigon. Si on pousse un peu, il y a, au-dehors, Cholon, la ville chinoise avec ses lanternes colorées, ses restaurants aux mille parfums et ses chanteuses au goût sucré. Autrement, la colonie de nos rêves est bien morte. Cruelle désillusion de petit blanc métropolitain, égaré au pays des boys, des boyesses et de l'import-export, mot magique qui fleurit à toutes les devantures.

Selon un dicton local, la terre appartient aux Français, la rizière à l'Annamite et le riz aux Chinois[4]. Mais quand Albert Londres rencontre Saigon, ce n'est plus de saison car il est tombé au pire moment.

Les fluctuations des cours de caoutchouc subissent une sévère dépression. Quelques méchants nuages noirs menacent le ciel de l'Eldorado indochinois. L'atmosphère est tendue. Le très puissant Comité de l'industrie et du commerce resserre ses réseaux d'influence sur l'administration et le pouvoir politique. Les coloniaux de toutes classes sociales, du petit fonctionnaire au grand propriétaire, font bloc. Moins que jamais, ils ne veulent entendre parler de réformes. Les coolies et hommes de peine n'ont pas fini de courber l'échine, même si dans l'ombre sourd un ferment nationaliste. L'heure est au mépris. Les premiers à en faire l'expérience sont ces broussailleux qui s'« encongaïent » au point de vivre avec une indigène. Ils n'ont rien compris. Au moment où les descendants des conquérants généreux jettent aux orties les photographies des anciens colons aux pieds nus, ils font, eux, machine arrière[5]. Quel gâchis!

Albert Londres le constate mais ne cherche pas à le comprendre. On a l'impression qu'il ne fait que passer et qu'il n'a absolument pas l'intention de mettre la même ardeur à analyser cette évolution des mentalités qu'il mit à élucider l'imbroglio chinois. Il passe à Saigon mais heureusement, reste dans la région.

Pour lui faire découvrir ce pays qu'il ne connaît que par la légende et l'épopée, le résident supérieur de France, M. Monguillot, l'emmène avec lui en tournée d'inspection au Tonkin. Le reporter est encore mieux traité qu'à Saigon : villa de huit pièces, une automobile pour la route et une voiture à chevaux pour la ville. Impossible dans ces conditions de parcourir dix mètres à pied. Jamais il n'a été ainsi choyé[6].

Pourtant, il paraît à bout depuis son arrivée en Indochine. Sur les nerfs. A Hanoi, dès le premier jour, il provoque un esclandre public à la succursale de la Banque de l'Indochine. Au guichet réservé aux Européens, il demande à convertir en piastres une épaisse liasse de billets chinois. Le caissier, Victor Gilson, les trie selon la coutume, distinguant entre les billets acceptables et les monnaies sans valeur car émises par des établissements officieux et donc sans crédits. Albert Londres observe le manège, tapotant nerveusement son casque colonial. Quand il constate que l'on fait deux tas distincts de son argent et que le change ne correspond pas à ses espérances, il laisse éclater sa colère :

« Tous ces billets m'ont été vendus par votre agence de Hong-Kong, vous devez me les changer sans exception! »

Devant l'impassibilité des employés, il ramasse ses billets et leur adresse, haut et fort, un splendide chapelet d'injures dont les proches voisins ont conservé le souvenir. Mais une heure plus tard, dans la salle à manger de l'hôtel Métropole, le hasard fait du caissier le voisin de table du reporter. Ce dernier, s'en apercevant, se lève et lui présente ses excuses et sa main amie[7].

La faute au climat. Pour les coloniaux, cela ne fait guère de doute. Classique même. Il faut convenir que dans ses articles comme dans sa correspondance, Albert Londres ne dissimule plus les répercussions immédiates de cette étouffante atmosphère sur son travail. Le soleil qui tape sur le casque à grands coups de maillet ouaté, le crachin qui transforme la peau en linge empesé, l'humidité qui imbibe de la tête aux pieds font de l'air indochinois une chape de plomb sous laquelle il ne songe même plus à résister. Aux terrasses des cafés où on lui propose régulièrement de fêter le coucher du soleil, il sert toujours la même repartie.

« Que prenez-vous, Londres?

– Un éventail [8]. »

Ses rêves les plus fous ont la Laponie pour toile de fond, en particulier cette gare finlandaise où il attendit toute une nuit d'hiver un visa pour la Russie bolchevique. Ses cauchemars les plus objectifs sont peuplés de ventilateurs en panne.

Il lui faut quelques jours pour réagir. Quand il émerge enfin de cet état léthargique, il découvre une ville, Hanoi, qui le réconcilie avec le pays. Hanoi est un bouquet. Hanoi, ses arbres et son tennis, ses poneys et ses élégantes, son université et son école de médecine, son lycée de jeunes filles et sa maternité, son stade et son hôpital indigène. Le mieux, c'est encore le Cercle annamite et le lac abrité d'ombrelles feuillues en plein centre de la ville.

« Ce sont des bataillons de jardiniers-décorateurs et non d'infanterie coloniale qui ont conquis le Tonkin [9]! »

Vive le Nord, à bas le Sud. Même le port de Haiphong, sur le fleuve Rouge, a son charme. Deux hommes de tous les jours, rencontrés par hasard, achèvent de sceller cette amitié entre le reporter au long cours, celui qui a tout vu, et le Tonkin.

En accompagnant le résident français dans sa tournée à quelque soixante kilomètres d'Hanoi, il est captivé par le spectacle d'un simple vieillard chez qui tout exprime la sagesse et la sérénité :

« A quoi pensez-vous? lui demande le haut fonctionnaire.

– Je pense que chez nous, répond le journaliste, quand on est vieux, on vous cache et qu'ici on vous montre. »

M. Monguillot gratte sa barbe fournie, pointe les bords de sa moustache et réajuste ses besicles. Il voit les choses autrement : si ces gens-là croient aux vieux, c'est qu'ils sont tournés vers le passé. L'Europe c'est le contraire. Londres n'est pas convaincu. il est véritablement fasciné et rédige un portrait de cet inconnu de l'histoire qui exprime tant et tant de choses sans dire un mot.

> « Le vieillard du Tonkin est au vieillard de France ce qu'une ruine non entretenue du moyen âge peut être à une ruine bien conservée du Premier Empire. Si on mettait bout à bout les plis de leurs figures, on atteindrait du coup un nombre de kilo-

mètres suffisant pour réunir à travers l'Annam, le Tonkin à la Cochinchine. Les sièges des quatre sens qui élisent domicile dans le visage sont tous descendus d'un étage. Les yeux sont sur les joues, le nez sur la bouche, la bouche au menton et les oreilles fendues à la mâchoire inférieure. On voudrait s'approcher d'eux, leur prendre la peau du front, remonter tout l'ensemble et leur dire, une fois l'épingle fixée: « Là comme ça! N'y touchez plus! »

Pour en arriver là, ils ont payé! A dix-huit ans on paye pour entrer dans l'âge viril; à soixante ans on paye encore cette fois joyeusement pour pénétrer dans la vieillesse. Alors on vous donne le bonnet à trois pans: vous devenez un personnage [10]. »

Il est là devant la mairie au-dessus des notables, ce « personnage », fier et respecté. A ce stade de la vie, son congénère européen est déjà à l'hospice. Où est donc la civilisation?

Cette question, Albert Londres ne cesse de se la répéter, avec plus d'acuité depuis qu'il est au Tonkin. Comme si cette étape marquait le bilan de ses voyages. En remontant le fleuve Rouge, accablé par la chaleur, il s'est dit entre deux suffocations, que les sauvages entrevus sur les rives, ces Annamites vêtus en tout et pour tout d'une simple corde pudiquement disposée, avaient peut-être raison. Aussitôt, tout à son délire d'air frais, il s'est précipité chez un négociant.

« Monsieur, veuillez me donner 1,10 m de ficelle.

– Je vois, vous descendez du dernier bateau [11]... »

L'homme est un Français du nom de Monbois. Cela fait vingt-neuf ans qu'il a quitté son Dauphiné natal pour des cieux un peu moins cléments. Il est marchand dans le civil et, à ses heures, conseiller municipal de Haiphong. Mais c'est comme Tonkinois de cœur et d'adoption qu'il entreprend Londres sur ce pays victime des clichés. Pour avoir fait un bref séjour en France il y a dix ans, il sait l'image détestable de la colonie dans l'esprit métropolitain: une brousse, des cases, la jungle, des barbares et des sauvages partout.

Avec le reporter, Monbois adopte l'attitude de l'instituteur qui tente désespérément de repêcher un cancre. Il lui faut découvrir les bienfaits de l'œuvre civilisatrice des Français: là une des deux grandes usines de ciment au monde, ici dans la baie d'Along les fameux charbonnages de Honghai... Et le chemin de fer dans le delta! Et les jardins à la Le Nôtre! Et le thé-tango à 16 h 30! Quand on pense qu'à Paris, il est encore des sots pour s'imaginer que ceux du Tonkin mangent avec les doigts et dorment sous la tente, le fusil à portée de la main.

« Secouez-vous! Réagissez! la colonie est aux hommes de caractère [12]. »

Albert Londres est convaincu. Cela dit, il reprendra bien un petit coup d'éventail...

La chaleur, toujours. Impossible de s'en défaire. Elle l'obsède, l'étouffe, l'accable. D'ailleurs il écrit peu : moins de dix articles pour l'ensemble de son séjour indochinois. Trop fatigant. Et puis le crayon glisse tant les mains sont moites. Mais où va-t-on dans ce pays quand on veut prendre l'air?

Une seule adresse : Dalat. C'est la station d'altitude de l'Indochine, comme Hanoi en est la station estivale. Enfin, toutes proportions gardées, relativement au climat ambiant. C'est au sud de l'Annam sur le plateau des Lang-Bian, au pays des Moïs. Vingt-trois chalets, un palace et l'ambition de devenir une vraie ville. Bientôt. Quand l'ingénieur Porte aura réussi à dégager le chantier du chemin de fer des éléphants qui s'y sont mollement assoupis.

Dalat, le reporter ne s'y est pas rendu que pour y expérimenter son fameux orage, qui semble tout droit sortir d'une forge tant il est violent et chaud. Ni seulement pour oublier la lourdeur de l'air ici-bas. Après avoir fait un tour à Phnom-Penh, dans les pas du résident supérieur par intérim du Cambodge M. L'Helgonal'ch, testé l'inaptitude au travail de ce peuple, charmant au demeurant, et visité en leur palais le prince Pondgara qui a la nostalgie de Montmartre et le roi Sisovath qui préfère la rive droite; après toutes ces épreuves, Albert Londres voulait se changer les idées à la chasse au tigre.

On appelle cela la maladie de Dalat. Ceux qui sont atteints de cette fièvre viennent là s'y soigner. Le toubib se nomme Fernand Millet. De chasseurs plus illustres que ce garde-général des forêts, il n'en est pas dans tout l'Orient extrême. Il a tué quarante-sept tigres de sa seule main armée, sans compter les bricoles : sangliers, éléphant, panthères et gibier de raccroc. Équipé de son chapeau rompu aux pires épreuves et de sa canne la plus solide, Albert Londres, qui n'a jamais chassé que le *scoop,* s'en va à sa rencontre au cœur de son vaste domaine : la forêt.

« Bonjour monsieur, je voudrais tuer un tigre.
– Quel jour?
– Samedi.
– A quelle heure?
– Après la sieste, le thé, les petits gâteaux. 5 h 40.
– Bien [13]. »

Le jour dit, après plusieurs parties de matchang (dominos chinois) avec un père missionnaire, Londres se rend à son rendez-vous, retrouver coolies, buffles et brownings.

La traque commence. L'appât est prêt à être haché menu à grands coups de jugulaires. Voici les charognards qui se disposent pour le festin des entrailles. Soudain, tout près du fourré émerge une vraie tête de tigre. Plus un bruit. Londres l'observe puis regarde Fernand Millet. Il ne sait pas lequel des deux l'effraie le plus. A son tour, la bête passe à table, faisant le vide autour d'elle. Le chasseur s'apprête à tirer. Sans faire exprès, Londres rompt le silence, du bout des lèvres.

« Encore un peu, c'est très joli, si on le tue, ce sera fini. »

L'animal l'a entendu. Il réagit dans la seconde. C'est déjà trop tard. Millet, le roi des ravins, la terreur de Dalat a réagi, lui, dans la demi-seconde.

« Pardon, s'excuse-t-il auprès de son commanditaire, mais un tigre ça se contemple mort et non vivant [14]. »

Il a raison. Grand chasseur, c'est un métier. Grand reporter aussi. Mais à tout prendre, Albert Londres préfère chasser le visa des Soviets des semaines durant que le tigre en une journée. Sa fascination pour Fernand Millet n'en est pas moins entière. S'il fait école, Dalat deviendra peut-être un jour ce à quoi elle aspire : la capitale de la chasse en Extrême-Orient, en lieu et place des forêts indiennes.

« Aux Indes aujourd'hui, les tigres sont numérotés. Leurs extraits de naissance et empreintes digitales sont dans la bibliothèque de chaque maharadjah. Pour tuer son tigre, il faut être rejeton royal, le tigre soi-même ou Arsène Lupin [15]... »

C'est ce qu'on dit en tout cas, à Dalat.

L'Inde est sa prochaine et dernière étape. Mais pour y voir des hommes, pas des tigres.

15.

Entre Gandhi et Tagore

Octobre 1922 à Calcutta. Dans le hall du Great Eastern Hotel, Albert Londres s'entretient avec un homme de couleur :

« Avez-vous dîné, Samul?

– Pas encore, sahib. »

Ils se rendent donc d'un bon pas vers la salle à manger. L'interprète du reporter est un citoyen français, originaire de Pondichéry. Ce n'est pas un coolie. Il a une peau de bronze de *native* et une licence en droit de la faculté d'Aix. Samul est un parfait citoyen : il a voté pour l'honorable Bluysen, député de l'Inde, ainsi que pour le conseiller général de sa ville. Malgré tout, ce soir-là, Samul n'est pas rassuré. Il semble sur ses gardes. Londres croit en deviner la raison en prenant connaissance des documents que l'interprète lui remet, discrètement avant les hors-d'œuvre : des tracts nationalistes que le comité du Bengale a fait distribuer dans les bazars.

Ce n'est pas cela. Il y a autre chose. Samul tremble et ce n'est pas de froid mais de honte. Les Anglais et les Anglaises qui dînent alentour ont posé fourchettes et couteaux pour les regarder avec insistance. Un *native* à la table d'un blanc! Quelle décadence... Le journaliste est abasourdi.

« J'aurais amené à ma table un éléphant blanc, je lui aurais passé une serviette autour du cou et le pachyderme, tout en faisant le signe de la croix avec sa trompe, eût récité le bénédicité, que je n'aurais pas produit plus sensationnelle impression [1]. »

Qui sont donc ces gens et pour qui le prennent-ils? Quelques jours auparavant déjà, Samul avait eu le désagréable sentiment de lui porter préjudice en marchant à ses côtés dans le hall de l'hôtel; il avait perçu les railleries méprisantes de Britanniques à l'endroit d'Albert Londres qui ne comprenait pas, insistant pour prendre l'ascenseur avec lui. Samul est désolé.

« Ah! sahib, je vous fais encore perdre votre situation! »

Le sahib spécial d'*Excelsior* secoue la tête négativement. De situation, il n'en a jamais eue, ni ici ni en France. Et peu lui chaut qu'on lui interdise désormais l'entrée du Bengal Club. Mais il reste songeur, Londres. Il avait été prévenu : les Anglais ont été beaucoup plus efficaces dans leur « mission civilisatrice » aux confins de leur Empire que les Français dans le leur. Routes, chemins de fer, hôpitaux, administration... C'est vrai. Mais à quel prix? La haine.

Ce n'est pas par goût immodéré du paradoxe, mais il se trouve que Londres n'aime pas l'Angleterre. Partout où il a voyagé, il s'est heurté soit à des officiers de Sa Majesté, soit à des agents de l'Intelligence Service qui n'ont fait qu'accentuer, à ses yeux, la perfidie d'Albion. La seule fois même où il voulut attenter directement à la vie d'un général, en Grèce pendant la guerre, il fallut que celui-ci soit Anglais. En Inde, il a l'embarras du choix.

Son séjour le convainc, si besoin est, que le fond de la question indienne est enfoui dans les tréfonds du caractère de l'Anglais. Celui-ci ne peut pas voir le *native*, l'homme de couleur. Dans la hiérarchie du respect, il le place en queue de liste après l'Anglais, le cheval, le blanc en général, les poux, les puces, les moustiques. L'indigène, c'est ce qui reste quand il n'y a plus rien à respecter. Pourquoi alors est-il venu si loin le chercher? C'est affaire d'affaires, estime Albert Londres. Pour survivre tout de même, l'Anglais s'est façonné une carapace qui le met à l'abri des pollutions. Il a délimité son territoire pour rester, quoi qu'il advienne, un éternel étranger, ignorant tout de son environnement humain dès lors qu'il ne lui est pas semblable.

Dans ce pays où l'on compte 217 millions d'hindous et 77 millions de musulmans, 11 millions de bouddhistes et 10 millions de fétichistes, 4 millions de chrétiens et 3 millions de sikhs et autant de mendiants, où l'on s'exprime en quarante-quatre langues et un millier de dialectes, tout le monde se dispute tout le temps. Personne n'est d'accord sur rien. Tout est sujet de discorde sauf le seul sujet qui fasse l'unanimité contre lui : l'Anglais. Entre l'Inde et lui, il a réussi à développer un sentiment que l'on ne retrouve nulle part ailleurs puisqu'il n'y a qu'ici qu'on le nomme ainsi : la haine de base.

Fort de ces constatations, Albert Londres a une raison supplémentaire de ne pas aimer les Anglais, avec ou sans Intelligence Service. Colonialiste comme la majorité des Français de son temps, il ferait volontiers souffler le vent de la décolonisation sur cette partie du monde, à titre exceptionnel.

Ce qu'il leur reproche? Ce qu'ils sont. Leur morgue, leur souverain mépris, leur royale indifférence à l'Inde des Indiens. Comment expliquer autrement que par ces travers leur carence dans l'analyse psychologique du dominé? Au retour de la guerre mondiale, celui-ci s'attendait à un geste de reconnaissance pour bons et loyaux services aux côtés de l'Empire en lutte. On lui donna la loi Rowlatt qui lui interdit d'aller par groupe de trois. Au-delà de ce chiffre fatidique, c'est une manifestation, une émeute en puissance, une révolution. Alors pas plus de trois.

Au Penjab, on n'a pas voulu comprendre. A Amritsar, où l'on se croit tout permis car c'est la ville sainte des Sikhs, on a même bravé l'interdit. Le défilé a dégénéré, provoquant la mort d'une dizaine de blancs. Temple d'or ou pas, l'armée anglaise a frappé fort. Peu après, des penjabis qui s'ennuyaient à trois se retrouvèrent cinq mille pour parler d'une même voix. Le général Dyer, de funeste mémoire, répondit à leur requête en faisant tonner le canon. Il tira dans le tas. Huit cents morts. Même si, comme le suggère Albert Londres, on ne compte pas les morts dans un pays où il y a trop de vivants, l'affaire prit une ampleur considérable. D'autant que le gouverneur du Penjab félicita le général au lieu de le sanctionner pour interprétation abusive du code militaire. En catastrophe, le gouvernement anglais se décida à intervenir pour réprimander ses soldats et ses administrateurs. Mais il était trop tard. L'incendie était allumé.

Ce n'est pas un accident de parcours. Aux yeux de l'homme d'*Excelsior*, en Inde la police vaut bien l'armée. Une institution? Non pas. Une araignée plutôt [2]. Elle est partout. Elle s'insinue jusque dans la chambre 96 du Great Eastern Hotel afin d'y subtiliser sous l'oreiller d'un honnête reporter de Paris un portefeuille, le délester de documents distribués par des révolutionnaires, le remettre à sa place sans même s'excuser. Le pire avec cette police, c'est qu'elle semble compter dans ses rangs plus d'Indiens que d'Anglais.

Où est-elle cette fameuse révolte hindoue? Où se cache-t-il, ce bolchevisme du Gange qui défraie la chronique en Occident? Albert Londres les cherche à Colombo et Koudy, Madras et Calcutta, Bénarès et Bombay... Au départ, en bon flâneur salarié, il se contente de marcher dans les rues, de sentir et d'observer. Les interviews viendront plus tard.

A Calcutta, il constate que les trottoirs sont des cimetières, à ceci près que les macchabées y ronflent jusqu'à l'aube. Dans les gares, il faut savoir enjamber pour prendre un billet puis un train. Dans les magasins, un nouveau sport se développe. Il ne tient ni du squash ni du cricket. C'est le *pikketing,* qui consiste pour les uns à empêcher les autres d'acheter des cotonnades anglaises[3]. A Colombo, signe des temps, on ne lui donne plus du « capitaine », comme jadis lors d'une escale, mais du « camarade ». Mais cela tient du folklore et puis Ceylan n'est pas le Penjab. A Bénarès, il se croit dans une oasis sacrée où l'on a la tête occupée par les prières mais les mains prêtes à en découdre avec l'Européen[4].

Pour en avoir le cœur net, il pousse jusqu'en Inde française de manière à disposer d'un élément de comparaison. Pondichéry et Chandernagor sont moins des comptoirs que des entrepôts babyloniens. Un rêve de commerçant! Ici, on ne bouge pas ou peu. Mouvement est synonyme de précipitation alors que dans l'autre Inde, les gens ne pensent qu'à rouler, en tous sens, à toute heure et par tous les moyens appropriés. Sur le plan économique, la comparaison est incontestablement à l'avantage des Anglais. Chez eux, la réussite dans les infrastructures a été de pair avec la haine. Chez nous, la nonchalance et ses conséquences ont suscité un sentiment qui, soudainement, fait chaud au cœur : l'idylle[5]. Le revers de la médaille, c'est qu'en 1922, Pondichéry vit encore à l'heure de Dupleix. Ni Lénine et son bolchevisme, ni Poincaré et sa politique dans la Ruhr ne les intéressent. Le reste encore moins. Témoin cette conversation courante, attrapée au vol par l'envoyé spécial, de plus en dubitatif quant à la nécessité du journalisme d'information.

« Enfin! monsieur, pourquoi Louis XV n'a-t-il pas soutenu Dupleix?

– Peut-on savoir au juste?

– Tout cela est la faute des femmes. Si Louis XV s'était un peu moins intéressé à Mme de Pompadour et un peu plus à Dupleix!

– Parfaitement! Voyez où nous en serions aujourd'hui, l'Inde entière serait à nous[6]... »

Le plus extraordinaire, c'est que ces sympathiques piliers du café du Commerce doivent à leurs aïeux de s'appeler Lamartine, Beaumarchais... Ils continuent la guerre de sept ans contre les Anglais, refusant la capitulation de 1761. C'est Pondichéry. Loin, très loin de l'Inde des majors et des sahibs.

Ils sont trois. Trois hommes qui, mieux et plus que d'autres, incarnent l'Inde à venir. Le premier est encore trop jeune. Il s'appelle Nehru. Ce politicien de trente-trois ans a déjà connu à plusieurs reprises l'humidité des cachots anglais. Patriote et rebelle, c'est le leader qui monte. Pour l'instant il n'est que dauphin, calife du calife. Sa gloire est certaine et son empire avéré. Londres le voit de ses yeux fendre les foules déchaînées, hurlant dans leur incroyable dialecte les mêmes slogans que les émeutiers du Caire: « Vive la nation! » Nehru a de l'avenir. On s'occupera de lui quand il aura un passé. En attendant, c'est l'homme dont il est le successeur qui compte. C'est Gandhi.

En 1922, il est déjà une légende vivante, ce mahatma, cette grande âme de cinquante-trois ans. Avocat formé à Londres, il s'est fait la main en Afrique du Sud en défendant les Indiens en butte au boycott racial. Cela lui a valu, des années durant, l'humiliation, le bâton, la geôle et une gloire internationale. Cette dure expérience est le banc d'essai de deux armes extrêmement sophistiquées qu'il commence à mettre en pratique dans son propre pays: la non-coopération et la désobéissance civile.

Albert Londres est plus qu'impressionné par ce petit homme fluet, qui en impose non par sa mine ni son allure, mais par son regard, chargé de sérénité, de douceur et surtout d'une volonté à déplacer les montagnes. Gandhi dérègle les instruments de mesure du reporter, habitué à évaluer les capacités de tous les révolutionnaires, ceux de Petrograd comme ceux de Damas, en fonction de critères somme toute très occidentaux. Les méthodes de Gandhi faussent tout. Londres le suit, l'observe, se mêle à la foule qui l'adule. Son portrait tel qu'il le conçoit est celui d'un homme qui place la morale au-dessus de tout et l'idéal au-delà des contingences. Ce saint à visage humain n'a qu'une idée en tête mais il s'y tient, ce qui fait sa force.

« Sa devise : subir, mériter, espérer. Son cri de guerre : ne jamais frapper son prochain. Lui, hindou, relève de la morale de deux religions qui ne sont pas les siennes : le bouddhisme et le christianisme. Nous ne devons pas résister par la violence mais par l'amour... Dans une de ses vies antérieures, il dut assister au sermon sur la montagne. Puis ce fut après un ami de Tolstoi [7]. »

Ses deux cartouches, il les a tirées simultanément, deux coups à peine, mais qui retentissent encore dans toute l'Inde. Ne pas collaborer et ne pas obéir. Ce n'est pas un rêve de fumiste mais un véritable programme d'action. Les Anglais étant indifférents à l'existence même des Indiens, quoi de plus normal que de leur rendre la monnaie de leur pièce. On fera comme s'ils n'étaient pas là. En tout premier lieu, il conviendra de ne plus faire de commerce avec eux. C'est la bataille des cotonnades. Tout *native* qui se respecte ne doit plus acquérir de produits importés d'Angleterre, préférant tisser et filer ses propres vêtements. La politique du rouet plus forte que la politique de la canonnière. Ainsi l'étoffe traditionnelle devient par la même occasion l'étendard de la révolte. Nul besoin de la brandir, il suffit de la porter.

A travers l'épopée de Gandhi, Albert Londres va à la rencontre d'un peuple qui se retire plus qu'il ne se soulève. Mais la longue marche ne va pas sans heurts. L'Anglais est tenace et il ne renoncera pas au joyau de la couronne pour une histoire de sari. A chaque coin de rue, il est là qui guette le faux pas du héros, prêt à le faire trébucher tout seul de manière à ne pas en faire un martyr.

Fasciné par cette aura hors norme, l'envoyé spécial d'*Excelsior* ne va certes pas s'en remettre aux « envoyés spéciaux de Dieu le père sur la terre » [8] (c'est ainsi qu'il nomme les Anglais) pour connaître le revers de la médaille. L'unanimité est un phénomène qui ne laisse pas de l'intriguer. Aussi va-t-il chercher aussi loin que nécessaire une critique pertinente de la pensée et de l'action de ce mahatma assez miraculeux pour supprimer la question de la vache et des intouchables.

Six heures durant, il traverse le Bengale dans l'East India Railway. Bolpur, tout le monde descend. Direction : Santi-Nikketan. C'est l'université internationale créée il y a un an pour promouvoir à l'indienne les idéaux de culture et de tolérance. Dans le jardin, Londres rencontre le fameux Mister Andrews, un blanc à la barbe aussi anglaise que son vêtement est indien. On dit de lui qu'il est l'homme d'influence et l'éminence grise également respectée par les deux parties en conflit. Il guide le reporter dans les recoins de l'université, lui présente son éminent compatriote du Collège de France, l'indianiste Sylvain Lévi.

Voici enfin le maître des lieux, un des rares à n'être pas impressionné par Gandhi, parmi les quelques maîtres à penser que compte l'Inde qui pense. C'est Rabindranath Tagore, soixante et un ans, le visage mangé par la barbe, les cheveux, le sourire, le regard. Une sorte de Dieu sur terre. Mieux encore : un poète. Gauchement, Albert Londres joint ses mains et se balance trois fois. Il est déjà sous son empire. Les deux hommes se promènent en devisant dans Santi-Nikketan. A la tombée de la nuit, on installe une table frugale face à l'immensité bengalie. Tagore, Albert Londres, Sylvain Lévi et son épouse s'assoient. Un dîner aussi végétarien qu'inoubliable. Londres écoute et note, fasciné.

« Oui, j'aspire à l'indépendance de mon pays mais je ne veux pas de roman. On ne bâtit pas la liberté d'un peuple comme un livre d'aventures... »

Le ton est donné. Poète, romancier et dramaturge, prix Nobel de littérature (1913) édité par Gallimard, il ne mâche pas ses mots. Pour que l'interview ne s'égare pas dans les chemins de traverse de la mystique patriotique, Londres le branche aussitôt sur le mahatma. Après tout, Gandhi et Tagore ont eu un jour un mystérieux entretien de quatre heures dont on ne sait rien, sinon qu'il ne s'est pas achevé par les salutations d'usage. Le reporter ne tarde pas à comprendre pourquoi. Lui qui espérait enfin une critique, il ne va pas être déçu.

« Gandhi? C'était une cartomancienne vaticinante. Il avait fondé son pouvoir sur la superstition de la foule. Au lieu de faire appel au génie actif de l'Inde, il s'allia à la magie noire. C'est en chapeau de magicien qu'on devrait le présenter... A l'entendre, l'effort gigantesque que l'Inde doit fournir pour atteindre la liberté était contenu dans deux moyens : le rouet, la main tendue à l'intouchable. « Tissez vous-même votre étoffe, souriez au paria et vous aurez le swaraj *. » C'était enfantin. Je sais bien que pour lui rouet et paria n'étaient que des symboles, du moins je veux le croire, mais le peuple n'est pas familier des nuances... »

Il est vrai, comme Londres le fait lui-même remarquer dans un

---

* Gouvernement par soi-même.

article, que Gandhi a commis l'erreur de prédire la date du départ des Anglais et par conséquent, de sa propre rédemption. Tout le monde, même dans l'intelligentsia, y croyait puisque le mahatma avait lu cela dans le ciel. Il lui suffisait d'être convaincu pour être convaincant. Las! La date fatidique connut plusieurs reports qui entamèrent son crédit et confirmèrent Tagore dans ses critiques. Ce dernier poursuit de plus belle :

« Je fus contre Gandhi parce que sa méthode était mauvaise et sa tyrannie morale insupportable. Heureux les hommes qui sont ainsi poètes de croire que le bonheur accourt quand on l'appelle et qu'on a tout pour rien, la liberté pour une chemise en kaddar! Non! C'était vraiment trop bon marché! L'Inde est riche et peut payer plus cher. L'indépendance ne s'achète pas au rabais... Son système était médiéval. Ne plus rien connaître de la civilisation! Alors si j'avais été mordu par un chien enragé, j'aurais été forcé de m'écrier : Pasteur, c'est de la civilisation, je ne le connais pas!... Gandhi était un saint. Qu'il demeure dans les nuages où il est monté. C'est sa place. Mais que l'Inde en redescende. »

Londres hésite. Il sent bien la terrible rivalité qui oppose les deux hommes pour la direction de conscience de leur peuple, même si elle est inavouée et formulée en d'autres termes. Il ose :

« Et pour suivre quel chemin, maître?

– Le chemin difficile et long qui, par le mérite, mène à la liberté [9]. »

Le mérite... De quoi méditer pendant le voyage de retour.

En attendant que l'Inde redescende sur terre, il rentre, lui, en France. En lisant les numéros d'*Excelsior* reproduisant ses articles d'Extrême-Orient, il connaît l'infini bonheur de découvrir, juste en dessous de cette interview de Tagore, un article bien français : une longue liste de noms sous le titre « Promotion du mérite agricole ».

Loin, très loin des Indes de Gandhi et Tagore...

ENTRACTE

1923, l'année décisive

16.

Une escale en France

Il était une fois trois grands reporters, de trois nationalités différentes, qui s'en allèrent enquêter en Russie rouge. A leur retour, on compara leurs articles : le Français en était revenu avec une opinion personnelle sur le communisme, l'Anglais ne s'était penché que sur ce qui pouvait servir les intérêts de l'Empire et l'Américain n'avait ramené que des anecdotes [1].

Cette histoire, fabriquée à dessein, fait le tour des marbres et des zincs à Paris dans les années vingt. Elle est significative d'un certain état d'esprit. La presse bouge et avec elle, les journalistes et les lecteurs. Elle se transforme comme la société qui la sécrète. Le « grand reporter d'opinion » doit lui aussi s'adapter.

Les Français, un peuple dorénavant constitué d'anciens combattants, sont devenus plus méfiants à l'endroit des journalistes. La presse s'est quelque peu discréditée, à leurs yeux, en colportant les bobards de propagande et en propageant de fausses informations ou des jugements erronés sur des situations qu'ils avaient, eux, vécu en première ligne. Dans la profession, on assiste à une rupture. Les critères de qualité ont glissé d'un genre à l'autre. Au début du siècle, les grands journalistes étaient de talentueux polémistes, très engagés, de Drumont à Paul de Cassagnac en passant par Henri Rochefort et Francisque Sarcey. Brillants, mais ils ne bougeaient guère de leur fauteuil. Depuis la fin de la guerre, le bouleversement moral, l'ouverture de l'empire et la confrontation internationale ont quelque peu déplacé les priorités. Les grands journalistes sont d'abord de grands voyageurs, hommes de plume et de terrain[2].

Le nombre des quotidiens a baissé. Ils ne sont plus que trente et un à Paris contre cinquante-sept avant guerre. Mais ils se livrent une concurrence tout aussi acharnée. Rue d'Enghien, *Le Petit Parisien* s'est agrandi et, pour n'être pas en reste, *L'Intransigeant* a fait construire rue Réaumur un immeuble de six étages à l'emplacement même de la Cour des miracles, de funeste mémoire. Surtout, il dispose de six rotatives et de vingt-six lignes téléphoniques. L'investissement a paru indispensable au moment où les reporters ont de plus en plus l'habitude de dicter leurs articles par sans-fil, alors que Radio-Tour-Eiffel, qui vient de démarrer, s'apprête à lancer son premier journal radiodiffusé. Mais la rivalité entre les grandes feuilles qui tiennent le haut du pavé ne s'exerce pas seulement sur le plan technique. Un peu moins politisés qu'avant, les journaux à grand tirage entendent donner une plus large place aux reportages, grands ou petits, mais au tour nettement plus littéraire qu'avant.

Dans un tel contexte, Albert Londres qui débarque d'Extrême-Orient, ne peut pas ne pas réagir. Il le fait à sa manière. En démissionnant. Fidèle à son tempérament, il quitte *Excelsior* pour l'inconnu.

« Il est bon d'avoir des périodes d'indécision et de nonchalance, sans doute, mais à la condition de se retrouver plus vivant après. Allez, en route[3]! »

Et Londres de composer Passy 13-05 sur son cadran téléphonique puis de se diriger vers l'avenue Kléber. C'est le siège d'un nouveau journal, qui va être lancé incessamment et qui a cherché à le contacter. *Le Quotidien*, c'est son titre, se veut un journal laïc, pacifiste et républicain; l'organe de la gauche généreuse et des droits de l'homme. En d'autres termes il sera la feuille des fonctionnaires, des instituteurs, des francs-maçons et plus généralement de la bourgeoisie radicale et socialiste.

Dans les milieux politiques, où l'on ne s'embarrasse pas de nuances, on dit plus simplement que *Le Quotidien* est la machine de guerre du Cartel des gauches pour les prochaines élections de 1924. A sa tête, on trouve Henri Dumay, fondateur d'une revue de gauche, *Le progrès civique*, et parmi ses conseillers politiques Ferdinand Buisson, député radical de la Seine, et surtout Pierre Renaudel, un des leaders du parti socialiste SFIO, tête de Turc de Lénine, et qui aimerait bien retrouver son siège de député du Var perdu en 1919[4].

Le journal n'existe pas encore mais il prend forme. Techniquement, il se présente bien. Mais cela ne suffira pas à porter Édouard Herriot au pouvoir ou à dénoncer la subvention des partis conservateurs par les grandes organisations patronales.

De prestigieuses signatures y pourvoieront : Georges Boris et Georges Gombault sont engagés pour les éditoriaux et les articles de réflexion, Marius Larique et Louis Roubaud pour les enquêtes et reportages. Et Albert Londres. S'il a accepté cette proposition, c'est moins pour l'argent (1 500 francs par mois) que par goût de l'aventure, fût-elle journalistique et industrielle.

Ce qui le séduit? *Le Quotidien* n'est pas, et pour cause, un journal installé. Tout est à faire. De plus, il présente la singularité d'être contrôlé par ses lecteurs. Plusieurs mois avant le lancement, un appel aux souscripteurs a été lancé. *Le Quotidien* peut très tôt se targuer d'avoir été créé par « plus de 20 000 Françaises et Français associés pour défendre et perfectionner les institutions républicaines ». Leur nombre ne cesse de croître. Mais tous ne sont pas des petits porteurs de la fonction publique ou des instituteurs militants puisqu'on y trouve tout aussi bien Jean Hennessy, milliardaire du cognac et député de la Charente qui entend bien, lui aussi, préparer les élections de l'an prochain.

Albert Londres est également sensible à la profession de foi de cet organe qui proclame son indépendance et refuse par avance les fonds secrets de la place Beauvau comme les permis de circulation gratuits de chemin de fer. « Si *Le Quotidien* n'est pas le journal qui dit tout, il essaie du moins d'être le journal qui dit vrai », assure le slogan. Nul n'est forcé de le croire. Londres est certainement le moins militant de ses collaborateurs. On a le sentiment que l'expérience le tente car elle l'amuse et le dépayse. Mais il n'est pas très convaincu par cette insistance des promoteurs du *Quotidien* à exciper de leur liberté de manœuvre. Ce n'est pas très bon signe. L'avenir lui donnera raison.

Le numéro 1 paraît le 8 février 1923. Le prix est fixé à quinze centimes. Pour la forme car pour commencer, il reste hors commerce, n'étant servi qu'aux quelque soixante-dix mille abonnés. Peu ou pas de signatures. Alors que l'équipe s'active avant de livrer son enfant en pâture aux confrères, les ennuis sérieux commencent. Les cinq grands quotidiens parisiens qui constituent l'informel consortium de la capitale – *L'Écho de Paris, Le Petit Parisien, Le Journal, Le Matin* et *Le Petit Journal* – ne sont pas décidés à laisser une brèche s'ouvrir sur le flanc de leur monopole. Leur contre-attaque est, à court terme, d'une indéniable efficacité : *Le Petit Journal* revient sur sa promesse d'imprimer *Le Quotidien* sur ses rotatives, Havas ne veut plus lui fournir de publicité et pour couronner le tout Hachette refuse de le diffuser [5]. L'affaire semble très mal engagée. Albert Londres aurait-il fait le mauvais choix?

« Il arrive! Il arrive, *Le Quotidien* [6]! »

Quatre mois après le numéro 1, ce slogan apparaît sur une affiche représentant une locomotive. Bientôt, *Le Quotidien* est dans tout le pays, à la suite d'une ingénieuse campagne de promotion. Le pari est momentanément gagné, les résistances de la corporation finalement vaincues et le tirage aux alentours des 400 000 exemplaires.

La gauche a son journal et Albert Londres un sujet de reportage, enfin. La France, tout simplement. Rien que la France, pourrait-on dire pour saluer un beau titre de Paul Morand (*Rien que la terre*). L'idée est séduisante qui consiste à lâcher dans l'hexagone, au gré de son humeur et de ses caprices, un grand reporter déjà fameux pour ses expéditions dans des contrées exotiques ravagées par les guerres et les moustiques, les révolutions et les épidémies. Ledit grand reportage ne se juge pas à la distance qui sépare la salle de rédaction du sujet étudié.

« Notre envoyé spécial part à la découverte de la France », annonce un titre sur deux colonnes à la une du *Quotidien*. Le but avoué de l'enquête est de montrer la France profonde, loin des discours ministériels et des joutes parlementaires.

Londres attaque son premier article en se mettant en scène face à son patron, Henri Dumay.

« Je vais faire un voyage en France...

– Eh bien! bon voyage, au revoir [7]. »

Ce projet n'est pas seulement une commande puisque Londres reconnaît qu'il le mûrissait depuis quelque temps déjà. Quand on s'appelle Londres et qu'on est le petit-fils d'un compagnon chaudronnier, le tour de France procède d'un atavisme bien compris. De surcroît, le reporter n'a cessé d'y penser au cours de ses pérégrinations, attendant que cette idée en germe arrive à maturité.

Il part du postulat selon lequel les Français n'ont pas d'opinion sur leur propre pays. Pour avoir des vues sur la Gaule des années vingt, il vaut mieux s'adresser à des étrangers. L'Américain estime que c'est un pays vieux. Le touriste britannique la prend pour une colonie de vacances et l'Anglais de la City pour un pays qui sait lire et écrire mais pas compter. Les Italiens la considèrent comme un vilain frère qui lui a volé son droit d'aînesse. Les Espagnols ne voient en elle qu'une nation pingre qui se garde Tanger pour elle toute seule. Les bolcheviks russes sont intimement convaincus qu'il s'agit d'un pays revenu aux temps du Moyen Age. Quant aux Japonais, c'est bien simple, ils jugent que la France n'est rien car elle n'existe pas.

Et Albert Londres, dans cette cacophonie de SDN mal embouchée ? C'est plus fort que lui, il ne peut se garder d'un vieux réflexe de comparatiste. Vieille déformation professionnelle. A chaque fois qu'il a fait une escale dans son pays natal, il a eu l'étrange impression d'apercevoir de la fenêtre de son train, un grand pays désespérément vide, sans enfants. Un endroit où la vie est pour rien et dont les vrais seigneurs sont le boucher, le boulanger et le crémier. Sa France ressemble à une « république de la boustifaille » qui aurait élu un commerçant pour présider le conseil des ministres.

Pour le journaliste au long cours, c'est un pays de cocagne. Mais sachant son regard nécessairement déformé, Londres préfère donner la parole à des Français qui ne comparent la France qu'à elle-même. Il emprunte cette voie en toute lucidité, à ses périls, au risque de constater une division fratricide entre acheteurs et vendeurs dans une République jadis protectrice des Arts et des Lettres qui les aurait remplacés par la blanquette de veau et la tête de cochon [8].

Première étape : le bureau du docteur Flaissières, maire de Marseille. Le reporter ouvre son carnet de doléances. Comme il fallait s'y attendre, le premier magistrat de la ville se plaint d'être une tête de Turc. Ce qui ne manque pas de sel dans la bouche d'un personnage omnipuissant. Le maire égrène ses petits ennuis quotidiens, qui pour la plupart relèvent du petit commerce, et dénonce les intermédiaires, les spéculateurs et autres parasites, sans oublier l'autre grand coupable, cette fameuse loi de 1884 sur les municipalités qui les ligote. Albert Londres en a très vite assez.

Deuxième étape : le bureau de M. Fenga, maire de Toulouse. Celui-ci pousse un semblable cri du cœur, contre le centralisme parisien, la bureaucratie, les excès de l'administration et les défaillances du pouvoir central. Afin de lutter contre la dépopulation dans le Midi et de mieux promouvoir la France chez ses voisins, il a l'idée de lancer l'Union Latine. La presse doit l'aider dans son entreprise, surtout un journal de la qualité du *Quotidien*. Souscriptions et appels de fonds, tombolas et listes de bailleurs... D'un satisfecit l'autre, Londres se fait militant. Ce n'est pas lui, cette épaisse propagande. Il y perd son talent. Son article est lourd comme un communiqué surcorrigé. Qu'importe. Au suivant.

Troisième étape : le bureau de Fernand Philippart, maire de Bordeaux. Vie chère et viande congelée, boulange et programme social. On n'en sort pas. En conflit avec des grévistes, il a des états d'âme très municipaux. On s'ennuie ferme [9].

Cela suffit, les maires qui s'apitoient sur leur sort et les interviews complaisantes. Ce n'est tout de même pas ça, la France. N'y a-t-il pas d'autres hommes? Si justement : Henry Chéron! Il vaut bien un article car là où ses pas le mènent en train ou en bateau, à Guignol ou au bistrot, Londres entend parler de cet important personnage. La cinquantaine adipeuse, c'est un discoureur infatigable. Il n'est pas un Normand bien né qui n'ait été harangué par lui. Londres lui avait jadis consacré un article, quand Chéron était sous-secrétaire à la Guerre. L'homme d'État avait alors provoqué un scandale : il aimait les soldats de trop près, surtout la nuit.

Aujourd'hui, son nom est sur toutes les lèvres au point qu'on en a fait un bouc émissaire. Forcément : en raison du décret Chéron, les céréales et la viande importées sont surtaxées. Le journaliste juge que ce protectionnisme alimentaire protège plus le veau que le consommateur. Chéron n'est pas son ami, à lui non plus [10].

Il serait temps de tirer la philosophie de cette expédition en hexagonie. Elle tient en une phrase : une partie de la France exploite l'autre. Tout augmente, notamment les denrées de première nécessité.

« Le pain lui-même ne pourra bientôt être mordu que par ceux qui ont des dents en or [11]... »

La faute à qui? Adieu Chéron, voici M. de Lasteyrie, méchamment caricaturé par Cabrol. Le reporter, qui a toujours besoin d'un bouc-émissaire pour expliquer les crises, a trouvé le ministre des Finances, tout simplement. L'augmentation des impôts, c'est lui. Vingt pour cent! Quel bourreau... Londres lui promet que s'il s'aventurait à faire une tournée en province, la guillotine l'attendrait en bonne place.

Il y aura certes toujours des profiteurs pour se réjouir de la vie chère. Mais la masse? Où est-elle? Que dit-elle? Londres se décide enfin à quitter les antichambres de mairies et sous-préfectures pour traîner dans les marchés. Sa première constatation, c'est que le cœur n'y est plus. Il n'y a plus de dialogue, ce qui ne manque pas de tristesse. Les acheteurs n'ont plus les moyens et les vendeurs pérorent. Ces commerçants enrichis, il nous les présente comme les nouveaux aristocrates départementaux dont le blason pourrait reproduire l'image d'un camembert bien frais. A ses yeux, ils ne sont que des parvenus dont le fisc a fait le lit [12].

Au fur et à mesure de ses pérégrinations, Albert Londres prend conscience que la France n'est pas un pays aussi vieux et immobile que les étrangers le disent. Cette idée reçue qu'il entend combattre, il l'attribue au fait que dans un monde voué au culte des affaires et du négoce, peu de grands Français s'y soient distingués. Il est payé pour savoir qu'à l'étranger, les entrepreneurs français sont inefficaces ou inexistants. Mais comment avoir la bosse du trafic et rester chez soi une grande nation? La réponse est dans le Lyon d'Herriot, celui des grands travaux et des œuvres sociales. Voilà un homme et une ville assez hardis pour mettre à bas les préjugés les mieux ancrés.

« Tout le monde crie : on ne fait plus d'enfants! La France disparaît! Mais quand une servante en laisse pointer un, le monsieur qui réclame des enfants, au nom de la France, met la servante à la porte au nom de la morale. Dans les administrations le chef de bureau fait appeler la « coupable » et, tout en courroux, lui montre le pavé comme s'il avait été personnellement trompé [13]... »

Si Londres loue Herriot – « un poète » – c'est aussi parce que celui-ci préfère agir plutôt que de discourir à l'envi sur la dénatalité. Le maire de Lyon a fait acheter le château de Gerland, sur la rive gauche du Rhône, pour que les femmes enceintes dépourvues de ressources puissent y trouver asile dans un anonymat digne de la Légion étrangère.

On ne trouve pas que Lyon à ce tableau d'honneur. Le journaliste y distingue également Marseille, qui a fait percer le tunnel du Rove et dessous le canal de Marseille au Rhône. Un vieux pays que celui qui fera de la cité phocéenne la tête du commerce européen? Allons!

La vie chère n'en reste pas moins le leitmotiv de ce reportage. Pas une région qui y échappe. Quand on pense que Londres était parti avec l'idée qu'en France, la vie est pour rien... Les Français de l'après-guerre ont changé. Ils sont devenus bassement matérialistes. Une idée en tête, une seule : boucler le budget.

« Jadis, les personnes qui, aux fins de mois, trouvaient ce problème étaient appelés des bohèmes. La France est devenue une grande bohème [14]. »

De fait, la colère gronde. L'enquêteur s'en fait l'écho, lui qui a eu l'occasion, plus d'une fois, de recevoir en pleine figure des critiques sinon des injures. Il a pris au nom de sa corporation tout entière ce qui était destiné, à vrai dire, aux parlementaires. Aussi, il n'est pas étonnant que Londres leur adresse un avertissement : le peuple ne veut plus de vous, le Parlement s'est trop payé sa tête!

« Depuis plus de trois ans, il vous tend la main et vous ne lui avez jeté que des discours... Il dit que s'il avait su, il aurait plutôt voté pour son chien que pour vous, car si son chien n'eût pas fait davantage, du moins aurait-il aboyé plus fort. Place! Messieurs, allons, place [15]! »

Retour de son voyage en France, Londres paraît déçu. Il a raison. Le harcèlement des petits commerçants ne l'a pas inspiré. S'il est vrai qu'un sujet grandit son auteur, celui-ci n'ajoute rien à sa gloire. Il aurait pu donner matière à un authentique grand reportage, dans la veine des précédents. Encore eût-il fallu qu'il le traitât pour un autre journal. C'est là que le bât blesse. Il semble bien qu'il ait été bridé par sa rédaction en chef et qu'il se soit prêté au jeu avec plus ou moins de bonne volonté.

On n'écrit pas innocemment sur les grandeurs et servitudes de la société française dans le nouveau grand journal du Cartel des Gauches, à un an de ces élections qui mobilisent toutes les énergies. A l'issue de son reportage, Londres commence peut-être à réaliser avec plus d'acuité qu'il a fait fausse route.

La direction a d'abord commencé à lui demander un article par jour. Il a tout de suite calmé le jeu en n'acceptant d'en faire un que tous les quatre ou cinq jours. C'est amplement suffisant [16]. De plus en plus sceptique mais encouragé par le nombre croissant de souscripteurs et d'abonnés, il a déchanté en sillonnant la France avec la plume lourde du journaliste militant qu'il ne saurait être. Certaines réclames publiées juste à côté de ses articles ont semé la confusion dans son esprit. Notamment un placard reproduisant une effigie de Marianne suivie de ce texte un peu rapide : « Autres temps, autres mœurs. 1792 : comité de salut public, 1923 : comité des Forges [17]. »

La frustration est d'autant plus aiguë qu'au même moment, il peut lire à la une de son propre journal un article sur un sujet que l'on croirait conçu exactement à ses mesures : le trafic des esclaves en mer Rouge. Capturés sur les côtes africaines, celles du Somaliland et du sultanat de Tadjourah, pourchassés jusqu'en Abyssinie et au Soudan, ils sont revendus ensuite sur les marchés de Djeddah et de La Mecque. Les marchands d'hommes font des ravages malgré la surveillance des Anglais et des Français. La Ligue des droits de l'homme a émis une protestation et le président du Conseil Raymond Poincaré a promis d'accentuer la répression [18].

Voilà un sujet pour lui! C'est autre chose que la tournée des grandes mairies françaises et la pieuse récolte des plaintes de fonctionnaires municipaux. Les thèmes de reportage à moindres frais ne manquent pas, des conséquences de l'assassinat de Marius Plateau, secrétaire général de l'Action Française, à la guerre du Rif. Fort heureusement, au début de l'année, Poincaré prend l'initiative d'envoyer la troupe occuper la Ruhr.

Pour un reporter au long cours, c'est juste l'occasion de se dégourdir les jambes.

17.

Un reporter ne connaît qu'une seule ligne

Certains l'appellent Poincaruhr. Il faut dire que Raymond Poincaré, ci-devant président du Conseil et ministre des Affaires étrangères, s'est fait le champion de la cause. Ancien président de la commission des réparations, il semble plus obsédé par la situation dans la Ruhr que par les questions sociales purement françaises. Les mauvaises langues assurent que la nuit, dans ses plus sombres cauchemars, il lui arrive de délirer : l'Allemagne paiera, l'Allemagne paiera...

Tout le monde en convient : l'Allemagne paiera. Mais combien? C'est sur ce point crucial que les Alliés divergent. Anglais et Américains sont d'avis que le vaincu doit payer ce qu'il peut payer. En créanciers avertis, ils jugent que leur propre intérêt est d'éviter une faillite de leur débiteur. Plutôt que de lui enfoncer la tête dans l'eau, ils veulent l'aider à se relever pour produire, exporter et par conséquent être en mesure de rembourser.

Français et Belges, au contraire, estiment que l'Allemagne doit payer ce qu'elle leur doit. Poincaré en particulier est irrité par les demandes de moratoire pour le paiement des réparations. L'Allemagne y met tant de mauvaise volonté qu'elle n'a même pas livré le charbon et les poteaux télégraphiques, comme elle s'y était engagée. Il est d'autant plus furieux que la France a accepté, sous la pression britannique, de réduire ses exigences et de ne plus réclamer que 132 milliards de marks-or et non plus 226 milliards de marks-or payables en quarante-deux annuités, comme prévu [1]. Mais sa philosophie reste intacte : les Allemands doivent payer les dégâts qu'ils ont effectivement commis pendant la guerre.

Aussi le 11 janvier 1923, Poincaré lance une opération minutieusement préparée : l'occupation de la Ruhr, une des principales régions d'industrie lourde allemande. C'est bien la première fois qu'un chef de gouvernement envoie 60 000 soldats chercher du charbon chez le voisin. Ce n'est, bien sûr, qu'un prétexte. Le coup d'éclat, désapprouvé par les Anglais mais soutenu par les Belges, est dans son esprit un élément d'un marchandage à venir qui amènera les Allemands à composer sur l'épineuse question des réparations. C'est un événement considérable car la France étend ainsi, de son propre chef, sa zone d'occupation. N'hésitant pas à jouer son isolement international dans cette affaire[2].

Le gouvernement du Reich ne reste pas les bras croisés devant cette « suroccupation » de son territoire. Il prône la résistance passive. En d'autres termes, la grève générale est décrétée dans la région de la Ruhr. La rue est le théâtre quotidien des meetings et manifestations. Dans le même temps, les dirigeants encouragent à voix basse les groupuscules d'extrême droite, prêts à tous les coups de main dans la zone occupée par les Français, du sabotage à l'attentat[3]. Ceux-ci font feu de tout bois et n'agissent pas que dans la nuit de la clandestinité. Le NSDAP (parti national-socialiste des travailleurs allemands) multiplie ses interventions publiques. Son leader Adolf Hitler effectue une tournée afin de lever des fonds pour son organisation. Il fait campagne contre l'occupation de la Ruhr, en désignant les fautifs (les Français) autant que les coupables (les Juifs). Pour lui aussi, l'affaire de la Ruhr n'est qu'un prétexte. En l'occurrence, un tremplin pour un putsch à venir, comme les événements le montreront en novembre de cette même année à Munich[4].

En avril, la tension monte. Des heurts violents se produisent à Essen : les soldats ayant voulu réquisitionner des camions chez Krupp, Français et Allemands ont échangé des arguments frappants. Bilan 13 morts. Dans le même temps, quelque cent mille « résistants passifs » sont expulsés, pour la plupart des fonctionnaires d'origine prussienne. L'occupation attise les flambées de nationalisme revanchard.

C'est dans cette atmosphère qu'Albert Londres décide de traverser la Ruhr en automobile, d'Essen à Dortmund. Conduit par un chauffeur allemand qui ne sait pas lire les cartes routières, il sillonne la région avec l'idée d'affronter la rugueuse nation du « chancelier Baisse-Mark ». Mais c'est la vraie patrie du système D qu'il découvre. D'ailleurs, il sur-titrera son article : « au pays de l'ersatz ».

En dépit des événements, il s'est rarement senti aussi « flâneur salarié ». Une bien belle région que la Ruhr, plus propre et plus ingénieuse que les nôtres. En route, il croise un cortège de manifestants communistes et loue leur sens de la discipline et de l'organisation. Direction Bochum. Il l'a choisie à dessein car on la dit la ville la plus anti-occupants. Les Français, on les y renifle. A croire qu'ils exhalent une odeur hexagonale distinctive et que la Ruhr compte les plus fameux nez du pays. Albert Londres est immédiatement repéré en dépit de son apparent cosmopolitisme : canne de Düsseldorf, houppelande de Salonique, chapeau de Rome... C'est un Français! ou plutôt, comme ils disent, un cochon de Français.

Dortmund fait plaisir à voir. Tout est beau : maisons, enfants... Un monde fou et gai.

« Ah France, tu n'es décidément qu'un joli domaine privé où passent quelquefois de rares propriétaires [5]. »

Mais dès qu'un Français se montre, l'hostilité sourd de partout. Celle des jeunes est la plus intense. Ce n'est pas du mépris mais de la haine. Poussée dans ses extrémités, elle se traduit par une impitoyable indifférence aux contraintes édictées par les forces d'occupation. Il faut dire que celles-ci accomplissent leur tâche avec nonchalance et bonhomie. Et pour cause : ce pays serait après tout plein de qualités s'il n'était pas aussi exagérément anti-français.

Telle est l'image qu'Albert Londres rapporte de la Ruhr.

Il a tort. Non pas sur le fond et encore moins sur la forme car il a renoué avec le style de reportage qui lui est le plus familier. Il n'a tort que vis-à-vis du *Quotidien*. N'obéissant qu'à son œil et son cœur, il a oublié d'être militant. Il n'a même pas prêté attention au fait que les socialistes et les radicaux qui avaient approuvé le coup de Poincaré au Parlement, ont pris leurs distances petit à petit. Dorénavant, ils critiquent avec véhémence l'occupation de la Ruhr. Autant dire que le triumvirat qui forme le conseil politique du

Quotidien n'apprécie guère les faits rapportés par leur envoyé spécial dans la Ruhr, et son ton moins encore. Inévitablement, Albert Londres est convoqué par la direction.

Ils sont tous là : Henry Dumay, Pierre Bertrand, Ferdinand Buisson et surtout Renaudel. Dans ses éditoriaux, il ne cesse dorénavant de dénoncer la dureté et le côté odieux de l'occupation, l'atroce répression dont sont victimes les Allemands qui font de la résistance passive... Il tient dans sa main les articles du reporter qui présentent une vision beaucoup plus badine de l'occupation.

L'un écrit en fonction des idées politiques qu'il défend et d'une stratégie électorale à moyen terme. L'autre raconte ce qu'il a vu et entendu en tâchant de ne rien trahir d'une réalité qu'il a vécue sur place. Entre l'éditorialiste et le grand reporter, il ne saurait y avoir de dialogue. Ils ne font pas le même métier bien qu'ils œuvrent dans la même profession.

« Nous ne pouvons faire paraître vos articles sur la Ruhr.

– Pourquoi? N'ai-je pas dit la vérité?

– Justement. Ne pourriez-vous modifier? Oh! à peine quelques coupures?

– Des coupures? Je ne raconterai jamais que ce que j'ai vu. Strictement vu. Rendez-moi mes papiers[6]. »

La tension monte d'un cran. Ils insistent mais ne changent en rien leurs arguments.

« Votre reportage n'est pas dans la ligne du journal... »

Piqué à vif, Albert Londres prend ses articles sous un bras, sa canne sous l'autre, tire un coup de feutre taupé à la compagnie avant de claquer la porte sur une parole demeurée historique :

« Messieurs, vous apprendrez à vos dépens qu'un reporter ne connaît qu'une seule ligne : celle du chemin de fer[7]... »

Et il s'en va. Sans regrets.

Albert Londres est soulagé. Comme si son geste spontané le délivrait soudain d'un poids insupportable. Depuis le début de cette expérience, il ne sentait pas vraiment *Le Quotidien*. Son esprit militant l'indisposait de plus en plus. Intuitif dans ses rapports avec les gens comme avec les institutions, Londres a observé l'ascension de son journal d'adoption en pressentant qu'il y avait anguille sous roche. L'avenir le confirmera vite dans ses premiers soupçons. Quatre ans après ses débuts, *Le Quotidien* sera éclaboussé par un scandale : il aurait reçu des fonds secrets et subventions inavouées de la Banque de France, de la Régie du gaz et de grandes compagnies de chemin de fer entre autres, ce qui ne manque pas de sel pour un journal qui n'a cessé de proclamer son indépendance [8]...

« Ne point lâcher la proie pour l'ombre : c'est une règle. » Cette maxime figure à la une de *L'Éclair*, le quotidien auquel Londres donne son reportage sur la Ruhr, le jour même où il paraît [9]. Il n'y est pas engagé et n'a pas l'intention d'y faire de vieux os. Le reporter n'y fait que passer. Signe des temps : au même moment que lui et dans le même journal – *L'Éclair* – pour des raisons tout aussi accidentelles, son vieil ami Henri Béraud publie une série d'articles contre Gide et la NRF sous le titre « La croisade des longues figures ».

Albert Londres n'envisage plus de travailler ailleurs que dans un des cinq grands quotidiens de la capitale. A défaut d'une incontestable notoriété, il peut s'enorgueillir d'une véritable expérience de grand reporter et d'homme de terrain dont la signature obtient un certain crédit dans les salles de rédaction parisiennes. Ce qu'il vise dorénavant, c'est *Le Petit Parisien.*

Une place y est à prendre, laissée vacante en mars par Béraud justement. Depuis trois ans celui-ci a couvert l'Irlande des Sinn Feiners (avec Joseph Kessel), le procès Landru, les obsèques du pape Benoit XV et l'élection de Pie XI, la marche sur Rome de Mussolini, les exécutions de ministres à Athènes... Puis soudainement, il s'est brouillé avec le rédacteur en chef et se retrouve quelques mois plus tard au *Journal.*

L'opportunité est à saisir. *Le Petit Parisien* revendique tout de même un tirage oscillant autour d'un million et demi d'exemplaires chaque jour. Paul Dupuy a succédé à son père à la tête du journal. Le moins qu'on puisse dire, c'est qu'il ne brille pas par son audace. Il est avant tout un gestionnaire prudent. Politiquement, il se situe dans la mouvance de l'Alliance Républicaine. Mais la neutralité et l'information précise sont ses soucis prédominants. A la polémique il préfère l'éditorial pondéré, l'enquête exhaustive et le reportage décapant. *Le Petit Parisien* est un journal sérieux et crédible, en dépit de ses liens ténus avec le Quai d'Orsay. Plus provincial que parisien par son lectorat, il semble privilégier le récit de faits divers et les comptes rendus de manifestations sportives au détriment de la politique politicienne [10].

Tant mieux! Qu'importe! Car ce qui attire Albert Londres vers ces nouveaux rivages, ce sont moins les qualités intrinsèques du *Petit Parisien* que l'identité de son rédacteur en chef. Celui-ci se trouve être probablement l'homme de presse qu'il respecte le plus en France : Élie-Joseph Bois, qui lui avait mis le pied à l'étrier dès le début de sa carrière en l'engageant au *Salut Public.*

Le milieu de la presse parisienne est ainsi fait que sur quelques décennies, on y retrouve tout le temps les mêmes têtes à différents postes. Ainsi, Bois dirigera-t-il la rédaction du *Petit Parisien* pendant près de trente ans.

Fascinant personnage en vérité, un des rares à dominer la profession entre les deux guerres. Tant d'envoyés spéciaux lui doivent tout qu'ils eussent fort bien pu le faire grand reporter *honoris causa.* Il est un authentique homme d'influence. On sollicite son avis, on l'écoute et parfois même on le suit. Ce capitaine d'opinion, comme dit Béraud [11], est une personnalité considérable à Paris. Il défait les réputations, contrôle beaucoup d'argent. Paul Léautaud, épaté par sa facilité à pousser des promotions dans l'ordre de la Légion d'honneur, est même convaincu que Bois n'a qu'à « demander au gouvernement pour obtenir » [12].

Bel homme, papal et puissant, plein de tact, doué d'un humour sacerdotal, de six ans l'aîné d'Albert Londres, il est toujours habillé avec recherche. A telle enseigne que le mordant Galtier-Boissière le décrit comme étant « à la limite rastaquouère » [13]. Il faut dire que la grande presse ne regorge pas, alors, de dirigeants qui mettent autant d'application dans la couleur de leur cravate, le choix d'un gilet croisé gris perle ou sa préférence marquée pour les chaussures bicolores. Son bureau ressemble à une sorte de garçonnière. Les murs surprennent par l'accrochage des tableaux modernes. Vlaminck est son beau-frère. Ses week-ends, il les passe soit aux courses, soit dans sa maison d'Hérouville où il reçoit fastueusement amis et puissants, journalistes et ministres sans oublier les artistes et entraîneurs. Chair royale et vins illustres, eaux-de-vie des plus rares et havanes *ad libitum.*

Derrière la légende, qu'il entretient lui-même à dessein, Élie-Joseph Bois est avant tout un professionnel estimé. Piètre éditorialiste mais excellent rédacteur en chef, il sait comme nul autre catalyser les énergies les plus confuses. Convaincu que le grand reportage peut dorénavant faire monter le tirage d'un journal comme jadis le feuilleton, il se fie à son intuition et à son flair pour apprécier les événements longtemps à l'avance, suffisamment pour prendre la décision d'envoyer un reporter là où il ne se passe rien. Quand on lui demande quel est son secret, il répond d'une formule lapidaire qui ne souffre pas de repartie :

« C'est mon métier [14]. »

Bois sait lâcher la bride à ses envoyés spéciaux et ne pas leur donner de directives. Son respect de leurs opinions va très loin puisqu'il s'interdit de couper ou de modifier les articles importants en l'absence de leurs signataires. Même quand il relève une erreur, il la laisse. Béraud n'oubliera jamais qu'un lapsus lui ayant fait écrire Pâques pour Noël, la bévue fut imprimée telle quelle, Bois ayant refusé qu'on y touche [15].

L'homme a aussi ses travers. On lui pardonne volontiers d'être longtemps passé pour le précurseur qui réussit à obtenir une interview de Marcel Proust quand parut le premier tome de *A la recherche du temps perdu*, et qui d'emblée décela de grandes qualités chez cet écrivain inconnu. On apprit par la suite qu'il s'agissait moins d'une interview que d'une déclaration écrite de Proust remise à Bois [16]... Passons. Son talon d'Achille, qui fit dire à certains de ses confrères qu'il parcourait des distances incalculables à plat ventre [17], est ailleurs, peut-être là où le situe Gaston-Charles Richard, éditorialiste au *Petit Parisien* :

« Infiniment sympathique, intelligent et fin, merveilleusement nuancé, diplomate excellent, critique pénétrant, il avait tout pour réussir... nourri de bonnes lettres, écrivant une langue ferme et pleine, s'exprimant avec bonheur, souvent, dans un style sans bavures, il eût pu faire la plus belle, la plus honorable des carrières s'il n'eût été, dès sa jeunesse, irrémédiablement taré par l'absence de sens moral et pourri par l'amour de l'argent [18]. »

Un tel jugement se passe de commentaires, d'autant qu'il est recoupé par d'autres témoignages. Mais il convient toutefois de le nuancer quelque peu avec celui porté par Louise Weiss, directrice de l'hebdomadaire *L'Europe nouvelle* :

« Il restait toujours secret dans ses desseins. Seuls des initiés pouvaient les débusquer entre les lignes. C'était sans le violenter qu'il amenait le public à sa conception des intérêts des pays d'abord, des siens ensuite, car il était mêlé à toutes sortes d'intrigues. Sa puissance l'enivrait par moments. Les historiens découvriront que l'influence d'Élie-Joseph Bois sur les événements fut, en bien des cas, dirimante, mais comme cette influence s'exerçait par entretiens au téléphone, demandes officieuses, suggestions et conciliabules appuyés – sans que ce fût dit – par le formidable potentiel électoral de son journal, ils en produiront difficilement la preuve[19]. »

Albert Londres sait tout cela mais ne s'en préoccupe guère. Sa fascination est totale comme l'est son respect pour l'homme. Huit années durant, il va travailler avec lui, pour lui. Une manière de record s'agissant d'un reporter qui a sans cesse la lettre de démission au bout des doigts. Peu lui chaut ce que racontent les confrères. Comme tout envoyé spécial qui se respecte, Albert Londres ne veut connaître du *Petit Parisien* que le premier et le quatrième étage, celui de la caisse et celui de la direction. Moins il y traîne, mieux il se porte. Il appartient à cette catégorie de journalistes qui se sentent chômeurs quand ils sont à leur journal.

Il n'a qu'une hâte, suivre sa chère valise au bout du monde, si tant est que le monde ait un bout. En 1923, pour Albert Londres et Élie-Joseph Bois qui refont équipe, il se situe très exactement en Guyane, du côté de Cayenne.

Au bagne. C'est une idée fixe. Pour la satisfaire, il n'y a guère que deux moyens : le « crime » ou le grand reportage. Albert Londres choisit le moins compromettant.

18.

Au bagne

Nul ne sait exactement comment cette drôle d'idée lui est venue à l'esprit. Mais il ne fait guère de doute que quand elle s'est imposée à lui, elle a aussitôt tourné à l'obsession. Depuis son retour d'Asie, Albert Londres ne songe qu'à boucler sa valise pour enquêter au bagne.

Ses amis sont surpris. Pour une fois, il ne s'agit ni d'une guerre, ni d'une révolution, ni d'une émeute. Que se passe-t-il en Guyane Française? Rien. Des bagnards. On connaît. Capitaine Dreyfus et compagnie. Des reporters y ont déjà séjourné. Ils en ont ramené des pages percutantes et émouvantes. Pas de quoi fouetter un lecteur de quotidien. Alors? Rien, répond Londres qui évoque son intuition pour tout argument. Le seul à y être sensible, et pour cause, c'est Elie-Joseph Bois, qui lui finance aussitôt son entreprise sans trop savoir ce qu'il en ramènera. Banco! Et vogue le *Biskra* vers la mer des Antilles...

L'administration pénitentiaire a si peu à cacher aux indiscrets qu'elle facilite tous ses préparatifs. Le reporter n'a aucun mal à obtenir autorisations, passe-droits et lettres d'introduction auprès des autorités concernées.

Les premières déportations en Guyane datent des lendemains de la Révolution. Les prêtres non assermentés ont le privilège historique d'en faire les frais avant tout le monde, à partir de 1793. Trop coûteux en vies humaines comme en finances, le projet est abandonné puis repris un demi-siècle plus tard. Le prince-président

Un jeune poète journaliste, avant la Première Guerre mondiale, à Lyon (ci-contre) et à Paris (ci-dessous).

Les années de vache enragée, quand Albert Londres commençait à traîner dans les couloirs du Palais Bourbon pour le compte du *Matin*.

Un correspondant en campagne...

Dans les tranchées de 14-18, le futur grand reporter (3ᵉ à partir de la droite)
apprend son métier.

Face à Monastir assiégé, en octobre 1916, trois correspondants de guerre attentifs : Gaston-Charles Richard, Albert Londres et Edouard Helsey.

Les correspondants de guerre, en 1918, au château d'Offremont, (Albert Londres est au 2e rang, le 2e à partir de la gauche).

Partie de campagne entre deux assauts.

En Serbie, octobre 1915.

Avec les chers confrères.

Bourges, janvier 1915.

Albert Londres et Edouard Helsey à Athènes, en 1916.

Dans le Tafilalet, en route pour les bataillons disciplinaires d'Afrique du Nord.

Biribi. Albert Londres interviewe les punis des "Bat' d'Af'".

Florise Londres et son père attrapé, au vol, entre deux trains.

Tour de France 1923.
A l'étape de Coutances,
Henri et Francis
Pellissier, ainsi que Ville,
abandonnent
et se réfugient au bistro
avec Albert Londres.

Moudros, 1915. Commentaire d'Albert Londres au dos de la photo :
"La malle n'est pas à moi, ni les gosses."

Belle-Isle, janvier 1928.

Avec Florise à Vichy.

A l'embarcadère du port de Djeddah, 1930. Albert Londres et le lieutenant-colonel Depui, alias "Cherif Ibrahim".

Le grand reporter ensablé.

Les photos de son dernier reportage à Shanghai en 1932,
peu avant l'embarquement sur le "Georges Philippar".

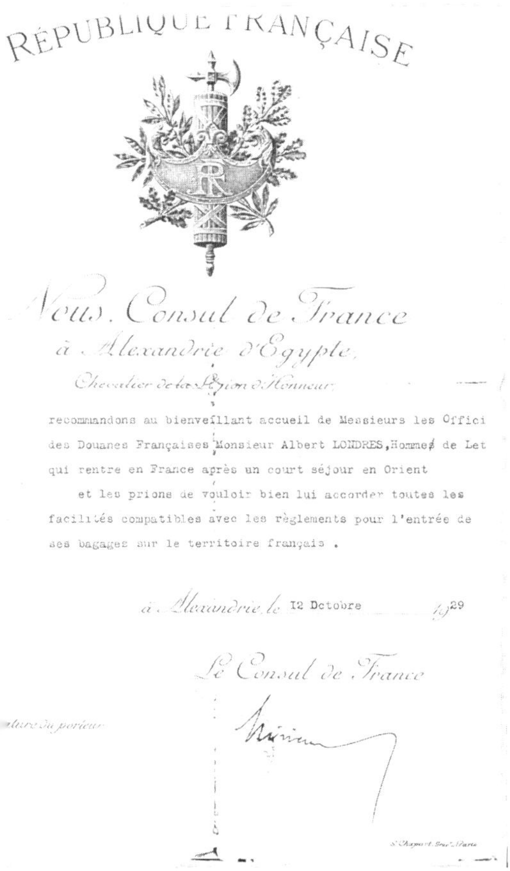

RÉPUBLIQUE FRANÇAISE

Nous, Consul de France
à Alexandrie d'Egypte,
Chevalier de la Légion d'Honneur,

recommandons au bienveillant accueil de Messieurs les Offici
des Douanes Françaises Monsieur Albert LONDRES, Hommes de Let
qui rentre en France après un court séjour en Orient
et les prions de vouloir bien lui accorder toutes les
facilités compatibles avec les règlements pour l'entrée de
ses bagages sur le territoire français.

à Alexandrie, le 12 Octobre 1929

Le Consul de France

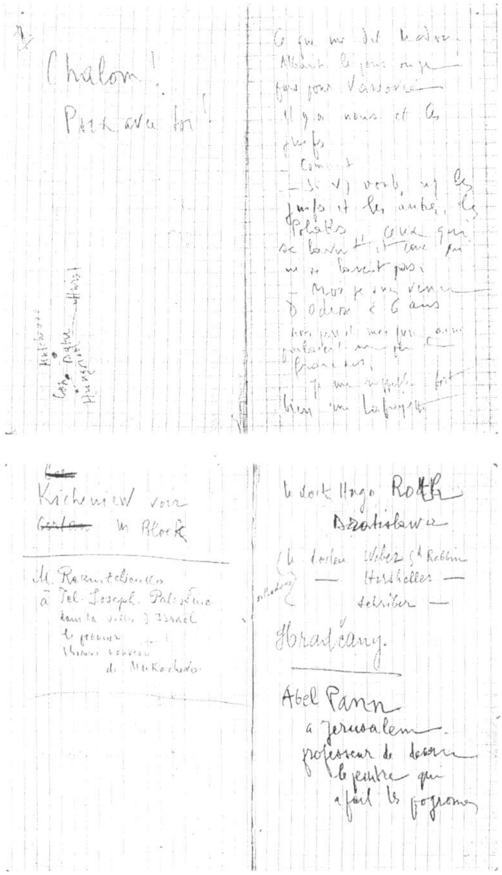

Son carnet de notes, lors de l'enquête pour *Le juif errant est arrivé"*.

Le Petit Parisien

LE PLUS FORT TIRAGE DES JOURNAUX DU MONDE ENTIER

l'enquête d'Albert Londres

qui vous révélera, par ses alertes, pittoresques et véridiques récits, les tentatives faites pour restaurer "le royaume d'Israël", et vous conduira

des ghettos de Pologne et de la Petite Russie jusqu'aux foyers sionistes de Palestine

IMPRIMERIE INDUSTRIELLE, ISSY (SEINE) — L'Administrat.-Gérant : Marcel CHARTRAIN

Louis-Napoléon le remet au goût du jour par une loi stipulant notamment : « Les condamnés seront employés aux travaux les plus pénibles de la colonisation et à tous autres travaux d'utilité publique... Tout individu condamné à moins de huit années de travaux forcés sera tenu, à l'expiration de sa peine, de résider dans la colonie pendant un temps égal à celui de sa condamnation. Si sa peine est de huit années au moins, il sera tenu d'y résider toute sa vie [1]. »

Cela concerne autant la Guyane que l'Algérie puis la Nouvelle-Calédonie. Après divers aménagements, modifications et suspensions, le bagne dit de Cayenne prend ses marques définitivement au début de notre siècle. En Guyane même, sur les rives du Maroni, on installe divers camps pour des transportés, des relégués, des condamnés ainsi que des tuberculeux, des noirs, des incorrigibles, des malades, des vieillards et des lépreux. Les forçats les plus durs, les condamnés à la réclusion à perpétuité et les déportés sont envoyés, eux, en face, sur les terribles îles du Salut, les mal nommées : l'île Royale, l'île Saint-Joseph et l'île du Diable. En tout quelque six cents fonctionnaires, placés sous l'autorité d'un directeur nommé par le président de la République, surveillent une population de six à sept mille condamnés.

C'est cela Cayenne, dans l'argot des bandits comme sous la plume des ronds-de-cuir du ministère des Colonies.

Ses premiers forçats, Albert Londres les rencontre sur le *Biskra*, le paquebot qui le mène sur une terre dont on ne s'évade pas. Ce sont onze évadés justement. Onze blancs qui ont tenté la belle et ont échoué comme tant d'autres. On les ramène à leur point de départ. Tout, dans leurs yeux et sur leurs mains, indique qu'ils ont beaucoup souffert. Pourtant, ils savent que leur cauchemar ne fait que commencer.

Après l'escale de Port-d'Espagne, Londres les rejoint au bout du bateau, au-dessus de l'hélice où on les a confinés. Il cherche à engager la conversation, sur un ton familier, comme s'il ne s'agissait, pour lui comme pour eux, que de tromper le mal de mer.

« Eh bien, pas de veine!

– On recommencera. »

Le reporter s'adresse alors à celui qui paraît être le moins abruti.

« D'où venez-vous? De Cayenne?

– Mais non! de Marienbourg, en Guyane hollandaise. Nous nous étions évadés du bagne depuis dix-huit mois. On travaillait chez les Hollandais. On gagnait bien sa vie.

– Alors pourquoi avez-vous pris la mer?

– Parce que le travail allait cesser et que les Hollandais nous auraient renvoyés à Saint-Laurent[2]... »

Le récit de leur évasion est hallucinant : quatorze jours de traversée dans une barque à voile constituée de bric et de broc, l'accostage par erreur au Surinam en lieu et place du Venezuela, un nouveau départ malgré la tempête, une semaine sans manger et sans toucher terre pour enfin échouer à Trinidad et retrouver les menottes des policiers... Et vous?

« Je vais au bagne voir ce qui s'y passe, pour les journaux.

– Si vous allez là-bas pour les journaux, ce sera peut-être intéressant, rapport à la clientèle, mais non pour nous. Quand on est dans l'enfer, c'est pour l'éternité[3]. »

La nuit tropicale s'abat sur le *Biskra.* Au loin, à plusieurs milles, on aperçoit la crête d'une voile blanche. D'autres évadés qui tentent le diable. Un doute sur la date, un sourire puis un soupir. « Eux sont dans la bonne direction... »

Le port de Cayenne enfin, après vingt et un jours de traversée. Saint-Nazaire n'est plus qu'un souvenir. Le petit groupe de forçats se mue en galériens et transporte Londres dans une barque malgré les menaces de la mer. Pour tromper la hantise du roulis, il pointe le faisceau de sa lampe électrique sur leurs torses et leurs bras. Curieux de cette littérature universelle, il feuillette les tatouages roulant sur les muscles contractés :

« J'ai vu. J'ai cru. J'ai pleuré » ... « L'indomptable cœur de vache »... « J'ai pensé à ma mère ». Certains ont le goût du feuilleton : « Le passé m'a trompé, le présent me tourmente, l'avenir m'épouvante », quand d'autres préfèrent la concision : « Amen ». Il faut dire que celui-ci était ecclésiastique dans le civil[4].

Le port de Cayenne donc, si l'on peut dire. Il n'y a même pas de quai. Tout juste de la terre ferme. La populace, indolente, traîne dans l'attente du courrier. Le rituel se répète tous les trente jours. Ici, les nouvelles peuvent attendre. Un homme porte un revolver à la ceinture et une casquette à bande bleue sur la tête. C'est un surveillant. On dirait un bandit. Londres juge ses forçats plus amènes.

Cayenne by night. Lugubre promenade. Ce n'est pas le bout du monde mais le cul du monde. Ampoules électriques et crapauds-buffles, herbes folles et chaussée défoncée, puanteur et crasse. Quand on lui désigne l'hôtel, il demande aussitôt à retourner à bord du *Biskra*. Il convient de survivre à un grand reportage, surtout quand on l'a à peine commencé. Et plutôt que de dormir au marché, dans une sorte de tonneau d'huile de foie de morue, Albert Londres serait prêt à dormir debout à l'air libre.

Fort heureusement, dès le lendemain M. Canteau lui sauve la vie. Le gouverneur de la Guyane, compatissant, lui procure en effet une maison comme on en trouve généralement en Occident. Un matin, à travers la moustiquaire, son garçon de famille – bagnard élevé à la dignité de domestique – lui tend une lettre signée du matricule 35 150 du camp de Cayenne. C'est un porte-clefs, il peut se déplacer et souhaite le rencontrer.

Avec plaisir. Quinze minutes plus tard, l'homme est déjà là en tenue de matelot. Devant la naïveté du reporter, l'entretien tourne court. C'est son baptême du bagne : ici, tout est combine, magouille et trafic. La leçon est bien reçue. Mais Londres reste Londres :

« ... Les îles du Salut? Je demande, en passant, que l'on débaptise ces îles. Ce n'est pas le salut là-bas, mais le châtiment. La loi nous permet de couper la tête des assassins, non de nous la payer [5] ».

Le ton est donné. Ce qui le frappe dès sa première visite au camp, c'est la disparité du malheur. On croirait que les coups et les peines pleuvent en tous sens, sans discrimination, dans le seul but de broyer du forçat. Le contraste est déjà frappant entre la méticulosité du règlement concocté à Paris par les bureaucrates coloniaux, et l'arbitraire édicté en principe par les gardiens sur place. Le reporter, libre de ses mouvements, se promène les mains dans les poches au hasard de ses rencontres, comme à son habitude. Le voici dans la cour. Des hommes se traînent. Il s'approche, tend l'oreille. Ces misérables implorent le commandant. Ils sont mangés par la fièvre. Londres les suit jusqu'à l'hôpital.

Dès l'entrée, il est pris d'un mouvement de recul. Ce n'est pas l'odeur qui l'incommode mais une vision inattendue : des hommes en cage par paquets de cinquante. Leur torse nu laisse apparaître qui son programme politique, qui ses revendications : « Ni Dieu ni maître »... « Vaincu non dompté » [6]... Ils jouent aux cartes des heures durant, la nuit surtout. Pas pour passer le temps, pour gagner ou perdre de l'argent.

Ce soir, Albert Londres va dîner au restaurant de la rue Louis-Blanc, « chez Bel-Ami » comme il l'a surnommé. Le riche tenancier est un maquereau du nom de René Garnier qui a fini sa peine mais la complète sur place, entre poêles et casseroles, au titre du doublage. Comme à l'école. A une différence près : bien peu de jurys d'Assises connaissent cette pratique moralement barbare qui consiste pour un libéré à rester « libre » en Guyane, une fois sa peine achevée, pendant le même temps que celui passé au bagne. Encore faut-il que sa peine n'ait pas excédé sept années. Ou sinon, ce n'est plus le doublage, ni même le triplage ou le quadruplage mais tout simplement la perpétuité.

En posant la question cruciale du doublage [7], le reporter met le doigt sur l'aspect le plus absurde de la répression pénitentiaire. Car au bagne, le condamné est encadré par un système qui lui donne, plus ou moins, les moyens de survivre. Il a en tout cas le gîte et le couvert. Mais quand il « double » sa peine, il est livré à lui-même, sans moyens, contraint de rester libre dans un pays misérable.

A l'administration qui prétend qu'il peut s'en tirer, Londres oppose un démenti catégorique. Il les a vus et interrogés, ces assignés à résidence qui parfois regrettent le camp. A la table de Bel-Ami, ils sont tous venus lui parler, la nouvelle de la présence du journaliste dans les parages ayant fait le tour de la Guyane en moins de temps qu'il n'en faut à un garde-chiourme pour dégainer.

Ce vieux-là s'appelle Darré. Il est originaire de la région de Vendôme. Un jour, il a tué un homme « comme il aurait lâché un gros mot [8]. » Comme ça, sur le pas de sa porte, parce que l'autre l'avait frappé. Il en a encore pour cinq ans mais ne désespère pas, ayant écrit au président de la République pour lui rappeler que ses enfants étaient morts à la guerre.

Cet autre laisse éclater sa colère. Il a fait dix ans de bagne. Aujourd'hui il « fait du balata » dans les bois, mais la fièvre l'empêche de continuer. Il survit mais il en a assez :

« Qu'on nous ramène au bagne ou qu'on nous renvoie en France ! Pour un qui s'en tire, cent vont aux bambous [cimetière] [9]. »

La bouteille de rhum passe de main en main. Une conversation hallucinante reprend, les uns et les autres se demandant ce qu'il adviendrait de ce pauvre petit pays si l'Administration les renvoyait tous en France. Dans le fond de la pièce, un simple d'esprit qui a trop creusé la terre, prend la parole toutes les cinq minutes pour lancer son antienne : « De l'or ! de l'or ! de l'or ! »

On l'appelle le conquistadore. Chacun raconte son crime. L'un a tué sa femme par amour, l'autre a matraqué son bourgeois. Mais de tous, le plus fascinant est encore le restaurateur René Garnier dit Bel-Ami. Il a son commerce, plus de quinze mille francs de crédit sur la place, une maîtresse anglaise originaire des Barbades et des ardoises plein son tiroir. Il entretient tous ses compagnons d'infortune et s'offre même le luxe de ne pas faire payer la tournée de rhum au journaliste qui insiste néanmoins pour régler la note de vin.

Il se fait tard. Albert Londres se retire. Alors qu'il s'enfonce, solitaire, dans la nuit guyanaise il est rattrapé par un homme essoufflé. C'est Bel-Ami :

« Vous avez oublié votre monnaie sur la table [10]... »

Ne fût-ce que pour ces instants, il ne regrette pas d'avoir fait ce voyage. Il y en aura d'autres.

« A surveiller étroitement ». Comment n'être pas intrigué par cette pancarte, suspendue à la porte d'une cellule? Le reporter demande à voir, histoire de vérifier s'il s'agit bien d'un être humain ou d'une bête sauvage. C'est une personnalité. Sur son bras, un tatouage prévient : « Sauve qui peut! Succombe qui doit! » Près de cinquante ans, solide et massif, il a des mains de bourreau. Et pour cause. Albert Londres se présente. Rassuré, comme s'il l'attendait, l'homme en fait autant.

« Hespel Isidore, dit Chacal, matricule 13 174, ancien camisard, vingt ans de bagne pour avoir lancé un bouton de pantalon à la tête d'un colonel en Afrique. Ancien bourreau des îles du Salut pour le compte de l'Administration, présentement maintenu dans cette cellule à cause d'un meurtre que j'ai commis sur la personne du transporté Lanoé, du 2e peloton, qui voulut m'empoisonner et qui avait assassiné sa mère qui lui donna le jour!... C'est t'honteux [11]. »

L'histoire d'Isidore Hespel est celle d'un auxiliaire de justice déçu par son employeur. Il se présente comme un homme bon et généreux, écœuré par les iniquités dont il fut le sanglant exécuteur final. A l'en croire, il fut le plus tendre des bourreaux. Reste à comprendre, alors, pourquoi on le surnomme Chacal et pourquoi le porte-clefs, posté derrière Albert Londres, lui reproche avec hargne d'avoir toujours mangé aux deux râteliers. Et surtout pourquoi il s'apprête de nouveau à affronter un jury d'assises!

« Parce que j'ai tué un infanticide.

– Un infanticide ?

– Qui, explique-t-il, le pourceau Lanoé, qui avait tué sa mère.

– Mais ce n'est pas parce qu'il a tué sa mère que vous l'avez tué ?

– Non, il voulait me tuer [12]... »

Hespel devient lyrique et promet un grand déballage pour son procès. Il donnera des noms, mouillera les porte-clefs, dénoncera les combines... Deux semaines après, il est condamné à mort. On ne sait si les autorités lui ont accordé la dernière faveur qu'il demandait : n'ayant aucune confiance en son éventuel successeur, il souhaitait monter lui-même la guillotine.

Après Hespel, Ullmo. L'enquêteur comprend vite que le bagne, c'est avant tout une histoire d'hommes, de souffrances individuelles, de misères solitaires. Pour mieux en démonter le mécanisme, il lui faut se consacrer aux biographies de quelques cas d'espèce plutôt qu'aux lois, décrets et chiffres.

Benjamin Ullmo est lui aussi une célébrité, mais pour d'autres raisons. Pour le trouver il faut bien le chercher. Un homme le connaît bien. C'est le père Fabre, qui l'a converti. Sitôt rendu au presbytère, le reporter est déçu, car le curé de Cayenne n'est pas si coopératif. Plutôt décourageant même.

« Monsieur, fait-il, d'abord la conversion d'Ullmo ne regarde personne. Il a payé, il paye encore. Il ne demande que l'oubli. Donnons-le-lui [13]. »

Londres sait y faire. Il en a vu de plus récalcitrants. Il acquiesce, attend et écoute. Le curé raconte enfin le mot que lui envoya le condamné, son voyage à l'île du Diable avec le bon Dieu dans sa soutane, Ullmo communiant dans sa case...

« Maintenant, Ullmo est catholique. Qu'on le laisse en paix. Ne comptez pas sur moi pour le voir. D'ailleurs, il est invisible [14]... »

Cela fait sourire l'homme qui a retrouvé D'Annunzio en folie à Fiume et le Habsbourg en fuite au grand Hôtel de Lucerne. Nul n'est invisible, et encore moins introuvable. Voyons... où Ullmo a-t-il trouvé du travail, il y a cinq semaines, après avoir purgé ses quinze ans de réclusion à l'île du Diable ? Maison Quintry, import-export, rue François-Arago. C'est là. Auguste Quintry est coopératif. Il explique d'emblée pourquoi il a aidé le forçat libéré.

« En France, vous voyez la faute, en Guyane nous voyons l'expiation [15]. »

A quoi ressemble cet homme invisible? Il réfléchit et rapporte une anecdote toute récente. Ullmo l'attendait dans son salon. La fille de Quintry âgée de dix ans, croyant qu'il s'agissait d'un ami de la famille, lui serra la main. Quelques instants après, il s'excusait tandis que des larmes coulaient sur ses joues.

« Pardonnez, voilà quinze ans qu'on ne m'avait tendu la main [16]. »

Auguste Quintry fait enfin venir Ullmo dans la réserve, au milieu des grosses fèves aromatiques. Présentations. Il refuse de parler. Le reporter insiste, on n'évoquera que l'île du Diable, pas le bon Dieu. Ullmo concède quelques impressions de voyage.

« Vous avez déjà été au Diable? ... Cela ne fait pas mal en photographie n'est-ce pas? Quand je suis arrivé sur le *Loire* en 1908, moi aussi j'ai dit : « C'est coquet [17] ».

Ce n'était pas du tourisme. Ullmo distingue tout de même deux points de vue : celui du condamné et celui de la société. Ce dont il a le plus souffert, c'est des textes, non des hommes. Mais en quinze ans de rocher noir, passés en partie dans la plus totale des solitudes sous le toit de l'ancienne case de Dreyfus, face à la mer, il a fait en sorte de ne jamais mériter de punition. Sa conduite fut exemplaire. Pour s'occuper, il baptisait les requins.

En terre de bagne, Ullmo c'est la dignité faite homme. Pas un mot pour se plaindre, pas une phrase pour incriminer tel ou tel. Il ne veut pas être un poids pour sa famille et Dieu sait qu'un passé de forçat engendre la honte éternelle. Son but à court terme, c'est de sortir de la misère, de s'acheter une chemise et d'attendre la mort, proprement.

Le patron l'appelle. En partant, il lâche un dernier mot à la sauvette.

« Oui, je suis un traître, mais... Ce n'est pas une excuse que je cherche, c'est une vérité que je vais dire : on a été traître, comme on a été ivre. Je suis dégrisé croyez-moi [18]. »

Albert Londres s'éloigne. il tient un bon portrait. Tel qu'il est rédigé et publié par *Le Petit Parisien* le 14 août 1923, l'article est effectivement émouvant. Mais terriblement incomplet. Il lui manque l'essentiel : on ne sait rien du « crime » de Benjamin Ullmo. C'est à peine si in fine on comprend qu'il s'agit d'un traître. Mais encore? Ce qu'Albert Londres tait, par hâte et négligence plutôt qu'à dessein, est pourtant une histoire tout à fait fascinante.

On peut la reconstituer grâce à un ouvrage à la diffusion confidentielle, qui fut conçu bien plus tard par l'intéressé en collaboration avec un journaliste [19].

Benjamin Ullmo est un officier de marine de la même génération qu'Albert Londres, mais issu, lui, de la bourgeoisie israélite lyonnaise. Opiomane, riche de l'héritage de son père, ce commandant en second d'un contre-torpilleur en rade de Toulon, s'éprend de Marie-Louise Welsh, une courtisane de vingt-cinq ans dite « la belle Lison ». Cette maîtresse, coûteuse et exigeante, lui fait vite dilapider sa fortune. Ullmo perd toute illusion de se refaire au jeu. Un soir, profitant de ce qu'on lui a confié les clefs du coffre de bord, il dérobe des documents secrets relatifs à l'entrée des cinq ports de guerre français ainsi que la copie de leurs chenaux de sécurité et de leurs signaux en temps de guerre. Il les photographie puis les remet en place.

Nous sommes en septembre 1907.

Benjamin Ullmo, dévoré par sa passion pour la belle Lison, fait alors preuve d'une incroyable naïveté. Il écrit au ministre de la Marine, Gaston Thomson, pour lui proposer un marché qui relève plutôt du chantage : 150 000 francs en échange du négatif, sans quoi les documents se retrouveront entre de bonnes mains, à l'étranger. Il propose même au ministre de lui répondre en faisant passer une annonce contenant un message codé dans *Le Journal.* Après maintes péripéties qui ont longtemps fait rire les professionnels de la Sûreté et du contre-espionnage, Ullmo se fait coincer. Le pire, c'est qu'entre-temps il a bien contacté un agent allemand, mais celui-ci, ne voulant pas mettre deux sous dans les documents proposés (« ceux-là, nous les avons déjà! »...) lui suggère plutôt de voler des plans de sous-marins!

Le procès de Benjamin Ullmo se déroule en février 1908 à huis clos. Il connaît malgré tout un tel retentissement qu'il éclipse la plupart des affaires d'espionnage qui font alors florès. L'accusé se défend en arguant qu'il n'a effectivement livré aucun document secret et qu'il avait « juste » l'intention de faire chanter le ministre. Pour les beaux yeux de la belle Lison... Le verdict est sans nuances : perpétuité et dégradation militaire.

A son arrivée aux îles du Salut, le « traître » Ullmo est envoyé directement au Diable dans la case du « traître » Dreyfus. Quinze années s'écoulent. Il vit dans une solitude quasi totale. De temps en temps, un gardien, un garçon de famille ou un médecin viennent rendre visite au reclus involontaire. Seul sur son rocher noir, Ullmo lit de la philosophie, s'initie à l'histoire des religions, se passionne pour les mathématiques. Et il réfléchit, réfléchit, réfléchit en fixant l'océan pendant des heures et des heures. A Royale, les gardiens qui parlent de lui ne l'appellent pas Ullmo mais « le penseur de l'île du Diable ».

Pendant des années, il se pose la même question : comment marche le monde ? Un jour, il demande la visite du père Fabre, curé de Cayenne. Il exprime l'ardent désir de se convertir au catholicisme. L'ecclésiastique l'aide et l'appuie de toute sa force de conviction. Il est le seul car en France la famille Ullmo, qui n'avait pas rompu avec lui malgré tout, lâche celui qu'elle tient non seulement pour un traître mais un renégat. Même au bagne, les forçats se défient de lui, tenant sa conversion pour un truc opportuniste capable de hâter sa libération.

En avril 1919, alors que Benjamin Ullmo est désormais catholique pratiquant, il voit sa solitude troublée par l'arrivée de quelques autres condamnés politiques, charriés par la fin de la guerre dans cet endroit si inhospitalier. Mais il saura, lui, faire des neuf hectares de l'île du Diable, l'île de son salut. Grâce à la diligence et à l'opiniâtreté du père Fabre, il est transféré et assigné à résidence à Cayenne. C'est alors qu'Albert Londres le rencontre. De retour à Paris, le journaliste ira à l'Élysée plaider sa cause auprès du Président de la République.

On sait grâce à son interview ce qu'il pense d'Ullmo. Mais on sait aussi ce qu'Ullmo pense du journaliste. Il juge l'article certes exact. A un détail près, mais il est d'importance : l'insistance avec laquelle Londres a décrit sa misère matérielle :

« Je n'étais peut-être pas riche, mais pas dans le besoin. Si j'étais mal habillé, je n'était pas malheureux du tout [20]. »

Benjamin Ullmo en a été irrité. A la suite de la publication de l'article dans *Le Petit Parisien*, il a reçu énormément de courrier de France, d'hommes et de femmes compatissants qui se proposèrent d'être l'âme-sœur. Tout ce hourvari l'a profondément embarrassé. Touché, confus, gêné, il réagit en fait de la même manière que le capitaine Dreyfus, retour du bagne, gratifiant Zola d'un simple « merci », et lui reprochant ainsi qu'aux dreyfusards, à demi-mot, d'avoir fait tant de bruit autour de sa personne.

Gracié en 1933, Benjamin Ullmo rentrera en métropole. Mais

incapable de se réadapter, il retournera à Cayenne. En homme libre et messager de Dieu.

Le reporter poursuit son enquête afin d'enrichir sa galerie de portraits. Voici Edmond Duez, éleveur de porcs sur une île dont il a acquis la concession. Il a passé douze ans, la durée de sa peine, seul dans un carbet à Royale. Aujourd'hui, il fait du doublage à perpétuité, selon le règlement. Guyanais, non pas de cœur mais par la force des choses, Duez est un mystère pour ses anciens compagnons d'infortune. Non seulement il a réussi à ne pas travailler pendant ses douze années d'expiation, mais de plus il a obtenu, lors de son assignation à résidence, que son ancienne femme le rejoigne. Elle est arrivée avec 250 000 francs en poche. De quoi acheter une île et prospérer. C'est louche.

Albert Londres lui rend visite en profitant d'une inspection que le directeur des douanes, soupçonneux de contrebande, doit effectuer dans son domaine. Ils sont bien reçus après une traversée digne des montagnes russes d'une fête foraine. Curieux personnage que ce Duez. Chez lui, c'est la femme qui porte la culotte. Elle mène son monde – dix forçats à ses ordres, comme garçons de famille – ses bêtes – des cochons, des bœufs, des moutons... – et ne dissimule pas son ambition d'approvisionner Cayenne, un jour peut-être.

Quant à Edmond Duez, le reporter semble ne l'avoir rencontré que pour vérifier la principale rumeur qui court à son sujet : il écrirait des mémoires que l'on dit explosifs. Pour le reste, on apprend juste qu'à son procès pour « abus de confiance gouvernementale », il régna une telle anarchie qu'on le condamna à douze ans de déportation après que le président ait prononcé l'acquittement général. Londres n'essaie pas d'en savoir plus, regagnant Cayenne avec l'image d'un forçat-qui-a-réussi, même s'il est parfois nostalgique de son carbet de l'île Royale et s'il aimerait être un peu plus libre de ses mouvements, de manière à vendre ses cochons dans les régions voisines[21].

« *Le Petit Parisien* a publié ma figure dans le temps...
– Bébert! rame ferme. On va parler de nous à Paname[22]! »

Albert Londres attaque la seconde partie de son reportage. Après Cayenne, les îles du Salut. Royale, d'abord. Un mauvais canot l'y mène. Des cocotiers partout. La végétation est luxuriante. C'est presque coquet. On y passerait des vacances. Le journaliste hasarde une question.

« Vous êtes sûr que c'est le bagne, commandant ? On dirait Monte-Carlo sans les lumières [23]... »

Une fois à terre, il prend mieux conscience des réalités locales. Dans la maison dont il dispose durant son séjour, un domestique l'attend. C'est un ancien garçon de café bordelais condamné pour intelligences avec l'ennemi. Mais il n'a pas l'air méchant. Quand il se bat, c'est contre les moustiques.

Il faut vraiment vivre sur les îles pour comprendre qu'elles sont aussi terribles à l'intérieur qu'elles semblent avenantes vues de l'extérieur. Ces insulaires contre leur gré sont les récalcitrants et les évadés repris. Pour eux, si Cayenne est le bagne, Royale est le tombeau. Comme s'ils y étaient au secret mais à l'air libre. Ici, on a l'esprit occupé par deux obsessions, pas trois : l'eau et l'évasion.

A Saint-Joseph, juste à côté, c'est pareil mais plus exigu. La visite de l'île l'impressionne plus encore car il s'attarde cette fois dans les cachots, culs-de-basse-fosse de ce cul-de-sac du cul du monde. L'homme y redevient animal. Mais l'Administration n'en rougit pas. Londres en veut pour preuve sa totale coopération. Les surveillants ne se font pas prier pour l'aider.

« Quelqu'un est là, qui vient de Paris; il entendra librement ceux qui ont quelque chose à dire [24]! »

La voix résonne dans les couloirs. Aussitôt, de nombreux forçats manifestent leur intention de s'entretenir avec le journaliste. L'un lui demande simplement d'aller voir sa vieille mère à Évreux. L'autre, un ancien jockey, veut qu'on lui restitue son vrai nom. Derrière chaque porte, Londres a l'impression d'être un visiteur de cimetière déposant non des chrysanthèmes mais des paquets de tabac. De tous ces forçats qui secouent leurs barreaux pour l'attirer à eux, le plus impressionnant est certainement celui-ci. Il n'a rien à déclarer et reste les yeux clos, comme s'il était mort, mais en position debout. Enfin, il lâche une phrase.

« Ce n'est pas à nous de dire, c'est à vous de voir [25]. »

Enfin, voici ces cas dont on lui a tant parlé : Dieudonné et Rousseng.

Eugène Dieudonné est un sympathisant anarchiste condamné sans preuves pour avoir fait le coup de feu avec la bande à Bonnot.

Une première fois, la cour de Cayenne l'a condamné à deux ans de cachot pour tentative d'évasion. Depuis seize mois, il est au tombeau. Seize mois sans voir personne excepté un surveillant. Seize mois de silence absolu, de désert. Sitôt libéré, il a fait une seconde tentative d'évasion. Retour au tombeau. Il semble pétrifié quand Londres entre dans son cachot.

« Je viens de la part du ministère et comme reporter », lui dit celui-ci [26].

Dieudonné regagne confiance. Son bégaiement s'estompe. Il ouvre son cœur. Il a encore trois cents jours de cachot à purger. Mais il ne se plaint pas. C'est régulier : on s'évade, on est puni. Et puis l'Administration ferme les yeux sur le papier, les quelques livres et l'exemplaire de la revue du *Mercure de France* qui traînent dans sa cellule. Il n'empêche. Ce n'est pas pour lui qu'il veut plaider, maïs pour tous les autres. Il parle enfin, d'un débit en saccades :

« Ce qu'il y a de terrible, ce ne sont pas les chefs, ce sont les règlements. C'est des règlements que nous souffrons affreusement. On ne doit pas parler, mais il est rare que l'on nous punisse d'abord. On nous avertit. A la troisième, à la quatrième fois, le règlement joue évidemment. Mais ce qu'il y a de pire, d'infernal, c'est le milieu. Les mœurs y sont scandaleuses. On se croirait transporté dans un monde où l'immoralité serait la loi. Comment voulez-vous qu'on se relève ? Il faut dépenser toute son énergie à se soustraire au mal [27]... »

Cet ouvrier ébéniste l'a touché au cœur. Il a le langage d'un humain généreux. Pas d'un assassin. Londres se sent d'autant plus solidaire que Dieudonné, comme lui, est obsédé par sa petite fille. Chacune de ses lettres est une bouffée d'oxygène. Récemment, elle semble avoir perdu sa trace et il respire de plus en plus mal... De surcroît, Dieudonné est l'intellectuel des cachots. Il a lu Aristide Briand et Gustave Le Bon, Max Stirner et Nietzsche. Il peut s'estimer heureux. C'est un mort en sursis car à l'origine, on le destinait à la guillotine. Il ne dut son salut, si l'on peut dire, qu'à la grâce accordée par le président Poincaré. La lecture de son dossier vide de preuves lui évita le couperet mais pas la mort lente aux îles.

C'est un bon sujet, Eugène Dieudonné. Il reconnaît qu'on le châtie sans méchanceté. Un cas, non en raison de son habileté à s'évader sans laisser ses membres dans les mâchoires des squales, ou de ses qualités d'artisan modèle. Dieudonné est un cas parce qu'après tant d'années de bagne, il a réussi à rester en parfaite identité avec lui-même.

Albert Londres n'oubliera jamais les larmes silencieuses d'Eugène Dieudonné, entrevues par le judas au moment où la lourde porte se referme. Les deux hommes se retrouveront dans quelques années.

Le reporter poursuit sa tournée d'inspection mais, à l'instigation du commandant, attend la nuit. Les forçats sont plus naturels quand ils sont observés à leur insu. Bien caché, il les épie, tend l'œil et l'oreille. Comme il fallait s'y attendre, c'est de lui qu'il parlent :

« Tu crois qu'il y fera quelque chose ? Rien j'te dis. D'ailleurs nous n'avons plus rien de commun avec les hommes, nous sommes un parc à bestiaux.

– Ça ne peut tout de même pas durer toute la vie...

– T'avais qu'à pas tuer un homme [28]. »

Albert Londres perd toute illusion de fraterniser. On parle de lui en termes univoques : de la clique comme les autres! de la viande qu'on soigne!... Il représente la presse comme les surveillants la Justice. Des institutions complices bonnes à broyer les marginaux.

Après Dieudonné, Roussenq, l'autre célébrité des îles depuis le départ de Dreyfus, Ullmo et quelques autres.

On l'appelle l'inco. Il est l'incorrigible par excellence. Avant de le rencontrer, Londres, qui est au mieux avec l'administration pénitentiaire, demande à consulter son lourd dossier. Elle ne lui refuse rien. Il feuillette les pages : indisciplines répétées, rébellion, calomnies, provocation... C'est un cas, lui aussi. Non pour la fréquence de ses séjours au cachot mais pour la voluptueuse application qu'il déploie à s'y faire envoyer. Pour le punir plus encore, le commandant a pris sur lui de ne plus le punir. Alors Paul Roussenq a envoyé des lettres d'insultes au gouverneur et au directeur en espérant que eux au moins... En vain. Curieux individu tout de même que ce gardois de trente-huit ans condamné en 1908 par le Conseil de guerre de Tunis à vingt ans de travaux forcés pour tentative d'incendie volontaire, outrages et voies de fait. Il a déjà fait quatorze ans de bagne, 3779 jours de cachot et il en redemande!

Il faut le voir. Londres se fait transporter à Saint-Joseph. Rousseng ? Le gardien n'en croit pas ses yeux, relit le laissez-passer officiel mais ne discute pas, un ordre est un ordre. Voici la vedette des lieux. 1,75m, 50 kg, cachectique, la peau du corps lacérée de coups de couteau qu'il s'est lui-même infligés afin que son sang répandu cause bien du souci aux surveillants. Il semble vouloir rentrer dans le rang, évite de lacérer ses effets, renonce à jouer le chien enragé. Car au vu du dossier, le reporter a dû se demander s'il ne s'agissait pas d'un jeu.

« Pourquoi meniez-vous cette lutte inégale contre l'administration ?

– Par goût. Je m'enfonçais dans le cachot comme dans le sommeil. Cela me plaisait diaboliquement. Quand le commandant Masse n'a plus voulu me punir, j'ai cru que je l'étranglerais. Et puis je protestais au nom de tous les autres. Mais tous les autres – à part trois ou quatre – savez-vous ce que c'est ? C'est de la vermine qui, plus vous l'engraissez, plus elle vous dévore. On ne me verra plus chercher des amis dans ce fumier. Je me demande même comment je ferai quand je sortirai du cachot. Je ne puis plus supporter la vie en commun.

– Vous vivrez à part.

– Je ne puis plus me souffrir moi-même. Le bagne est entré en moi. Je ne suis plus un homme, je suis un bagne [29]... »

Paul Roussenq n'a qu'une hâte. Sortir. Cette fois, il en a vraiment assez. Il ne tient plus au cachot. Pour retrouver non le monde, qu'il abhorre, mais l'air libre il est prêt à tout : contracter la tuberculose, se couper la langue... L'incorrigible le plus opiniâtre de Cayenne a touché le fond de l'expiation. Il frôle le point de non-retour où l'on oublie jusqu'à la couleur du soleil.

Albert Londres continue à étudier toutes sortes de bagnards à la manière d'un entomologiste. Il en est encore quelques-uns qu'il n'a pas épinglés dans sa collection. Les fous par exemple.

Sous la plume du reporter du *Petit Parisien*, un fou est un fou, sans plus de nuances. Il use et abuse du mot dans son acception la plus extensive et la moins contrôlée, sans craindre de la galvauder. Au bagne comme à l'asile, il en est de toutes sortes. Il y a celui qui prétend avoir tenu seul le fameux Fort Chabrol des Vosges contre les gendarmes, le balayeur qui était de plus en plus aimé des femmes au fur et à mesure qu'il balayait énergiquement, celui qui se présente comme le mari de Jeanne d'Arc et celui qui affirme transformer une belle femme en corps de serpent, tête de vautour et pieds de chien, à condition toutefois qu'on veuille bien la lui laisser à disposition pendant six mois dans une chambre verte...

On les met dans une case à part, l'administration pénitentiaire ayant reproduit au bagne la même situation d'exclusion que la société civile. Comme de coutume, Londres préfère attendre une visite officielle plutôt que de s'y rendre seul. Cette fois, ce n'est donc pas un commandant, ni un surveillant, ni un inspecteur des douanes auquel il emboîte le pas, mais un médecin.

L'endroit est tragique. C'est tous les jours la Toussaint. Les uns veulent manger les murs ou se faire embaumer, les autres jettent des pierres contre le soleil, celui-ci n'a pas dit un mot depuis soixante jours, celui-là appelle tout le monde Marguerite... En regard, la cour des Miracles était une villégiature. Le médecin, impassible, leur administre le même médicament à tous : une boîte de lait. Dérisoire. Albert Londres n'a pas besoin de lui pour faire son propre diagnostic :

« Il y en avait un qui chaque jour lançait quelques cailloux dans la mer, à la même pointe de l'île Royale. Comme cela, il créerait une digue d'Amérique du Sud en France. Il n'aurait plus ensuite qu'à marcher dessus pour rentrer chez lui. C'est de cette folie-là que ces tragiques misérables sont tous fous [30]. »

Il y a autant de fous dans ce coin reclus de Royale qu'il y a eu de naïfs à l'île du Diable. En visitant la case qui eut le privilège historique d'abriter Alfred Dreyfus puis Benjamin Ullmo, le journaliste rencontre un forçat condamné pour avoir écrit en 1914 à la *Gazette de Cologne* en se proposant de lui fournir des renseignements [31]! Mais ce genre de délit mérite-t-il vraiment un tel châtiment ? La disproportion est telle que l'on ose à peine poser une question qui s'adresse de toute façon moins à Cayenne qu'à Paris.

Voici un autre cas, tout aussi atypique que les autres. Il s'appelle Henri Marcheras et remplit la fonction d'infirmier des îles du Salut. Il est là pour un geste de trop : un coup de feu sans conséquence et un vol. Mais ce qui fait l'originalité de ce bagnard-là, c'est qu'il réfléchit à sa condition, au système, à la nature de la répression dont lui et ses camarades sont victimes. Marcheras s'exprime comme un étudiant qui passerait une thèse de doctorat sur « La déportation dans les sociétés occidentales au début du XXe siècle ». Car à chaque fois qu'il s'évade, il prend soin de visiter les bagnes de l'étranger. Pour comparer. Les cachots des deux Amériques n'ont pas de secret pour lui. Il pourrait rédiger le guide du candidat à la déportation en précisant les qualités et inconvénients des différents bagnes.

L'infirmier Marcheras est un personnage d'autant plus fascinant qu'il n'a qu'une passion dans la vie. Aux autres la pêche au gros, à lui l'évasion. Cela lui paraît être le summum de l'esprit d'aventure. Mémorialiste et chroniqueur des îles du Salut, ce Saint-Simon de la « belle » est intarissable sur l'ingéniosité du forçat cédant à l'appel du large. Dans sa bouche, c'est une geste indispensable à la mythologie des lieux. Sans elle, l'espoir meurt et le forçat avec. Alors en attendant de taquiner le requin de l'orteil, il raconte le forçat qui se fit clouer dans une caisse sur laquelle il était écrit « Plante rare. Prière d'éloigner des chaudières et d'arroser souvent », celui qui fut transporté mourant sur une table d'opération et qui en profita pour se sauver, la transformant immédiatement en radeau, ou ces galériens qui donnèrent son baptême de l'eau à la chaloupe *Mélinon*, devant le directeur, et qui, au moment de toucher le débarcadère, changèrent brusquement d'avis, ramèrent comme des damnés mais dans l'autre sens...

Autant de morceaux d'anthologie de l'histoire orale des îles, qui n'éclipseront jamais les plus belles des évasions, les moins spectaculaires, les plus courageuses. Elles consistent, quand on est à terre à Cayenne, à quitter le chemin pour se jeter dans la brousse. Là, il n'y a qu'une règle de survie : tourner à gauche, tout le temps. Pourquoi ? Parce que. Pas de quoi se nourrir, pas de quoi boire, pas de quoi se vêtir. Rien. Juste un très mince espoir et une farouche détermination de s'en sortir coûte que coûte. La plupart y laissent la vie. Ils vont de Charybde en Scylla, des caïmans en pirates pour finir, in extremis, dans les bras de la police.

Par trois fois, Henri Marcheras s'est évadé. Il a tout essayé. C'est un héros ici. Mais nul ne sait, hormis Albert Londres à qui il le confie, qu'il lui a plusieurs fois manqué l'ultime courage de se suicider [32].

Après Cayenne et les îles du Salut, Albert Londres entame la troisième et dernière partie de son voyage : Saint-Laurent-du-Maroni. Un autre monde, d'autres règles. La ville est à la fois la capitale de la « Tentiaire » et celle du crime. Des camps partout. Transportés, libérés, garçons de famille, relégués – interdits de séjour...

« Saint-Laurent est la fourmilière du bagne.. C'est là que les coupables désespèrent en masse [33]... »

Nulle part mieux qu'ici le journaliste prend conscience de la rengaine qui l'obsède depuis son arrivée : le bagne commence à la libération. La concession octroyée au libéré est un leurre. Il y en a trop peu. Quant au travail sur place, les libérés ne sont pas concurrentiels, les sociétés forestières ayant plus intérêt, financièrement, a exploiter des forçats qu'à employer d'anciens forçats. C'est un cercle vicieux pour ces hommes libres d'être enfermés. Ils ne vivent pas, ils survivent en déchargeant des cargos de temps à autre. Ils crèveront de faim et dormiront par terre en pleine rue mais ne se priveront jamais de tafia ni de cinéma. C'est ce qu'Albert Londres appelle « une planète aux mœurs inédites » [34].

En visitant les camps, l'ancien envoyé spécial dans la Russie des Soviets réalise peut-être qu'il n'était pas nécessaire, comme il prédisait, d'attendre la IVe Internationale pour voir des hommes marcher à quatre pattes. Ici, c'est presque fait et la propagande bolchevique n'y est vraiment pour rien. L'endroit tient moins d'une prison que d'une ménagerie. On semble y avoir perdu jusqu'au souvenir de l'humain. Ce sont pour la plupart des malades, rongés par le paludisme et l'ankylostomiase. Ils écœurent jusqu'aux médecins. Londres ne sait plus où donner du regard. Doit-il saisir toutes ces mains qui se tendent ? Le spectacle est effrayant. Il laisse filtrer quelques moments d'émotion. Voici un ancien médecin niçois condamné pour avoir tué son beau-frère. Il ne cesse de clamer son innocence. A soixante-dix ans, il subit le pire des châtiments pour un homme qui a prêté le serment d'Hippocrate :

« Moi je subis ici une peine que j'appellerai “la peine de l'ironie”. Docteur, on m'a mis au milieu de moribonds pour que je les regarde expier, impuissant. Je ne dis pas que ce soit un raffinement, mais enfin, c'est un supplice alors je m'en vais, je marche, je marche [35]... »

Voici un ancien journaliste. Pas mauvais bougre, mais il volait trop. Il implore son confrère.

« Regarde! Regarde! Tu diras tout! Tout! pour que ça change[36]. »

Albert Londres poursuit son odysée, d'un camp à l'autre, sur rails Decauville. Curieusement, il ne s'est jamais autant senti en sécurité que parmi ces assassins et ces voleurs. Ils semblent tous l'avoir adopté et sont prêts à le protéger. Comme s'il était leur bouteille à la mer. Leur seule chance de faire parvenir leur SOS jusqu'en métropole. Grâce à lui, en haut lieu, on saura tout. Ils ont tous le même regard, les « incos » du camp Charvein et les voleurs de Saint-Jean. Ils ne prétendent pas être des saints, non. Mais ils voudraient faire connaître aux Français l'état limite, physiquement et moralement, dans lequel on les a confinés. A la frontière de toutes les dégradations. Aux antipodes de ce que les jurys d'assises peuvent imaginer quand ils prennent leur décision, en leur âme et conscience. Seuls les tribunaux militaires savent probablement ce qui se passe au bagne mais cela ne les empêche pas de continuer, au contraire.

Par moments, Londres se demande s'il arrivera à faire croire à tout cela, la misère et la pitié, la mort qui rôde et le souffle de vie qui ne fait que passer, les complicités écœurantes et l'exploitation du bagnard par le surveillant. Mais il n'est pas au bout de son apprentissage. Le voici qui débarque dans l'îlet Saint-Louis. Le territoire des lépreux...

Cette fois, le médecin et le pasteur ne seront pas de trop pour le guider. Il n'est pas rassuré. Ces exclus de la réclusion ne sont guère plus de vingt. Forçats comme les autres, ils ont perdu toute figure humaine. Chaque nuit, ils vont boire chez les Chinois de Saint-Laurent. Pas de surveillant pour eux. Leur disgrâce les retient à leur bout de terre. En croisant ses premiers pustuleux à taches roses et doigts rongés, Londres est pris de nausée. C'est le premier stade. Au-delà, tout va bien. On comprend alors que pour ces gens-là, le bonheur est une réalité quand leur état n'empire pas.

« Celui-ci est tout défiguré. Les éléments de sa figure n'ont plus l'air d'être à leur place habituelle. Le nez est bien encore au milieu, les yeux de chaque côté, mais cela fait comme un masque de mi-carême qu'un coup de vent aurait déplacé[37]... »

Rarement Albert Londres a eu l'occasion de nous donner des portraits d'une telle vérité. Impressionnants et émouvants, ils sont nobles par la pudeur qui s'en dégage.

« Voilà Audavin. Celui-là est classique : faciès léonin en plein, bouffissures, pommettes pendantes, oreilles descendues, nez qui fond. Il a l'air d'être en cuir repoussé... Il a des écailles sur les mains. Lion et poisson... Beaucoup perdent les sourcils, d'autres non. Le fléau est capricieux... Celui-ci, répugnant, dont on ne sait plus si c'est la barbe qui ronge la peau ou la peau qui ronge la barbe [38]... »

Albert Londres croit avoir tout vu. Il est prêt à repartir. Mais il lui manque un portrait. Celui de la personnalité des lieux. Car l'îlet Saint-Louis, comme le camp Charvein et chacune des trois îles du Salut, a ses célébrités. Celui-ci s'appelle le lépreux à la cagoule. C'est un personnage déjà légendaire dans la région. Il est originaire de Lille. On l'a mis dans une case à part. Le journaliste s'y rend. Il a le souffle coupé. Le pasteur l'accompagne qui pose les questions.

« Ses doigts étaient comme des cierges qui ont coulé. “ Lève ton voile un peu, mon ami, que je regarde... ” Il le releva tout doucement, avec le dos de ses mains. Ses yeux n'étaient plus que deux pétales roses. Nous ne dirons pas davantage, vous permettez [39]? »

Que dire de plus quand on a vu cela? Rien. Il ne reste qu'à chanter pour conjurer le spectre de l'angoisse. Sur le chemin du retour, Londres croise un bagnard « normal ». Mais en le voyant de plus près, il distingue comme une petite tache rose sur le front. C'est un nouveau. Il ne sait pas ce qui l'attend.

Et les femmes? Il n'y en a pratiquement plus désormais, par décision de la « Tentiaire ». Sœur Florence, une religieuse irlandaise qui vient de passer trente ans à s'en occuper, fait ses paquets. A regret... Il ne lui reste plus que trois pensionnaires. Le commandant va les verser au nouveau camp. Avec leurs jambes mangées par l'elephantiasis, elles complèteront le tableau [40].

Il serait inachevé sans le récit d'une séance au cinéma de Saint-Laurent-du-Maroni. Ce samedi soir, on y donne *L'âme du bronze*, un film d'aventures. Vingt sous l'entrée d'une vieille baraque munie d'une sorte d'écran. Parmi les bagnards assis en rang d'oignons, il en est de plus vieux que l'invention du cinématographe. Mais tous, quel que soit leur âge, offrent au journaliste parisien un spectacle qu'il ne verra jamais dans les salles des grands boulevards : un public à l'unisson avec ses héros, des bandits de spectateurs prévenant des bandits de cinéma du mauvais coup qui se prépare dans leur dos [41]...

C'est un film d'un autre genre, d'un réalisme plus cruel, auquel Londres assiste un peu plus tard au tribunal maritime de Saint-Laurent, dans la cour du camp. Tout y passe : vol, viols, meurtres, évasion... Il y a bien un président et un avocat. Ils font cela dans les formes. Mais si l'expression « parodie de justice » prend tout son sens, c'est bien ici. Car qu'ils soient acquittés ou condamnés, ils reviennent tous à leur point de départ : le bagne. Si dérisoire que ça n'en est même plus révoltant. Albert Londres a décidément raison. La République autorise la justice à faire couper les têtes, pas à se les payer.

Des forçats inoubliables, il va en rencontrer encore quelques-uns dignes de compléter son anthologie. Il y a Honorat Boucon qui se prétend confrère et lauréat de l'Académie Française, un emmerdeur patenté qui tient absolument à écrire son reportage à sa place. Et puis un vrai personnage de légende, Lagadou, nègre des Barbades qui parcourt chaque jour trente-cinq kilomètres dans la brousse sans s'y perdre. Et encore Marius Gardebois dit Le Savoureux. Et Manda, le célèbre anarchiste en chef de « la bande à Manda », l'amant de Casque d'Or devenu maçon.

Londres ne les oubliera jamais, ces traîtres et ces voleurs, ces fous et ces lépreux, ces criminels et ces moribonds. Il les a observés un mois durant. Mais leur spectre est gravé pour la vie dans sa mémoire. Il peuple ses cauchemars et parfois même ses rêves. Car tout n'est pas noir dans ce cul-de-basse-fosse. La dignité d'un Dieudonné, la générosité d'un Bel-Ami, la pudeur d'un Ullmo rachètent les noirs desseins des assassins qui n'attendent même pas d'être sortis pour récidiver.

Ce fut une terrible prise de conscience pour celui qui croyait connaître les hommes. Dorénavant, il sait très exactement ce que recouvre le mot « Justice ». Mais jamais il n'acceptera de faire partie d'un jury.

C'est sa leçon du bagne.

A ses yeux, l'échec y est patent. Il n'a pas de mots assez durs pour crier à quel point Cayenne est une erreur. Persévérer dans cette voie est insensé. A l'origine, la déportation visait trois buts. Il s'agissait d'un même élan, d'éloigner de la métropole les éléments dangereux, de faire profiter la colonie guyanaise d'une main-d'œuvre disciplinée et de relever moralement les condamnés.

De ces trois objectifs, seul le premier est atteint. Il est incontestable que les criminels qui regagnent la France à la nage ne sont pas légion. Pour le reste... Une catastrophe. L'apathie, la mauvaise volonté et les conditions d'hygiène sont telles que la Guyane ne profite même pas de ces travailleurs de force. La route coloniale no 1 est tellement inexistante que Londres l'a baptisée « route coloniale no 0 » : plus d'un demi-siècle pour construire vingt-quatre kilomètres... Le bagne coûte quatorze millions par an et ne rapporte que cent quarante mille francs, ainsi que le confirme une étude publiée par la *Revue Pénitentiaire*[42]. Quant à la réhabilitation du bagnard, Albert Londres règle la question en une phrase :
« Le bagne c'est Sodome et Gomorrhe, entre hommes[43]. »

Mais le journaliste ne se contente pas de critiquer. Il argumente et dénonce Cayenne dans ce que son système a de plus insoutenable. Le doublage d'abord. Ce n'est plus quitte ou double mais quitte ou crève. Il faut que les jurés et les gens de robe ainsi que tous les Français sachent que lorsqu'un homme est condamné à une peine supérieure à sept ans de déportation, cela signifie implicitement qu'il est condamné à vivre en Guyane, avec ou sans chaînes, jusqu'à ce que mort s'ensuive. Comment ces hommes ne seraient-ils pas obsédés par l'évasion? C'est leur dernière carte car ils n'ont plus rien à perdre.

Il est juste que la société condamne celui qui a fauté selon ses lois. Il est scandaleux qu'elle le condamne deux fois pour la même faute, qu'elle ne le fasse pas savoir et qu'elle se voile la face en agitant l'alibi des concessions accordées aux assignés à résidence : on en compte moins de dix pour près de 2 500 libérés!

Quant aux employeurs de Cayenne, c'est encore pire car ils préfèrent engager un forçat dont la peine n'est pas achevée (pour mieux le tenir) plutôt qu'un libéré. Or ce dernier n'a pas le droit de quitter le territoire. Comment ne volerait-il pas?

Paris, début septembre 1923. Albert Londres clôt la publication de son enquête dans *Le Petit Parisien* par un coup d'éclat. Une lettre ouverte à Albert Sarraut, le ministre des Colonies. C'est une véritable interpellation, plus efficace que celles de la Chambre des Députés car plus authentique. Le journaliste en appelle à l'ancien gouverneur général de l'Indochine afin qu'il use des pouvoirs de son maroquin non pour réformer car le mal est trop profond, mais pour tout bouleverser. L'heure est au grand chambardement, pas aux aménagements.

Albert Londres formule ses propositions en quatre points : il faut séparer le moins mauvais grain de l'ivraie, les politiques des criminels invétérés, combattre la maladie en rendant la quinine obligatoire et nourrir en fonction de l'estomac, non du règlement; rétribuer le travail, à l'instar des bagnes américains; supprimer le doublage et l'assignation à résidence perpétuelle comme peines accessoires[44].

La lettre-plaidoyer est percutante car elle n'est pas excessive, ni polémique ou larmoyante. Efficace, plutôt. D'autant que Londres exprime son souhait de voir mis sur pied un véritable plan de colonisation de la Guyane. Et pour que l'affaire du bagne soit enfin rentable un jour, il suggère même au ministre de l'affermer à un gros industriel, qui saura faire rendre des bénéfices plutôt que l'âme aux forçats.

Dès sa publication, l'enquête d'Albert Londres connaît un retentissement considérable, tant auprès du grand public que des milieux judiciaire et politique.

« De... mandez *Le Petit Parisien*... Albert Londres chez les forçats... un grrrrand reporta...ge! Ce qui n'a jamais été dit... Une révélation... La dernière édition vient d'arriver... De-man-dez[45]... »

Sur les grands boulevards, les crieurs s'égosillent. Le tirage du journal ne cesse d'augmenter au fur et à mesure de la parution des vingt-six articles. Pourtant, vingt ans auparavant, un autre grand reporter, le Breton Jacques Dhur, l'avait précédé sur la route des îles. Mais si son reportage avait lancé la campagne pour la réhabilitation du pharmacien Danval, il n'avait pas soulevé tant d'émotion.

Le succès est tel qu'il fait aussitôt des émules. La route des îles devient la voie royale des futurs grands reporters. La tarte à la crème du nouveau journalisme. « Nul ne pouvait ceindre la couronne du reporter au long cours s'il n'avait bouclé sa valise pour les rives du Maroni », se souvient Marcel Montarron de *Détective*[46]. Mais dans le même temps, l'administration pénitentiaire serre la vis aux candidats, échaudée par cette trop bruyante expérience.

Albert Londres reçoit tous les jours un énorme courrier. La plupart des lettres émanent de simples lecteurs le remerciant d'avoir eu le courage de dénoncer cette verrue au flanc de la République.

Mais un certain nombre sont signées de bagnards qui lui demandent de se pencher sur leur cas et de lancer une campagne pour hâter leur libération, ou d'anciens forçats qui sollicitent ses conseils pour écrire leurs mémoires et les faire éditer. Le plus rapide est Antoine Mesclon, jadis condamné pour tentatives de meurtre et vol qualifié, qui, à l'instigation de Londres, publie dès le début de l'année 1924 un livre à compte d'auteur, *Comment j'ai subi quinze ans de bagne,* afin de profiter de la dynamique lancée par *Le Petit Parisien* et de l'intérêt des lecteurs pour tout ce qui touche à cette question.

A son corps défendant, Albert Londres est devenu le saint patron des réprouvés de Cayenne. Certains d'entre eux le bombardent de lettres, en appelant à son esprit de « haute philanthropie » [47] pour atténuer les châtiments les plus cruels. Le phénomène prend de l'ampleur avec la publication, dès 1924, du recueil d'articles en librairie sous le titre *Au bagne,* chez Albin Michel. Le succès de l'enquête trouve ainsi son prolongement naturel dans un livre qui touche un large public.

Grisé par les coupures de presse et les louanges, Londres s'abonne à l'Argus. Comme un écrivain! Il est fier et vaniteux mais sans rien perdre de son sens de l'humour et de la dérision de toutes choses. On le voit courir les librairies avec sa fille pour vérifier la mise en place de ses volumes et envoyer Florise à la caisse pour acheter un exemplaire. Quelques années plus tard, *Au Bagne* sera adapté au théâtre et joué au Nouvel-Ambigu.

Un jour, le cinéaste Jean Vigo envisagera même de le réaliser sous le titre *Adieu Cayenne* [48]. En attendant, Albert Londres écrit les paroles de *La belle ou le chant des forçats,* qui sera bientôt chantée par Lucienne Boyer.

> « Le Loire a quitté La Palice
> Maintenant tout est bien fini
> On s'en va vers le Maroni
> Où les requins font la police
> On est sans nom. On n'est plus rien
> La loi nous chasse de la ville
> On n'est plus qu'un bateau de chiens
> Qu'on mène crever dans une île
> *(Refrain)*

Mais alors apparaît la Belle!
La faim, la lèpre, le cachot
Le coup de poing des pays chauds
Rien ne sera jamais trop beau pour elle
Pour la liberté, les requins
Auront notre chair de coquin
Et dans la forêt solennelle
Où la mort sonne à chaque pas
Même lorsque tu ne viens pas
C'est toi qu'on adore, la Belle! »

Du jour au lendemain, le grand reporter estimé de ses confrères et d'un certain nombre de lecteurs, obtient une notoriété nationale. A Vichy, du côté de la Villa Italienne, c'est la fête. Ward Price, son vieil ami anglais avec lequel il a tant roulé sa bosse en Europe, le félicite pour son « chef-d'œuvre » et lui donne du Maître :

« Vous êtes toujours au diable, maintenant, et les petits voyages de nous autres correspondants anglais n'ont plus d'intérêt pour vous [49]! »

Au bagne est dès lors la référence obligée pour tous ceux qui entreprennent d'évoquer le sujet. Plusieurs années après, quand Charles Péan, un officier de l'armée du Salut, ira enquêter en Guyane, il emmènera pieusement le livre dans ses bagages [50]. Mieux encore. Dix ans plus tard, lorsque l'avocate Mireille Maroger ira se promener du côté des îles pour se renseigner sur la situation, avant même de débarquer, elle entendra les Guyanais du bord exprimer la crainte qu'elle noircisse la réalité en versant dans le « londrisme » [51]...

Quelle plus belle consécration que ce néologisme?

L'avocate constatera sur place que le passage d'Albert Londres dans ces lieux inhospitaliers a laissé un souvenir inégal suivant les catégories. Les surveillants militaires, par exemple, ne lui pardonnent pas :

« Nous avons la rage au cœur et la mort dans l'âme au souvenir des infamies racontées sur nous par cet abject Albert Londres, ce vendu qui s'est payé un voyage aux frais de la princesse, qui n'a pas craint de s'asseoir à la table du voleur Duez, qui a pris comme parole d'évangile les insanités débitées par l'assassin Hespel [52]... »

Ce sont des réactions attendues. Elles ne comptent pas en regard de celle du général Leturc, pour ne citer que lui : cet officier, qui jadis tint garnison pendant trois ans en Guyane, confirme haut et fort les récits de Londres sur la vie quotidienne au bagne [53]. Mieux encore. A la suite de la publication du fameux reportage dans les colonnes du *Petit Parisien*, un nouveau gouverneur est nommé en Guyane. M. Chanel est un jeune haut fonctionnaire de quarante et un ans, formé à la grande école de Gallieni du côté de Madagascar et à celle non moins efficace de Lyautey au Maroc. Dans les derniers jours d'octobre 1923, à la veille de son départ pour cette terre de bagne qui fait tant parler d'elle, il réserve sa déclaration à Raymond de Nys, du *Petit Parisien* naturellement.

« L'enquête d'Albert Londres était celle d'un homme généreux et bon. Les conclusions sont graves. Je pars avec la volonté d'apporter au mal qu'il a signalé tous les remèdes appropriés... Faites-moi un crédit de six mois. Après, venez là-bas. Albert Londres ne s'y reconnaîtrait pas [54]. »

Le gouverneur Chanel est plein de bonnes intentions. Il ne veut plus que l'administration pénitentiaire soit un État dans la colonie, que les bagnards soient désœuvrés, que les libérés soient privés d'une véritable possibilité de rachat de leurs fautes... Vœu pieux? On verra. Le fonctionnaire assure que cela ne se pouvait pas avant car le ministère des Colonies n'avait pas la chance d'être dirigé par Albert Sarraut...

Un jour, bien plus tard, à l'heure de la réflexion, M. Chanel jugera, tout en gratifiant Albert Londres de quelques « mon bon ami » bien placés, que l'institution était viable car ses buts étaient en principe louables mais qu'elle avait failli à sa mission pour n'avoir pas su donner à l'Administration les moyens de sa politique, la laissant s'engluer dans sa routine [55].

Il faut attendre un an pour qu'un député, Louis Marin, dénonce la transportation devant la Chambre et demande à ses pairs de faire pression en réduisant les crédits affectés au budget à la relégation. Il n'est guère suivi par le garde des Sceaux. En septembre 1924, Albert Londres croit pouvoir crier victoire dans les colonnes de son journal sous le titre :

« Le bagne est supprimé. Tous les forçats seront ramenés de la Guyane en France. Telle est la solution apportée par le président du Conseil à l'enquête du *Petit Parisien* [56]. »

C'est aller un peu vite en besogne. Édouard Herriot n'a pas été si loin aussi rapidement. Toutefois un an plus tard, des décrets viennent opportunément remédier aux aspects les plus inacceptables du bagne. Le cachot est supprimé, les peines de cellule réduites à quinze jours, des salaires et des hamacs octroyés à tous ainsi qu'une nourriture décente, les forcats séparés en fonction de la gravité de leur peine...

C'est un premier pas. Moins une mesure qu'une demi-mesure. Mais on est encore loin d'une réforme digne de ce nom [57]. Pratiquement, tout cela ne change pas grand-chose aux réalités quotidiennes du bagne. La route est longue du *Journal officiel* aux îles dites du Salut.

Le quatrième pouvoir ne serait-il qu'un leurre? A quoi bon tout ce hourvari s'il n'est pas suivi d'effets? La réponse est dans la bouche de l'ancien bagnard Eugène Dieudonné, neuf ans plus tard, quand on lui demandera de commenter la disparition d'Albert Londres:

« Il y a de petites modifications qui ne sont rien pour les hommes libres. Mais là-bas... Grâce à lui, à lui à qui je dois tant, les enfermés, les morts-vivants des cachots ont maintenant le droit d'ouvrir une heure par jour la porte de leur cellule. Voir la lumière, cela sauve des vies [58]... »

Post-scriptum. Le bagne s'est humanisé, mais il reste le bagne. Faute de moyens, dit-on encore. Les hommes politiques n'en finissent pas de constater son triple échec moral, pénal et colonial.

En 1937 enfin, un décret-loi sonne le glas du bagne de Guyane. Ce jour-là, ceux qui ont de la mémoire savent qu'un grand reporter y est pour beaucoup...

Albert Londres n'a même pas le temps de savourer son succès. Quelques jours après la fin de la publication de sa série par *Le Petit Parisien*, il est à nouveau sur le pont. L'actualité n'attend pas. Le Japon, cette fois. La rumeur d'un cataclysme se confirme d'heure en heure. On parle d'un violent tremblement de terre entre Tokyo et Osaka. La capitale serait détruite. Les chiffres sont difficiles à croire. Mais d'ores et déjà, il semble acquis que le séisme laisse loin derrière lui celui de San Francisco, de funeste mémoire.

La lecture des dépêches d'agence affole les rédactions. L'édition n'a pas le temps de rouler sur les rotatives qu'il faut déjà modifier les titres et les premiers bilans. On parle même de la disparition du Premier ministre, le comte Yamamoto. L'ambassadeur d'Italie a été tué. Le consul de France à Yokohama est mort également. Mais on est sans nouvelles du ministre de France, Paul Claudel.

Depuis son arrivée au Japon il y a exactement deux ans, le poète-diplomate s'est beaucoup préoccupé de la reconstruction et de la restauration des locaux. Maintes petites secousses, légèrement inquiétantes pour les étrangers de passage, l'ont poussé à se confier par lettre à un ami!

« L'ambassade menace de me tomber sur la tête avec tous ces tremblements de terre [59]... »

Le 1er septembre, elle tombe. L'incendie emporte les meubles, bibelots, gravures et livres précieux. Claudel, indemne, quitte précipitamment Tokyo pour rejoindre l'importante colonie française de Yokohama. Dans la bagarre, il a définitivement perdu le troisième acte du *Soulier de satin* qu'il s'apprêtait à recopier (mais quand on en sait la longueur...) un grand poème en prose sur Angkor, des poèmes d'amour du *Partage de midi...* Indélicatesse des raz de marée : ils ne font pas le tri [60].

En France, on le croit sous les décombres. Pour Albert Londres, c'est là une raison supplémentaire de se hâter. Mais comment faire? Le voyage serait tellement long et de toute façon, les phares de la baie de Tokyo sont tous écroulés. Il n'est pas dit pour autant qu'un grand reporter digne de ce nom reste impuissant, les bras croisés, à attendre que les correspondants d'Havas et Reuter couvrent l'événement.

Une dépêche, remarquée parmi d'autres, l'intrigue un instant. A Marseille, les Messageries maritimes sont sans nouvelles du paquebot *André-Lebon* qui se trouvait en principe en rade de Yokohama. Tiens, tiens...

Il met l'information de côté et attend. Le séisme japonais a un impact immédiat sur l'opinion publique française. Le 7 septembre est décrété jour de deuil par le conseil des ministres. Les drapeaux sont en berne et les établissements de spectacle doivent fermer, tandis que le casino de Lyon organise une quête pour ces sinistrés du bout du monde. L'observatoire central de Tokyo révèle avoir enregistré en tout 1029 secousses. A Londres, Sir Arthur Conan Doyle, père de Sherlock Holmes et spiritualiste réputé, affirme avoir pressenti les faits trois mois avant, alors qu'il se trouvait à San Francisco.

Et des Messageries maritimes à Marseille, une nouvelle information, en apparence anodine, parvient dans les rédactions : le paquebot *André-Lebon* flotterait encore, il aurait même recueilli nombre de réfugiés, parmi lesquels une majorité de Français.

Albert Londres n'attendait que ce signe. Puisqu'on ne peut aller au-devant du séisme, allons en rejoindre les rescapés. En toute logique, si le navire est plein, il doit faire route vers la France. A défaut de les interroger in situ, on le fera à bord. Les propos seront les mêmes, seul le décor changera.

Aussitôt, le grand reporter s'embarque pour l'Égypte et le canal de Suez afin d'attraper l'*André-Lebon* et devancer des confrères qui auraient eu la même idée.

Octobre va s'achever. Le voici enfin à pied d'œuvre. Avec cinquante-deux jours de retard sur l'événement, il recueille les récits, les rédige dans la foulée et les expédie derechef par TSF. 40 000 morts... 300 000 maisons effondrées à Tokyo seulement... plus d'un million de sans-abri à Yokohama... A bord, près de deux mois après, on ne parle encore que de cela. Le spectre du séisme est omniprésent.

Ce qu'il entend, ce qu'il rapporte est terrible. Mais cela ne l'empêche pas de mettre sa note d'humour, évoquant tour à tour Gédéon Pic, le barman des premières qui préférait sauver les femmes plutôt que les hommes; le commandant de bord qui n'arrivait pas à comprendre pourquoi tous ceux qui accouraient en direction de son bateau étaient quasiment nus, comme si la catastrophe n'avait été qu'un gigantesque coup de vent propre à soulever les robes, un peu violemment certes; Rizzo, le pâtissier du bateau, qui s'obstinait à préparer l'entremets alors que l'*André-Lebon* était léché par les flammes; le premier commissaire de bord, M. Clermont, et le deuxième, M. Ferrand...

Si le bateau n'avait eu qu'à affronter le tremblement de terre, c'eût été un moindre mal. Un moment d'effroi, sans plus. Mais son journal de bord en témoigne, le commandant a dû rester à quai par la force des choses, les machines ne répondant plus. C'est alors qu'il a organisé l'accueil de quelque deux mille deux cents réfugiés fuyant la terre qui se dérobait sous leurs pas et l'incendie qui ravageait la ville. L'*André-Lebon* se transformait petit à petit en arche de Noé tandis que dans le port des torches vivantes hurlaient en japonais. Ce fut pathétique, pitoyable et parfois dérisoire.

L'officier radiotélégraphiste s'acharnait à rameuter les navires de la zone pour qu'ils viennent prêter main-forte tandis que le *Koréa-Maru* lui intimait l'ordre de se taire. La fierté et l'orgueil nippons exigeaient que l'horreur ne fût pas répercutée à l'étranger. Les sauveteurs étant également des témoins, l'Empire du soleil levant préférait s'en passer et souffrir tout seul [61].

Quand l'*André-Lebon* touche enfin la terre française, l'événement fait la une, mais brièvement. Albert Londres a déjà tout raconté. Il ne reste plus qu'à évoquer les félicitations des autorités japonaises adressées au commandant Cousin, à son équipage et à l'ambassadeur Paul Claudel. Plus pathétique que jamais, notre reporter, la gorge serrée mais les yeux secs, conclut, le doigt sur la couture du pantalon :

« L'Indochine, sentinelle avancée de la France en Extrême-Orient, réclame pour l'*André-Lebon*, par la voie de ses journaux, la croix de guerre [62]. »

19.

Portrait du reporter en styliste

En gare de Vichy, 1923. Le train de Paris vient d'arriver. Sur le quai, Florise Londres guette l'apparition aux fenêtres d'une barbiche aux reflets de cuivre surmontée d'un taupé noir bien enfoncé sur le front. Le voici, c'est lui.

« Où va-t-on, enfant de mon cœur? dit-il en l'embrassant.

– A la maison.

– Es-tu folle! D'abord, le verre d'eau.

– Mais les bagages?

– Ils suivent depuis l'*André-Lebon*. Fille terre à terre qui s'inquiète de bagages quand j'ai ma brosse à dents dans ma poche. Vite à Chomel[1]! »

C'est devenu un rituel. A chaque fois qu'il pose le pied sur son sol natal, le reporter au long cours se précipite à grands pas dans l'avenue qui mène aux établissements de cure pour gagner les sources et boire un verre d'eau de Vichy. Dès lors, il est vraiment chez lui. Sans ce baptême venu directement des montagnes, il se considère encore comme un étranger dans sa ville.

Il la connaît dans ses moindres recoins. Vichy, ses querelles de clocher et ses débats municipaux, ses ragots et ses sorties de messe. Pour lui, c'est cela la France quand il n'y est pas. Lorsqu'il y revient, il se délecte de ces petits problèmes qui lui font oublier les subtilités byzantines et retorses de la politique internationale. Quelquefois, des grands de ce monde, ambassadeurs étrangers ou ministres français croisés dans le hall des sources, se rappellent à son bon souvenir. La capitale thermale est une SDN pour bilieux et hépatiques. Ils finissent souvent la soirée à sa table, se remémorant leurs communes aventures à Dalat ou Damas, Kobé ou Calcutta.

Mais il lui arrive d'être seul. Londres emmène alors sa fille à une terrasse de café pour compter les barbes des passants ou essayer de reconnaître ses anciens condisciples de l'école primaire. S'il est en forme, le vin aidant, il traîne en pleine nuit sous les fenêtres du grand hôtel appartenant à l'un de ses amis, afin de réveiller les clientes pour leur cure...

A Vichy, il peut tout se permettre. C'est sa ville. Un jour, elle devra s'en souvenir. A chaque fois qu'il passe devant sa maison natale avec sa fille, il ne peut dissimuler une pointe d'orgueil.

« Plus tard, quand je serai mort, on posera une plaque sur cette maison... Touchons du bois [2]! »

Il a trente-neuf ans, des centaines d'articles derrière lui, quatre recueils de poésies, un livre à succès sur le bagne, une expérience du terrain, un nom, une situation. Albert Londres c'est une signature.

L'étude de ses passeports et visas rendus quasiment illisibles par les tampons et surcharges, renvoie le portrait-robot d'un Français moyen.

Taille : entre 1,70 et 1,73m
Cheveux, et sourcils : châtains
Yeux : marron
Front : découvert
Nez : moyen
Bouche : moyenne
Visage : ovale
Teint : pâle ou ordinaire
Signes particuliers : néant [3].

Les fonctionnaires de l'Identité ont oublié le principal. Une voix faible et surélevée, d'une musicalité féminine, à peine atteinte par la forte consommation de cigarettes. Une calvitie très disparate devant, compensée à grand-peine par de longs cheveux bouclés derrière. Un goût marqué pour les bières de toutes les latitudes. Une barbe havane taillée le plus souvent à la diable. Importante, la barbe. Elle le cache et pour une fois, ce poncif de la psychologie du système pileux est justifié. Un jour, alors qu'il marchait rue de

Richelieu en direction du *Journal* en compagnie de Léon Treich, il croisa son vieil ami Paul Erio, qu'il avait perdu de vue depuis des lustres.

« Dans le temps, dit Erio, je portais une barbe comme la tienne, mais quand je me suis aperçu comme elle allait mal à mon genre de beauté, je l'ai fait couper.

– Moi, répond Londres en haussant les épaules, dans le temps j'avais un genre de beauté comme le tien, mais quand je m'en suis aperçu, j'ai laissé poussé ma barbe! »

Et ils entrèrent au bistrot bras dessus bras dessous comme s'ils s'étaient quittés la veille [4].

Après l'avoir suivi pas à pas pendant huit ans, on sait quel reporter est Albert Londres. Mais quel homme est-il? Une enquête dans la mémoire de ceux qui furent ses proches ne permet pas de restituer la photographie de son caractère mais un tableau impressionniste de sa personnalité. C'est qu'il est plus complexe que sa désinvolture ne le laisse croire.

Sentimental, douillet, raffiné, soucieux de sa ligne, dédaigneux tout à la fois. Édouard Helsey aime le comparer à un chat en raison de sa gourmandise, de ses caprices et de son côté taquin [5]. Toutes choses qui dissimulent bien un courage qui frise parfois l'inconscience et une volonté peu commune.

C'est un entêté que seule son impatience chronique peut brider dans ses élans. Il a un goût prononcé pour la farce, la blague d'adolescent attardé. A Vichy, sous le regard ahuri des curistes, il force sa fille à marcher trois pas derrière lui car elle est trop mal fagotée. C'est alors qu'elle aperçoit dans le dos de Londres cette petite pancarte blanche: « Défense d'approcher. Complet neuf [6]. »

Mais son ironie peut être cinglante, certains de ses articles en témoignent. Parfois, il fait preuve d'une fantaisie qui déconcerte. Avec lui moins qu'avec aucun autre, il ne faut se fier aux apparences. Car sous le masque de l'indolent se cache un ambitieux et un orgueilleux, malade à l'idée que sa signature puisse conclure un article tronqué, déformé, martyrisé parce que réduit en raison d'impératifs techniques ou politiques. Son caractère est bien révélé dans sa manière de poser pour les photographes: torse bombé et mains sur les hanches.

Satisfait, il l'est sans aucun doute. Sa fierté éclate à toutes les lignes dans ses lettres à ses parents, pleines de contentement sur l'évolution de sa carrière. C'est à l'aune de cet inaltérable orgueil qu'il faut comprendre les crises de démissionnite aiguës qui le frapperont à de nombreuses reprises en dix-sept ans.

Pas très bavard, il préfère écouter et observer. Ses interlocuteurs le croient distant quand il n'est qu'en retrait. Ni condescendant, ni hautain, ni méprisant. Seulement retiré, bien à l'abri derrière son mur de fausse dérision et de papier journal. Même sa mère, qui le fréquente depuis longtemps, lui reproche ce qu'elle croit être de l'indifférence. A cette réticence souvent formulée, il oppose sa nature peu expansive et son souci, dans la conversation quotidienne comme dans ses articles, de ne pas tirer à la ligne ou de ne pas parler pour ne rien signifier.

Sa fille est ce qu'il chérit le plus au monde. Il a reporté sur elle l'amour qu'il vouait à sa femme, Marcelle Laforest, la seule qui ait jamais compté. Jusqu'à la fin, sa vie sentimentale sera peuplée de maîtresses séduisantes, de compagnes de passage et de créatures aussi éphémères qu'un gouvernement en Europe centrale. Mais même avec Florise, qu'il retrouve à chaque escale en France, à Paris ou à Vichy, et qu'il quitte régulièrement sur le quai d'une gare ou à un embarcadère, même avec elle il sait se montrer despote et tyran avant de fondre.

Les amis de sa fille sont ses amis. Ils partagent son affection pour tout ce qui gravite autour d'elle. Francis Ambrière, jeune journaliste à *Gringoire*, le sait bien, qui obtient très facilement une interview du célèbre reporter par ce canal.

« J'ai confiance, lui dit Londres. Vous écrirez ce que vous voulez, de toute façon je ne vous démentirai pas[7]! »

Sa grande préoccupation, c'est de ne pas souiller son nom, de ne l'entacher d'aucune corruption de manière à le léguer intact à sa fille, la future Florise Albert-Londres.

Pour des confrères et ses amis, il est l'homme invisible du journalisme parisien. Insaisissable. Quand on le dit dans les murs, il se montre peu. Ce n'est pas un mondain. Retour du bagne, il passe le plus clair de son temps à courir les couloirs du Palais-Bourbon pour interpeller des députés, ou hanter les antichambres des ministères afin de hâter la libération de quelques forçats au dossier plaidable.

On dit que quand il est rue de Douai, chez lui, dans son neuvième arrondissement, il fait suivre le courrier à Suez ou Moukden pour n'avoir pas à l'ouvrir. La légende, déjà. Mais elle correspond bien à son mode de vie et à ses manies. Son rôle lui va bien désormais. Il y semble tout à fait à l'aise. Ses habitudes? Il écrit toujours avec des plumes sergent-major, d'un trait incisif dessinant des pleins et des déliés qui griffent nerveusement la page. La machine à écrire et le stylo lui semblent des usages également barbares. Il n'aime pas la vitesse, jugeant avec raison qu'on a tout le temps de se tuer. Il réussit à être ponctuel tout en se passant de montre comme de calendrier de poche. Il a une sainte horreur du téléphone et déteste la propriété sous toutes ses formes, dût-elle le rendre patron d'un simple meuble. Tout ce qu'il rapporte de ses périples est destiné aux siens.

En voyage, il ne se charge pas. Pas de malles encombrantes, une valise suffit. Londres n'est pas un homme à rater un train pour avoir trop longtemps attendu des faux cols à l'hôtel. Son grand regret, c'est de ne plus avoir à ses côtés sa chère couverture, achetée au début de la guerre à un juif de Salonique. Elle avait bien parcouru soixante-dix mille kilomètres avec lui, et tout connu, les ponts inconfortables des paquebots et les couchettes improbables des trains balkaniques. Une première fois à Moscou, elle faillit succomber au marxisme appliqué, n'échappant que de justesse à une perquisition. Pour assurer son salut, Londres la fit bénir à Jérusalem en la prêtant au cardinal Dubois, surpris par les rigueurs d'un Noël en Terre Sainte. Pauvre couverture à laquelle il parlait comme un gentleman-farmer à son cheval. Elle a connu la pire des disgrâces. Oubliée un soir dans un port de Finlande, elle est à présent immobile à jamais, autant dire morte, dans la maison d'un douanier [8].

Elle avait valeur symbolique, comme l'ours en peluche qu'Albert « Michka » Londres ramena un jour à Florise. Ils ne les auraient cédés pour rien au monde. Rien. Car s'il dépense beaucoup, sans compter, l'argent ne lui importe pas vraiment. Un jour, un ami lui fera acheter des titres, qu'il oubliera dans un taxi et récupérera un peu plus tard, le chauffeur étant de ses fidèles lecteurs... On le dit insouciant de ses intérêts financiers. Son désintéressement est absolu. Londres peut se battre bec et ongles pour faire respecter l'intégrité de son article ou de son manuscrit, mais il est capable de remettre à plusieurs reprises son rendez-vous avec le caissier ou l'éditeur pour reculer le moment où il réclamera une nouvelle avance sur ses droits d'auteur.

Un homme généreux de son temps et de sa bourse. Son grand plaisir est d'inviter ses vieux amis dans un bon restaurant de Montmartre pour, après le dîner et quelques fines à réveiller les morts, déambuler dans Paris tout en devisant aux étapes-bières des bistrots de sa jeunesse. Le nez au vent, la tête dans les étoiles, un pied devant l'autre jusqu'à ce que tombent les premières éditions du journal. Le sien et celui des autres. Car les quotidiens restent sa lecture préférée, avec l'indicateur des chemins de fer, le petit guide des Messageries maritimes, la littérature des grands voyageurs. Mais il n'en reste pas moins fidèle au Barrès de sa jeunesse, celui des *Déracinés*.

De toute sa bande, Albert Londres est peut-être des rares à avoir réalisé ses rêves de jeunesse, transmuant sa passion pour la poésie en une pratique très personnelle du grand reportage. Son itinéraire est la parfaite illustration d'un mot célèbre de Malraux, moins dans sa première partie, la plus souvent citée – « Pour l'essentiel, l'Homme est ce qu'il cache, un misérable petit tas de secrets » – que dans la seconde généralement oubliée : « L'Homme est ce qu'il fait, répondit mon père[9]. »

Quand les vieux de Vichy lui demandent pourquoi il a choisi de faire ce métier, il répond invariablement que pour voyager quand on n'a pas le sou, il faut être soit marin soit journaliste. Le reporter a l'avantage de ne pas rester sur la passerelle, le matelot celui d'être enterré dans l'eau, libre pour l'éternité.

S'il est vrai que la presse occupe alors deux résidences bien distinctes, un pavillon de chasse où elle fait de la polémique et une usine où elle fabrique de l'information, Albert Londres a définitivement choisi son camp. Non par populisme, au contraire. Plutôt par pente naturelle.

Farouchement attaché à son indépendance, il n'en est pas moins capable de l'aliéner dans ses compromissions avec le gouvernement français ou le Quai d'Orsay, on l'a vu en Grèce et en Russie. Ce n'est pas la moindre de ses contradictions. On le dit parfois naïf dans son jugement politique, ses raccourcis historiques et ce goût de la formule qui lui fait réduire des situations complexes à leur plus simple expression. Faut-il alors le considérer comme un « Monsieur Perrichon version 1930, sincèrement attristé parfois que l'humanité entière n'aspire pas aux délices du camembert, de la baguette et du *Cid* à la Comédie-Française [10] » ? L'analogie est bien choisie si l'on retient également du héros de Labiche la rondeur et la jovialité, en oubliant sa fatuité de parvenu et sa mesquinerie.

Albert Londres s'attache moins au décor qu'au mouvement. Sa fascination pour le grand reportage s'explique, en profondeur, par l'ivresse de l'insécurité en terre inconnue et le délicieux vertige qu'elle entraîne chez ce grand marcheur curieux de tout [11]. Dans ses situations extrêmes, tendues, limites, il se dépasse le mieux, écrivant d'un trait et dans l'urgence ses meilleurs articles.

S'il avait vécu assez vieux pour écrire ses *Mémoires d'une valise* qu'il promettait souvent à son éditeur, il aurait probablement donné du grand reportage une définition proche de celle que son ami Henri Béraud proposa, au soir de sa vie.

> « Le grand reportage est peut-être de tous les métiers l'un des moins accessibles. Dans l'armée de la presse où les vieux sergents pullulent, le grand reportage était alors un bâton de maréchal. On ne le donnait qu'au choix, jamais à l'ancienneté.
>
> Faire du reportage, cela signifiait : regardez l'envers de la société, mêlez-vous aux hommes, percez les mobiles des grands, touchez les plaies des humbles ; observez de la coulisse les tragédies du monde et ses comédies, errez dans les villes de cristal où l'on voit les négociants dans leurs bureaux, les ouvriers dans leurs faubourgs, les prêtres dans leurs presbytères, les politiciens dans leurs couloirs, les assassins devant la guillotine, les diplomates en proie au vertige du néant, et les grands hommes dans la misère de leur gloire [12]. »

Pipe au bec, bloc-notes en main, Béraud a erré de capitale en capitale, courant les conclaves et les révolutions, les émeutes et les conférences, pour informer deux millions de Français. Pour leur raconter. Édouard Helsey et Joseph Kessel, Paul Erio et André Tudesq, Ludovic Naudeau et Ferri-Pisani également. Mais chacun à sa manière, cette minuscule « élite » d'envoyés spéciaux ne supportant aucun moule. La manière d'Albert Londres peut s'expliquer, se décortiquer, s'analyser. Mais ce qui fait son prix, c'est qu'elle se reconnaît entre toutes.

En 1923, après huit ans de pratique quotidienne du reportage et un livre, le styliste s'affirme. Dès lors, les travers et les qualités de sa plume sont fixés. Pour les bien comprendre, on peut s'autoriser tous les anachronismes dans la recherche des exemples dans ses écrits, tant en aval qu'en amont de cette année 1923, si décisive à bien des égards.

Charles Laurent, son premier rédacteur en chef au *Matin*, dit de lui :

« Albert Londres écrivait comme il marchait : tout droit devant lui [13]. »

C'est certainement bien vu, mais insuffisant. Elie-Joseph Bois, son patron au *Petit Parisien*, assure quant à lui :

« Il avait moins le souci de l'exactitude que celui de la vérité [14]. »

Sans aucun doute, si l'on considère que l'exactitude dans toute sa sécheresse est l'apanage des dépêches d'agences et que seul le grand reportage vécu, sensible, intelligent peut rendre la vérité humaine d'une situation. Mais encore?

Albert Londres est un témoin. Il rapporte. Plus qu'un rôle, c'est un devoir quand des vies sont en jeu. Mais il est mû par un instinct poétique, romanesque, chevaleresque même, tout de générosité et d'altruisme. Cette pente naturelle s'accentue après 1923, quand le flâneur salarié, employé par une rédaction pour informer ses lecteurs, se mue en redresseur de torts.

Dans cette prise de conscience, l'épisode du bagne est un moment essentiel. Dorénavant, il sait quelle est sa voie. Londres semble dès lors persuadé que ses reportages ne sont pas qu'un témoignage pour l'histoire, dans le meilleur des cas, mais un coup de pouce donné aux événements, afin que les hommes souffrent moins. Malgré tout ce qu'il a vu et vécu depuis le bombardement de la cathédrale de Reims, sa fraîcheur d'âme et sa capacité d'indignation restent intactes. Il se fie la plupart du temps à son instinct, le nez au vent plutôt que dans les télégrammes diplomatiques, ignorant la veille le sujet qu'il va traiter le lendemain.

« Au début tout est neuf, dit-il. Après deux mois, tout devient du déjà vu. Je m'efforce donc vers du nouveau. Je préfère ne rien écrire que donner des rabâchages ou des lignes quelconques [15]. »

Plus qu'un romancier, c'est un nouvelliste, usant de la nouvelle pour donner des nouvelles, du vécu avec de vrais personnages en chair et en os. La plupart du temps, le premier jet est le bon. Londres ne se corrige pas plus qu'il n'accepte d'être corrigé. Ce qui est écrit est écrit. Ses textes manuscrits sont à peu près vierges de surcharges, de ratures et de tâtonnements. Les lettres et les vers semblent écrits au fil de la plume, ainsi que ses articles, une forte dose de concentration en plus. C'est à cette technique informelle qu'il attribue les quelques négligences de forme qu'on lui oppose parfois.

Londres a un sens aigu du vaudeville et du gag. Moins rabelaisien que le Béraud du *Martyre de l'obèse* mais plus truculent que le Kessel des *Marchés d'esclaves*, il a le goût de l'hénaurme à la manière de certains caricaturistes de L'*assiette au beurre* qui auraient trop lu Jarry. Sous sa plume, nombre de pays semblent des contrées grotesques dirigées par autant d'Ubu-roi. Il est définitivement plus journaliste d'humeur que d'analyse. Il n'explique pas, il montre. Ne démontre pas mais raconte. C'est sa force.

Ses influences littéraires? Si l'on en croit ses proches, elles sont nulles car il ne lit pas. Façon de parler. Il lit sans ostentation et n'étale pas. Outre les grands voyageurs des lettres – Conrad, Stevenson, Kipling – et Barrès, qui meurt en 1923 en même temps que Pierre Loti, il doit beaucoup au Zola des *Carnets d'enquête*, celui qui conseillait aux romanciers en herbe de se consacrer au reportage, bien meilleure école à ses yeux que la culture de bibliothèques. Mais Londres, qui lit au hasard de ses découvertes et de ses rencontres, ne craint pas, dans la même semaine, de louer d'un même enthousiasme les *Fables* de La Fontaine avec un certain retard, et *Fermina Marquez* de Valery Larbaud dès sa publication [16].

Sa phrase est courte, simple, directe. Sujet, verbe, complément : son idéal d'écriture. La concision est de règle. Il ramasse beaucoup en peu de mots, comme s'il les passait au tamis pour ne garder que les plus chargés de couleurs et d'émotion, de renseignements et de sentiments. Son trait est acéré. Londres a un grand souci du rythme général, de la composition d'ensemble, de l'attaque, de la chute, des effets secondaires, et surtout de l'ellipse. Rien n'est chez lui écrit au hasard. Tout est pesé. Littérairement et poétiquement s'entend, car l'exactitude historique et politique paraissent secondaires.

En 1914, sur un papier à en-tête du *Matin*, il corrigeait le journal de promenade en Auvergne de sa fille en des termes qui pourraient s'adresser tout autant à un journaliste débutant :

« Quand on raconte ce que l'on a vu, il faut aussi mêler ses impressions à son récit. Il faut également trier, faire un choix et n'écrire que ce qui vaut d'être retenu. Pour la forme, il faut traduire sa pensée par les mots seulement indispensables et choisir dans ces mots ceux qui rendent le plus justement l'objet dont on parle. Rappelle-toi ces principes lorsque tu composeras tes devoirs de style[17]. »

Très tôt, très vite, Albert Londres se met en scène dans ses propres reportages. Cela devient même l'axe et le moteur de son récit. Même s'il n'utilise pas constamment le « je » il est omniprésent sous sa plume. C'est l'archétype du journaliste acteur de l'histoire immédiate qu'il décrit parce qu'il la vit. Dans les années vingt, le débat agite régulièrement les salles de rédaction, divisées entre les partisans de ce type d'écriture, plus égocentrique mais plus directe, sincère et efficace, et ceux qui préfèrent s'abriter derrière un « nous » de majesté, plus collectif, impersonnel, faussement modeste, qui atteint les limites du ridicule quand le reporter parle de lui-même à la troisième personne en se désignant comme « l'envoyé spécial du journal... »

La controverse est bien illustrée par cette algarade entre le directeur du *Matin*, Bunau-Varilla, et l'un de ses journalistes au long cours, Jules Sauerwein.

« Quand perdrez-vous cette habitude de vous mettre en avant? demande le premier. Vous savez, les êtres vraiment supérieurs ne parlent jamais d'eux-mêmes. Avez-vous jamais vu mon nom dans *Le Matin*? Et pourtant, c'est moi qui y suis tout. Je ne veux plus voir le mot « je » dans vos articles...

– Je suis un reporter, répond le second, et quand j'emploie le mot « je », c'est pour donner au public la certitude que l'auteur de l'article était là et qu'il exprime un témoignage direct.

– Faites ce que je vous dis[18]! »

Menacé dès le lendemain d'être privé de signature pendant plusieurs mois, Jules Sauerwein renonce et obtempère. Albert Londres aurait démissionné. C'est la différence entre lui et les autres, ses chers confrères, étant entendu que Londres, contrairement à certains, ne tient pas la confraternité pour l'avatar sournois de la haine vigilante.

Londres, à qui l'administrateur d'un journal avait reproché d'introduire dans sa maison le microbe de la littérature, dit un jour à un jeune émule :

« Mon petit, un vrai reporter doit savoir d'abord écouter et regarder. Celui qui sait seulement écrire ne sera jamais qu'un littérateur [19]... »

Le jeune homme auquel il s'adressait, Stéphane Faugier, saura retenir la leçon puisque en 1934, il sera le second journaliste français couronné par le prix Albert-Londres...

Écouter, regarder, écrire enfin. Cette règle de trois ne suffit pas à se lancer dans un audacieux « à la manière de... ». Le style d'Albert Londres est fait tout autant de métaphores et de comparaisons, de dialogues au ton uniforme et d'effets de surprise, de formules et de facilités. Mais gardons-nous d'y relever la trace du procédé. Une succincte anthologie peut donner une idée de ce qui fait, aussi, son style.

Des formules? Elles sont pléthore. Son sens de la dérision et de la provocation, de la caricature et de la satire, le pousse parfois à des excès qu'il ne peut se refuser. On sent qu'il se fait plaisir, avant tout, lorsqu'il suggère aux habitants de Buenos Aires, ville suréclairée à son goût, de se mettre une ampoule électrique dans le derrière [20], ou quand il croit bon de prédire que les bolcheviks de la IVe Internationale marcheront à quatre pattes [21]. Il ne peut s'empêcher, c'est plus fort que lui, qu'il s'agisse de clouer au pilori les petits blancs de Saigon « cette colonie en bigoudis » [22] et six ans après, mais dans les mêmes termes, ceux de Dakar [23], ou de dénoncer la mort en masse des noirs africains épuisés par le labeur : « c'est la grande fonte des nègres » [24].

Des facilités? Il n'y résiste pas non plus, bien qu'il n'en abuse pas. « On n'est pas sans peur quand il approche », écrit-il à propos d'un dénommé Bayard [25], ou encore, évoquant un élégant maquereau : « Il devait rire de se voir si beau en son miroir [26]. »

Des effets de surprise? Ce pourrait être la botte secrète d'une forme qui repose pour l'essentiel sur un sens aigu de l'ellipse, du paradoxe et du raccourci dans le seul but de gagner en impact.

« C'est un traître de qualité. Ses maîtres n'ont que de bons renseignements à fournir sur la bassesse de son âme [27]. » Ou encore à propos de la métamorphose de Belgrade : « On sait maintenant où coucher et ce sera beaucoup mieux encore quand on saura où découcher [28]. »

Des métaphores? Des comparaisons? Des images? Des analogies? Elles sont légion. Parfois, elles lui permettent de faire pénétrer le lecteur français dans un territoire dont il ne sait rien. Ainsi, participant à la reconquête de Gorizia en Vénétie : « Figurez-vous que nous avons repris Colmar... Gorizia, c'est moralement le Colmar des Italiens [29]. » Ou décrivant l'immense parc de la villa de Charles de Habsbourg sur le Léman : « Dix seigneurs sans se rencontrer pourraient à la même heure courir le cerf... Voilà dix minutes que le gravier craque sous les sabots du cheval et nous ne sommes pas encore à la demeure [30]. » Sous sa plume, les Égyptiens sont « les fils résolus de Cléopâtre » [31]. Londres n'écrit pas que les Anglais répriment leurs manifestations dans le sang mais plutôt : « les soldats de Sa Majesté Britannique qui défonçaient sur le coup de cinq heures – le *five o'clock* – du bout de leur manche de pelle, le crâne des fellahs en révolte [32]... »

Sous d'autres cieux, à une autre époque mais dans un contexte similaire, il n'écrit pas d'un suspect qu'il sera bientôt pendu mais plutôt « Le cou de l'imposteur ne restera pas longtemps sans cravate [33]. » Sous les yeux d'Albert Londres, un juif religieux n'est pas en prière mais « dans un jour de grande conversation avec le Seigneur » [34]. Quant à son Talmud, ce sera trop simple de dire qu'il a mille ans : « d'avoir été tant feuilletées, les pages en sont usées comme les marches d'un très vieil escalier [35]. »

Le reporter semble mettre un point d'honneur à ne pas écrire à la fin d'une phrase ce qu'on y attend lorsqu'on en a lu le début. Il veut surprendre et surgir là où on l'attend le moins. Il ne cherche pas la difficulté, mais fuit les lieux communs et les images trop évidentes. Pourquoi écrire qu'une prostituée fait une trentaine de passes chaque jour quand on peut suggérer qu'« une femme de casita délace de trente à trente-cinq fois par jour sa sandale dans une journée »... [36]. Toutes ces figures de rhétorique ne sont pas que de vains exercices de style. Londres n'écrit (presque) rien gratuitement. C'est encore plus vrai dans les portraits.

Décrivant la suite des accompagnateurs de Charles de Habsbourg dans son exil suisse, il nous les présente un par un. Voici un diplomate : « C'est le lévrier de la meute. Il gagne toutes les courses de vitesse. » Voici un noble seigneur : « Si nous en croyons son maintien, il a dû avaler le spectre de son roi pour que la Petite Entente ne le trouve pas dans le cas où elle le réclamerait [37]. »

Les métaphores, il en use le plus souvent à bon escient. Mais parfois, il en fait trop, en rajoute au détriment de l'effet recherché :

« Je les regardai comme un lapin regarde un puissant phare d'automobile! Ou comme une gazelle regarderait un tigre qui lui apporterait une tasse de lait. Ou comme une colombe déjà plumée, lardée et salée, regarderait de ses yeux vides les membres de la SDN qui continueraient de l'appeler un bel oiseau[38]! »

Quand une situation ne se laisse pas expliquer de la manière la plus directe et qu'il ne sait plus comment se faire comprendre, Londres recourt volontiers aux allégories les plus audacieuses. Renonçant à décrire l'imbroglio politique allemand de 1921, dès l'attaque il passe le relais à un peintre imaginaire auquel on aurait commandé une œuvre sur le thème : une petite île battue par les flots rageurs. L'île, c'est le gouvernement; les flots, le pays. Voilà le tableau[39].

Avec la Macédoine en proie au terrorisme, c'est encore plus compliqué. Aussi la représente-t-il comme un théâtre : les trois coups, le lever de rideau, acte un, scène un[40]... Pour décrire la dynamique de la persécution dans les Carpathes antisémites, ce sera plus direct : « Un pogrome est comme un incendie de forêt : le premier arbre qui flambe allume tous les autres[41]. » Dans les Balkans de 1915, il se fait carrément afficionado afin de montrer la lutte désespérée d'un petit pays écrasé par des voisins trop nombreux : « ... comme un taureau dans l'arène et criblé de banderilles, pour ne pas mourir avant que ses défenseurs lui aient ouvert un passage, la Serbie s'arc-boute, fonce et se débat devant l'épée pour ne pas recevoir le coup au cœur[42]. »

Parfois, quand la situation l'impose, il en appelle aux grands moyens. Ainsi pour démêler l'écheveau grec en 1917 : « La Grèce actuelle n'est plus un État constitué. C'est un royaume atteint de la rage. L'Allemagne a mordu le roi, le roi a mordu la moitié de son peuple et cette moitié de peuple cherche à mordre l'autre moitié. Si nous avions été des gens organisés, nous aurions de suite apporté du sérum. Nous ne l'avons pas fait. Nous ne le faisons pas. A l'heure présente, nous laissons encore le microbe, tel le furet, passer et repasser de main en main. Le microbe est la propagande. Le roi n'est plus un roi, c'est un agent électoral. Il se rend à domicile, monte les étages, mouche les enfants. Il va à quatre ou cinq thés par après-midi[43]... »

Mais la patte d'Albert Londres ne se retrouve pas que dans toutes ces figures de style. Les dialogues et les interviews qui parsèment ses reportages n'échappent pas à sa manière. Il donne toujours l'impression de rencontrer beaucoup de monde car les entretiens sont nombreux, divers et brefs, l'enquêteur étant capable de passer une demi-journée à interroger un témoin pour n'en conserver que trois phrases significatives.

Les dialogues, qui sont souvent le sel de ses articles, paraissent reconstruits de mémoire car ils ne figurent pas toujours sur ses calepins de notes. Du moins pas in extenso : juste des mots clés et expressions idiomatiques, attrapés au vol et fixés à la diable, rédigés au crayon à mine uniquement sur les pages recto et barrés d'un trait aussitôt après avoir été retransposés dans un article. Ce sont des notes sèches, dont toute formule, tout effet, toute littérature sont absents. Londres ne cache pas qu'ils sont souvent reconstitués, puisqu'il précise le cas échéant selon la formule consacrée « en substance » ou plus simplement « comme dit à peu près... »

De toute façon, le lecteur ne peut être dupe. Il aurait du mal à imaginer par exemple que le roi Constantin ait vraiment envoyé son homme-lige Gounaris dans la bataille électorale comme à un tournoi en lui disant, tel Charles à Roland : « Va mon preux et tape dur[44] ! » A ce stade de la dérision, on ne se demande même plus si Albert Londres comprend le grec ou s'il était caché dans le placard lors de cet échange...

De fait, même lorsqu'il fait parler des maquereaux et des voyous, des tirailleurs sénégalais et des fous en cabanons, le langage parlé n'est jamais vulgaire. Le vocabulaire s'adapte au jargon du milieu mais la syntaxe reste à peu près intacte. Mais si tous ces gens s'expriment avec des mots bien à eux, c'est encore avec la voix et le ton d'Albert Londres. Ainsi, le londrissime récit d'évasion de l'ancien bagnard Dieudonné :

« Un quart de lune éclairait tout. C'était une scène farouche. Des hommes enlevés par une lame semblaient bondir de la mer. Trois autres, hurlant, se cramponnaient à la pirogue retournée. Ils cherchaient à la tenir à pleins bras, mais ils ne pouvaient pas. Les épaves : des petites boîtes nous servant de malles et où était toute notre fortune dansaient une gigue diabolique sur la crête des vagues. Et le grondement dramatique de l'océan ! Je me souviens que ma malle passa à ma portée ; je la saisis comme un avare. C'est curieux l'instinct de propriété, n'est-ce pas ? Je la mis sous un bras. Je nageai d'un seul[45]. »

Gardons-nous d'en déduire que Londres ait été le « nègre » de ses interlocuteurs. Il ne trahit pas plus qu'il ne sollicite leurs propos, par lui recueillis. S'il épure les dialogues, c'est pour donner plus de force encore à son goût de l'ellipse. Quand il peut, il supprime volontiers les « dit-il », « fit-il », « déclara-t-elle » qui ralentissent tant l'action dans la littérature bourgeoise. Il n'est pas homme à se désolidariser du contenu d'une interview sous prétexte qu'il n'est pas le locuteur. Il se veut au contraire un grand reporter *total* dans la mesure où il se place dans une position de responsabilité accrue, assumant d'un bloc tout ce qui paraît sous sa signature, la forme et le fond.

Albert Londres dit souvent que pour écrire un roman, il faut le temps. De méditer, de rédiger, de peaufiner. Et puis... « Cela suppose qu'on s'arrête un moment, et j'ai bien peur de ne m'arrêter jamais [46]. »

Il parle souvent d'un roman à venir, auquel il travaille. On en connaîtra le titre – *La grand-route* – et rien d'autre car il semble bien que le projet n'ait jamais été poussé très loin. Le temps a manqué. Dès la parution de *Au bagne* (1924) Londres emprunte à Jules Huret l'habitude de publier ses grands reportages en livres aussitôt après qu'ils aient fait grimper le tirage du *Petit Parisien.* C'est devenu une règle. Elle répond d'abord à une saine logique commerciale à laquelle Londres, tout désintéressé qu'il soit, ne reste pas indifférent. Ainsi, ayant promis une série d'articles à *La Franchise*, une nouvelle revue plutôt pamphlétaire qui se lance, il n'en donne que huit et explique :

« Pour avoir la suite, il faudra acheter le livre [47]. »

Mais cette nouvelle activité correspond également à un vieux rêve mal enfoui. A défaut d'être poète, il se voit volontiers écrivain, dans l'acception la plus romantique du terme, débarrassé de toute velléité carriériste ou académique. Écrivain comme peut l'être un grand reporter qui aurait bien compris la suggestion de Zola. Plus proche par l'esprit de Kessel que de Béraud. En 1923, force est de constater que ces deux-là ont été bien plus rapides que lui dans leur ascension vers la consécration littéraire.

Joseph Kessel est encore à cette époque en parfaite identité avec lui-même; nul n'imagine qu'il sera un jour tenté par l'habit vert et sensible aux charmes de la vieille dame du quai Conti. Il a déjà publié, grâce à l'appui de Gaston Gallimard, *La steppe rouge* et *L'équipage* tout en poursuivant de plus belle ses errances à travers le monde.

Henri Béraud, lui, change de vie. Il est en reportage à Athènes quand le prix Goncourt 1922 lui est attribué pour deux livres, *Le vitriol de lune* et *Le martyre de l'obèse*, et n'a donc pas à faire le pied de grue devant le restaurant Drouant comme d'autres prétendants au titre. La plupart des journaux encensent le lauréat et s'honorent eux-mêmes de ce prix puisque Béraud a peu ou prou collaboré à leurs pages. Mais le flâneur salarié tombe dans le piège : il devient un flâneur enrichi.

A la suite d'une enquête sur le bagne de l'île de Ré, il y achète une propriété située à Saint-Clément-des-Baleines, devient directeur littéraire du *Petit Parisien*, s'enfonce dans une polémique très littéraire et parisienne contre les « longues figures » de la NRF. Certes, il reste avant tout un journaliste d'humeur et un écrivain de tempérament, repoussoir tout trouvé des intellectuels et des gens d'idées. Il continue à préférer la Butte à Montparnasse, les vieux cafés à banquettes aux boîtes de nuit à la mode, la maison rouge de la mère Louise au Bœuf sur le toit de Cocteau. Béraud reste Béraud et, polémiquant avec Maurice Martin du Gard, des *Nouvelles littéraires*, signe : « Béraud du Rhône »... Mais dans ses trois bicoques de l'île de Ré où il va écrire *Le bois du templier pendu*, *Les lurons de Sabolas* et *La gerbe d'or*, il s'embourgeoise. C'est un homme de lettres. Un spectre qui guetterait également Albert Londres si celui-ci faisait une véritable entrée en littérature, par la grande porte (le roman) et non par la porte de service (la resucée d'articles déjà publiés dans la presse).

Si Londres a vraiment une vocation d'écrivain, le moins qu'on puisse dire est qu'il passe à côté. Ses livres se vendent bien mais ils ne correspondent pas à une véritable création littéraire. L'étude de ses manuscrits et de ses textes inédits montre qu'il est très attaché à la présentation typographique, la place des alinéas, les respirations entre les paragraphes. Mais bien qu'il relise attentivement ses articles avant leur diffusion en librairie, ses interventions sont mineures. Elles vont toutes dans le même sens : resserrer, toujours resserrer. Et préciser. Sur les épreuves, il remplace « auxiliaires redoutables » par « chaouchs », « nouveaux venus » par « recrues », « rôle » par « mission », « cellule » par « tombeau », « lorsqu'ils tombent » par « en tombant » [48]...

Sa situation littéraire le place à mi-chemin, indécis sur la voie à emprunter, entre Béraud et Kessel, entre Andrée Viollis et Louis Roubaud qui n'ont d'autres ambitions que journalistiques, et Pierre Mac Orlan qui, en 1923, a déjà publié à la NRF *La cavalière Elsa*, *La Vénus internationale*, *Le chant de l'équipage*, *Malice*...

Dans ces moments-là, la lecture de *L'Introduction à l'étude de la stratégie littéraire*, que Fernand Divoire a dédicacé « au poète Albert Londres, hommage de son obligé très reconnaissant » lui est utile; il y apprend les secrets de la réussite dans ce milieu aux rites compliqués, de la fréquentation des fêtes et banquets à la guerre de conquêtes pour les prix littéraires, en passant par le bon usage de la critique et l'entretien obligé des amitiés nécessaires.

De sa plus belle plume, Londres a depuis longtemps concocté une liste de personnalités auxquelles il convient de faire l'hommage de ses livres. Elle est fort longue (quelque deux cents noms) et astucieusement divisée en catégories: journaux de Paris, Chambre, famille, Vichy, divers, amis, revues (Barbusse à *Je sais tout*, Paul Fort à *Vers et prose*, Charles Péguy aux *Cahiers de la quinzaine*...) journaux et revues étrangères (Francis de Miomandre à la *Revue de Belgique*...) sans oublier bien sûr les hommes de lettres (Rosny aîné, Maurice Barrès, Jean Richepin, Henri de Régnier, Anatole France, Émile Faguet, Paul Adam...) [49].

Au début, il fignole les dédicaces. A la fin, il pourrait fort bien se contenter d'un bristol « de la part de l'auteur absent d'Europe » qui n'étonnerait pas, eu égard à sa réputation.

Très sensible à la critique, Albert Londres s'offusque quand elle lui reproche son style trop relâché et l'emploi intempestif du « que ». Il se met en rogne et se retient d'expédier sur-le-champ de véhéments droits de réponse. Ces moments de froide colère, il les refrène en s'absorbant dans la lecture d'un manuel acquis récemment et qu'il crayonne volontiers dans la marge, comme un élève qui peut mieux faire: *L'art de composer et de se corriger* [50]...

Dorénavant, ce sera la règle. A chacun de ses retours de voyage, Londres rassemble ses articles pour les présenter à un éditeur. Cela donnera des livres promis à des succès inégaux, certains étant d'authentiques best-sellers, d'autres obtenant à tout le moins des résultats commerciaux convenables. Cette facilité, qui est aussi une marque de paresse littéraire, lui permet d'être présent en librairie tout en repoussant l'échéance morale qui le clouerait à sa table d'écrivain.

Béraud est l'homme qui, dans son entourage, favorise cette tendance. Car il vient de fonder chez Albin Michel la collection « Grands reportages » dont *Au bagne* est le premier volume. La vocation d'éditeur de l'un coïncide exactement avec la vocation d'auteur de l'autre. Comme ils sont restés très liés, ils ne se refusent rien. Ainsi Albert Londres, par sa signature et le succès de son odyssée guyanaise, est-il le véritable ambassadeur de ce nouvel avatar du « journalisme-en-librairie » que Henri Béraud et Albin Michel présentent dans ces termes au dos des livres :

« Faites du reportage!... Tel était le conseil qu'un de nos plus grands écrivains ne cessait de donner à tous les débutants. Cette collection nouvelle des Grands Reportages constitue une série de faits sensationnels rapportés et interprétés par des maîtres du journalisme contemporain. Ces notations frémissantes de vie, éparpillées par le journal suivant l'actualité quotidienne, reçoivent enfin l'hospitalité du livre qui dure... A l'intérêt de la plus brûlante actualité s'ajoute la valeur inappréciable d'un témoignage vécu. Documents plus attachant dans leur saisissante réalité que mille romans d'imagination. »

La collection prend forme très tôt. La même année, le troisième homme de ce trio, Édouard Helsey du *Journal*, y publie *Au pays de la monnaie de singe*, récits de ses voyages en Allemagne de 1913 à 1923, à la demande de Béraud, auquel le livre est d'ailleurs dédié.

Outre le caractère tout à fait idoine de cette collection et la présence essentielle de Béraud à sa tête, Albert Londres n'est pas mécontent d'être édité par Albin Michel. La maison est jeune, vingt ans à peine, mais elle a déjà à son actif des auteurs bien vus des académies : Roland Dorgelès (prix Fémina 1919), René Maran (prix Goncourt 1921), Francis Carco (prix du roman de l'Académie française) sans oublier Henri Béraud lui-même (prix Goncourt 1922) et Pierre Benoit, l'homme de *L'Atlantide*, qui n'a pas besoin de cela pour vendre ses livres.

C'est alors une maison en pleine croissance, qui vient de reprendre le fonds d'un confrère, Ollendorff, et qui, trop à l'étroit dans ses bureaux de la rue Huygens, doit ouvrir de nouveaux magasins rue de la Glacière. Pour Albert Londres, Albin Michel est moins un éditeur (le rôle est dévolu à Béraud) que le plus sûr des banquiers. En son absence, il est l'homme qui pourvoit régulièrement aux besoins financiers de Florise. Elle n'a qu'à demander. Les droits d'auteur de Londres sont suffisamment importants pour lui accorder si nécessaire une confortable avance. Dès son deuxième livre, il est lié par un contrat qui lui garantit la vente de cinq mille exemplaires, équivalent à une somme de 2 500 francs versée en deux fois, moitié à la signature, moitié à la parution, et des droits de 0,50 francs par exemplaire jusqu'à 5 000 exemplaires, 0,60 de 5 000 à 10 000, etc. [51].

Tout serait pour le mieux si, à l'automne 1925, Henri Béraud n'avait pas la mauvaise idée de rompre avec Albin Michel. Londres est désormais écartelé, tenté de suivre son ami aux éditions de France où il donne désormais toute sa production. Il n'y est pas obligé, pas même moralement. Chacun sait à Paris que, pour ne citer qu'eux, Arthème Fayard et Léon Daudet sont liés depuis leur jeunesse, puisqu'ils étaient condisciples au lycée Louis-le-Grand, mais cela n'empêche pas le bouillant polémiste de donner les trois quarts de son abondante production à Bernard Grasset et Flammarion.

Londres est tenté, pas seulement parce que le fondateur des éditions de France, Horace de Carbuccia, se vante d'accorder les droits d'auteur les plus élevés de France – jusqu'à 20 % du prix fort du volume [52]! – mais surtout parce qu'il publie des auteurs tels que Béraud, Kessel, Raymond Recouly, Paul Chack, Somerset Maugham, et que, pour soutenir ses livres par une promotion active, à l'instar de Fayard avec *Candide*, il a lancé l'hebdomadaire *Gringoire*, tribune à la disposition notamment des auteurs des éditions de France. Albert Londres finira par lui donner deux livres de reportage sur les dix publiés sous sa signature.

Il ne sait plus où donner de la tête. Dîners, déjeuners, rendez-vous. Il a perdu l'habitude de cette frénésie parisienne. Le succès aidant, on le presse comme jamais, au moment même où il aimerait prendre six mois de recul, pour souffler, réfléchir, se décider. Il songe à se dégager pour mieux s'engager. Mais Fayard lui demande un livre sur le Japon, Albin Michel un autre sur la Chine, les « Œuvres Libres » soixante pages sur un de ses récents voyages, *Les Annales littéraires et politiques*, qui prennent régulièrement ses piges, réclament cinq articles et *L'Illustration* se contenterait de trois. Mais il en a encore promis deux autres à *Je sais tout.* Et *Le Petit Parisien* qui attend... A ses parents dubitatifs, il explique :

« Je ne peux pas faire cela en courant. Alors je ne sais pas à quoi je vais me décider. Je crois qu'il serait sage de ma part de profiter de mes huit années de voyage et de la situation que cela m'a fait à Paris. Je vais y réfléchir avec tout le sérieux qui me caractérise. Je ne puis vous envoyer les *Daily Mail* où parurent mes articles (qui eurent beaucoup de succès en Angleterre car j'y éreintais les Anglais), je n'ai pu avoir ces journaux. Je n'en ai eu moi-même que des échos par de nombreuses lettres que le *Daily Mail* me renvoya [53]... »

Sous pression, harcelé et quelque peu grisé, un jour, un instant, il oublie tout pour un ami. Un des plus chers, André Tudesq.

A la fin de 1923, entre Noël et jour de l'an, il reçoit une lettre de lui : « Où te chercher? Comment t'atteindre?... » Tudesq lui a écrit rue de Douai, à tout hasard, pour lui proposer de prendre du repos, en sa compagnie, pendant quelques jours dans son ermitage landais. Il ne dissimule plus ses souffrances. Il est malade mais se bat, confiant. Dans deux saisons, il sera remis à neuf, c'est sûr. Et après, à nouveau l'aventure du grand reportage pour *Le Journal*! « Prépare des champs de bataille! La vie est belle et nos jambes ne sont point mortes... » En attendant, sa vie est une montagne russe, un calvaire. La mort rôde. Elle attend. Cette lettre douloureuse est le SOS d'un grand reporter privé de tour du monde, lancé à un frère introuvable. Depuis la fin de la guerre, Tudesq dit toujours à Londres : « Nous sommes de la même argile, nos vies s'entrelacent, nous faisons les mêmes rêves [54]. »

Tudesq... quarante ans, fantasque, une imagination toujours surprenante, grande culture et vrai talent, quelques recueils de vers et un des tout premiers livres publiés par Bernard Grasset. Tudesq, le meilleur d'entre nous, dirait Londres s'il était là. Mais où est-il? On le cherche partout. Un télégramme l'atteint enfin.

« Viens me dire adieu. Signé : Tudesq. »

Adieu? C'est donc fini... Il accourt auprès de son ami et passe quelques jours à ses côtés, près du Trayas.

Soudain, Tudesq :

« Je pars demain pour l'Indochine.

– Comment? dans cet état? »

Leurs regards se croisent. Inutile d'en rajouter. Ils se sont compris. Toute sensiblerie serait superflue. Il faut changer de sujet sans le quitter.

« Tu pars sur l'*André-Lebon*? demande Londres. Tu y trouveras mon ami le commandant Cousin. Seulement, il ne sera pas très gai. On lui fend l'oreille. C'est son dernier voyage.

– Alors nous serons deux [55]... »

Tout est dit. Londres accompagne son frère, las et fatigué, jusqu'à Marseille. Il peut à peine gravir la passerelle, se retourne, sourit de toute son âme et s'éloigne.

Peu après, une dépêche parvient à la rédaction du *Journal*: « votre collaborateur André Tudesq décédé à Saigon ». Lui qui aurait tant voulu mourir en mer... Avec la mère et la sœur de Tudesq, Helsey se rend à Marseille, chercher le corps. Le *Chantilly* accoste. On descend une grande caisse. A l'intérieur, un cercueil. Funérailles entre les marchandises. Quand les dockers achèvent leur déménagement, ils s'effacent et laissent apparaître la silhouette d'un spectateur discret et triste, Albert Londres [56].

Il repart avec son vieil ami Helsey, et bras dessus bras dessous, s'enfoncent dans la nuit, arpentant la ville jusqu'à l'aube, en évoquant le souvenir de Tudesq. Pour l'honorer, pour que l'absent apparaisse entre eux, ils ouvrent une bouteille et la boivent en pensée avec lui. C'est la plus belle gerbe qu'on puisse déposer à ses pieds. Paix à son âme voyageuse [57].

« Il me disait toujours que la mer commençait à Trieste. Pourquoi? Je l'ignore. Mais lui devait savoir... »

III

LE REDRESSEUR DE TORTS

1924-1931

20.

Biribi

« Monsieur,

Le hasard de la vie m'oblige à reprendre le bateau. Je pars cette fois en Afrique étudier les bagnes militaires. Si ce n'est pas trop demander, réservez-moi deux soirées en mars : 1) Bagnes de Guyane, 2) Bagnes militaires. Croyez-moi très sincèrement et très cordialement vôtre, Albert Londres[1]. »

Rendez-vous est pris. Le reporter doit donc impérativement être à Paris les lundi 17 et 24 mars 1924, à 20 h 30 au théâtre de la Fourmi. De sa propre initiative, il a donc demandé à Léo Poldès, le sympathique animateur du Club du Faubourg, de lui accorder deux conférences contradictoires sur les thèmes qui dorénavant lui tiennent à cœur : la défense des opprimés.

Signe des temps : depuis son retour de Guyane, Londres a raccroché son pardessus fatigué de flâneur salarié pour le troquer contre une cape toute neuve de redresseur de torts. Il entend dynamiter les piliers de l'ordre social, déranger en permanence *l'establishment*, secouer les torpeurs. Inévitablement, il se pose désormais en donneur de leçons. Qu'importe. Cette prise de conscience, déclenchée tant par l'éprouvante expérience des bagnes de Cayenne et alentour que par son inutile tour de la France profonde pour le compte du *Quotidien*, lui révèle également son véritable chemin d'écriture. Il a trouvé son style et pris ses marques. Dorénavant, tous ses reportages seront de cette encre. Sa devise, quoique formulée quelques années plus tard, s'inscrit déjà clairement dans son action :

« J'ai voulu descendre dans les fosses où la société se débarrasse de ce qui la menace ou de ce qu'elle ne peut nourrir. Regarder ce que personne ne veut plus regarder. Juger la chose jugée [2]... Notre métier n'est pas de faire plaisir, non plus de faire du tort, il est de porter la plume dans la plaie [3]. »

Après le bagne, le bagne. Après les îles du Salut, Biribi, les pénitenciers militaires d'Afrique du Nord où les condamnés des conseils de guerre n'en finissent pas d'expier leur très grande faute. L'un s'inscrit dans la suite logique de l'autre. Londres s'embarque à Marseille, faisant fi de l'actualité. Qu'importe la fièvre de la campagne électorale, les soubresauts de la guerre du Rif et la mort de Lénine. Désormais, il ne suit pas l'événement mais le précède et au besoin, le crée.

Lui qui veut prêter sa voix à ceux qui n'en ont pas, il va être servi. Que sait-il de l'humanité souffrante de Biribi ? Presque rien. Ce que chacun sait. Le système repose sur un principe intangible : sans discipline, pas d'armée. C'est la règle chez « les joyeux » du 1er bataillon d'infanterie légère d'Afrique, les fameux Bat' d'Af' créés il y a un siècle, qui regroupent les fortes têtes de l'armée sous le même uniforme dans des conditions rien moins que plaisantes. C'est également la règle chez les « pégriots » au bagne de Biribi, où se retrouvent les exclus, les punis, les irrécupérables, la lie de l'armée.

Pour l'opinion publique, Pégriots et Joyeux ne se distinguent guère. Ce sont des durs. Outre les rumeurs et les rapports alarmistes qui circulent régulièrement sur la situation « là-bas », Londres ne sait ce qu'il attend qu'à travers deux témoignages. Celui, célèbre, de l'écrivain Georges Darien : lui-même condamné par un conseil de guerre pour insubordination, il fut envoyé dans une compagnie disciplinaire en Tunisie et en ramena *Biribi, discipline militaire,* publié en 1890. Et celui, moins connu, de Paul Roussenq, recueilli par Londres lui-même à Cayenne. Versé à sa sortie de prison dans le 5e bataillon d'infanterie légère d'Afrique, il écopa de soixante jours de prison « pour avoir enguirlandé un adjudant ». Il subit alors un festival de brimades en tous genres, de la poignée de sel dans la gamelle de soupe à la privation intempestive d'eau et de tabac. Excédé, poussé à bout, il accrocha ses effets militaires aux barreaux de sa cellule et y mit le feu. Bilan : vingt francs de dégâts, vingt ans de travaux forcés. Une gaminerie, expliqua-t-il aux juges militaires de Tunis. Rien à faire : il est de plus dégradé et interdit de séjour pendant quinze ans pour « tentative d'incendie volontaire d'un bâtiment à l'usage de l'armée ». Son pourvoi en cassation rejeté, il se retrouva en 1908 en Guyane avant d'avoir compris ce qui lui arrivait[4]...

Biribi mène à tout mais le pire est parfois d'en sortir.

Albert Londres fait sa valise après s'être procuré une carte géographique au 1 500 000e, précisant les étapes de 1924. « Avant d'utiliser une piste carrossable, il y a lieu de se renseigner sur sa praticabilité », précisent les cartographes. Ils ont bien raison.

Biribi a des succursales en Tunisie (Téboursouk), au Maroc (Darbel-Hamrit) et surtout en Algérie (Bossuet, Orléansville, Douéra, Bougie, Ain Beida). C'est là qu'on trouve « la pègre », la réunion de tous les pégriots venus non seulement des Bat' d'Af', mais de l'armée du Rhin, de celle de Syrie et du régiment de Chine. On en dénombre environ 3 500. Il est hors de question de prendre le train pour aller à leur rencontre. Londres loue donc une voiture et un chauffeur, dès qu'il pose le pied en Afrique du Nord.

Pendant des jours et des jours, il sillonne le Rif à leur recherche. Rien. A croire qu'on les cache. A moins que le conducteur de son auto soit aussi stupide qu'il en a l'air.

Il poursuit sa quête dans la Chaouia et l'Atlas, rencontre des soldats et des officiers mais toujours pas de pégriots. A Kasba-Tadla enfin, il touche au but. Au loin, dans un champ, des hommes à képi donnent de la pelle et de la pioche sous l'œil de sergents, le revolver à la hanche. Ce doit être là. Il essaie de les interroger. En vain. Ils n'ont pas le droit d'ouvrir la bouche. Surtout pas pour se plaindre. Malgré le regard mauvais d'un officier, Londres insiste.

« Si vous êtes là, ce n'est sans doute pas pour avoir été aux vêpres tous les dimanches, hein? Mais ici, ça va à peu près, la justice?

– On est mieux là qu'à la SS[5]! »

Au loin, l'un de ces terrassiers en uniforme a risqué une réponse. Si la Section Spéciale des bataillons d'Afrique est pire, qu'est-ce que cela doit être... Pour en avoir le cœur net, il se rend en ville. On lui a dit que la tenancière du débit de boisson se faisait appeler « la belle Lison ». Incroyable. Ce n'est tout de même pas cette fameuse courtisane qui fit perdre la tête au « traître » Benjamin Ullmo, l'ancien reclus de l'île du Diable? Il demande à la voir. Ce pourrait être « la belle Lison ». Elle a vécu à Toulon, elle a vu le traître dégradé, elle tenait un meublé. Mais elle n'est pas la seule dans sa situation. Et puis elle n'est pas belle. Pardon, madame Platrier.

Encore une fausse piste, il fait de plus en plus froid à Azrou et le pneu arrière de la voiture ne cesse de crever. Quand Londres trouve enfin Dar-bel-Hamrit, il croit rêver. Ce n'est pourtant pas un mirage bien que l'endroit soit tellement perdu qu'on lui a retiré le train. Le lieu est si désertique que même les pégriots semblent l'avoir déserté. Le « Buffet-Hôtel », qui a perdu son B et son L depuis des lustres sans que nul s'en soucie, est fermé. Londres passe la tête à travers les carreaux brisés. Vide. Sale. Mort pour tout dire. Un coup de klaxon. Pas une âme à l'horizon. Bientôt un indigène fait une apparition, monté sur un âne. Il ne comprend pas. Deuxième coup de klaxon. Deux gendarmes surgissent du néant. Eux comprennent mais c'est le reporter qui ne comprend plus. On a vraiment déménagé le pénitencier? Vraiment. Un coup de vent l'a déplacé derrière la colline.

Il s'y rend derechef malgré les réticences de l'automobile. Le capitaine Étienne l'y attend mais il commence à perdre patience car cela fait bien trois semaines que l'envoyé spécial du *Petit Parisien* est annoncé. Enfin...

« D'où vient le mal? » demande-t-il tout à trac.

Le militaire répond froidement au civil par une question, manière d'engager le dialogue sur des bases saines.

« Que voulez-vous voir?

– Tout.

– Moi qui demeure ici, je ne vois pas tout[6]... »

Voilà une affaire bien engagée. Il faut dire que désormais, Albert Londres est précédé par sa réputation. On cherche ce qu'il cherche. Ce que les civils appellent la vérité et qu'ici on nomme le scandale. Il est mal vu. Les officiers comprennent mal que le ministère des Armées lui ait accordé les autorisations. Peut-être craignait-il son raffut en cas de refus? En tout cas, il ne fait guère de doute à leurs yeux que l'homme qui a mis le bagne de Cayenne en ébullition en le portant sur la place publique a l'intention de récidiver avec Biribi. Aussi l'attendent-ils de pied ferme.

« Fixe! Repos. Fixe! Repos... »

Un petit tour dans la cour le convainc si besoin est qu'ici, la discipline n'est pas une vue de l'esprit. Obéir ou mourir, il faut choisir. Sa première impression est éprouvante. Il en a froid dans le dos. Dans les yeux des bagnards de Cayenne, il y avait la détresse, la misère et la révolte. Dans ceux des condamnés de Dar-bel-Hamrit il y a la terreur, l'effroi et la révolte. Ils sont jeunes, de toutes races et de toutes confessions grâce aux rebuts de la légion étrangère. Ils serrent les dents. La tension est telle qu'il leur faut des nerfs d'acier pour ne pas dégorger la haine qu'ils vouent aux gradés. Pour échapper à un sergent particulièrement redouté, ils sont capables de se couper les doigts, avec une cuillère puisque les couteaux sont prohibés. Les originaux ont dix doigts comme de vulgaires pékins.

Le journaliste traîne dans les baraquements et les couloirs. Il observe et attend. Partout où il va un officier le suit et écoute. Des photographies nous le montrent interrogeant les condamnés appuyés sur leur pelle, surveillés par un gradé qui tend l'oreille en retrait à trois pas. Comment dans ces conditions leur faire dire ce qu'ils cachent? Un samedi soir, il lance aux détenus:

« Je reste parmi vous. Toutes vos affaires m'intéressent. Venez m'en parler. »

Le lendemain matin, ils sont bien tous au rassemblement mais ne pipent mot. Ils craignent un piège. Il suffirait que l'un d'entre eux sorte du rang pour donner l'impulsion et encourager ses co-détenus à faire le premier pas qui coûte tant. En voici un enfin, puis deux puis... Trop tard. Ils doivent rentrer. Tant pis. Ce n'est que partie remise.

Ils se décident à parler. Grâces, mutations, désertions. L'univers quotidien d'un pénitencier militaire. C'est bien mais ce n'est qu'une entrée en matière.

Cap sur Tafre-Nidj, un bled situé sur une route en construction entre Meknès et Khenifra. Sitôt rendu, le journaliste demande à voir le coin des punis. Un troupeau d'hébétés mal nourris. Certains sont tombés sur des pelles. Doux euphémisme de rigueur pour signifier qu'on leur a poché l'œil peu avant. La veille une partie de cartes s'est mal terminée. L'un des joueurs a été retrouvé avec une cuillère affûtée, plantée jusqu'au cœur. Dette de jeu, dette d'horreur.

Dès l'arrivée de Londres, le bureau des plaintes est ouvert. Il met son carnet de doléances à leur disposition malgré la mauvaise volonté des officiers. Ce puni ne comprend pas pourquoi on le punit sans arrêt. C'est un cercle infernal, qui a commencé le jour où il a boxé son sergent. Le zouave en a pris pour cinq ans de travaux publics. Mais depuis les peines pleuvent et ne se ressemblent que trop. Il invoque son bon droit. Naïf. Cet autre se plaint d'avoir été mis aux fers pendant deux heures alors que le règlement prévoit quinze minutes. Mais ce n'est plus le journaliste qui pose les questions, c'est le capitaine. Une interview? Non, un interrogatoire moins musclé que de coutume[7].

Albert Londres poursuit sa route. Il est mûr pour rédiger un guide des pénitenciers militaires au Maroc. Sidi-Moussah, Foum-Tegghet... Les abus se suivent et se ressemblent. A force de rencontrer des malades solitaires, il comprend qu'il n'y a pas de médecins dans les camps. Marche ou crève. Tout est bon pour faire travailler les plus mal en point : les coups, les privations par 50° à l'ombre, la suspension toute une journée en position de crapaud. Si c'est insuffisant, on fait allonger le détenu dans la cour et l'on oblige ses camarades à déposer directement leurs immondices sur lui. Les malades imaginaires en deviennent vraiment malades. On en a vu tendre la langue pour attraper l'eau du linge quand passent les corvées de nettoyage. D'autres ont été réveillés en pleine nuit, enterrés dans des tranchées, arrosés et maintenus immobiles au fil de la baïonnette jusqu'à ce que l'eau gèle. Ici, le bonheur c'est de casser les cailloux et de ne faire que cela dans les meilleures conditions[8].

Autres camps, mêmes mœurs. A El Bordj, les tortures sont peu raffinées. Les malades, on les met dans un four à chaux puis on leur pose la chaux vive sur l'épaule saignante. De temps en temps, on leur donne de l'eau. En abondance. Par seaux entiers, versés sur la tête. S'ils ne sont pas contents, on les laisse moisir au soleil dans une fosse d'aisance. Une variante très prisée consiste à les étendre sur le bord de la route, la tête en bas, le ventre immobilisé par une lourde pierre plate. Le soir, quand la soif les assèche à les étrangler, on leur tend une gamelle pleine. De sel fondu et non d'eau. Quand ils réalisent, il est trop tard. Ils ont bu. Ils mourront d'épuisement.

Pourquoi tout cela? Pour avoir osé prononcer la phrase fatale, la formule taboue, le mot qui tue : « Je suis malade, je ne peux plus travailler. » Si les coups de matraque sur le visage et les coups de cravache sur le corps ne lui font pas changer d'avis, il a de fortes chances d'y laisser sa peau.

On meurt beaucoup au camp. Un accident, la chaleur, allez savoir dans ces pays-là... Dans leurs rêves les plus fous, ceux de Biribi se voient déjà à Cayenne. Les cauchemars les ramènent à El Bordj et Sidi-Bouhalal. Pour en sortir, ils sont prêts à tout. Quand ils ont droit à la parole, devant un tribunal militaire à Casablanca ou un reporter de passage, le fond de leur pensée s'exprime brutalement d'un leitmotiv :

« Marre, marre, marre ! »

Exaspérés, poussés à bout, prêts à exploser, certains pégriots font un véritable bras de fer avec leurs gardes-chiourmes. Témoin cette algarade entre Cornil et un adjudant. Piqué par un scorpion, il se sent trop fiévreux pour travailler.

« Faites-moi passer en conseil de guerre, je préfère n'importe quelle peine, la réclusion, les travaux forcés à ce que l'on me fait subir ici. »

L'adjudant s'apprête à le cravacher. Alors le pégriot :

« Crevé pour crevé, si vous me touchez, je vous rentre dedans jusqu'à mon dernier souffle.

– Tu veux passer le falot, aller au conseil de guerre. Ce n'est pas mon idée à moi, je t'aurai sur place[9]. »

Cellule, tombeau, coups, fers aux pieds et aux mains, corde savonnée. Et encore ce n'est que l'entremets. Pour se rendre au conseil de guerre, Cornil est envoyé sur la route sans une goutte d'eau. Il sera condamné à deux années supplémentaires. Londres est abasourdi. Il note tout dans les moindres détails. Chacun son tour. Sous sa plume, les sous-officiers de la justice militaire en prennent pour leur grade.

« Les psychologistes pourraient peut-être même pousser là une étude de l'homme pris dans ce qui lui reste de profondément animal. Les actes cruels qui marquent la carrière de beaucoup de sergents surveillants sont moins le résultat d'une décision de l'esprit que la conséquence naturelle d'une brutalité qui se croit des droits et se donne des devoirs[10]. »

Il les appelle des « chaouchs » comme s'ils étaient moins les exécutants que les domestiques des officiers. Ils sont leur bras armé, celui qui accomplit les basses œuvres dont en haut lieu nul ne veut rien savoir, tout en étant parfaitement au courant des abus et des excès qui se déroulent sous leur autorité. Ces sous-off qui restent quand les officiers, eux, ne font que passer, n'ont d'autre distraction que de cogner. Il y a bien l'alcool mais il excite leur force de frappe. Ils ne se font aucune illusion sur leurs détenus. La lie de l'armée, donc le rebut de la terre, des indigènes de cloaque, des moins que rien. Pour tout dire, des salopards qui ne comprennent que les coups jusqu'à ce que mort s'ensuive. A leurs yeux, un pégriot malade est un détenu qui ment.

On n'en sort pas. Sans discipline pas d'armée. Traduit dans la langue de Biribi, cela donne : sans torture, pas de respect. Alors sel et teinture d'iode à discrétion sur les plaies à vif, braise et chaux vive sur la peau glacée. On comprend que pour y échapper, des pégriots préfèrent s'inoculer des maladies, se mutiler des membres, se tourner la tête jusqu'à la perdre. S'ils se contentaient de simuler, ils ne tiendraient pas le coup longtemps. Alors ils ne font plus semblant : ils s'infligent leur propre punition malgré les risques pour en éviter une autre bien plus dure à leurs yeux. Qu'est-ce que perdre un doigt quand on pourrait crever de soif au soleil? Conjonctivite, hémoptysie, jaunisse, érysipèle, ulcères, mélancolie... Toute la petite panoplie des grandes misères. Les étudiants de la Salpêtrière s'en donneraient à cœur joie.

Albert Londres passe ses journées et ses soirées à remplir ses carnets de notes achetés à Rabat. Les langues se dénouent. Les uns et les autres, progressivement mis en confiance, sont comme entraînés dans une spirale. Ils se mettent à raconter la vie avec plus de détails que le journaliste ne peut en retenir. En comparant les peines secondaires récoltées par tel ou tel, il s'aperçoit de l'extrême disparité de la répression des délits militaires.

« Pour la même faute, dans un cas identique, un conseil donnera un an, l'autre deux ans, un troisième cinq ans. C'est au petit bonheur. On dirait qu'ils distribuent des prospectus[11]. »

Des « affaires », Londres en a plus qu'il ne l'espérait. Il a de quoi remplir non des colonnes de journaux mais des dossiers d'avocats. Noms, matricules, circonstances... Tout y est.

Retour à Khenifra. Non que les chaudes couleurs du Moyen Atlas lui manquent. Londres s'est rarement senti aussi peu l'âme d'un touriste. Il ne traîne pas. On dit que les Chleuhs dissidents menacent le Français. Il ne faut pas traîner. S'il quitte les pégriots, c'est pour retrouver les joyeux des Bataillons d'Afrique et faire la différence. Ceux-là, contrairement aux autres, sont généralement des droits communs versés dans ces unités au moment de leur incorporation. S'ils se tiennent mal, en regard non plus de la société civile mais de la discipline militaire, alors ils connaîtront les joies de la Section Spéciale puis celles de Biribi. La discipline n'en est pas plus douce.

Pour interroger des Joyeux, Londres doit encore parcourir bien des kilomètres dans l'Atlas. Le jeu de piste continue. A croire qu'ils font exprès de le semer. Mais il s'accroche, n'étant pas venu si loin pour renoncer si près. A nouveau, c'est le mutisme, la méfiance, le regard baissé. Rien à déclarer. Tout va bien. Le caïd est un joyeux qui impose sa loi à ses camarades d'infortune. Il se tait, on se tait. C'est à lui qu'on obéit. Il préside même un tribunal secret qui siège la nuit, bien entendu, prononce des sentences, condamne et fait exécuter mouchards, traîtres, lâcheurs [12]...

Après avoir vécu un mois au cœur de l'Atlas, naviguant d'un camp à l'autre, Albert Londres a la conviction de tenir enfin son papier : la vérité sur les bagnes militaires. Il en sait tellement qu'il croit en savoir trop. Il ne faudrait pas le pousser pour qu'il rentre à Paris. Cette indécision transparaît dans une lettre à ses parents : « Ce ne fut pas commode. Cayenne était du sirop de grenadine à côté. Peut-être n'irai-je pas en Tunisie. Mon sac est déjà plein. Si je trouve en Algérie ce que je cherche, je rentrerai directement [13]... »

Deuxième acte. Après le Maroc, l'Algérie. Par acquis de conscience, pour ne rien rater. Dès son arrivée à la prison militaire d'Alger, il est comblé. Il fait ce qu'il veut, voit qui il veut, parle aux uns et aux autres. Mais Londres ne tarde pas à réaliser la méprise dont il est l'objet : tout le monde lui donne du « monsieur le député »...

Qu'importe. Quand l'administration pénitentiaire constate cette confusion des genres, il est déjà parti, en route pour la prison de Maison-Carrée. Là, une révélation l'attend, non dans l'ordre de l'horreur mais de l'art : un des détenus est l'homme le plus tatoué du monde. Des cheveux aux orteils, tout y passe y compris les paupières. Londres l'appelle le Gobelins vivant. Six ans de travail. « La paume des mains, l'intérieur des oreilles étaient décorés. Une chasse à courre s'engageait sur sa poitrine et s'achevait sur sa cuisse droite par la curée. Duchesses, marquises, gentilshommes en costume Louis XV échangeaient des grâces autour de son nombril. Des retardataires accouraient ventre à terre de sa région fessière [14]... »

Durant ses quatorze condamnations, il a eu le temps de se faire ce costume. Tout nu, il est encore bien habillé. Avec les vingt ans de travaux forcés auxquels le conseil de guerre de Constantine vient de le condamner, il aura tout le temps de se refaire une beauté. Tenancier de la popote du pénitencier, il était tenu pour responsable des vols répétés. Le jour où il découvrit le voleur, il emprunta le fusil d'un Sénégalais et administra une correction mortelle au chapardeur. Vingt ans donc et la Guyane à l'horizon. Londres, qui lui rend visite en compagnie du directeur de la prison, plaide sa cause. L'amour de l'art, probablement.

Pégriots, joyeux, sous-off, détenus... Il a fait le tour. Inutile de s'attarder sur ces pauvres tirailleurs, que l'innocence et le manque de discernement transforment en boucs émissaires idéaux en cas de bavure. Alors, quoi encore? Il manque bien quelques cas d'espèce à sa collection de portraits. Il suffit de chercher.

A la prison de Maison-Carrée, il rencontre des relégués militaires. Ils ont fini leur peine. Comme on ne sait pas quoi faire d'eux, on les garde. Ils se révoltent à leur manière et réclament d'être expédiés en Guyane. Sur les îles au moins, on peut fumer. Pas dans cette prison. A leurs yeux, Cayenne est une grâce. Le journaliste, payé pour savoir qu'ils se trompent, leur explique. Rien à faire. Il en rajoute dans l'horreur si besoin est, brosse un tableau des plus apocalyptiques. En vain. Ils préfèrent être des forçats libres en Guyane que des relégués dans une prison d'Algérie. D'un côté l'évasion, de l'autre la libération. D'un espoir l'autre, ils ont plus confiance dans les requins de Saint-Joseph que dans les avocats d'Alger. Impossible de leur faire entendre raison. Londres renonce. Ces gens-là ont décidément pris un sacré coup de soleil[15].

Il n'a pas encore tout vu, tout entendu. Il lui manque les exclus et la Grande Marcelle.

Les exclus, il faut aller dans un ancien fort espagnol à Mers el-Kébir pour leur parler. En dépit des réticences du général commandant la division de la place d'Oran, il va à leur rencontre car ce qu'il sait de ces hommes l'intrigue. Il n'est pas déçu. Ni joyeux ni pégriots, ils ont été exclus de l'Armée, jugés indignes de porter les armes. Mais comme il n'est pas question que l'exclu en profite pour éviter le service militaire, on le verse dans une unité où, pendant dix-huit mois, il manie la pelle et la pioche à la place du fusil. Sur le col de leur vareuse, deux lettres les désignent : D.E. pour « dépôt d'exclus ». Londres en compte moins de cent. Il les voit trimer dans la mine et alors qu'il se dirige vers eux pour les interroger, il est hélé par un capitaine à qui il n'a rien demandé :

« On ne va pas vers ces gens-là. C'est le résidu de la crapule. Je loge dans le fort depuis un an et je ne les ai jamais regardés... Il ne faut pas s'occuper d'eux. Le mieux est de les laisser dans leur boue. N'est-ce pas votre avis, Monsieur [16]? »

Albert Londres répond d'un sourire ironique. Car les pestiférés justement, c'est sa spécialité. Fussent-ils des escrocs et des malandrins. Il suffit qu'on les marginalise, qu'on les brime et qu'on les bâillonne afin qu'ils ne puissent crier leur douleur pour qu'il se sente solidaire et leur prête sa voix et sa plume.

A Douera où règne la Grande Marcelle, ce ne sont pas les occasions qui manquent. Marcel, un sergent bien bâti mais assez efféminé, est un spécimen intéressant de ce que les sous-off peuvent produire quand ils se veulent plus canailles que la canaille. Celui-ci a un goût marqué pour les plaisanteries les plus sadiques. C'est qu'on ne s'amuse pas tous les jours à Douera. La routine, c'est la nourriture jetée aux chiens quand un puni affamé tend la main, c'est le nerf de bœuf promis au dernier entré dans la chambrée, c'est la soif attisée à en sucer des boutons de culotte, c'est la couche de sel bien cachée au fond de la soupe afin de mettre la victime en appétit [17].

Tous les sous-officiers ne sont pas des Grande Marcelle. Ils n'ont pas ses raffinements ni cette subtilité dans la torture morale et physique. Ils n'en provoquent pas moins un même sentiment de haine. Ce sont les pourvoyeurs de l'antimilitarisme. Ils sont parvenus au résultat contraire de ce qu'on attendait d'eux. A force d'humiliation, ils l'ont érigée en méthode de gouvernement. C'est aussi en cela que les pénitenciers d'Afrique du Nord sont un échec. Ils ont failli tant sur le plan moral que militaire. Et qu'on ne parle pas de réhabilitation du condamné. Les punis empirent. Ils en ont trop bavé pour trouver une quelconque rédemption dans les châtiments qu'on leur inflige, les peines à répétition et les brimades sans fin. A quoi bon s'amender vis-à-vis de la société quand on est face à des sous-officiers qui ne pensent qu'à vous détruire, vous faire la peau, vous anéantir? Ils ont réussi à faire de la haine un sentiment plus fort que la douleur.

Au Maroc, en Algérie et en Tunisie enfin, Albert Londres entend les mêmes mots, les mêmes expressions, une seule et même plainte qui sourd uniment de tous les camps et pénitenciers. « Marre, marre, marre! » « Ils nous en ont trop fait! » Le puni ne réclame pas le respect, il a trop les pieds sur terre. Il demande juste à n'être plus humilié en permanence. Insigne privilège d'humain. Mais au vu de ce qui se passe quotidiennement derrière les murs, certains seraient mieux avisés de demander directement l'assistance de la Société protectrice des animaux.

Le 10 mai 1924, à l'issue de son enquête de dix-neuf articles sur Biribi, Albert Londres publie dans *Le Petit Parisien* une lettre ouverte au ministre de la Guerre. Sa démarche est similaire de celle qui fut déjà la sienne sept mois auparavant quand il s'adressa au ministre des Colonies pour l'interpeller sur le bagne de Cayenne. Cette « chute » lui paraît indispensable pour que ses reportages ne restent pas lettre morte. S'il est bon d'émouvoir le lecteur, il est impératif de faire bouger les pouvoirs publics. Sans cela, à quoi bon? C'est bien ainsi désormais que le grand reporter conçoit sa mission.

C'est sur le registre de la honte qu'il choisit d'interpeller le ministre de tutelle des pénitenciers d'Afrique du Nord. Il plaide le désarroi de ces condamnés qui ne s'en sortiront jamais car chacun de leur geste est une faute qui les enfonce un peu plus dans l'engrenage de la répression. Londres reproche à la justice de son pays d'user d'un arsenal législatif et répressif criminel parce que désuet et inadapté. A l'heure du sans-fil, on se comporte encore comme aux débuts de l'ère chrétienne. Ils présentent les sous-officiers alternativement comme des tyrans et des dresseurs de fauves, qui de toute façon se moquent bien du règlement, du code et des instructions du ministère de la Guerre. Ils font ce qu'ils veulent, donnent libre cours à leur méchanceté naturelle et s'imposent par le chantage, la terreur et l'arbitraire. Cela n'est pas digne de l'Armée française.

La solution? Il y en a deux. Soit on donne un sérieux coup de pied dans la fourmilière afin que Biribi soit conforme à ses principes fondateurs. Soit on supprime purement et simplement cette institution controversée.

Pour réformer les pénitenciers d'Afrique du Nord, Londres ne préconise que des initiatives radicales. Elles vont toutes dans la même direction et n'amélioreront pas ses relations avec les sous-officiers. Car il conseille de les renvoyer, tous, en bloc « et si par cette même occasion on en fait passer quelques-uns par les guichets du conseil de guerre, ce ne sera pas une erreur ». Après ce grand coup de balai, le ministre sera, selon lui, bien inspiré de procéder au recrutement de jeunes sous-officiers non tarés, payés comme des sergents de Bat' d'Af' avec une prime de 3,50 francs par jour et non plus 0,40 franc, et « éduqués » dans l'idée que 80 % des coupables sont encore plus jeunes qu'eux, qu'ils expient une faute de jeunesse, qu'ils ne sont ni des assassins, ni des animaux et qu'ils aimeraient bien s'en sortir à condition qu'on ne leur enfonce pas la tête dans le trou à chaque fois qu'ils la relèvent. Encore faut-il adjoindre à ce sous-off à visage humain un médecin pour soigner le corps et une sorte de prêtre pour soigner le moral.

Quant à la deuxième solution, Londres l'évoque pour ne pas l'étudier. Biribi n'est pas plus supprimable que l'armée qui l'a sécrété. Il vaut mieux selon lui amender ce système inique et inhumain que de verser ces misérables et ces rebelles dans des prisons civiles forcément inadaptées. A tout prendre, ceux-ci préfèrent travailler à l'air dit libre que derrière des murs trop hauts.

« Le mal est au cœur même de nos méthodes de répression. Dans ce domaine, nous faisons plus que de manquer d'humanité, nous manquons d'intelligence... Ce n'est pas à la peine que nous en avons, c'est à la manière déloyale dont on l'applique. »

C'est de là que vient la force du plaidoyer d'Albert Londres. S'il prônait la suppression des pénitenciers militaires, la cause serait entendue, l'affaire classée et lui-même étiqueté comme dangereux subversif ou utopiste irresponsable. Mais il touche le public et les dirigeants parce qu'il ne s'en prend ni à l'armée ni à ses institutions. Tout en les respectant, il charge les sous-officiers de tous les péchés d'Israël et en appelle à une refonte d'un trop vieux système.

Peu après leur parution, les articles sont édités en recueil sous le titre *Dante n'avait rien vu* et connaissent un succès à peine moins important que *Au bagne.* Car à Biribi comme à Cayenne, Albert Londres a eu l'intelligence de dénoncer haut et fort le scandale sans verser ni dans l'antimilitarisme ni dans l'anticolonialisme. La société est secouée sans qu'il ait jamais touché aux piliers sur lesquels elle s'appuie.

C'est sa force. Il est bien décidé à en user à chaque fois que le besoin s'en fera sentir. Albert Londres passe pour un journaliste qui ébranle sans faire vaciller. Il sait jusqu'où aller trop loin. C'est aussi le secret de sa réussite et, partant, de son efficacité.

Paris, octobre 1924. Le général Nollet, ci-devant ministre de la Guerre, a laissé passer la bourrasque pour ne pas donner l'impression d'agir sous la pression d'un journal. Mais dès la fin de l'été, il envoie en Afrique du Nord une commission d'enquête chargée de vérifier les allégations du reporter. Elle est composée d'un général, d'un colonel, d'un médecin-major et de deux magistrats. Son rapport se fera attendre. Deux mois après, toujours rien. Alors à la Chambre, le député socialiste Eugène Frot, représentant du Loiret, interpelle le ministre de la Guerre, invoque les terribles accusations d'Albert Londres et l'inertie criminelle de la bureaucratie militaire. Son intervention est accueillie par des applaudissements tandis que le général Nollet formule une réponse de circonstance[18].

Londres avait décidément raison : sur bien des points, Cayenne était « du sirop de grenadine » à côté de Biribi.

Son coup d'éclat, prolongé pendant des mois par la vente du livre, les critiques et le courrier qu'il a suscités, humanise Biribi, conjointement à l'action de la Ligue des Droits de l'homme qui suit activement le dossier. Les « travaux publics » et leur cortège de tortures sont supprimés. Ceux qui y étaient affectés se retrouvent derrière les barreaux en métropole tandis que ceux de Dar-bel-Hamrit sont transférés à la prison civile de Kenitra[19].

Biribi tombe progressivement dans l'oubli. Mais pas pour tout le monde. Les sous-officiers ne pardonnent pas. Eux, ils croient toujours en Biribi et s'y accrochent. Quelques années après la parution de *Dante n'avait rien vu,* le journaliste Francis Doré, un pied-noir de Saida qui fut lui-même sous-officier à Douera, publie *Albert Londres n'a rien vu* aux éditions Figuière. L'épître dédicatoire n'est vraiment pas équivoque, si tant est que le titre ait pu laisser planer le moindre doute sur les intentions de l'auteur :

« Respectueusement dédié à M. le ministre de la Guerre, dans le but de détruire ce qu'il y a de romanesque, de fantaisiste et de provocant dans l'œuvre d'un journaliste à court d'informations, qui a impunément traîné dans la boue une phalange de l'Armée d'Afrique. »

Grandeur et servitude du sous-officier... Révolté de ce que ces glorieux soldats aient pu être traduits devant des conseils de guerre sur la foi de racontars colportés à dessein par un reporter, Francis Doré affirme que Londres n'a jamais mis les pieds à Bossuet, ni à

Douera, deux des plus importants établissements pénitentiaires. Il lui reproche également d'avoir systématiquement posé le détenu en victime et le sous-off en brute, et d'avoir surtout généralisé à partir de quelques cas d'espèce. Ce détracteur de la onzième heure, qui veut faire de son Biribi idéal une école de moralisation et de réhabilitation, dresse un bilan négatif de cette « mauvaise action » contre l'Armée : rien n'a changé; si le nombre des établissements a diminué, celui des détenus en revanche est identique; l'amnistie ne les a pas empêchés d'être renvoyés en Afrique du Nord...

Entre-temps, Albert Londres, lui, en a trop vu. Quand ce livre paraîtra en 1930, il sera loin, ailleurs, préoccupé par d'autres combats. Il ne lui restera plus qu'à envoyer à cet hostile confrère la copie d'une manière de diplôme [20] joliment décoré de lauriers et de frontispices, qui comble sa fierté et son orgueil, d'autant qu'il n'a rien fait pour l'avoir.

« Nous, conseil de l'Ordre Universel du Mérite Humain
Faisons savoir
Que Monsieur Albert Londres, collaborateur du journal
Le Petit Parisien
Est nommé à la qualité de
GRAND DIGNITAIRE
dans l'Ordre Universel du Mérite Humain, en reconnaissance des services rendus à la collectivité humaine et pour les motifs particuliers énoncés dans les présentes :

« A été proclamé lauréat des prix littéraires de l'Ordre, catégorie des journalistes, pour l'année 1924, et pour son enquête sur « Biribi » publiée dans le journal *Le Petit Parisien.* »

A Genève, le 28 janvier 1925. »

21.

Avec les forçats de la route

« Une idiotie ».

Le jugement est péremptoire. Sec et sans appel. Il est pourtant de la main même d'Albert Londres. Récapitulant ses reportages depuis l'incendie de la cathédrale de Reims, il en dresse la liste chronologique et juge ainsi, d'un mot, sa série d'articles sur le Tour de France cycliste de l'été 1924.

Albert Londres? Du vélo? Très exactement. Le motif est avouable et n'a pas grand rapport avec le journalisme au long cours, les luttes humanitaires et les révolutions qui couvent. L'amour tout simplement. Sa compagne du moment ne souhaitant pas quitter le pays, le nomade invétéré du *Petit Parisien* se sédentarise à sa manière. Il reste en France mais bouge toujours. Pour un homme comme lui, être séparé de l'aimée par quelques étapes du Tour n'est pas un obstacle. A peine une promenade.

Mais Londres reste Londres, quels que soient les fuseaux horaires. Même quand il couvre une actualité qu'il tient pour une broutille, il y met son génie propre. Ce Tour s'annonce comme un événement et il n'y sera pas étranger.

Londres n'est pas, et pour cause, familier de cette manifestation sportive. C'est même son baptême du Tour. Autant dire que contrairement à ses confrères, vieux de la vieille du Vélo Circus, il ne connaît pas les coureurs par leur prénom, ni les suiveurs par leur surnom, et il n'a pas, lui, une fille à chaque étape. Du cyclisme, il ne connaît que ce qu'il en a lu, à l'occasion, dans son journal. C'est mince mais qu'importe. Comment va-t-il s'y prendre? Comme pour le reste. A sa manière. Des portraits, des interviews mises en dialogues et en situation, de la comédie et de la tragédie, un peu de recul et beaucoup d'humour.

Douze articles en tout, entre le 23 juin et le 20 juillet. Ceux-ci ne seront pas recueillis dans un livre. Même pas dans une anthologie du journalisme sportif. On n'édite pas une « idiotie ». Dommage. Car le défenseur des opprimés, le héraut des bagnards et des pégriots, lance une expression qui fait florès : « les forçats de la route ». Elle restera. C'est du Londres, grand reporter des îles et correspondant de guerre égaré dans la meute des as de la pédale.

Le tour de France, c'est d'abord une institution. Elle obéit à un rituel. Certains le trouvent gai. Londres le juge lugubre. Il tient la caravane pour un convoi des pompes funèbres. Juste après les coureurs, voici une longue limousine noire pleine d'officiels à la mine patibulaire, puis une autre semblable transportant probablement le prêtre, puis une troisième, une torpédo celle-là, dans laquelle on reconnaît trois pénitents italiens coiffés d'une sorte de cagoule, des reporters romains en fait, que Londres prend pour des détectives car ils ne cessent d'aller et venir le long du convoi comme s'ils cherchaient quelqu'un; enfin la quatrième et la cinquième automobile font claquer au vent des fanions jaune couleur d'immortelle frappés de lettres noires dans lesquelles il croit déchiffrer : « regrets éternels ». Derrière cette sinistre théorie de voitures, il en est d'autres encore, pleines de gens qui pleurent et de boyaux crevés, la famille probablement [1].

Ici comme ailleurs, Albert Londres se sent plus proche, solidaire et complice, des héros et des marginaux que des pouvoirs et des notables. Les officiels, il les expédie en quelques paragraphes sur un air d'enterrement. A quelques exceptions près, deux hommes notamment valent le détour de France.

L'un s'appelle Bazin. Il est le chronométreur, et terrorise les cyclistes. L'heure c'est l'heure, quand c'est fini il ferme boutique, tant pis pour les lanternes rouges. Sa montre vaut 2 500 francs. Elle capte tout. Sa fameuse aiguille dite dédoublante-rattrapante est « la guillotine des coureurs ». On dit qu'il a un cœur de pierre, une tocante à la place du cœur, une horloge à la place du cerveau. Si Bazin était suisse, il serait coucou. Mais comme il est français, il comptabilise les dixièmes de quart de seconde entre les étapes. Redoutable [2].

L'autre s'appelle Alphonse Baugé. On l'a surnommé « le maréchal ». Commandant en chef des cyclistes de toutes les courses, le Tour et les autres, il passe pour être le saint patron de la pédale française. Sans lui beaucoup abandonneraient. Pendant toute la durée de l'étape, il ne dit mot. Son mutisme rend toute interview impossible. Le règlement, c'est le règlement. A l'arrivée, il est intarissable. Moins avec la presse, dont il se fiche, qu'avec « ses » coureurs qui l'obsèdent. Il est toujours là, à l'hôtel pour les requinquer, guettant ceux qui sont prêts à céder et tout lâcher. Tous les arguments sont bons : l'orgueil, la fierté, les femmes, la flagornerie... Quand il est à court, il emploie les grands moyens afin de retenir par la manche celui qui recule devant l'assaut des Pyrénées.

« Tu connais Kubelik, le grand violoniste?... Eh bien toi aussi tu es un artiste, un artiste de la pédale... Tu as l'honneur de courir le Tour de France, ce flambeau du sport cycliste... »

A ses yeux, cycliste n'est pas un métier mais une mission. Celui qui s'en est investi ne connaît qu'une femme, la seule à laquelle il doit être fidèle : sa bicyclette.

Le jeune sportif ne veut décidément pas se crever pour 6,50 francs les 1 200 km alors qu'à Marseille on lui a donné 5 000 francs pour 300 km. Logique, non? Le Maréchal le traite de tous les noms.

« Tu ne comprends rien à la beauté du guidon. Fais ce que tu veux... Tu me dégoûtes. »

Et si cela ne fait pas revenir le cycliste sur sa décision, Baugé n'envisage plus que la solution de la dernière chance. Pour trouver le courage nécessaire à l'étape du lendemain, il l'emmène dans une librairie acheter la *Vie des martyrs*, de Georges Duhamel[3]...

Partis à cent cinquante, ils revinrent à soixante. Quelle bataille! C'est le Tour de souffrance. Enfoncé dans le fauteuil moelleux de sa Renault, la tête à la fenêtre, Londres les suit mais choisit ses têtes dès le départ. Voici Mottiat au divin sourire malgré l'effort, Tiberghien qui récolte des lettres d'amour aux ravitaillements entre deux cuisses de poulet, Frantz qui pédale avec tant de décontraction et de facilité qu'il est capable de continuer bien après l'arrivée sans s'en apercevoir, Cuvelier et Alancourt, hargneux à manger du bitume, Alavoine dit Jean XIII dit le roi de la poisse, que Londres voudrait faire entrer à l'Académie française tant il s'exprime bien, Rho qui ressemble de plus en plus à D'Annunzio, Kamm ancien vendeur du *Petit Parisien*, qui dans les montées demande au reporter de le pistonner pour reprendre du service[4]...

Mais il y a surtout Bottechia et les Pélissier. Ce sont eux les héros désignés avant même le premier coup de rein. Des idoles en quelque sorte.

Ottavic Bottechia, dit « le maçon du Frioul », devinez pourquoi, est un illettré devenu professionnel il y a deux ans à peine. Il se présente comme « un ouvrier du vélo », celui qui a appris à monter en selle pendant la guerre : versé à la section cycliste de Bersaglieri, il faisait la course entre le front et l'état-major, des messages plein les poches. Depuis il sait tout faire : rouler, sprinter, grimper. Et par tous les temps : pluie, grêle, obus, bombardements... Désormais il court pour la firme française Automoto-Hutchinson, cet antifasciste déclaré que les partisans de Mussolini menacent en permanence de leurs foudres[5].

Les Pélissier, c'est autre chose. Non pas un homme mais toute une famille. Trois frères, trois champions. L'aîné, Henri, mène la danse. Il est célèbre, tant pour ses performances et ses victoires que pour ses coups de colère et ses bagarres. Régulièrement, il s'accroche avec Henri Desgranges, le patron du Tour, son père-fondateur. Il y a trois ans, à la veille de Paris-Roubaix, Pélissier a carrément débarqué dans le bureau du directeur de *L'Auto* pour lui dire son fait. Ils ont eu des mots devant les rédacteurs stupéfaits par cette manière si bruyante de faire passer un droit de réponse. Ulcéré, l'agressé lui a promis en représailles que jamais le nom des trois frères ne serait imprimé dans son journal. Mais Henri Pélissier trouvait la parade dès le dimanche suivant, en remportant Paris-Roubaix tandis que son frère Francis arrivait second, obligeant ainsi le patron de *L'Auto* à se déjuger en faisant la manchette avec leur nom[6].

Ce n'est donc pas tout à fait un hasard si Albert Londres se met dans sa roue. Il pressent que d'une manière ou d'une autre, Henri Pélissier fera l'événement. Dès la première étape, il ne le lâche pas d'un rayon. Mais à Granville, sur le coup de six heures, il se frotte les yeux. Plus de Pélissier. Disparus, les frères. Ils ne sont pas dans le peloton ni dans le groupe. Les gens de leur firme semblent également à leur recherche. Londres va faire un tour du côté des ténébreux, ainsi que l'on nomme les coureurs qui n'ont pas des boyaux mais le cœur au ventre, autrement dit les indépendants, embrigadés dans aucune compagnie de cycles. Rien non plus.

Un mauvais bruit commence à se propager le long de la caravane. « Ils » ont abandonné. C'est à peine croyable. Pour en avoir le cœur net, Londres ordonne à son chauffeur un demi-tour et revient sur ses pas en direction de Cherbourg. Toujours rien. Mais à Coutances, des gamins ont l'air bien renseignés.

« Avez-vous vu les Pélissier?

– Même que je les ai touchés!

– Tu sais où ils sont?

– Au café de la gare [7]... »

Au bistrot, les coureurs? Effectivement. L'endroit est plein à craquer. Mais la foule est muette. Ce n'est pas l'émotion qui la bâillonne. Elle tend l'oreille car au fond de la salle, très entourés, Henri et Francis Pélissier accompagnés de Ville, second à la précédente étape, racontent. Albert Londres joue des coudes, se fraie un chemin pour parvenir enfin à leur table et s'y asseoir. Il sort son carnet tandis que le photographe du *Petit Parisien* immortalise la scène. Alors, qu'est-ce qui se passe? L'appel du pastis? Une grande faim? La vérité est plus drôle et plus dérisoire.

Henri Pélissier a toujours couru avec deux maillots, l'un sur l'autre, pour les départs de nuit afin de ne pas attraper froid. Quand le soleil se lève, il en balance un dans la campagne. Seulement voilà : le règlement stipule que les coureurs n'ont le droit de rien jeter pendant la course, ni même de confier leur imperméable aux accompagnateurs. Mais les maillots? Le directeur d'une firme concurrente à celle qui emploie Pélissier prévient le commissaire général qui en réfère au tout-puissant Henri Desgranges, lequel décide aussitôt de faire entrer les maillots dans la catégorie du matériel de maison à ne pas jeter par-dessus bord. Le règlement c'est le règlement. Mais Pélissier ne l'entend pas ainsi. Tout en roulant il se rend auprès du patron du Tour et inévitablement, le ton monte entre les deux hommes.

« Il n'est pas à la maison, il est à moi!

– Je ne discute pas dans la rue, répond Desgranges.

– Si vous ne discutez pas dans la rue, je vais me recoucher...

– On arrangera cela à Brest.

– A Brest, ce sera tout arrangé parce que j'aurai passé la main avant... »

Henri Pélissier s'éloigne de ces satanées limousines qui ne cessent de leur raboter les cuisses quand elles ne les poussent pas dans le fossé, accélère et remonte le peloton jusqu'à ce qu'il trouve son frère :

« Viens, Francis. On plaque! »

Entre deux bols de chocolat chaud, Pélissier raconte avec le franc-parler dont il est coutumier tandis que Londres couvre nerveusement les pages de son carnet. C'est incontestablement l'affaire du jour, peut-être même du Tour. Car le reporter prolonge la colère de ces trois hommes qui ont abandonné en leur donnant la parole afin qu'ils déballent ce qu'ils ont sur le cœur. Il tient les Pélissier pour ces rares coureurs qui n'ont pas que des jambes mais une tête et du jugement. Ils sont les plus indiqués pour faire le procès du Tour de souffrance. Comme il faut s'y attendre, Henri Pélissier parle pour les trois.

« Vous ne nous avez pas encore vus au bain à l'arrivée? Payez-vous cette séance. La boue ôtée, nous sommes blancs comme des suaires. La diarrhée nous vide. On tourne de l'œil dans l'eau. Regardez nos lacets, ils sont en cuir. Eh bien, ils ne tiennent pas toujours, ils se rompent; et c'est du cuir, du moins je le suppose... Pensez ce que devient notre peau. Quand nous descendons de machine, on passe à travers nos chaussettes, à travers nos culottes, plus rien ne tient au corps. Et vous n'avez rien vu, attendez les Pyrénées! C'est le hard-labour. Tout ça, nous l'encaissons. Ce que nous ne ferions pas faire à des mulets, nous le faisons. On n'est pas des fainéants. Mais au nom de Dieu, qu'on ne nous embête pas. Nous acceptons le tourment, mais nous ne voulons pas de vexations. Je m'appelle Pélissier et non Azor! »

La salle et l'arrière-salle du café de la gare de Coutances éclatent de rire. Pélissier est lancé, à pied pour une fois. Il s'immerge à nouveau dans son bol de chocolat fumant, comme s'il y puisait l'énergie de sa diatribe, avant de repartir à l'assaut de l'institution. Armé d'un solide bon sens, il interpelle le reporter et à travers lui le public : est-ce bien des manières que de palper les gens pour voir combien de sous-vêtements ils portent? Et si je veux porter quinze maillots et n'en ramener qu'un? Il se désole.

« C'est le règlement... Il ne faut pas seulement courir comme des brutes, mais geler ou étouffer. Ça fait également partie du sport, paraît-il... Vous n'avez pas idée de ce qu'est le Tour de France.

C'est un calvaire. Et encore le chemin de croix n'avait que quatorze stations, tandis que le nôtre en compte quinze[8]. »

Un calvaire? Autant dire : le bagne. Albert Londres n'en sort pas, décidément. Quelque peu conditionné par ses précédents reportages, il lance l'expression « les forçats de la route ». Le leitmotiv gagne le Tour, fait les gros titres et passe à la postérité. Les officiels ne sont pas contents. Cette affaire, amplifiée par les articles de l'envoyé spécial, donne une mauvaise image du Tour. Décidément, Albert Londres possède l'art et la manière de se faire des amis.

La course continue. Mais pour lui, elle perd désormais de son attrait. Il va falloir meubler. Il poursuit sur sa lancée en dénonçant les travers d'une entreprise moins ludique qu'il n'y paraît. Désormais il se contente de donner la parole aux coureurs, interviewés en plein effort. Le plaisir? Quel plaisir! Ces hommes souffrent, grimacent, s'écroulent.

« Ils attaquent le Tourmalet avec les mouvements de quelqu'un qui se jetterait la tête contre les murs. En langage de sport, peut-être que cela est beau; mais dans le langage des hommes, c'est simplement navrant[9]. »

Ils ne savent plus lesquels sont les plus crevés, des coureurs ou des boyaux. Certains disparaissent, on n'entend plus parler d'eux. Où est passé le maillot jaune? Si ce n'était Bottechia, on ne s'inquiéterait pas tant. Londres part à sa recherche. Une heure durant, à la vitesse de 55 km/heure, il est à sa poursuite. Rien sur la route. De temps à autre, il jette un coup d'œil dans les ravins, mais il n'y est pas non plus. Il faudra attendre de passer le col d'Aspin pour repérer le fameux nez du maçon du Frioul et derrière le nez, le coureur tant recherché. Il a pris seize minutes au second[10]...

Voici Degy qui passe enfin. Londres le hèle par la portière.

« Que trouvez-vous le plus dur : les grands cols ou les grandes étapes?

– Les grandes étapes et les grands cols[11]... »

Alavoine a un langage plus fleuri. C'est lui qu'Albert Londres veut présenter à l'Académie française pour représenter la pédale française. Car celui qu'on surnomme le roi de la poisse est un poète. Pris de malaise dans l'ascension des Pyrénées sans crampons ni piolets, il confie sa peine dans des termes qui n'appartiennent qu'à lui.

« C'est décolorant pour une étape méchante, d'être pompé par un inconvénient de cette superficie [12]. »

Quinze étapes et cent cinquante coureurs qui, chacun, se réservent pour celle qui les amène triomphalement dans leur pays. Une partie de plaisir... L'un d'entre eux, à bout, abandonne et grimpe dans la Renault d'Albert Londres. Grave erreur. Il paraît qu'on va lui infliger 500 francs d'amende. Une bagatelle. Il aurait dû en principe continuer à pied, son cadre sur l'épaule et ses épaules cerclées de boyaux. Sur le Tour, on va sur deux pieds ou deux roues, mais pas autrement, c'est interdit. Londres préfère en rire.

« A sa place, je me serais tué sur le coup. Comme cela, il n'eût pas enfreint le règlement [13]! »

Le règlement! Voilà bien le point commun à tous ces bagnes.

La France, ils en ont fait le tour. C'est fini. Il était temps. Les survivants sont dans un état de fraîcheur frôlant la décomposition avancée.

A propos, le vainqueur du Tour, édition 1924, est Ottavio Bottechia, maillot jaune depuis le premier jour. Albert Londres s'en fiche. Le Tour de France est une idiotie. De toute façon, il n'aime pas le vélo. Il préfère les paquebots et les trains. Mais jamais le reporter au long cours n'oubliera l'audace tranquille de Pélissier et la digne souffrance de Bottechia. Ni ce vieux monsieur à l'étape de Perpignan qui, un sanglot dans la voix, accueillit épaves et cadavres de coureurs cyclistes au visage ravagé par la douleur et le chagrin, par ces simples mots :

« Vous êtes de braves garçons [14]! »

22.

Chez les fous

1925. Mac Orlan est en reportage en Italie pour le compte de l'*Intransigeant*. Dans le Rif, Abd-el-Krim attaque des avant-postes français. Roland Dorgelès publie *Sur la route mandarine* chez Albin Michel. Il y a dénoncé les abus des grandes sociétés capitalistes au Tonkin. L'un des chapitres est intitulé « Sous le signe de la piastre ». On ne saurait mieux dire. Le critique Robert Kemp y voit « d'abord du grand reportage » mais pour la presse du parti colonial, ce n'est qu'un pamphlet plein de fiel. L'enquêteur s'est rangé systématiquement, naïvement, dit-elle, du côté des victimes et des exploités. Dorgelès, qui ne prétend pas être un forcené de l'anticolonialisme, veut prévenir le péril financier qui selon lui menace l'Indochine. Il ne donne pas un quart de siècle aux requins des affaires pour tout gâcher : « Ce ne sont pas les Soviets qui nous feront perdre l'Indochine, ce sont les profiteurs [1]. »

Autant de sujets pour Albert Londres. Remis du Tour de France, il a traîné. Qu'il ait été guidé par l'intuition ou la réflexion, sinon par la conjugaison des deux, il revient toujours à l'enfermement. C'est devenu une obsession. Il a connu les bagnes, les prisons et les pénitenciers. Pour boucler la boucle, il ne lui manque que les asiles. Ce qui l'attend exactement, il l'ignore et c'est tant mieux. Le seul risque qu'il prend en se lançant dans cette nouvelle aventure, c'est de perdre des lecteurs. Ils sont de plus en plus nombreux à le suivre, en kiosque et en librairie. Mais aucun sondage d'opinion ne lui dira jamais si c'est plus pour sa défense des opprimés et des rebelles que pour les aspects exotiques et pittoresques de ses reportages.

Tant pis. Il se lance, tête baissée comme à son habitude. Ce sera donc non seulement les fous, mais les fous français. Il n'ira pas les chercher au bout du monde mais dans des asiles bien de chez nous.

Qu'en pense-t-on à la rédaction du *Petit Parisien?* Du bien, assurément. On en veut pour preuve l'épître dédicatoire au livre que Londres tirera immédiatement de cette nouvelle série :

« Si j'allais au bagne?
– Allez. »
Huit mois plus tard.
« Si je partais pour Biribi?
– Partez. »
Au retour de Biribi.
« Si je faisais les fous?
– Faites. »
Ainsi me répondit
Élie-Joseph Bois,
grand capitaine des reporters
que nous sommes.
Qu'il accepte ici l'hommage de ce livre.

Avec les administrateurs de Cayenne, cela s'était bien passé. Avec les officiers de Biribi, cela s'était mal passé. Avec les patrons des asiles, c'est pire. A croire qu'il gêne plus les aliénistes que les coloniaux ou les militaires. Un comble! A moins que désormais, dans toutes les institutions où il met son nez, sa réputation ne le précède défavorablement.

Dès le début, il sait qu'il devra favoriser le portrait au détriment de l'analyse. D'abord en raison de son incompétence médicale, ensuite pour des motifs d'efficacité journalistique. Londres s'y prend de la manière la plus simple qui soit. Son antienne tient en une phrase : « Je veux voir les fous. » Il la répète tant et tant que certains commencent à se demander si lui-même...

D'emblée, l'administration responsable lui oppose un veto absolu. A chaque fois qu'il ouvre la bouche, elle la lui ferme d'un coup sec de « loi de 38 ». Quelle est donc cette bizarrerie? La loi du 30 juin 1838 régit les établissements d'aliénés. Un arsenal juridique de quarante et un articles se fixant pour but la défense de la société, l'assistance médicale aux malades et la protection des aliénés. Une de ses clauses invoque le secret professionnel. Autrement dit : on ne passe pas.

Londres ne se décourage pas pour autant. Il épluche son carnet d'adresses et demande audience à quelques ministres. Ils se montrent plus amènes que l'administration qu'ils ont sous leur tutelle. Mais au moment de passer à l'acte, ils se ferment également : loi de 38! L'un d'entre eux propose néanmoins un marché :

« Je ferai quelque chose pour vous si vous faites quelque chose pour moi : soumettez vos articles à la censure [2]. »

L'inconscient... Le préfet de la Seine l'est tout autant, qui veut bien autoriser le reporter à enquêter mais uniquement dans les cuisines. Quant aux médecins aliénistes, n'en parlons pas. C'est à peine s'ils lui ouvrent leur porte pour la refermer aussitôt avec une lueur mauvaise dans le regard.

Il ne lui reste plus qu'une solution : cesser d'être journaliste pour devenir fou, quoique les deux états n'aient jamais été incompatibles. Décidé à jouer le tout pour le tout, Albert Londres se présente donc un matin à l'infirmerie spéciale de la Préfecture de Police, quai de l'Horloge, sur les rives de la Seine. Ce lieu de passage et de triage est effectivement un poste d'observation privilégié.

Enfer et damnation! Le premier homme qu'il croise dans les couloirs est le patron des lieux, le médecin-chef Gaétan Gatian de Clérambault. Ce serait parfait s'ils n'avaient l'un et l'autre « échangé des pensées presque définitives » pendant la guerre, sur les quais de Salonique. Le journaliste est reconnu. La conversation s'engage.

Clérambault est en poste depuis quatre ans. Remarqué pour ses études sur l'érotomanie (illusion délirante d'être aimé) et les psychoses à base d'automatisme, on dit de lui qu'il est un maître de l'observation et de l'analyse cliniques. Il a une passion : le drapé dans le costume des peuples méditerranéens. Il en fera un enseignement à l'École des Beaux-Arts et ira même jusqu'à se suicider dans un drapé. Mais en ce temps-là, Clérambault heurte l'establishment médical car il tient catégoriquement l'hallucination pour un phénomène neurologique [3].

Un rebelle? Un franc-tireur? Un marginal? Une chance. Il est l'homme qu'il lui faut.

« Alors, vous êtes malade? » demande-t-il.

Refroidi par le cadre de vie et la mine des indigènes, Albert Londres fait machine arrière.

« Je le suis moins... »

Le docteur Clérambault lui fait alors visiter les lieux, le présentant à quelques locataires, le tout-venant de l'Infirmerie Spéciale : des alcooliques en proie à des hallucinations, l'envoyé spécial du Christ qui cherche à tout prix à rencontrer le Nonce apostolique pour lui remettre un message urgent...

Le candidat à l'aliénation est de moins en moins rassuré. Les voici devant une cellule capitonnée.

« Ça vous va? demande le médecin.

– Ça ne sent pas bon.

– Mais ça rend des services!

– Je vais réfléchir...

– Adieu! et allez vous faire enfermer ailleurs! [4] »

Albert Londres ne se le fait pas dire deux fois. Mais où aller? Il a l'embarras du choix entre les quelque quatre-vingts asiles que compte la France. Il en est des publics et des privés, des autonomes et des départementaux. Comment se diriger?

Plus que jamais, tout ce qu'il sait c'est qu'il ne sait rien. C'est-à-dire autant que le public qu'il a pour mission d'informer. Après tout, n'est-ce pas le plus sûr moyen de découvrir un phénomène avec le regard frais qui s'impose? Dans ces années vingt, où l'expression « aliéné mental » désigne tout individu qui ne peut mener une vie normale en société, ou en collectivité et qui y est donc étranger, l'aliénisme s'estompe pour passer le relais à la psychiatrie. Londres se penche sur un milieu qui vit une période de transition, cette nouvelle discipline tendant la main à la neurologie, la médecine et la psychologie moderne, alors balbutiante. Cette évolution se cristallise dans les différends qui opposent deux grands bastions : celui qui incarne la tradition aliéniste (Sainte-Anne) et celui qui depuis Charcot se veut plus neurologique (l'école de la Salpêtrière).

Il y a quelques années à peine qu'Eugène Minkovski a pu écrire dans un article publié à Paris : « la schizophrénie n'est pas *une* maladie mentale, mais *la* maladie mentale », que Jankélévitch a traduit en français l'*Introduction à la psychanalyse* de Freud. Mme Sokolnika, une psychanalyste venue de Vienne, s'est rendue à

Sainte-Anne, elle a réuni un premier cénacle autour d'elle, mais psychiatrie et psychanalyse ne s'accordent pas pour autant, il s'en faut[5].

Son choix se porte finalement sur Sainte-Anne, non parce que c'est plus près du journal, mais en raison de ce fameux « service ouvert » dont s'enorgueillit l'hôpital. C'est un lieu d'accueil encore expérimental, qui s'avère être l'indispensable alternative entre l'errance en société et l'enfermement en asile. Il suffit d'avoir mal à l'encéphale pour se présenter dans ce service ouvert, le bien nommé, s'expliquer et demander de l'aide. Il est l'œuvre du docteur Édouard Toulouse, un Marseillais qui soutint à Paris sa thèse sur la mélancolie sénile chez la femme. Créateur du laboratoire de psychologie expérimentale qui deviendra l'Institut de psychiatrie et de prophylaxie mentale, il lance des réformes dès sa nomination comme médecin-chef de l'asile de Villejuif. On dit qu'il va jusqu'à faire participer les infirmières à l'observation des malades!

Comme son collègue Clérambault, Toulouse est une forte personnalité. Particulièrement obstiné, il a mis vingt ans à obtenir l'ouverture de son « service ouvert » pour le traitement des psychopathes. Car il s'est effectivement déroulé vingt années entre le moment où le Congrès International de psychiatrie a approuvé son souhait d'hospitaliser les malades mentaux en dehors de l'internement, et l'accord du Conseil général de la Seine, l'autorisant, il y a quatre ans à peine, à créer ce service à titre d'essai. Une condition lui est toutefois imposée : cette innovation ne doit pas entraîner de dépenses supplémentaires... Qu'importe! Toulouse y pense depuis son internat et il ne va pas s'arrêter si près du but[6].

Ce « service ouvert » dont ont parle tant dans les milieux qui savent, ce sont des lits d'hospitalisation, un laboratoire, un dispensaire, un service social spécialisé... Pour l'heure, Albert Londres n'en est qu'à la salle d'attente.

L'endroit semble idéal pour une première prise de contact, un coup d'œil à la situation générale avant de passer le cap des tempêtes. Il observe en simple reporter les manies et les tics, les mouvements et les mimiques. Sans noter. Car en principe, sa propre maladie mentale l'a amené dans ces lieux. Sa toute première expérience est éloquente. Une femme qui monte voir sa mère enfermée à l'étage lui confie son petit garçon, ce que Londres accepte sans rechigner. Quand elle revient, elle est encore sous le choc, si bouleversée qu'elle lui raconte ses malheurs comme s'il était concerné. Puis, un instant après :

« " Vous venez aussi pour une parente?

– Non madame, je viens pour moi."

Ses yeux, défaits par les larmes, s'immobilisèrent. Elle m'arracha l'enfant. Je me sentis soudain dangereux pour la société [7]. »

Tout espoir n'est donc pas perdu s'il suffit de prétendre être fou pour le paraître. Mais les médecins aliénistes ont d'autres méthodes de dépistage. C'est son tour. Un coup de marteau sur le genou, un fond de l'œil et un début d'interrogatoire incrédule.

« Vous? Malade? Êtes-vous fou?

– Parfaitement!

– Nous voulons dire : vous êtes fou de vous croire fou. Ou peut-être vous payez-vous notre tête [8]? »

C'est fichu. De toute façon, Londres connaît le docteur Toulouse ainsi que le docteur Dominique. A un moment ou un autre, il aurait été découvert. Son subterfuge a fait long feu. Il ne lui reste plus qu'à jouer le seul rôle dans lequel il excelle : le sien.

Pas question de rester à Paris. Il entame donc derechef un nouveau Tour de France, sans vélo ni boyaux cette fois. A l'asile Saint-Georges de Bourg-en-Bresse, il visite un malade de sa connaissance, un certain Manikoff, qu'un confrère de *L'Éclaireur de Nice* lui avait envoyé il y a peu. En liberté, Manikoff lui cassait les pieds. Enfermé, il devient soudainement plus intéressant. C'est un cheval de Troie idéal pour s'introduire dans l'endroit. Albert Londres obtient du médecin de s'entretenir seul à seul avec son « ami ». Ce n'est qu'un prétexte car les récits de Manikoff lui paraissent toujours aussi incohérents. Il est dans une salle avec une trentaine d'autres malades, des ex-raisonnables, comme dit l'un. Le journaliste écoute, observe. Trop brève expérience qui ne peut donner que des « Au nom du sacré fils Dzim! ba-da-boum! »

Dans un asile de l'ouest de la France dont il ne dévoile pas le nom ni le lieu afin de ne pas trahir sa parole, Albert Londres réussit à pénétrer dans un quartier d'agités. Pour y parvenir, il a essayé tous les métiers, de dentiste à gardien. D'autres auraient renoncé depuis longtemps. Pas Londres. Il en a trop fait, depuis trop longtemps sous toutes les latitudes, pour se résigner.

« Drapés dans leur manteau couleur d'importance et par surcroît démodé, les fonctionnaires, hauts et bas mandarins de la République, n'ont jamais empêché un journaliste de faire son métier, n'est-ce pas confrères[9] ? »

Les gardiens n'en sont pas moins au courant. Ils l'aident à passer inaperçu. Ce n'est pas très difficile : l'habit ne fait pas le fou. Quoique ceux-ci semblent particulièrement atteints. Même sur l'avenue des Champs-Élysées, ils auraient du mal à ne pas se faire remarquer : à moitié nus, le chef couvert d'un chapeau melon, débraillés, hurlant. Cette fois, l'expérience est éprouvante. Londres est dans la nasse.

Il semble aussi peu rassuré que très impressionné. Armé d'un solide bon sens, plein de bonnes intentions à leur endroit et fort d'une totale ignorance de la chose médicale, il essaie de se mettre à leur place. Expliquant que tel se bat contre un ennemi qui nous est invisible. Justifiant les cris de la plupart par leur individualisme et leur surdité supposée au bruit environnant. Présentant les uns et les autres comme des rois solitaires isolés dans leur territoire. Arguant de leur double personnalité pour faire comprendre leur double langage, celui de tout le monde et celui propre qu'ils se forgent. Concluant qu'il ne saurait y avoir un peuple de fous, chaque fou formant à lui seul son propre peuple.

On l'aura compris, Albert Londres fait un usage immodéré du mot « fou », en lieu et place d'« aliéné » ou de « malade mental ». Il se met ainsi à la place de son futur lecteur, pour lequel la nuance est imperceptible. Mais ce qu'il écrit n'est-il que le fruit de ses observations ou de conversations avec les médecins de l'asile ? La conjonction des deux, probablement. Il semble les consulter en permanence, ne serait-ce que pour interpréter le langage de ses interlocuteurs, mettre des sous-titres cohérents là où Londres n'entend que « délire ». Ainsi soumet-il cette phrase incompréhensible à la perspicacité d'une blouse blanche :

« Au petit matin les chapeaux haut de forme sont venus me travailler, tout devint Soviet, Yokohama, mais j'ai escamoté grand-père, fils et petit-fils Deibler. »

Traduction. Chapeaux haut de forme = aides du bourreau, Soviet = Drapeau rouge, Yokohama = tremblement de terre, escamoter = se délivrer, Deibler = bourreau. Ce qui donne :

« A mon réveil, les aides du bourreau sont venus me prendre.

Tout devint rouge et catastrophique. Mais je me suis délivré de tous les bourreaux passés, présents et futurs [10]. »

Londres est épaté et admiratif. Il a encore beaucoup à apprendre, lui qui est d'ordinaire si impatient de comprendre une situation en quatre clins d'œil, de la résumer en deux phrases et de la juger en un mot. Ici, c'est nettement plus compliqué qu'une crise ministérielle en serbo-croate. Même la Chine en folie lui était plus abordable. Il y avait accès aux racines du mal. Mais comment interroger l'encéphale?

Il doit se contenter de décrire à défaut de comprendre. Procédant par déduction, il juge que les fous résistent mieux que les autres à la douleur puisqu'il les a vus avaler des cuillères, se trancher la langue d'un coup de mâchoire bien ajusté, et même se scier le corps jusqu'à pratiquer une ouverture à la pointe du cœur.

Londres se mêle aux agités et joue leur jeu pour gagner leur confiance. Quand cet ancien employé des chemins de fer qui se prend pour un chef de gare souffle dans son sifflet, le reporter s'écarte pour laisser passer des trains invisibles avant de retraverser une voie tout aussi transparente. C'est le seul moyen d'attirer ces confessions que les lecteurs attendent.

Le voici dans un asile privé faisant fonction d'asile public. L'établissement est dirigé par des sœurs. Il est désormais chez les folles. L'entrée en matière est rassurante. Ces dames font de la couture, comme dans n'importe quel salon ou atelier du dehors. Simplement, ce qu'elles marmonnent n'est pas très clair. La cour des agitées présente un spectacle nettement plus effrayant.

« On se croirait à la porte d'une brasserie d'étudiants ivres [11]. »

A ceci près : leur état n'est pas éphémère et leur regard n'invite pas à la gaudriole. Cette humanité en camisoles et en cheveux lui fait froid dans le dos. Ce n'est pas par misogynie mais les folles lui paraissent encore pires que les fous. Elles font tout à l'excès. Plus brusques dans leurs mouvements, plus énergiques dans leur démarche, plus saccadées dans leur débit. Elle confèrent une dimension absolument infernale à une agitation qu'il pouvait, à la rigueur, supporter ailleurs. Londres croit avoir tout vu quand il découvre, dans le fond de la cour, la salle de Pitié. On y a attaché sur leurs chaises onze grandes gâteuses hurlantes, bavantes, incontinentes. La pénurie de personnel empêche de les garder au lit. Affligeant et scandaleux.

Il n'en a pas encore assez?

Cap sur le Midi. Dans cet asile, on lui enfile une blouse blanche qui ne le restera pas longtemps puis on l'emmène partager le repas des agitées. Londres n'est pas déçu. C'est le jour des macaronis. Elles sont déchaînées, ces soixante banqueteuses. Les assiettes leur servent à tout sauf à manger. Les furies les plus sages le sont de force, prisonnières dans leur camisole, ne pouvant manifester leur refus qu'en fermant la bouche. Dans certains cas, pour vaincre les plus récalcitrantes, on les nourrit à la sonde. C'est hallucinant. Jamais dans la misère la plus noire de Cayenne ni dans la douleur la plus infâme de Biribi, Albert Londres n'aurait pu imaginer que l'Homme pouvait être réduit à de pires états.

Il poursuit son tour de France de la folie, prenant bien garde de ne jamais donner quelque élément qui puisse permettre de localiser ou d'identifier un de ces établissements. Un nuit, dans un asile du Sud, il s'infiltre sans rencontrer d'obstacles jusqu'aux chambrées. Il en retire une double leçon: le service de surveillance laisse à désirer, ce qui est d'autant plus regrettable que la nuit, les fous le sont deux fois plus.

Après les douze coups, ce n'est plus la sarabande mais le carnaval. Sauf chez les vieux. Atteints de démence sénile, ils dorment non dans des lits mais sur de la paille disposée dans une manière de cercueil. Quand ils meurent, il n'y a plus qu'à clouer le couvercle. Ceux-là, il ne cherche pas à les interviewer. Plus morts que vivants, leur image est suffisamment éloquente. Les autres, il n'y a qu'à les brancher et noter. C'est un flot de paroles désordonné et ininterrompu, hurlé dans un chahut indescriptible. Il en a les oreilles qui sifflent et l'estomac soulevé, surtout quand les furies trépignent dans les flaques après avoir renversé leur baquet d'aisances:

« C'est le cancan du tout-à-l'égout... »

Le reporter passe par tous les stades, on ne lui épargne rien. Il l'a cherché. Horreur, dégoût, consternation, effroi, écœurement... il en a son content. Ne lui manque que la pitié. C'est une adolescente de quinze ans qui la provoque. Elle l'appelle à l'aide, le prenant pour un docteur. Il la découvre derrière des barreaux. En cellule. Son crime? Elle s'est évadée. Sa folie? Quand ses parents sortaient le soir et l'enfermaient, elle s'échappait par la fenêtre. Pour la guérir, ils l'ont envoyée à l'asile. Incroyable. Il interroge l'enfant.

« Je ne peux pas vivre avec toutes ces folles... Je m'évaderai encore... Je ne pourrai jamais coucher là ce soir, j'aurais trop peur, faites-moi sortir. Mon père ne peut pas avoir voulu cela. Allez me chercher mon père... »

Stupéfait, il interroge le docteur.

« Cette jeune fille n'est pas folle, lui répond celui-ci. Elle a besoin d'être tenue de près, c'est tout. Pourquoi est-elle là? Enfin... elle sortira bientôt [12]. »

Mais dans quel état... S'il avait les clefs, s'il était entièrement convaincu que cette folle-là ne l'est pas, peut-être se laisserait-il aller à une initiative plus efficace qu'un bon reportage.

Ce n'est plus de la pitié mais de la compassion qu'il exprime ensuite pour ces « persécutés », qu'il regroupe au sein d'un même article en différents portraits croisés. Leur cauchemar est tragique et permanent tandis que les nôtres s'achèvent au réveil. Mais là comme ailleurs, Londres se garde bien d'user d'une phraséologie médicale ou paramédicale. Il ne renonce pas à son propre vocabulaire, celui de tous ses articles. Cela n'obéit pas au calcul mais à une pente naturelle. De toute façon, il se défie de tous les jargons et celui des aliénistes lui semble particulièrement hermétique. Rédigée avec des mots de tous les jours, sa série n'en aura que plus d'impact car elle ôte ainsi un peu de son caractère lointain et isolé à la réalité qu'elle révèle. L'opinion publique n'en sera que plus touchée, du moins celle qui n'a pas besoin de soleil et de cocotiers pour être sensibilisée à la souffrance des hommes.

Dans ce spectacle de fin du monde, il est tout de même quelques lueurs. L'une d'elles a les traits d'un médecin hors du commun. C'est le docteur Maurice Dide. Lui, on peut le nommer et le situer. Il est à la tête d'un asile tout aussi original, Braqueville, le bien nommée, en Haute-Garonne. Cet homme lui apparaît immédiatement comme un précurseur tant il se distingue du lot de ses confrères. Qu'on en juge.

« Ce savant professe que la folie est un état qui en vaut un autre et que les maisons de fous étant autorisées par des lois dûment votées et enregistrées, les fous doivent pouvoir, dans ces maisons, vivre tranquillement leur vie de fou... Dans la maison du docteur Dide, la folie n'est pas considérée comme un crime [13]. »

Chez lui, les châtiments sont interdits. Il n'est pas homme à dénuder un évadé pour l'enfermer ensuite au cachot. Albert

Londres l'observe et comprend sans qu'on ait besoin de lui administrer en chaire un cours magistral. Ce médecin-là déculpabilise ses malades au lieu de les réprimer, de les brimer, de les brider. Il joue leur jeu au lieu de les humilier. Si on lui tend une corde invisible sous les genoux, il fera mine de la sauter pour ne pas trébucher. Mieux : il emmène le reporter dans un atelier et lui demande de désigner parmi les onze ouvriers le sain d'esprit qui s'y est faufilé. En vain... Chez lui les agités ne hurlent pas. Bizarre. Pourquoi ?

« Je leur fiche la paix. »

Bien que le docteur Marchand, prédécesseur de Dide en ces lieux, ait été assassiné par un de ses malades, Albert Londres lui voue une totale confiance. Sans chercher à systématiser la maison de Braqueville, il y voit l'avant-garde et l'avenir de l'aliénisme. Dide lui a fait mettre le doigt sur le fond du problème, à savoir que pour soigner les gens il faut d'abord les comprendre, plus encore quand il s'agit de maladie mentale. Il leur parle non comme à des fous mais comme à des gens normaux. Dans son esprit, ceux qui répriment les aliénés par la force méritent le cabanon plus que les fous désignés. D'ailleurs, son jeu favori consiste à présenter divers individus au reporter, en faisant passer les insensés pour sains d'esprit, les médecins pour des malades, les fous pour des gardiens... Londres ne s'y retrouve plus, preuve que Dide a gagné. En tout cas, il l'a conquis, ce savant qu'on taxerait facilement d'excentricité : il conserve les cerveaux qui lui servent pour ses expériences, dans des pots de chambre sous prétexte qu'ils en épousent parfaitement le contour !

Si le patron de Braqueville comme celui du « service ouvert » de Sainte-Anne, ne l'avaient pas accueilli, Londres ne conserverait qu'une image très négative de l'univers asilaire, toute de camisole de force et de cabanon, de drap mouillé et de ficelage au lit, de hurlements et de coups, un siècle après que l'on ait retiré leurs bracelets de fer aux aliénés. Grâce à eux, il sait qu'il y a d'autres moyens de soigner, bien qu'il ne fasse jamais allusion à un quelconque recours aux médicaments.

A la fin de son enquête, il se surprend même à réagir comme le docteur Dide, cessant d'isoler les fous des autres, relativisant un état que la société tient pour résolument exceptionnel et dangereux. Londres raconte un de ses rêves dans lequel les fous auraient leur territoire sur une île, leur roi, leur Parlement...

« Pour ce qui est de cette Chambre, ils ne s'étaient pas permis la moindre innovation personnelle, ils avaient copié le Palais-Bourbon, cela leur avait suffi [14]. »

Sa galerie de tableaux est désormais à peu près complète. A travers portraits et interviews, il a réuni un monde fou, de l'assassin authentique à la femme du monde, de la furie à l'obsessionnel, du psychopathe à l'animal féroce, de l'arracheur de dents au toxicomane, autant d'appellations incontrôlées qu'il utilise sans trop craindre de galvauder des termes qui gagneraient à être précisés.

Rien ne manque au tableau, pas même la visite de la famille, le jeudi et le dimanche, qui ressemble tant à l'excursion au cimetière, à ceci près que la bière et le veau marengo en panier remplacent le pot de géranium.

Mais pour ne pas donner l'impression qu'il a emmené ses lecteurs dans un univers carcéral démédicalisé où l'on se contente d'enfermer ceux qui sont hors normes et qu'on ne comprend pas, il consacre tout de même quelques paragraphes à une manière de glossaire succinct : hallucination, délire, amnésie, négativisme, catalepsie, stéréotypie, illogisme, suggestibilité, euphorie, mélancolie, anxiété, phobie, psychoses, aphasie, démences, etc.

Il prend soin, au début, de les diviser en catégories : troubles de l'intelligence, troubles de l'activité, troubles des instincts, troubles de l'affectivité, troubles de la volonté. On le sent quelque peu « obligé » à dresser cette fastidieuse nomenclature, comme si elle était la condition sine qua non attestant de la crédibilité de son reportage. Sa caution scientifique, en quelque sorte. Mais in fine il retire cette blouse blanche qui ne lui va pas et abandonne ce ton qui n'est pas le sien pour redevenir Albert Londres :

« Voilà la salade. Encore ai-je dû en laisser choir quelques feuilles en la triant. Qu'en fait-on? On la prend, on la secoue puis on la divise en cinq parts : tranquilles, gâteux, vieillards agités en période calme, agités dangereux [15]. »

Sur sa lancée, il croit venu son tour de se déchaîner en terminant sa série d'articles. Il le fait de la manière la plus incisive et polémique, à travers un cas – celui du capitaine Dumas, et une profession – celle de psychiatre. C'est peu dire qu'il cloue au pilori « Monsieur Psychiatre » ainsi qu'il l'interpelle. Il faut préciser que la corporation ne lui ayant vraiment pas facilité le travail, à quelques exceptions près, il nourrit à son endroit un incontestable ressentiment. A neuf reprises, les psychiatres ont dépêché leurs gros bras afin qu'ils jettent l'intrus à la rue. Alors il se venge. Sans haine mais sans crainte.

« M. Psychiatre est un hôtelier qui attire ses clients au son de la médecine. Il dirige une maison qu'il appelle de santé – comme la prison. Il joue de la science ainsi que d'autres du cor de chasse. De plus c'est un « voyant ». Il lit non pas les lignes de la main, mais les sillons du cerveau. M.Psychiatre m'a déjà fait dire qu'en moi il n'avait pas reconnu un fou mais un crétin. Cela pour préciser tout de suite les relations qui nous ont cordialement unis pendant ces mois d'hiver... La maison de M. Psychiatre est une boutique de bric-à-brac. C'est la foire aux puces : on y trouve de vrais fous, d'anciens fous, de futurs fous. Il y a l'authentique, le probable, le douteux, le récalcitrant et la victime [16]. »

Albert Londres se fiche de lui, se paie sa tête, le tourne en dérision et le met en situation de manière telle qu'on ne sait plus lequel, du malade et du médecin, est le plus atteint. C'est de bonne guerre. D'autant qu'en usant d'une de ses multiples identités pour pénétrer dans le saint des saints, le reporter réussit à lever un lièvre. Il découvre, à la barbe de M.Psychiatre, un authentique scandale qui, sous sa plume et grâce à la chambre d'écho du *Petit Parisien*, devient l'affaire Dumas.

A la maison de santé de Saint-Maurice, où il se présente successivement comme parent, chirurgien-dentiste et enfin journaliste, un certain capitaine J.B. Dumas est détenu, c'est le mot, depuis deux ans. Au secret. Invisible. Le directeur de l'établissement interdit à Londres de le rencontrer, il s'y emploie même avec la dernière violence. Le reporter, plus têtu encore, décide d'occuper les locaux. Il s'assoit et annonce qu'il ne bougera plus. Alors l'intraitable fonctionnaire, qui semble soudainement heureux de pouvoir se délivrer d'un secret trop lourd, lui propose une alternative.

« Écoutez, le capitaine Dumas est interné d'office. Je ne puis prendre sur moi de vous introduire près de lui. Mais si le préfet de police vous y autorise, je ne m'y opposerai pas [17]. »

Encore de hautes autorités qui se renvoient la balle. Il commence à en avoir l'habitude. Le préfet de police sollicité dès le lendemain répond par la négative puisque le directeur de l'asile lui-même s'y oppose... Les fous ne sont décidément pas ceux qu'on croit. Encore ceux-ci sont-ils particulièrement vicieux et machiavéliques. Qu'importe. Puisqu'ils le renvoient sur le ministère du Travail et de l'Hygiène, il s'y rend de ce pas. On s'y déclare incompétent. Voyez le président du Tribunal civil. Pourquoi pas? Mais vérification faite, lui non plus, ça ne le regarde pas. Il ne reste que la solution de la dernière chance : le président de la République. Mais un ami à l'Elysée ne lui laisse guère d'espoir une fois que Londres lui communique l'objet de sa requête. Le pape alors? Trop loin, trop occupé. Il ne verra pas Dumas le proscrit, mais l'affaire est lancée. Ce n'est qu'un demi-échec. Une autre fois, en se faisant passer pour le beau-frère d'un vrai fou, en accord avec sa famille, il s'introduit et obtient de l'internée qu'il convoitait depuis longtemps, « une prisonnière », l'histoire écrite de son internement.

Cela non plus, les psychiatres ne le lui pardonneront pas. Mais dans l'immédiat, c'est la malade qui subit leur colère : mise au secret, privée de promenade dans le jardin, piquée de force... Pourquoi? Pour avoir voulu prouver qu'elle n'était pas à sa place dans un asile.

Son bilan est accablant. Cellules non chauffées, personnel insuffisant entraînant de graves carences dans les soins, malades détachés de leur lit de souffrance en toute hâte avant chaque inspection, guéris conservés à l'asile par crainte d'une rechute, nourriture immonde, passage à tabac institué en règle de vie, locaux désuets, crédits insuffisants, baignoires en nombre dérisoire, abus dans l'interprétation de la loi de 1838, internements abusifs, dangereux mélange des convalescents et des malades, brimades et humiliations permanentes...

Ce n'est plus un reportage, mais un réquisitoire. La confusion des genres reflète bien l'indignation d'Albert Londres. Pour un docteur Dide et un Édouard Toulouse, combien d'obscurantistes qui persistent à garder les fous sans les soigner, à les enfermer sans les comprendre? Le service ouvert de Sainte-Anne apparaît comme l'arbre qui cache la forêt, et la maison de Braqueville l'alibi idéal en cas de polémique. Mais il n'est pas dupe. Ses conclusions sont péremptoires. Sèches et sans appel. Il en a trop vu, trop entendu.

« Il est préférable pour un homme d'être bandit que fou. Quand le bandit a purgé sa peine, on lui ouvre la porte de la prison sans lui demander s'il recommencera... Une science qui tâtonne s'arroge des prérogatives qui ne devraient appartenir qu'à la justice... Les aliénistes vous disent : « De quoi se mêle votre ignorance, Monsieur ? » Ignorance ? Ah ! Laissez-moi pleurer, Psychiatres ! Tout votre art n'est qu'un pile ou face... Guéris, demi-fous sont maintenus dans les asiles. On croirait qu'on retire un galon à M. Psychiatre chaque fois qu'on lui enlève un malade. Je connais des aliénistes qui sentent se déchirer leur cœur lorsqu'ils signent un bulletin de sortie... La loi de 1838, en déclarant le psychiatre infaillible et tout-puissant, permet les internements arbitraires et en facilite les tentatives... Sous la loi de 1838, les deux tiers des internés ne sont pas de véritables aliénés. D'êtres inoffensifs, on fait des prisonniers à la peine illimitée. Bref, nous vivons sous le préjugé que les maladies mentales sont incurables... Notre devoir n'est pas de nous débarrasser du fou mais de débarrasser le fou de la folie. Si nous commencions[18] ? »

Doit-on préciser que le milieu des aliénistes et des psychiatres le prend très mal ? Ils ne précisent même pas qu'ils n'ont pas attendu Albert Londres pour « commencer ». Ce serait déjà un aveu de faiblesse. Ils le traitent donc par l'indifférence, le pire des sentiments, et passent ses harangues sous silence. Encore une enquête qui ne lui aura pas fait que des amis. Elle fut des plus difficiles à réaliser, à tous points de vue et jusqu'au bout.

Les douze articles, illustrés par des croquis de son ami Georges Rouquayrol, paraissent dans *Le Petit Parisien* tout au long du mois de mai 1925. Mais Londres n'a pas tout donné. Il a tant et tant accumulé de notes que ses tiroirs renferment l'équivalent de huit chapitres supplémentaires. Pour le livre bien sûr. Ces inédits autoriseront Albin Michel à l'enrouler d'une bande idoine. Avec la forte promotion qu'il ne manquera de lancer, dès le début juillet, les trente mille exemplaires du premier tirage vont probablement s'envoler.

« Ça marchera... » promet-il à ses parents[19].

Ce qui le rend optimiste, c'est surtout l'énorme courrier que ses articles ont fait affluer au journal. Plus encore que pour *Au bagne* et *Biribi*. Et puis l'actualité est porteuse. La plus importante réunion mondiale de sommités médicales en matière de système nerveux vient de tenir congrès à Paris. Un événement qui coïncide avec le centenaire de Charcot[20]. D'autre part mais dans le même temps, trois députés déposent un projet de loi visant à la création de services départementaux d'hospitalisation libres de psychopathes incurables. Ils s'attirent une réponse immédiate mais catégorique d'un directeur honoraire de la Préfecture de la Seine.

« L'argent est ce qui manque le plus à une assistance rationnelle et efficace des malheureux aliénés. Voilà le vrai problème. Le reste n'est que fanfare [21]. »

Le livre *Chez les fous* remporte un certain succès. Mais les articles qu'il réunit ont suscité tellement de remous dans les milieux officiels, judiciaires et médicaux, que Londres doit atténuer certains passages de son livre. Il ne cite plus nommément le capitaine Dumas et retire du lot un article consacré à une mystérieuse comtesse de Ch., internée et même séquestrée, quoique parfaitement saine d'esprit, alors que son histoire et son identité avaient été dévoilées dans *Le Petit Parisien*. La crainte d'un procès de l'illustre famille soupçonnée de cette coupable manœuvre pour des motifs financiers? Une pression venue d'en haut? Nul ne sait [22].

Mais dans cette enquête comme dans les précédentes, Albert Londres assure à sa manière « le service après-vente ». Il ne laisse pas tomber les cas humanitaires qu'il a révélés au grand public. Et de même qu'il avait plaidé auprès des ministères de la Justice et des Colonies la cause de détenus militaires ou de bagnards, il s'agite pour sauver le capitaine Dumas, interné arbitrairement par son père pour des motifs obscurs. Stupéfait et bouleversé, le Préfet, auquel il soumet le dossier, ne peut faire moins que de nommer un expert. En attendant mieux.

Ces semaines très éprouvantes passées parmi les aliénés lui ont peut-être fait perdre patience. Londres semble à bout, sous tension, irrité. Les conséquences de cet état fébrile ne se font pas attendre. Le 25 avril 1925, il rédige une lettre et l'envoie au patron du *Petit Parisien*, son cher Elie-Joseph Bois.

Une démission? Très exactement.

La crise le reprend. Une démangeaison probablement. Cela fait plus de deux ans qu'il n'a pas quitté un journal, cela commençait à paraître bizarre à ses amis. Mais les motifs sont plus précis. Ses reproches sont clairs et argumentés. Londres estime que ses appointements sont insuffisants pour lui permettre de vivre convenablement et de faire vivre les siens, d'autant que *Le Petit Parisien* exigeant l'exclusivité de sa signature, il n'a même plus la possibilité de collaborer, ne serait-ce qu'épisodiquement, à d'autres journaux. Quant à ses revenus d'auteur, il en use largement, abusant même des à-valoir sur ses prochains livres, mais la générosité d'Albin Michel n'est pas sans limites.

Cela dit, son ressentiment n'a pas que des prétextes pécuniaires. *Le Petit Parisien* a trop attendu pour publier sa série sur les fous. Durant les quelques semaines qui ont séparé la remise de la copie de la publication, Londres se tordait les doigts, craignant chaque jour de découvrir dans un quotidien concurrent qu'un confrère l'avait grillé.

Il n'y a pas que cela. En dépit du respect qu'il porte à Bois, le « fidèlement dévoué » Albert Londres ne peut réprimer un désaccord de fond :

« Je ne désire pas faire du reportage courant ainsi que vous me l'avez demandé », lui écrit-il [23].

S'ils ne peuvent trouver un terrain d'entente sur cette question essentielle à la pérennité de l'équipe qu'ils constituent, le reporter se dit tout prêt, dès le lendemain, à démissionner, passer à la rédaction pour le saluer et éponger sa note de frais...

La note de frais... Elle n'est évoquée qu'allusivement à la fin, avec l'air de ne pas y toucher. Cette délicatesse doit bien faire sourire Elie-Joseph Bois qui sait, lui, que c'est là un des principaux différends qui les opposent. Il est vrai qu'il la trouve toujours trop « salée » et que Londres supporte de moins en moins cette réserve. Elle augmente régulièrement à chacun des grands retours de Londres. Par principe, Bois tique en la lisant puis se déride. Car son reporter préféré a l'art et la manière de présenter les choses :

« Acheté un cheval : 1 200 francs

Revendu le cheval : 400 francs

total : 1 600 francs... »

En général la note de frais s'achève par cet élégant post-scriptum : « Elle était blonde : 400 francs », qui connaît une variante : « On n'est pas de bois : 600 francs » [24]...

Londres, qui n'admet pas qu'on corrige ses papiers, supporte encore moins qu'on rectifie ses frais à la baisse. C'est humiliant. Il prend très au sérieux cette blessure d'amour-propre. Il fait penser à ce correspondant de guerre viennois que Ludovic Naudeau avait connu à Shanghai pendant la guerre de Mandchourie : il se suicida parce que la chaîne de journaux pour laquelle il couvrait le conflit refusait de payer les dépenses excessives qu'il avait engagées [25].

Albert Londres n'en est pas à cette extrémité. Mais il met autant de gravité dans le recouvrement de ses frais que d'humour dans la rédaction de sa note. Une fois, il intervient même auprès de Léonce, le fils de Bois, pour lui faire part de son profond désarroi. Il l'invite à déjeuner afin de l'entretenir d'un sujet très important. Ils sont à table. Le journaliste passe sa main sur son crâne et très embarrassé, lâche enfin :

« Voilà, mon rédacteur en chef, ton père, m'a convoqué hier. Il m'a dit que l'administration du *Petit Parisien* lui demandait des notes justifiant l'avance qui m'a été faite avant mon départ.

– Alors?

– Alors! comment veux-tu que je fournisse des notes! Mais je n'en ai jamais gardé une seule! Sur une note, je regarde le total, je paye et je jette ensuite. Je ne conserve jamais les mauvais souvenirs. »

Il déballe alors sur la table une chiffonnade de vieux papiers froissés de nationalités non identifiées et des billets de banque guère plus rassurants.

« Naturellement, j'ai reçu cet argent. Mais je l'ai dépensé. Des notes! des notes! »

Cela le bouleverse et le laisse dans un état second. Bois, à qui son fils rapporte aussitôt la scène, en rit sous cape [26].

Ce n'est pas aujourd'hui ni pour de telles peccadilles qu'un reporter de cette trempe quittera un rédacteur en chef de cet acabit. La concurrence s'est trop tôt réjouie. Albert Londres ne va pas tarder à repartir en campagne.

Cette fois, il ne s'agit pas de défendre de grandes causes humanitaires. Juste un officier qu'il estime injustement bafoué. Loin, très loin de la France, là où l'Empire commence à craquer. Non pas au Maroc où les rebelles d'Abd-el-Krim n'ont pas encore l'intention de déposer les armes, mais en Syrie. Très exactement dans le djebel Druze.

Le redresseur de torts a retrouvé confiance. Il sent une affaire à sa mesure et repart vers l'Orient compliqué. Pour l'honneur d'un capitaine.

23.

Au djebel Druze

Quel kaléidoscope que ce pays! Près de trois millions de personnes, des musulmans, des chrétiens d'Orient placés sous la protection de la France depuis François Ier, des Druzes enfin. Une mosaïque de peuples, de secrets et de cultures. Un régime féodal, favorisant l'édification de grandes fortunes et un pouvoir sans partage de quelques pachas et émirs. Une élite intellectuelle formée dans les écoles religieuses françaises de Beyrouth. Le cours du franc comme baromètre de la tension politique.

C'est la Syrie.

Londres connaît déjà : Damas, le club arabe, les agitateurs nationalistes... Mais cette fois, une partie de la région bouge : le djebel Druze est en état d'insurrection. La France n'a pas toléré. Elle a réprimé dans le sang et mis la main dans un engrenage qui pourrait lui couper le bras.

Depuis l'antiquité, la Syrie vit à l'ère des mandats. Un monde fou s'est succédé sur cette terre. Aujourd'hui, depuis quelques années la France est la puissance mandataire en vertu de traités politiques et de vieilles relations privilégiées auxquelles les honneurs liturgiques et les messes consulaires ne sont pas étrangers. Mais le territoire reste très convoité. Anglais et Italiens attendent avec une impatience non dissimulée que le mandat vienne à échéance en 1926. Dans cette perspective, l'agitation est latente.

Pour faire régner l'ordre français, plusieurs personnages ont été successivement désignés au poste difficile de haut-commissaire : Georges Picot, le général Gouraud, le général Weygand, le général

Sarrail enfin. Mais ce dernier a été nommé par le Cartel des gauches. En s'en prenant à sa personne et à sa politique au Levant, on s'attaque aussi et surtout au gouvernement. La manœuvre semble claire pour tout le monde. La campagne d'opinion n'en est pas moins violente. A sa tête, on trouve *L'Écho de Paris,* grand quotidien conservateur longtemps considéré comme le porte-parole officieux du grand état-major. Il ne ménage pas ses efforts pour déstabiliser le Cartel, usant d'un enjeu secondaire (la Syrie) en espérant que la campagne prendra de l'ampleur. Tout y passe : fausses nouvelles, méchantes rumeurs... Le général Sarrail est sans cesse présenté comme un dangereux anticlérical, qui n'hésite pas à faire le jeu des musulmans au détriment de la minorité chrétienne, au contraire de son prédécesseur le général Weygand, ouvertement plus proche de l'Église maronite que des directives du Cartel des gauches.

L'affaire gagne en intensité. *L'Écho de Paris* fait régulièrement donner son éditorialiste de choc, Henri de Kérillis : « Le Cartel c'est la guerre et la guerre du Maroc est la guerre du Cartel... Le Cartel, c'est la guerre et en Syrie le général rouge Sarrail laisse les Marabouts et les Muezzins lancer l'appel aux prières pour le triompe d'Abd-el-Krim [1]. »

En France même, les deux camps sont à couteaux tirés. La campagne menace de dégénérer : tandis que la droite propage dans sa presse des rumeurs malveillantes sur la vie privée de Sarrail, ceux d'en face rappellent à qui veut l'entendre que si Kérillis est bien comme il l'affirme un ancien officier de l'armée du Levant, il est également devenu entre-temps l'agent patenté d'une compagnie anglaise de fournitures militaires...

Sur place, la situation est plus grave.

Sarrail a une poigne de fer. A deux reprises, en avril et juillet 1925, des incidents entre l'armée et la population ont fait des victimes. Dans sa détermination à maintenir l'ordre, il ne fait des cadeaux ni aux uns ni aux autres. Un territoire sous mandat français, cela signifie que la France y a envoyé des soldats et non des colons. Qu'on se le dise. Une méthode qui, de jour en jour, accentue l'isolement de Sarrail sur le terrain. C'est dans ce contexte tendu qu'éclate l'insurrection druze.

Depuis que la France est en Syrie, les Druzes n'ont qu'une idée en tête : leur indépendance. De négociations en poignées de main, les deux parties conviennent d'une sorte d'autonomie, un statut un peu particulier laissant les Druzes libres d'assumer leur destin sur le plan politique, religieux et administratif, à condition qu'ils soient rattachés à l'Union Syrienne sur le plan économique et qu'ils conservent des liens militaires privilégiés avec le mandataire français. L'émir Atrache, chef d'une des quinze grandes familles féodales qui se partagent le pays, est nommé gouverneur. Sa manière très personnelle de gérer les finances publiques et ses inimitiés avec les clans rivaux, lui posent un certain nombre de problèmes. Acculé à la démission, incapable de se trouver un successeur, il est remplacé par un gouverneur français nommé à titre provisoire : le capitaine Carbillet. L'homme par qui le scandale arrive[2].

Nommé par Weygand, confirmé par Sarrail, il croit fortement à sa mission, dans tous les sens du terme. Cet ancien conseiller administratif se sent vraiment calife à la place du calife. Il aime ce pays, se plaît à Souedia, la capitale du djebel Druze, et s'enorgueillit déjà d'avoir fait construire dès la première année quinze écoles, deux kilomètres de piste pour auto, un musée et d'avoir doublé la mise la seconde année. Il a même fait arriver l'eau à Souedia par un conduit de dix-huit kilomètres!

Un peu trop sûr de lui, le bouillant capitaine. Convaincu de tenir la situation en main, il commet néanmoins trois fautes qui lui sont fatales : il distribue moins d'argent aux notables, réussit à se mettre la presse arabe à dos et empêche que le partage des terres entre les princes et les paysans soit trop inique. Carbillet commet également une quatrième erreur : il part en vacances.

Après deux ans de travail, estimant qu'il a droit lui aussi à un congé, il nomme un intérimaire en la personne du capitaine Reynaud. Or celui-ci, grisé par ses nouvelles fonctions, épaté d'être en position de recevoir les princes du djebel, casse tout l'échaufaudage politique et psychologique monté par son chef.

Sentant l'occasion propice, les pachas et les émirs s'engouffrent dans la brèche en priant pour que la permission du capitaine Carbillet s'éternise. Les clans druzes n'ont jamais été aussi près de la victoire. Le remplaçant leur accorde tout ce que le chef leur refusait. Les Attrache le considèrent vraiment comme un ami de la famille. Ils n'ont pas tort, même si le capitaine Reynaud semble plus guidé par l'ambition que par un sens politique très affûté.

Les Druzes sont pressés. Ils veulent la tête de Carbillet, manifestent contre son retour, font monter la tension. Mais Sarrail ne plie pas et leur demande de constituer des délégations qui s'expliqueront dès son retour avec le permissionnaire le plus célèbre de France et d'Orient. Il est déjà trop tard. La machine est lancée. La révolte du djebel Druze éclate.

Juillet 1925. Soltan Pacha, un des principaux chefs du clan des Atrache, lance ses guerriers contre une colonne française égarée dans le djebel. Un massacre: 107 tués sur 180 hommes[3]. Trois semaines après, une autre colonne, forte celle-là de trois mille hommes, subit de semblables revers. Les pertes en hommes et en matériel sont très lourdes. Sarrail décide alors d'envoyer une division complète et réclame l'appui de l'aviation. Les rebelles font connaître à temps leurs conditions: amnistie, indemnités, autonomie et... dehors le capitaine Carbillet! A croire qu'ils se sont tous entendus – insurgés druzes, officiers français royalistes, observateurs anglais... – pour crier haro sur l'homme de Sarrail. Il est vraiment le bouc émissaire idéal, cet officier-gouverneur en vacances contre lequel tout le monde se ligue pour qu'il ne puisse pas regagner son poste.

Le répit est de courte durée car le soulèvement trouve aussitôt de chauds partisans à Damas et au Caire. Les nationalistes n'attendaient que cette occasion de jeter de l'huile sur le feu. Aussi le général Sarrail se décide-t-il à employer les grands moyens pour faire cesser les assassinats et les pillages: il bombarde Damas.

Cette fois, c'en est trop. Pour tout le monde. L'affaire soulève une émotion considérable en France, bien sûr, où les ténors du Bloc National et de l'Action Française grondent de plus belle contre l'irresponsabilité des gens du Cartel des gauches, mais également dans le monde, la SDN ayant marqué son indignation devant le procédé.

Il fallait s'y attendre. Paul Painlevé, le chef du gouvernement, relève le général Sarrail de ses fonctions de haut-commissaire en Syrie.

C'est le moment qu'Albert Londres choisit pour prendre l'affaire en main. Enfin... Ce qui le pousse à s'embarquer, ce n'est pas seulement la dimension nationale et internationale de l'affaire. Le reporter semble avoir attendu pour observer la tournure qu'allaient prendre les événements. Quand il a compris que la presse française, reprise par les journaux étrangers, rendait un seul et unique son de cloche hostile à Sarrail, son sang d'ancien collaborateur du *Quotidien* n'a fait qu'un tour. Et quand il a réalisé que toutes les haines se focalisaient sur un bouc émissaire que nul ne songeait à défendre, il a retrouvé sa vocation de redresseur de torts, Don Quichotte des causes improbables ou, mieux encore, perdues d'avance.

En route! Sur ce plan-là au moins, son intuition est bonne. L'information sur la rébellion étant monopolisée et déformée à souhait par *L'Écho de Paris* et *Le Matin*, la plupart des autres feuilles vont se jeter sur les dépêches d'Albert Londres, les reproduisant et les citant à discrétion pour tâcher de rectifier les versions trop unanimes[4]. Accessoirement, la couverture de l'affaire druze propulse Joseph Kessel, vingt-huit ans, envoyé spécial du *Journal*, dans le peloton de tête des grands reporters français aux côtés de Londres, Helsey et Louis Roubaud[5].

Novembre 1925. Pour obtenir le maximum d'informations avant même son arrivée sur le champ de bataille, Albert Londres s'arrange pour croiser le général Sarrail. Celui-ci fait route de Damas vers Paris à bord du paquebot *Sphinx* au moment où le reporter fait le chemin inverse. A l'escale d'Alexandrie, ils se rencontrent enfin, permettant à l'homme du *Petit Parisien* d'enregistrer à chaud le témoignage du protagoniste de l'affaire.

Il est midi. Ne trouvant pas son homme à quai, le journaliste se précipite dans la salle à manger du paquebot. Il a vu juste. Sarrail est là qui déjeune en solitaire.

« Bonjour, mon général.

– Que faites-vous ici?

– Je viens vous voir... Nous nous connaissons assez, mon général, pour que vous me permettiez de vous dire beaucoup de choses[6]. »

Londres lui déballe tout ce qu'il a sur le cœur, tout ce qu'il a appris dans les milieux officiels et officieux depuis deux jours qu'il traîne en Égypte à attendre l'arrivée du *Sphinx*. Il ne lui ménage rien: les critiques, les calomnies, les contre-vérités propagées ici et là. Les deux hommes se sont connus lors de la campagne des Dardanelles, quand Sarrail commandait l'armée d'Orient et que Londres, correspondant du *Petit Journal*, en écrivait l'épopée au jour le jour. Cela crée des liens.

Le général écoute attentivement, rectifie ou précise, à condition toutefois que le journaliste ne lui attribue pas directement cette nouvelle version de l'affaire. Une clause de style : nul n'est dupe et chacun saura qui désigne ce « on ». Mais le devoir de réserve est sauf. Officiellement, le reporter lui a raconté une histoire, le militaire l'a approuvée et la dépêche est partie. Ainsi tout le monde est content [7].

Albert Londres file aussitôt en Syrie. Il a eu son exclusivité. Mais ce n'est qu'un début. Trois jours après, il télégraphie un long papier de Beyrouth :

« La situation est très grave. Le mouvement panarabe s'est emparé de la révolte des Druzes et la dirige actuellement [8]... »

Son analyse semble claire. Les incidents de Damas et du djebel Druze ont été grossis démesurément. L'affaire est certes d'importance mais elle ne relève pas de quelques incidents meurtriers. Les causes paraissent plus profondes. Elles sont à rechercher dans le ressentiment des mulsumans à l'égard de la France, dans leur aspiration à constituer une grande fédération arabe qui dépasse de loin le cas de telle ou telle région. Londres présente l'insurrection druze à la fois comme le détonateur d'un mouvement bien plus vaste et comme l'arbre qui cache cette forêt.

Ces deux premiers articles ont un grand retentissement en France. Le 14 novembre, au moment où le *Sphinx* entre dans le port de Marseille, une meute de journalistes se précipite à la rencontre du général Sarrail.

12 h 45. A peine l'échelle de coupée est-elle amenée que tout le monde se bouscule. L'homme du jour descend le premier, mitraillé par les photographes. Il serre les mains des notables de la ville et de l'armée venus l'accueillir. La coursive étant trop encombrée, le commandant de bord envoie la presse dans le salon de musique! Sarrail est impassible face à la meute. Sur son uniforme kaki brille une seule médaille. Comme pour mieux la faire ressortir. Un journaliste exagérément optimiste tente sa chance, après avoir joué des coudes.

« Pourriez-vous m'accorder un entretien particulier?

– Non, non! à personne! »

Ce sera donc par la force des choses une conférence de presse improvisée. Les confrères ont tous en mains les papiers de Londres.

« Mon général, *Le Petit Parisien* a publié deux articles de son envoyé spécial Albert Londres sur les événements de Syrie. Le premier était daté d'Alexandrie. Albert Londres vous l'a soumis à bord...

– Si c'est vrai ? Évidemment ! »

Ouf ! Il ne dément pas, fidèle à sa parole. La crédibilité de Londres était en jeu. Les confrères lui tendent alors le second article, daté de Beyrouth. Sarrail ajuste ses lorgnons. Pendant une dizaine de minutes, il lit le journal, condamnant les reporters au mutisme tandis que les photographes en profitent. Puis il retire ses verres, plie le journal et le restitue. Tout le monde est suspendu à son commentaire.

« Il y a des choses exactes. Les faits sont là. Il est certain qu'il y a un parti panarabe. Pour le reste, chacun peut voir sous un jour différent le même fait... »

Puis après un bref développement, il lève la séance.

« Maintenant c'est fini je n'ai plus rien à vous dire[9]. »

Et au cas où les journalistes ne comprendraient pas, une délégation de poilus d'Orient pénètre dans le salon de musique pour serrer la main de son héros. Quel personnage ! Indomptable Sarrail. A son arrivée en gare de Lyon, il reste jusqu'au bout fidèle à sa réputation, refusant d'accorder un entretien à Henry de Jouvenel, nouveau haut-commissaire en Syrie, venu pourtant l'accueillir...

Pendant ce temps, sur le terrain, Albert Londres poursuit sur sa lancée. Les remous qu'il a d'ores et déjà provoqués le stimulent. Il est sur la bonne voie. Cette affaire commence vraiment à lui tenir à cœur. Elle sent l'injustice. On se lancerait dans une enquête à moins.

Son intention ? La vérité, rien que la vérité nue. A ses yeux et dans ce cas comme dans bien d'autres, elle peut renverser des montagnes plus sûrement que les pamphlets les mieux vitriolés ou les éditoriaux les plus sournois. Au reste, il consacre plusieurs articles à un tableau historique, anthropologique et géographique de ce non-État par excellence qu'est la Syrie, en dépit de la présence d'un président et de l'émission de timbres-poste. Sa chronique du mandat français des origines à nos jours est à peu près sereine. Jusqu'à la défense et illustration du général Sarrail. Là, il a plus de mal à masquer ses préférences. S'il reconnaît que lorsque celui-ci tend la main, nul ne sait à l'avance si c'est pour saluer ou pour frapper, il trouve néanmoins des excuses à sa légendaire brutalité : il ne s'attaque qu'aux puissants... Et de toute façon, c'est un tendre, un bourru qui boxe ce qui l'entoure par timidité. C'est ainsi qu'on finit par bombarder Damas... Et puis la guerre ne se fait pas avec des cailloux et des sourires [10] !

Quant au fameux capitaine Carbillet, voilà encore un grand homme. Albert Londres finit par faire sa connaissance à Beyrouth dans les couloirs du cercle militaire. Un commandant, en la compagnie duquel il s'apprête à déjeuner, fait les présentations. Le reporter est immédiatement impressionné, comme si le bras armé de Sarrail avait naturellement épousé l'aura de son chef. L'image de l'un rejaillit sur l'autre, du moins dans le regard d'Albert Londres. Le bouillant officier, duquel semble irradier une puissance froide, lui donne immédiatement le sentiment d'être une forte personnalité. Le commandant engage la conversation.

« Pourquoi es-tu parti en congé!

– Tout s'est tramé pendant mon absence. Je maudis ce congé.

– Après ce que tu avais fait, tu avais droit à ton congé... »

On croirait entendre deux employés de bureau parisiens, dans une compagnie d'assurance aux premiers jours de septembre.

« Le droit n'est pas toujours le devoir. Si j'avais su..., se lamente Carbillet.

– Tu es revenu avant la fin de ta permission...

– Je sentais que ça n'allait pas. Mais ce fut dix jours trop tard... Mes routes, mes écoles, ma conduite d'eau, mes musées, tout cela par terre... »

Le journaliste intervient tout de même.

« Mais les Druzes ne vous aimaient pas!

– Merci, Monsieur, de me l'apprendre... »

Et l'ancien gouverneur à l'intérim agité de rappeler qu'ils n'ont rien volé chez lui et de se souvenir de l'émotion soulevée à Souedia par l'arrivée de la première bicyclette puis l'apparition de la première machine à coudre...

« Ah! les Druzes, quels chics types! Et les gosses qui parlaient déjà si bien le français! »

Le capitaine Carbillet est amer, déçu, écœuré. Tant d'ingratitude de part et d'autre. Nul ne veut de lui. Son nom est entaché. Quoi qu'il dise, il a une tête de coupable.

« Mon journal, celui que je lisais comme tous les officiers, a accueilli les accusations portées contre moi. D'autres journaux, que je considérais comme les feuilles du diable, me couvrent de fleurs. Je n'y comprends rien, pas plus qu'à la politique.

– Enfin, Monsieur, fait Londres, vous allez vous défendre ? »

Alors l'homme traqué reprend de sa superbe, se redresse, et cloue son interviewer sur sa chaise.

« De quoi [11] ? »

De Sarrail à Carbillet, il n'est décidément pas toujours commode d'épouser les causes perdues. Mais le reporter et le héros malheureux du djebel Druze se lient d'une amitié qui ne se démentira pas au fil des années. A plusieurs reprises, ils se retrouveront à Vichy pour s'adonner à leur nostalgie syrienne. Albert Londres lui restera fidèle malgré sa réputation et préfacera quatre ans plus tard ses *Mémoires*. Une fidélité réciproque puisque Carbillet les dédiera « à Albert Londres dont l'âme chevaleresque défendit selon son habitude une cause que certains croyaient ou voulaient perdue, et dont la foi enthousiaste réconforta une fois de plus " un pauvre bougre " [12]... »

De Beyrouth à Damas et retour, Albert Londres poursuit sa navette incessante. Après avoir rectifié les versions les plus « mensongères » de l'affaire druze, récrit l'histoire de la Syrie, rectifié dans le bon sens la statue de Sarrail et rétabli le capitaine Carbillet dans son honneur, il ne lui reste plus qu'à expliquer les dessous de l'offensive contre le mandat français. On dira encore que Londres n'aime pas l'Angleterre...

Qu'importe. Il voit partout la main de l'Intelligence Service, véritable « service action » du Foreign Office au Moyen-Orient. Il le craint, l'accable et par la même occasion le loue, regrettant que la France ne donne même pas à ses agents de renseignements les moyens de communiquer par câble plutôt que par lettres. L'Intelligence Service, il a déjà eu plusieurs fois l'occasion d'en éprouver l'efficacité un peu partout dans le monde. Redoutable.

« L'Intelligence Service. Puissance. Allure. Dernier refuge des hardis condottieri modernes. Le colonel Lawrence, qui était colonel comme moi, mais qui était anglais, fut pendant quatre années le Sforza * de cet Orient. Il inventa un royaume, le Hedjaz et

* Célèbre famille italienne fondée par le condottiere Jacopo Muzio dit Sforza (« Le Fort »).

sacra un roi, Hussein... Puis Lawrence partit sous d'autres étoiles travailler de son métier de dieu[13]. »

Si Albert Londres est le premier à convenir qu'une formidable révolution se prépare sous l'étendard de l'islam et du panarabisme et que la France ne doit sous aucun prétexte lâcher la Syrie, il n'en est pas moins convaincu qu'en Syrie, les Anglais font tout pour déstabiliser les mandataires français. Il en a la confirmation ultime en patrouillant sur la route de Damas à la recherche de la bande Attrache.

Sitôt arrivé à l'hôtel Victoria, à peine a-t-il posé sa valise qu'il entend un son familier et unanime, se dégageant de tout l'étage. On se croirait dans la salle de rédaction du *Petit Parisien*. En effet.

Il semble que Fleet Street se soit déplacé en force. L'établissement est rempli de journalistes anglais. Trois d'entre eux sont de vieilles connaissances. Le Français s'immisce et jette un œil distrait dans les chambres des honorables confrères rivés à leur machine à écrire.

Mais qu'ont-ils donc à frapper leur clavier avec la dernière énergie? Après tout, il ne se passe rien. Du moins on ne sait rien de ce qui se passe vraiment dans ce pays. Les bilans sont contradictoires, les informations imprécises, les communiqués impossibles à recouper. Un temps, il pense à une anecdote qui le fait toujours sourire : pendant la grande guerre en Serbie, un journaliste américain intriguait beaucoup ses confrères car il ne cessait de télégraphier, contrairement à eux qui n'avaient rien à mettre dans leur copie; bien plus tard, de retour dans leurs rédactions respectives, ils réalisèrent qu'il envoyait le matin une fausse nouvelle qu'il démentait le soir, donnant ainsi quelque consistance à son inactivité[14]...

Mais là, à l'hôtel Victoria, ils sont sept. Tout de même, ce serait un peu gros. Alors il fait une tournée d'inspection à l'étage, allant de surprise en surprise. Chambre 12, l'*Evening News*, plus pythie que jamais, prédit la chute de Beyrouth dans des conditions rocambolesques. Chambre 18, le *Daily News* raconte l'encerclement de la colonne Gamelin par trente mille rebelles alors qu'elle a battu en retraite et qu'ils ne sont pas plus de quatre mille. Chambre 4, le *Daily Mail* estime à trois mille le nombre des soldats français tués, alors qu'il n'y a pas eu de combat. Chambre 13, le *Daily Express* annonce carrément la destruction de Damas et la mort de vingt-cinq mille personnes.

Il est stupéfait.

« Enfin! demande-t-il à ses confrères réunis, Anglais mais néanmoins amis, vous y étiez? Moi si. Je n'ai rien vu de tout cela. Et d'où tenez-vous ces chiffres? »

Les réponses, à peine embarrassées, vont toutes dans le même sens.

« On nous l'a dit... C'est ce qu'on dit dans le pays... »

Tristesse de la profession. Désormais, Albert Londres est fixé. Il ne doute plus : les journalistes anglais sont bien anglais avant d'être journalistes. Ils travaillent pour l'Empire d'abord, pour leur journal ensuite. Cela ne choque personne, sauf lui. *My country right or wrong.* Il ne parle pas leur langue mais a appris à traduire cette fière devise.

Un mystère demeure : comment la censure française peut-elle laisser passer cela? Elle ne le voit pas, tout simplement. Car tous les jours, les correspondants de Fleet Street passent outre. Ils la brûlent en faisant porter leurs articles à Haifa, en Palestine, sous mandat britannique. De là, ils sont télégraphiés en Angleterre. Ah! si la France disposait elle aussi d'un Intelligence Service les choses ne se passeraient pas ainsi. Albert Londres imagine quel eût été son sort s'il avait agi ainsi en Égypte. Une perquisition dans sa chambre et un billet pour Paris, aller sans retour.

Il n'en reste pas moins reporter dans l'âme. Son journal d'abord. Quand ses confrères lui proposent de profiter de la combine, il n'hésite pas, jugeant qu'un grand reporter digne de ce titre doit toujours brûler les censures, même celles de son pays. Question de principe [15].

Albert Londres n'est définitivement pas anglais.

24.

De Varsovie à Marseille

Mars 1926. La salle Wagram est particulièrement enfumée ce soir-là. On y bavarde et on y crie à guichets fermés. Le Club du Faubourg tient séance. Aujourd'hui, l'infatigable Léo Poldès, conformément à la tradition de son cénacle de bretteurs, organise la mise en accusation du nouveau livre de Louis Roubaud *Le voleur et le sphinx*, recueil de ses articles consacrés au bagne, publié par Bernard Grasset. Albert Londres a naturellement reçu un des tout premiers exemplaires, dédicacé « à mon maître et ami ».

Une parodie de justice qui ravit toujours ses participants, tant elle est riche d'enseignements. Mieux qu'un débat, une utile confrontation. A la défense, Me Torrès. Pour l'accusation, Me Garçon. Parmi les témoins, on relève la présence du gouverneur de Cayenne M. Chanel, et du journaliste Jacques Dhur, qui publia dans *Le Journal* une retentissante enquête sur le bagne vingt ans avant Albert Londres, également présent.

Où est-il? En retrait comme à son habitude. Loin de l'estrade où l'on s'époumone dans une grandiloquence interrompue par les seuls vivats et sifflets. Assis dans un coin, contre le rideau, les jambes allongées. On croirait qu'il s'en fiche alors qu'en vérité, il est très attentif. De temps en temps, il retire son feutre et l'agite pour s'éventer, sans songer un instant à dissimuler ses bâillements. Beaucoup dans l'assistance l'ont reconnu. Cela le flatte. Un journaliste de légende, déjà.

« C'est Albert Londres, murmure quelqu'un. Un drôle de type. Vous voyez, il part pour Tahiti et pour l'Alaska, comme ça les mains dans ses poches et l'air de tomber de la lune. Il oublie tous les rendez-vous. Ne lui écrivez pas, il ne répond jamais. D'ailleurs personne ne sait son adresse... En a-t-il une seulement? Comment, si distrait, peut-il arriver à prendre un train? C'est là le prodige... Et pourtant il arrive, le bougre, il arrive! Quant à écrire!... Mais savez-vous qu'il n'a même pas de stylo [1]? »

Le mythe est en marche et il ne fait rien pour l'arrêter.

Qui songerait à le lui reprocher? Il n'est pas donné à tant de journalistes de vivre leur propre légende.

A la tribune, le gouverneur Chanel est ovationné. Il a conquis la salle en la rassurant, se donnant des satisfecit, dédramatisant les reportages et démythifiant la geste des forçats purs et durs avant de conclure à la nécessité de maintenir le bagne. Que Chanel se présente comme l'homme qui a mis fin aux injustices les plus criantes, pourquoi pas? Mais qu'il se pose comme un grand entrepreneur et revendique la construction de quelque quatre-vingts kilomètres de route sans que la santé des « ouvriers » en pâtissent, c'en est trop. Londres sort de son état léthargique et l'interpelle.

« Vraiment? »

Il doute publiquement que Chanel ait, sous son mandat, rallongé de cinquante kilomètres la fameuse route coloniale. Mais le gouverneur ne se laisse pas démonter.

« Oui mon cher Londres, nous sommes au km 80. Je vous invite à faire la promenade en automobile quand vous voudrez [2]! »

Applaudissements, brouhaha, chahut. Albert Londres ne répond pas. Il est déjà loin. Non pas sur la route de Cayenne. Jamais deux fois la même chose. L'intuition ne se commande pas ni ne se répète. Il a la tête dans l'actualité et quelques idées pour l'avenir. Alors en attendant de réaliser un vieux projet sur Marseille, la nouvelle Babel, il s'offre un voyage éclair en Pologne afin de vérifier si les rumeurs alarmistes qui courent depuis quelque temps sur la situation sont fondées ou pas.

C'est une chance : elles le sont.

Quand il arrive à Varsovie, à la mi-mai 1926, les journées sanglantes appartiennent déjà à l'histoire. Cela ne l'empêche pas de les raconter comme si on y était, sous-entendu implicitement, comme s'il y était allé. Grâce aux récits et témoignages recueillis dès son arrivée, il fait revivre les fusillades heure par heure, entraîne ses lecteurs sur le pont avec le héros du jour, Pilsudski, et ses lanciers.

Il les transforme à leur tour en témoins, les faisant ramper avec eux pendant deux jours jusqu'à la demeure du Président, assistant à la fraternisation des soldats, levant les crosses en l'air. En lisant le compte rendu d'Albert Londres, on est à Varsovie, mieux placé encore que Laroche, l'ambassadeur de France, terré à l'hôtel de l'Europe avec sa femme.

Badauds parmi les badauds, les lecteurs qui lisent ces dépêches sur trois colonnes à la une du *Petit Parisien*, sont comme les Polonais spectateurs des coups de feu. Londres les juge plus courageux face au danger que devant le travail. Après les cris, voici les crieurs. Les premières éditions spéciales racontent déjà aux Varsoviens ce qu'ils viennent de vivre. Le reporter en profite pour saisir au vol quelques images insolites : une passante qui se couvre la tête de son châle quand les tirs redoublent d'intensité... des enfants qui ramassent des douilles comme on va aux champignons...

Enfin, le drapeau blanc. Les pilsudskistes ont gagné. Bilan?

« Il faut compter 350 tués et plus de trois mille blessés. C'est fini. Le reste est de la politique [3]. »

Aussitôt, la vie reprend son cours. C'est dimanche. Musique et soleil. On comble les trous, on nettoie le sang.

« Il y a foule sur l'allée Uyastowska. On s'y tuait, on s'y sourit. Les mendiants ont repris leur place. On a rendu les bancs aux amoureux. Tout est réparé, sauf les morts [4]. »

Après avoir « filmé » les scènes de rues au fur et à mesure qu'elles se présentaient, il tâche d'y voir plus clair. Mais plutôt que d'analyser la situation à la manière d'un politologue consultant les partis et mouvements, décortiquant les discours et programmes, il préfère se consacrer au portrait de l'homme du jour. Le seul qui réunisse sur sa personne les contradictions et les aspirations de la Pologne en crise.

Jozef Pilsudski, cinquante-neuf ans, ancien leader socialiste jadis déporté en Sibérie orientale en raison de ses activités subversives, converti au nationalisme dans les premières années du siècle, créateur pendant la guerre d'une légion polonaise forte de 10 000 hommes destinée à combattre aux côtés des Autrichiens, Pilsudski est depuis lors la figure polonaise du « combattant suprême » : commandant en chef des armées et chef de l'État à titre provisoire, il s'est battu successivement contre les Allemands et contre les bolcheviks. Mais il y a trois ans, au faîte de sa popularité, il a décidé de se retirer dans ses terres.

Aujourd'hui, un coup d'État militaire le ramène au pouvoir. Il avait disparu pour mieux réapparaître. Air connu.

Albert Londres ne cache pas sa fascination pour ce personnage hors normes. Un homme d'exception, rebelle à se laisser enfermer dans l'une quelconque des catégories de politiciens ou de militaires telles qu'elles ont cours en Occident. Mais il n'hésite pas à le moquer. Sous sa plume, c'est une marque d'affection. Ainsi, il nous le présente tout d'abord comme quelqu'un qui s'est levé un matin pour tout casser et qui, constatant qu'il avait réussi, s'est jeté sur la Constitution pour y chercher ce qu'elle prévoyait en pareil cas, pour la suite des événements. D'après lui, ce ne serait pas grave s'il avait agi seul. Mais il se trouve qu'il a fait son coup avec deux compères : l'Armée et le Parti socialiste.

C'est là que le bât blesse car les socialistes veulent le pouvoir. Ils sont probablement victimes d'un malentendu car le maréchal Pilsudski n'a pas fait la révolution pour le leur offrir, mais uniquement dans le but de le retirer à des gens qu'il estimait indignes de l'assumer. Quand on sait que sa marche triomphale a fait un demi-millier de morts et que la droite ne lâche pas prise, deux événements qui n'étaient pas prévus au programme, on comprend que le maréchal ait des nuits agitées et qu'Albert Londres a mis son nez dans un curieux imbroglio[5].

Pendant deux jours, l'idole du pays se tait. Quand il se décide enfin à sortir de sa réserve, le reporter le suit pas à pas, dans la rue et dans cet ancien gymnase de jeunes filles où la Diète (assemblée nationale) se réunit enfin. Mais aussitôt élu, Pilsudski démissionne. Il s'est renversé tout seul. C'est à n'y rien comprendre. La Pologne est vraiment un pays de coups de tête[6].

Londres essaie tant bien que mal de cerner sa personnalité. Il s'impose la rédaction d'une manière de biographie, sur un ton mi-admiratif, mi-ironique, car si haut qu'un héros de la nation est assis...

« D'abord, il a commencé comme tout le monde : il est né. Il a fait cela en Lithuanie... Il est né révolutionnaire, il a vécu en conspirateur, il ne veut pas mourir en père de famille... Jadis, au nom du patriotisme, il attaquait les trains. Aujourd'hui, il a grandi, il attaque la présidence de la République... A-t-il des plans? Des idées? Il a surtout du feu dans le sang[7]. »

Londres a peut-être mis le doigt sur le phénomène Pilsudski qui déconcerte tant d'observateurs, en le présentant comme un idéaliste qui fait la révolution pour la révolution. Autant dire : l'art pour l'art. Au fur et à mesure de son enquête, il affine son portrait. Un mois après son arrivée en Pologne, il est devenu plus critique et plus exigeant, dénonce Pilsudski et sa dictature puisqu'il s'avère, à l'expérience, que cet homme ne respecte ni les lois, ni les partis, ni même les amis.

Somme toute, le mystère Pilsudski, ce n'est que cela. Une espèce de tyran sans programme, qui se prétend a-politique, renvoyant la gauche et la droite dos à dos et gouvernant au nom de la vertu. De la morale! De la graine de dictateur, sans aucun doute et de la pire sorte. Primo de Rivera, lui au moins, croit en un idéal. Alors que Pilsudski, pressé de questions, se résoud à exposer un programme de première communiante. Il veut chasser la corruption comme Jeanne les Anglais. Et après? Que fera-t-il quand il aura envoyé en prison tous ces hauts serviteurs de l'État qui l'avaient confondu avec une maison de commerce? Pas de réponse.

Londres attend que la situation pourrisse jusqu'à la dégradation finale. Il observe l'affrontement sourd de deux puissances : l'Armée qui soutient le Maréchal et les forces politiques qui cherchent à l'abattre par en dessous...

« L'une domine, mais l'autre mine [8]. »

Il pourrait rester encore quelque temps à méditer sur l'ivresse du pouvoir. Mais cela ne l'amuse plus. Pilsudksi a perdu de son magnétisme et de sa capacité de fascination, du moins sur lui. Alors il s'en va.

A lui l'épopée, aux autres l'actualité au jour le jour. C'est cela qu'il voulait dire dans sa lettre de démission au *Petit Parisien*, quand il exprimait le vœu de ne plus faire « de reportage courant ». Élie-Joseph Bois l'a bien compris qui lui laisse la bride sur le cou, une fois que Londres a rempli son devoir d'information. C'est sa récompense.

Alors, maintenant? Marseille porte du Sud...

C'est un vieux rêve. Depuis qu'il s'est établi grand reporter, Albert Londres projette de s'arrêter un jour dans la cité phocéenne, au lieu de toujours la considérer comme un lieu de départ, de transit, de passage. Cela fera bien douze articles. Ils formeront bien un livre. Car dorénavant, il est hors de question de ne pas prolonger en librairie l'espérance de vie d'un reportage. Le réflexe lui est devenu tellement automatique qu'on se demande parfois s'il ne choisit pas ses sujets en fonction de cette double démarche.

Dans cette optique, le « reportage courant » (le djebel Druze, le Tour de France, les émeutes en Pologne...) embarrasse Londres plus qu'il ne le sert. S'il se déprend du traitement quotidien de l'information, c'est aussi en fonction de son succès d'auteur. Ses motivations sont multiples : possibilité d'approfondir et de cerner un sujet, fierté d'écrivain, augmentation de ses revenus financiers...

Dorénavant, il a deux rédacteurs en chef : Élie-Joseph Bois et Albin Michel.

Le choix de Marseille obéit à cette nouvelle attitude, ainsi que l'air du temps. La vie politique française l'écœure. Le cabinet Briand ne cesse de se démettre pour succéder à un autre cabinet Briand. Quelle pantalonnade! Cela ne freine pas ses projets mais lui inspire quelques noirs desseins :

« J'ai également celui de devenir révolutionnaire. J'y pense très sérieusement. On ne peut pas laisser tant de vieux crabes fatigués nous mener à la catastrophe. Mais cela est une autre histoire – très sérieuse... Je vais de mieux en mieux. Et je suis prêt à faire fonctionner la guillotine place Pigalle[9]! »

Marseille. Deux sujets : un port, une ville.

Tout candidat au voyage devrait allumer un cierge pour le salut du gardien de phare du Planier, dédicataire du livre d'Albert Londres. Cette carte postale est le chant d'amour d'un poète au long cours qui quitte son pays et le retrouve avec Marseille au fond du regard. Il semble s'acquitter d'une dette. Comme si elle lui reprochait son ingratitude, alors qu'à la Joliette comme à la Canebière, on lui a bien fait comprendre que la ville ne supporte que deux catégories d'individus : les nomades en transit et les sédentaires de vieille souche. Les autres ne sont que des badauds. Autant dire des obstacles au roulement. Ils gênent la circulation. On ne veut pas d'eux. Ils n'y ont pas leur place.

On y parle toutes les langues. On en voit de toutes les couleurs. Il y a même des Français de France. Ils font tache. Tant il est vrai que ce carrefour est la véritable capitale de l'Empire. Elle donne ses lettres de noblesse au cosmopolitisme, devenu un véritable phénomène de société par la grâce de quelques brillants romanciers, au premier rang desquels on remarque Paul Morand.

Marseille a sa propre légion étrangère. Plus sociale que l'autre, elle est faite de dockers et de charbonniers, de portefaix et de chiffonniers de la mer. Ils sentent le soufre, le salpêtre, le blé. Marseille a son peuple d'émigrants, constamment renouvelé. Ils sont les aventuriers, contraints et forcés, de la guerre de la faim. Marseille a ses célébrités. Certains sont visibles : le grand détatoueur du cours Belsunce, pour ne citer que lui. D'autres sont invisibles : le Père, ainsi qu'on surnomme ce mystérieux Chinois inapprochable, qui passe pour le généralissime des contrebandiers de l'opium. Marseille a son maquis. Le sous-bois est fait de bars, la plaie de la Canebière.

« Le rêve de tout malfaiteur international est de devenir patron de bar à Marseille... Ils sont enfermés derrière leur zinc comme dans le box d'une Cour d'Assises [10]. »

On trouve tout dans cette ville. Même des marins.

Pour Albert Londres, c'est le plus beau port de France. Il rêve d'y amener des écoliers, des lycéens, des étudiants pour y faire leur éducation mieux que dans n'importe quel manuel. Car la France meurt de son isolement. Elle s'est enfermée dans ses montagnes alors que les colonies l'invitent à prolonger son regard au bout du bout du monde. Les insulaires de l'infâme Albion, quoique encerclés de toutes parts, ont au moins le mérite de ne s'être pas cloîtrés. Ils voient loin et pensent bateau. Si leur Empire est une réussite, c'est aussi qu'ils sont fiers de leurs marins, de leurs ports et de leurs phares.

S'il était ministre de l'Instruction publique, Albert Londres organiserait des stages pour élèves au phare du Planier. Pour apprendre à voir et goûter l'ivresse du départ.

> « Partir confère de la dignité. C'est un acte que l'on n'accomplit pas avec ses allures de tous les jours. On ne sent plus sur ses épaules le poids du quotidien. Au plus profond de soi, chacun perçoit qu'une naissance se déclare.
>
> Et c'est un tohu-bohu de bon ton, une aimable précipitation, un gentil petit fouillis d'hommes, de femmes, d'enfants, de

prêtres, de militaires, de marins, de fonctionnaires, d'hurluberlus.

On a présenté sa valise au douanier, on a juré que l'on n'emportait pas l'or de la Banque de France dans le fond de ses malles, ni dans celui de ses goussets. Le hangar exhale de plus en plus les senteurs des ports à venir.

Et l'on atteint le paquebot. (...)

L'arche de Noé va s'en aller. Elle emporte le genre humain par échantillons. Il n'en manque pas un. Vous avez un petit bout de tous les pouvoirs constitués, un magistrat, un évêque, la moitié d'un colonel, je veux dire un lieutenant-colonel. Le rayon des « classes » est au complet, de l'ambassadrice à la chanteuse d'outre-mer. Toute la gamme des marchands. Le plus magnifique est celui qui va au Thibet proposer du curaçao aux lamas [11]. »

La série de douze articles sur la nouvelle Babel paraît au cœur de l'été 1926 dans *Le Petit Parisien*. Le grand reporter s'est fait plaisir. Il a assouvi un vieux rêve et rendu l'hommage qu'elle méritait à la cité phocéenne. Dorénavant, il pourra y passer sans rougir. Sans trop s'attarder non plus dans les bars de la Canebière car quelques tenanciers ont des yeux pour lire et de la mémoire pour se venger...

Le livre *Marseille porte du Sud*, au texte revu et augmenté, paraîtra un an plus tard aux éditions de France. Albert Londres a fait une exception par faiblesse pour son ami Béraud, vedette de la maison d'Horace de Carbuccia. Albin Michel a consenti à cette escapade. C'est un éditeur avisé. Car *Marseille* n'est pas un grand Londres.

25.

La traite des blanches

Ça tire de tous les côtés. On se croirait dans le Varsovie de Pilsudski, émeutier en chef. A la différence que là, il n'y a pas de héros en statue de chair et de sang, autour duquel se regrouper. La bataille fait rage. A la nuit tombée, les combats reprennent, mais à la baïonnette. Les civils ont trinqué, une fois de plus. Certains voulaient juste manger, d'autres voir. Bilan : 230 morts et 600 blessés. « Mais il y a eu tant de balles perdues », disent les habitants, sans doute pour s'excuser du peu [1].

Une duchesse surgit au balcon de son palais et se met à hurler de frayeur. Aussitôt, des insurgés grimpent et l'emmènent de force à la cave de crainte qu'elle ne soit blessée. Les balles perdues, encore. « C'est un beau siège comme les gravures d'autrefois [2]... »

On se dispute le central téléphonique. L'artillerie bombarde toujours. Le gouvernement a donné l'ordre à la population de rester chez elle. Les révolutionnaires crient victoire.

Nous sommes à Lisbonne et Porto. C'est la révolution depuis le 7 février 1927, à 11 h 40. Albert Londres, qui n'y était pas, a tout reconstitué en débarquant. La lenteur des moyens de transport le condamne à arriver après les carabiniers. Cette fois il ne s'est pas suffisamment méfié du Portugal. Il a trop attendu. A la décharge du reporter, il faut préciser que ces dernières années le pays a connu une quinzaine de coups d'État et une quarantaine de gouvernements. On serait blasé à moins.

Deux papiers. Cela ne mérite pas plus.

Londres a autre chose en tête. Un livre, tout simplement. Non plus un recueil d'articles, ersatz de livre, mais, tout au contraire, un vrai livre, destiné à paraître ensuite en articles dans *Le Petit Parisien*. Le sujet? Il l'a longtemps gardé secret.

Rien à voir avec l'actualité. On n'y parlera ni de l'évacuation de la Sarre par les troupes françaises ni du conflit qui oppose Tchang Kaï-chek aux communistes. Il n'y sera question que de certains Français dans leur rapport avec l'Argentine. Mais des Français un peu à part. Ni fous, ni détenus ni bagnards cette fois. Des maquereaux et des putains. La traite des blanches! L'expression est si connotée, évocatrice de trafic et d'exotisme, qu'Albert Londres se sent obligé de l'utiliser en sous-titre de son livre *Le chemin de Buenos Aires.*

Incognito. Une fois n'est pas coutume, c'est dans l'anonymat le plus total que Londres débarque en Argentine. Très discret sur le but de son voyage, il ne s'est guère montré. Nul ne le fête ni le dorlote et il ne s'en plaint pas. Le redresseur de torts n'est pas venu respirer l'air du Rio de la Plata mais travailler intensément, dix-huit jours durant, à un reportage qui surprendra. Contre toute attente, il se lance dans une défense et illustration de la prostituée, assortie de grandeur et servitude du proxénète... Une double réhabilitation, qui ne laisse pas de surprendre de prime abord.

L'enquête commence à Paris, dans un bar du faubourg Saint-Denis. Albert Londres a rendez-vous avec des hommes du Milieu. Entre deux Vittel-menthe, la boisson préférée de la corporation, il se familiarise avec le jargon local. Mis au parfum et au diapason, abasourdi par la valse des « sacs » et des « thunes » par tous ces « macs » qui « viennent en remonte » échapper aux « vigilants », il est attiré dans un bal musette de Belleville où il fait ses classes. Un homme se détache de cette noria de casquettes, esquissant des pas gracieux sur la piste. C'est M. Armand, un mac. Ses amis attablés en sont également.

Ces gens-là vivent de leurs « mômes ». C'est simple à comprendre. Elles tapinent à Buenos Aires tandis qu'ils s'enivrent de Vittel-menthe à Paris, entre deux « livraisons de colis ». Ils sont très gentils. Plutôt coopératifs même. Mais le journaliste ne saurait s'en contenter. Il poursuit sa tournée des bars à Montparnasse, cette fois en compagnie d'un observateur aguerri, le chef de la police des mœurs à la Sûreté générale. M. Bayard est intéressant à fréquenter.

Il pratique des interrogatoires comme d'autres des interviews. A la volée, depuis la terrasse d'un café, en interpellant les passants aux chaussures bicolores, à l'épingle de cravate trop voyante. Idéal! Albert Londres n'a plus rien à faire. Juste à noter.

Rassasié, il le quitte non pour son cinquième bar de la journée mais pour le siège de la Compagnie des Transports Maritimes. En échange d'un certain nombre de billets de banque, ils lui remettent un ticket Le Havre-Buenos Aires. Quinze mille kilomètres pour constater de visu comment on traite les Blanches.

A l'escale de Bilbao, un couple de jeunes Français embarque et se lie d'amitié avec Albert Londres, tout au long de la traversée. Elle couturière, lui commerçant. Ils sont charmants. Ils s'aiment. Un voyage de noces? Non pas. Un mac et sa pute. Ça, la traite des blanches? Exactement. D'emblée, le reporter révise ses jugements.

Son premier contact avec les Argentins n'est pas très prometteur. L'accueil des douaniers de la République latine vaut celui des médecins-chefs des asiles de France. Froid, très froid et même hostile. Il faut dire que Londres y met du sien. Il refuse de tremper ses doigts dans l'encre pour donner ses empreintes digitales.

« Je les ai conservées au bout des doigts pour être plus sûr de ne pas les égarer[3]... »

Ces messieurs du contrôle n'apprécient pas. Pas plus que le motif avoué de sa visite dans leur pays.

« Je viens voir les maquereaux, en vérité[4]... »

On ne goûte pas la plaisanterie gauloise à Buenos Aires. Le journaliste est confiné dans le bateau. Grâce à une intervention inespérée, il est enfin autorisé à fouler le sol argentin. Qui lui a fourni ce sésame après maintes tractations? Non pas le consul de France. Ni le représentant de la Compagnie des Chargeurs réunis, propriétaires de la ligne. Mieux : le proxénète avec qui il avait lié connaissance sur le bateau.

La ville est moche, les gens sont moches, les hommes sans femmes et les femmes à la maison. Il faut vraiment avoir envie d'écrire un livre pour se perdre dans ce capharnaüm. Ni sourires, ni promeneurs. Un peuple lugubre et pressé. Le premier endroit civilisé se trouve 445, rue Cerrito. C'est la librairie française. Presse et littérature, *L'Écho de Paris* et Henry Bordeaux, cela fait chaud au cœur si loin de Paris. Mais pourquoi les hommes du Milieu lui ont-ils donné cette adresse comme premier point de chute? Il doit bien y avoir une raison. Le meilleur moyen d'être fixé est encore de s'adresser au libraire :

« Je viens pour une chose spéciale. Votre librairie est le rendez-vous des Français trafiquants de femmes[5]... »

Il manque de se faire jeter mais réussit à calmer le patron en se présentant comme écrivain, donc pourvoyeur de librairies, et en l'affranchissant sur ses propres connaissances :

« Vous êtes leur poste restante... J'en sais presque autant que vous[6]. »

La confiance revient. Londres lui laisse trois lettres identiques, à l'attention de trois maquereaux dont il attend qu'ils l'introduisent dans ce milieu. Ses recommandations sont parisiennes. Elles sont en principe infaillibles. Il ne lui reste plus qu'à attendre les réponses, dans sa chambre de l'Hôtel du Midi.

Enfin, un retour de boomerang. L'homme s'appelle Vacabana mais se fait appeler Le Maure. Il attend en bas dans une Packard, tout prêt à emmener le reporter au bout de son voyage initiatique au pays des trafiquants de femmes. Mais que veut-il exactement, Albert Londres?

« Vivre parmi eux. Étudier leurs mœurs obscures comme s'ils étaient des insectes et que je fusse un peu savant. Descendre dans leur milieu comme je monterais dans la lune pour dire après ce qui se passe dans ces profondeurs[7]. »

Le Maure est son homme, c'est-à-dire son guide. L'ancien pensionnaire de Cayenne s'est bien reconverti : désormais il est importateur et jouit d'une fausse identité, d'une respectabilité, d'une femme et d'un enfant. Il fraie avec le Milieu, mais à titre de conseiller uniquement. Lui ne fait pas travailler les « mômes », ces Françaises de mauvaises mœurs que les Argentins appellent des « franchutas ». Mais il les connaît tous, les maîtres du proxénétisme.

Peu après, Londres se retrouve dans un café de Buenos Aires qui pourrait tout aussi bien se situer à Marseille ou au Faubourg Poissonnière. A une différence près : ici, « ils » ne déparent ni ne choquent. Les Argentins les appellent des caftanes, entre eux ils se donnent du voyou. Mais cela relève du folklore car moralement et politiquement, ce sont d'horribles bourgeois, conservateurs et réactionnaires. Ce qui les différencie des notables de la France des banquets et des médailles, c'est la très piètre estime dans laquelle ils tiennent le travail, ce vice impuni.

« C'est la seule caste de la société qui ait eu confiance dans l'avenir de la fainéantise... Pour eux, la question est d'honneur. S'ils ne font rien, ce n'est pas uniquement par paresse, c'est tout juste pour la même raison que l'honnête homme ne vole pas, afin de ne pas avoir de remords de conscience[8]. »

Londres les écoute. Longuement. Il se fait le greffier de leur geste. Leurs récits sont autant d'épopées. Admirable... On leur donnerait le bon Dieu, un certain nombre de frangines et une poignée de main amie sans confession tant leur occupation principale paraît vertueuse. S'ils n'ont pas encore la médaille du Mérite National, c'est que la société est mal faite.

Pour entendre un autre son de cloche, Londres ne va pas voir des Argentins (il les déteste et les présente comme de tristes sires entièrement voués au culte de l'argent) mais des « franchutas ». D'après son enquête, elles se divisent en deux catégories : les malheureuses, qui représentent 80 % de cette population, et les vicieuses qui font le reste. Ses chiffres ne viennent pas d'un Institut de sondage, de statistiques ou de démographie mais de son petit calepin. L'intime conviction basée sur l'observation personnelle, élevée au niveau d'une science. Autrement dit, pour parler comme lui, le pifomètre. Encore faut-il savoir ce que ces épithètes recouvrent.

La « malheureuse » est dotée d'un profil qui fait florès dans les cours d'assises : parents alcooliques et violents, adolescence solitaire, humiliations multiples, pauvreté absolue, chômage inéluctable. Elle est dans la misère, tant matérielle que morale. La prostitution est son salut, le « voyou » son sauveur. Elle l'aime et ferait tout pour lui.

La « vicieuse » est née dans le vice. Le Milieu est sa famille naturelle. On aimerait croire qu'elle fait ça par amour de l'amour. Hélas, une étude précise du trottoir révèle que la professionnelle n'y trouve de volupté que par surcroît et par hasard. En vérité, c'est son métier et il la nourrit, et elle n'en conçoit pas d'autres, point final.

Alors, où est le problème?

Le problème, ce n'est pas que la communauté française de Buenos Aires soit constituée en grande partie de maquereaux et de prostituées, mais que les premiers soient soupçonnés d'avoir forcé les secondes à faire le grand voyage contre leur gré. C'est ce qu'on appelle la traite des blanches, par allusion au trafic des esclaves, au siècle précédent, la traite des noirs.

Du moins est-ce ainsi que l'opinion publique s'imagine l'affaire. Mais pas Albert Londres. Après enquête, il en est venu à d'autres conclusions. Sa version de l'histoire vaut d'être retenue.

Ces filles commencent à vendre leurs charmes, toutes seules, à Paris ou Marseille, les deux grands pourvoyeurs d'amour tarifé. Elles le font mal, n'importe comment, du moins sur le plan commercial, n'ayant aucune notion du marché, de l'offre et de la demande. Heureusement, les souteneurs sont là qui les éduquent, les affranchissent, les protègent. Parfois même ils les épousent. Mais sont-ils pour autant ces exploiteurs sans scrupules, ces infâmes barbeaux qu'on se plaît à décrire dans la littérature bon marché?

« Ils ont fondé eux aussi une ligue des Droits de l'Homme, mais sur la femme. Ils n'ont pas seulement fait revivre la bigamie, ils l'ont passablement améliorée [9]. »

Il fallait y penser. Albert Londres s'en est chargé.

A force de prendre le parti des marginaux et des déviants de la société, il a amalgamé les marlous et leurs compagnes enchaînées, aux bagnards de Cayenne et détenus de Biribi, qui ne doivent pas être très contents. Les « forçats de la route » du Tour de France l'ont échappé belle.

Bien entendu, le processus est inconscient. Mais il n'a pas besoin d'être formulé pour que le lecteur familier des croisades de notre Don Quichotte à visage de reporter, devine cet invisible fil d'Ariane qui relie toutes ces enquêtes. Quand il veut convaincre, il n'a pas son pareil pour banaliser des situations exceptionnelles. Des exploiteurs, eux? Naturellement. Ils exploitent des femmes comme d'autres des brevets d'invention ou des domaines agricoles. On se demande jusqu'où il osera aller dans sa démonstration. Tout est à craindre, même une lettre au ministre du Travail et de l'Hygiène sociale, au nom des idéaux humanitaires de la Révolution française! Pourquoi pas?

Pour emporter l'adhésion, il trace le portrait de quelques malheureuses de grande classe, de maquereaux de la vieille école, de petits jeunes sans manières qui cassent le métier jusqu'à lui ôter toute dignité. A l'en croire, le Milieu c'est l'Armée du Salut. Sans lui les filles seraient toujours à la rue, mais sans défense, sans ami, sans protection. En un mot : sans amour.

Sans le Milieu, les « franchutas » ne seraient pas l'aristocratie des trottoirs de Buenos Aires. Elles ne vaudraient pas cinq pesos mais deux pesos comme les Polaks.

Les Polaks constituent le tiers état de ce régime qui semble défier tout projet de révolution. Ce sont des juives polonaises, enlevées à la misère des ghettos subcarpathiques. Il y a un an, alors qu'il se penchait sur le phénomène Pilsudski dans les campagnes, l'envoyé spécial du *Petit Parisien* les avaient vus dans leur crasse et leur dénuement. Il sait qu'entre deux pogromes, des maquignons courent la région pour acheter ces malheureuses à des familles misérables. Un contrat en bonne et due forme est signé sous les auspices sacrés de la Torah [10]. Si Albert Londres n'était pas le futur auteur d'un reportage sioniste et philosémite, on lui ferait d'étranges procès...

Mais il n'ira pas jusqu'à nous faire croire que ces jeunes vierges juives, sacrifiées par leurs familles pour sauver l'honneur (?) et les décharger d'une bouche à nourrir correspondent à l'une quelconque des catégories qu'il a distinguées pour étudier les « franchutas ».

Albert Londres n'a jamais été aussi déroutant. A la lecture de son *Chemin de Buenos Aires*, on hésite entre divers sentiments : la révolte, la nausée, l'incrédulité, le fou rire... A partir des matériaux qu'il rapporte d'Argentine, le lecteur peut se faire une idée et aboutir à des conclusions tout à fait opposées, ce qui est peut-être le secret d'un reportage réussi. Même quand il donne la parole à Mme Arslau, une Française de Buenos Aires qui se bat contre le trafic de belles au nom des Droits de la Femme, il lui fait dire que neuf fois sur dix, les « blanches » ont choisi de rester avec leur protecteur plutôt que de se mettre sous sa coupe à elle. Elles réclamaient du pain, pas des leçons de morale.

Son bilan? Contrasté. Le trafic, des hommes en vivent, des femmes n'en meurent pas. C'est un peu court. Le moteur de la prostitution? La faim. Celle du proxénétisme? L'argent. Les commissaires de la SDN peuvent continuer à enquêter de par le monde, comme ils le font depuis trois ans, ils ne comprendront jamais que ce couple infernal qui incarne la « traite des blanches » ne s'est pas formé contre nature puisqu'il correspond à un besoin de part et d'autre, et, à l'extérieur, à la loi de l'offre et de la demande.

Londres se doute bien qu'il ne va pas laisser ses lecteurs sur une telle chute. Il leur faut un coupable, car le procédé reste indigne et scandaleux dans l'opinion publique, quoi qu'il en dise. Puisqu'il en dédouane les principaux acteurs, sur qui va-t-il se rabattre? La société. C'est elle la responsable puisque c'est elle qui engendre la misère.

La misère... « Seuls la connaissent ceux qui l'habitent », écrit-il avec une juste pudeur [11]. Un mot qui vaut bien, dans le même ordre d'idée, celui d'Albert Camus beaucoup plus tard : « Nous sommes quelques-uns à ne pas supporter que l'on parle de la misère autrement qu'en connaissance de cause. »

La solution ne consiste certainement pas à anéantir le trafic par une répression accrue. Ce serait vain. La suppression des trottoirs n'y changerait rien. Londres en appelle au fatalisme. Le phénomène perdurera quoi qu'on fasse. Si l'on prétend anéantir le mal, il faut le prendre à la racine. Il est au cœur de la société et se nomme chômage, faim, froid. La plus haute des misères.

Ses derniers mots ne sont pas pour réhabiliter le maquereau français car il en a déjà assez fait de ce côté-là. Le message est passé. Ils accablent la société, la seule dans cette affaire qui ne risque pas de demander un droit de réponse.

« Brûlez les maisons, excommuniez leurs cendres. Vous n'aurez fait que du feu et des grands gestes. La responsabilité est sur nous. Ne nous en déchargeons pas [12]. »

Soit. Mais fallait-il vraiment faire quinze mille kilomètres pour en arriver là?

Albert Londres se met à écrire son livre durant la traversée, sur le chemin du retour. Un beau voyage de cinquante jours. A l'escale de Bilbao, il a organisé son plan en vingt-cinq chapitres. En débarquant à Bordeaux, il tient sa table des matières. En arrivant à Paris, il trouve le titre et le sous-titre.

Persuadé de connaître un important tirage en raison des « révélations » que contient son livre et du battage que l'éditeur ne manquera pas d'organiser, Londres est déjà happé par la frénésie parisienne. Son emploi du temps lui laisse à peine le temps de refuser les propositions de *Paris-Matin*, un nouveau journal qui se lance : le matin chez Albin Michel, l'après-midi au Quai d'Orsay, le soir au *Petit Parisien* [13]...

Le livre, qui paraît en mars 1927 et connaîtra maintes rééditions, est accueilli comme un événement.

Dans le *Petit Parisien*, on peut lire sous la plume de Jean Vignaud : « ... vigoureux, direct, impitoyable. C'est un des plus sévères réquisitoires qu'un reporter ait rédigés contre notre société... Pour quelle raison Albert Londres désespère-t-il de l'humanité? La Société des Nations qu'il malmène vient de faire un geste, le président de l'Argentine, M. de Alvear, de donner un ordre. Combien de prophètes peuvent arborer de pareilles victoires [14]? »

Conformément au souhait de l'auteur, certains chroniqueurs replacent sa « Traite des Blanches » dans le cadre d'une série contre les injustices en ce bas monde, panorama en plusieurs tableaux commencé à Cayenne et achevé à Buenos Aires :

« Il pourra se vanter, à son heure dernière, d'avoir abordé vivant à tous les cycles de l'enfer dantesque [15]. »

Son confrère Pierre Mac Orlan, quant à lui, imagine l'excellent film que l'on pourrait tirer de ce livre, non pas une œuvre de fiction mais un documentaire propre à susciter un sincère sentiment de pitié chez les bourgeois les plus égoïstes [16].

On s'en doute, les réactions enregistrées du côté de l'Argentine sont rien moins que furieuses. Les Français d'Amérique du Sud lui reprochent de ne pas aimer ce continent, de manquer d'indulgence et de traiter une aussi grave question avec un ton ironique et désinvolte qu'ils jugent déplacé. Les plus catholiques d'entre eux, tout en respectant les intentions de l'auteur, estiment qu'un tel livre ne devrait pas figurer dans leurs bibliothèques. Car dans son inventaire des remèdes, Londres a complètement oublié la foi religieuse [17]...

Il est vrai que le reporter n'aime pas l'Argentine. On pourrait croire qu'il la tourne en ridicule et la couvre de son mépris pour faire de bons mots et favoriser quelques formules. Pas même. Car dans une lettre à ses parents, il la présente comme un pays riche, sot et orgueilleux, auquel il préfère le Brésil, pour son exubérance et ses couleurs, ou encore l'Uruguay, si proche d'Athènes par son climat [18].

La presse argentine, quant à elle, est très vexée. Elle juge cette enquête indigne d'un grand reporter français. *Le Chemin de Buenos Aires* lui paraît exagéré de bout en bout, plus proche du pamphlet que de l'enquête. D'autant que, de son point de vue, la prostitution n'a pas de patrie. Les héros d'Albert Londres ne sont ni français, ni argentins, ni polonais: ce ne sont que des maquereaux!

Le mot de la fin revient probablement à ce lecteur argentin très attentif, qui envoie à l'auteur une lettre dactylographiée de dix pages, écrite « en navigation le 5 juillet 1927 ». Ce M. René Alfred Delanoché lui administre une correction appuyée, relevant les erreurs, amalgames et approximations, dénonçant cette charge venimeuse animée d'un esprit de vengeance, clouant au pilori un humour, des jeux de mots et des facilités qui laissent de marbre du côté du Rio de la Plata, et concluant:

« Combien vous ont-ils payé, les maquereaux, pour écrire ce livre?... J'ai quelques amitiés à la commission qui administre les Prix Nobel et je ferai tout mon possible pour qu'on institue deux nouveaux prix annuels: l'un pour la philanthropie et je suis sûr que tous les ans il sera emporté par quelques maquereaux, et l'autre pour la meilleure défense de l'injustice. Je ne doute pas que celui-là vous sera décerné. Pour finir, Monsieur le protecteur de la vertu délaissée, votre livre n'a pas de prologue. Alors je vous demande de me faire l'honneur de mettre cette lettre comme prologue de la deuxième édition que vous ferez sans doute tirer du même. Ce sera un très grand honneur et plaisir pour moi [19]... »

26.

Sur les traces de Dieudonné

Paris au début de l'été 1927. Scène de genre dans l'ascenseur du *Petit Parisien.*

« C'est pour où?

– Je vais en mer Noire! »

Andrée Viollis chez les Russes? Londres n'en croit pas un mot. Il brûle de connaître les projets de la « concurrence ». Après avoir essayé en vain de tirer les vers du nez à son rédacteur en chef, il entraîne sa consœur dans un bistrot du boulevard Sébastopol. Quel curieux petit bout de femme : elle ne boit que du porto, et encore, coupé d'eau! Viollis ne parlera pas. Quelques verres plus tard, elle avoue : sa direction, c'est bien la mère patrie du bolchevisme. Son itinéraire est même tracé, du nord au sud. Londres est épaté. Car en dépit de son expérience du terrain, sa débrouillardise dans des situations difficiles à Rome comme à Dublin, de l'astuce qu'elle déploie pour être en mesure de télégraphier avant les autres, Andrée Viollis n'est jamais qu'une femme... Or non seulement elle se rend en Russie rouge mais contrairement à la plupart des autres grands reporters, elle n'a pas l'intention de se contenter de Moscou et Leningrad. Elle a prévu d'aller sur la Volga, au Caucase, en Azerbaidjan, en Arménie, de manière à mettre son nez sur le phénomène bolchevik et ensuite à tourner autour pour mieux le cerner.

Albert Londres sourit, un peu plus misogyne que de coutume. Il imagine très bien sa consœur s'approchant du monstre à petits pas et lui comptant les dents! Ses sarcasmes amicaux seront bientôt démentis par la série d'articles et le livre qu'Andrée Viollis publiera chez Gallimard sous le titre *Seule en Russie.* Beau joueur, il reconnaîtra sa légèreté dans une recension du livre [1].

La Russie ne le tente pas. Depuis la mort de Lénine, il s'est quelque peu dépris d'un sujet qui l'avait passionné. Et puis la construction de la première usine de tracteurs de Stalingrad ne l'excite pas plus que l'unification de l'opposition. Malgré son goût de l'exclusivité et son obsession de la concurrence, Londres sait rester confraternel avec ses amis.

On en veut pour preuve le talent qu'il déploie, cette année-là, à faire revenir Henri Béraud au *Petit Parisien.* L'ancien compagnon de dèche s'est fâché avec Elie-Joseph Bois il y a plusieurs années. Pour une vétille, quelque chose d'insignifiant. La rupture n'en semblait pas moins irréversible. Depuis, l'eau a coulé sous les ponts. Béraud est devenu célèbre et fêté. Comme grand reporter et comme grand écrivain. Plus abondant que le plus prolixe des pisse-copies, il a publié plusieurs livres. Le dernier en date s'intitule *Le flâneur salarié* et il est justement dédié à ses deux vieux compagnons de route, Albert Londres et Edouard Helsey. L'encre d'imprimerie n'est pas encore sèche qu'il lui en fait porter immédiatement un exemplaire hors commerce sur pur fil lafuma N° V, orné d'une affectueuse dédicace.

Le contrat qui lie Béraud au *Journal* vient à expiration dans quelques jours. L'opportunité est à saisir. Londres s'y emploie sans ménager son temps, comme si c'était sa tâche la plus urgente. Remis de ses émotions, l'écrivain Goncourt s'est laissé regagner par la nostalgie des grands chemins. Le milieu littéraire reste décidément trop petit et trop mesquin pour ce fort-en-gueule, reporter-né, qui a le poison du vagabondage dans le sang.

L'entremetteur parvient à faire asseoir les belligérants à la même table de restaurant. L'atmosphère est vite dégelée.

Grand seigneur, Bois passe l'éponge avec beaucoup de classe. C'est à peine s'il évoque leur vieux différend au moment des hors-d'œuvre :

« En votre absence, un rédacteur s'est provisoirement installé dans votre bureau. J'espère que vous trouverez tout en bon ordre [2]. »

Au plat principal, le patron du *Petit Parisien* lui propose un salaire qui ne se refuse pas, d'autant qu'il prend en considération le nouveau statut social de son ancien collaborateur. Au dessert, ils évoquent les prochains reportages...

Londres et Béraud ne se marcheront pas sur les pieds. Ils se respectent trop. De toute façon, s'ils font le même métier pour le même journal, ils ne l'exercent plus tout à fait dans la même direction. Henri Béraud refuse l'exotisme et ce qu'on n'appelle pas encore les sujets de société, pour se consacrer à la politique internationale et aux grandes affaires qui agitent le monde. Ses interlocuteurs ne seront pas des persécutés anonymes mais des chefs d'État et de gouvernements. Il se propose d'ailleurs de faire la tournée des capitales de l'Europe en ébullition.

Londres reste Londres. Il a une idée en tête : sauver un homme. Encore? Mais celui-ci est déjà une vieille relation. En allant à sa rencontre pour lui permettre de retrouver le monde libre, le redresseur de torts ne fait que parachever ce qu'il a entrepris quatre ans avant au bagne.

C'est Eugène Dieudonné. Depuis son retour de Cayenne, le reporter n'a cessé de plaider la cause de l'ébéniste condamné pour avoir fréquenté de trop près ses amis anarchistes de la bande à Bonnot. Convaincu que cet homme ne pouvait avoir attaqué un garçon de recettes pour le détrousser et que celui-ci, un dénommé Caby, l'accusait sans preuves, impressionné par la remarquable dignité dont cet innocent fit preuve dans l'horreur quotidienne des îles du Salut, Londres n'a cessé de réclamer sa grâce, apportant son concours à Me de Moro Giafferi, l'avocat de Dieudonné.

En vain. Persuadé que toutes ces bienveillantes requêtes n'aboutiraient jamais, le forçat s'évada pour la troisième fois mais dans des conditions telles que tous le crurent mort. Sur la foi de certains câbles récents, Albert Londres est convaincu, pour sa part, que l'évadé s'est discrètement réfugié au Brésil. On a dû l'emprisonner puis le relâcher.

C'est certainement pour lui parler de cette affaire que Elie-Joseph Bois le convoque ce jour-là à son bureau. L'idée l'excite tellement qu'il ne lui laisse même pas le temps de se poser sur un fauteuil.

« Et Dieudonné? C'est une histoire celle-là. Vous le connaissez, il faudrait retrouver l'homme.

– Mais il est au Brésil.

– Et après [3]? »

Vingt et un jours après cette question en forme de réponse, le paquebot des Messageries maritimes accoste en baie de Rio. Il est 7 heures du matin. Albert Londres débarque avec un seul atout en main : il sait à peu près à quoi ressemble l'individu qu'il recherche, il a encore en mémoire sa démarche et le son de sa voix. Après quatre années qui comptent pour des siècles, que reste-t-il de ce souvenir ? Une ombre, un spectre, une silhouette éventuellement. Avec un peu de chance, Dieudonné aura reçu un des nombreux câbles que *Le Petit Parisien* a expédiés à son attention comme autant de bouteilles à la mer.

« Bonjour! eh, bien le bonjour! »

Sur le quai, un homme hèle le reporter. Ils se rapprochent. Difficile à identifier. Peut-être un agent consulaire ou un confrère en poste.

« Je ne vous reconnais pas exactement, mais je comprends que c'est vous, dit l'homme.

– Moi, je ne vous reconnais pas du tout.

– Pardi, j'ai changé de tenue!

– Alors c'est vous?

– Dieudonné...[4] »

Il est venu au rendez-vous, fidèle au reporter qui a tant plaidé sa cause.

Aussitôt, plusieurs passagers, alertés par la rumeur, se précipitent pour lui demander un autographe. Il tente de refuser avec la politesse dont il est coutumier tandis que Londres l'entraîne du bras à l'hôtel Moderno, rendez-vous des Français cariocas d'adoption ou de passage. Ce n'est pas une bonne idée. Dieudonné est vraiment une vedette. Partout, on se retourne sur son passage. L'évadé est impatient. Lui qui a attendu quinze ans ne semble pas pouvoir se morfondre une semaine de plus.

« Alors c'est vrai? *Le Petit Parisien* vient me chercher? Je vais revoir la France[5]? »

Londres s'emploie à le calmer, expliquant que son avocat a reçu des assurances du gouvernement. Le principe de la grâce est acquis. Il ne reste plus qu'à faire signer un bout de papier. Une question de jours. Tout se passera bien, encore faut-il qu'il s'en remette entièrement à l'envoyé spécial. Ce serait dommage de toucher si près du but et de tout gâcher par une précipitation inopportune.

Eugène Dieudonné reprend confiance, retrouve le sourire et

s'évade à nouveau, par la pensée cette fois, du côté du Havre ou de Marseille. Il ne se plaint pas. Les Brésiliens le tiennent pour une manière de héros. L'ancien forçat est désormais sous la protection de cette police qui l'avait arrêté lors de son arrivée. Signe des temps... S'il n'avait pas la nostalgie du faubourg Saint-Antoine, ils le feraient volontiers citoyen d'honneur.

A peine les deux hommes sont-ils attablés qu'ils « en » parlent. Les mots se bousculent. Par où commencer? Dieudonné se lance dans un récit épique, détaillé, à la fois précis et poétique. Il le poursuivra dans la rue, en déambulant, puis dans les couloirs en raccompagnant le reporter et le lendemain dans sa chambre d'hôtel.

Le bagnard dé-chaîné raconte en reprenant tout depuis le début, à la demande du journaliste, soucieux de clarifier cette longue histoire pour ses lecteurs. La bande à Bonnot d'abord. Il la fréquentait, c'est indéniable, mais à une époque où elle n'était pas constituée. Comme tant de sympathisants anarchistes croisaient dans leurs bars d'élection les Garnier, les Callemin et Bonnot qui n'avaient pas acquis alors cette sanglante notoriété. Il leur serrait la main. C'est son crime, à titre rétroactif. Le bagne ensuite. Le pays de la perpétuelle délation, la liquéfaction de tous les sens... Il ne s'étend pas. Londres en sait autant que lui, et pour cause. L'évasion enfin, probablement la partie la plus intense et la plus suffocante de ce récit. C'est là plus qu'ailleurs que le journaliste a rendez-vous avec ses lecteurs. Comme eux, il veut savoir. Un évadé vivant ne peut que susciter l'admiration, a fortiori s'il est innocent. Par moments, on sent que le scripteur aimerait poser la plume et le carnet pour savourer le récit de la bouche même de celui qui l'a vécu.

Dieudonné parle bien. Avec retenue. Sans emphase. Le sujet est assez fort pour qu'il ne soit pas nécessaire d'en rajouter. Il choisit ses mots. A croire qu'il écrit le futur livre d'Albert Londres en le parlant, même si, çà et là, dans la reconstitution des dialogues et le rythme de monologues, on sent la patte du grand reporter. Il n'enregistre pas mais transcrit. Après tout, c'est son rôle. Le résultat? Un véritable récit écrit à deux mains. Les guillemets font parfois défaut, on ne sait plus qui parle. Qu'importe. Pour l'un comme pour l'autre, l'innocence n'est pas à prouver.

« Imaginez-vous un Caïn qui n'aurait pas tué Abel et qui, toute sa vie, entendrait derrière lui : « Qu'as-tu fait de ton frère[6]? »

Les deux hommes se perdent dans la nuit carioca, tout à leurs évocations. Soudain, au centre de la place Floriano, Dieudonné marque un temps d'arrêt, lève la tête, plisse les yeux. Sur la façade d'un immeuble, une bande lumineuse défile entre les néons pour donner les nouvelles du jour. Le journal lumineux donnera peut-être des informations parisiennes. Qui sait même, l'annonce de sa grâce... Pas ce soir. Ils reprennent leur marche jusqu'au domicile de fortune de l'évadé. Assis sur un méchant matelas, les yeux embués de larmes, le regard perdu et la tête basse, Eugène Dieudonné se laisse aller à une discrète supplique.

« Savez-vous ce que je ne voudrais pas? C'est débarquer en France entre deux gendarmes. Mon fils ne m'a jamais vu à l'état de prisonnier. Il est venu, voilà quinze ans, dans ma prison, mais il était petit, il ne comprenait pas. Il me disait : "Pourquoi ne reviens-tu pas avec nous à la maison? C'est-y que tu es malade?"...[7] »

Le bout de la route est proche. L'ancien condamné à mort, gracié puis commué puis commué encore, est toujours dans l'attente d'une autre grâce. L'innocence, il faut la hurler. Londres se contente de l'écrire avec ses mots. Ses premiers articles, sur sa redécouverte de Dieudonné, paraissent aussitôt. Ils ont un impact certain. Tel est bien le but recherché. Faire pression, accélérer le processus pour que ce malheureux, que le Brésil avant la France sut rendre libre, retrouve sa terre et recouvre ses droits. Non qu'il se prenne pour le capitaine Dreyfus. Tout juste pour Eugène Dieudonné, un ouvrier ébéniste revenu de tout, qu'aucun système n'a réussi à broyer.

Le principal est fait. Il ne reste plus qu'à rentrer en France. Tout n'est pas joué pour autant. Dieudonné ne sera vraiment libre que quand il foulera les docks de Marseille. Il ne s'en doute pas encore mais Londres, recru de toutes les combines politiques et judiciaires dont un gouvernement français est capable, lui, le sait pour deux.

En attendant que le consulat de France prépare le passeport promis, le journaliste emmène son célèbre client faire une escapade touristique en ville. A l'heure dite, le diplomate le reçoit enfin tandis que l'homme du jour fait antichambre. Londres doit avoir le sentiment du parent d'un malade gravement atteint à qui le chirurgien cache la vérité. Il y a de cela. Le passeport n'est pas prêt car le consul ne veut pas endosser une telle responsabilité. Le Quai d'Orsay n'a pas encore donné signe de vie. Le fameux câble se fait toujours attendre. L'affaire effraie ceux qui ont la décision entre leurs mains. « Ah! » dit simplement Dieudonné, figé, quand on le fait entrer pour le mettre au courant de la situation. Pour exciper de sa bonne volonté, le consul propose une solution de rechange. En lieu et place d'un passeport en bonne et due forme, il peut lui donner un sauf-conduit et promettre par écrit qu'il se remettra dans les mains de la police dès son arrivée. Ni chèvre ni chou. Et le spectre tant redouté des gendarmes n'est pas loin. Dieudonné a peut-être fui le bagne mais n'entend pas se soustraire à la justice de son pays. Il se sait, on le sait innocent. Il accepte le marché.

Le reporter est moins catégorique. Il a pris l'habitude de freiner son ami dans ses élans. La promenade porte conseil. Ils envisagent de conserver des solutions de rechange. Et si l'on passait par Hambourg? Et par Gênes? Et... Rien à faire. Dieudonné s'est suffisamment caché. Il entend rentrer chez lui la tête haute. Ce n'est pas une formalité administrative qui gâchera le plus beau jour de sa vie.

Le passeport arrive enfin. Les deux hommes vont le chercher. Dieudonné a emporté une vieille petite valise. Une horreur, commente Londres. Mais pour Dieudonné, elle est le complément indispensable à sa nouvelle panoplie de Français libre. Quand on voyage, on a une valise et un passeport.

Les deux hommes se quittent vers minuit après voir dignement fêté l'événement. Par curiosité, le journaliste se retourne. Là-bas, sous le réverbère, une silhouette d'homme a pris la pose d'un lecteur feuilletant avidement un nouveau livre. C'est Dieudonné et son passeport [8].

Octobre 1927. Casablanca, Gibraltar et bientôt Marseille. A bord du *Plata*, Londres et Dieudonné guettent nerveusement le phare du Planier. Après quinze ans de Cayenne, l'ex-forçat a encore le bagne en lui. Au réveil, en parlant de son sommeil agité, il ne disait pas « ma cabine » mais « ma cellule ». Londres l'observe, l'interroge, l'écoute. Dieudonné n'est pas aigri. Il n'en veut à personne et préfère se souvenir de son avocat Moro-Giafferi et du gouverneur de Cayenne M. Chanel, du reporter Louis Roubaud et de Séverine la militante, que de ceux qui lui ont enfoncé la tête dans la boue. L'émotion qui l'étreint l'a épuré de tout ressentiment. Cette journée s'annonce exceptionnelle et il ne laissera pas la haine tout gâter. Car la haine c'est le bagne et le bagne n'est plus qu'un mauvais souvenir. Douloureux mais lointain, enfoui dans une sorte de jardin secret dont il a provisoirement perdu la clé.

12 h 30 à Marseille. Le vapeur *Plata* se montre. Sur la passerelle, trois hommes se détachent : Albert Londres, un jésuite, le père de la Brière et, entre eux, Eugène Dieudonné, un de ceux que la presse de ce Noël 1911 de funeste mémoire appelait « les bandits tragiques », le supposé quatrième homme du gang d'anarchistes qui attaqua les employés de la Société Générale rue Ordener...

Le bateau vire de bord pour accoster en reculant le long du quai noir de monde. Le journaliste remarque aussitôt l'absence d'officiels. C'est un signe : le retour n'est pas la grâce. Un passeport n'est pas un décret d'amnistie et un évadé reste un évadé, même si une foule en liesse est toute prête à l'absoudre. Dieudonné s'en fiche. Dans cette masse compacte dont il se rapproche insensiblement, il n'a d'yeux que pour sa femme et son fils.

Ovations, cris, bousculades. La passerelle n'a pas encore touché le pont que Mme Dieudonné et son fils s'élancent. Eugène Dieudonné en fait autant dans les couloirs des cabines, précédé d'Albert Londres qui lui ouvre la voie, tout essoufflé [9].

Quinze ans, huit mois et une poignée de jours...

Pour un innocent, c'est deux fois plus long encore.

Gare de Lyon. Le rapide arrive à 8 h 05. Happé dès son apparition à la porte du wagon, Dieudonné, escorté de près par sa petite famille et « son » journaliste, improvise une conférence de presse au buffet.

« ... Je n'avais jamais désespéré et c'est soutenu par cet espoir que j'ai trouvé la force de subir l'épreuve du bagne et de mener à bien ma dernière tentative d'évasion... [10] »

Signe des temps. Quatre mois plus tard à la mairie du 11e arrondissement, Eugène Dieudonné épouse sa femme. Pour lui éviter une publicité malveillante, le bagnard avait jadis divorcé. L'un de ses témoins s'appelle M. Bébon. Il était un des douze jurés du procès de la Bande à Bonnot... [11]

L'innocent le plus célèbre de France depuis Alfred Dreyfus tâche de se faire oublier. Pour des raisons pécuniaires et par gratitude, il écrira ses souvenirs, préfacés par Albert Londres [12]. Mais très vite on le retrouvera entre crayons et équerres, décorateurfabricant de meubles dans son cher Faubourg Saint-Antoine. Un père de famille sans histoire.

Un soir chez Nine, un bistrot de la rue Victor-Massé, Henri Béraud dîne avec Eugène Merle, personnage haut en couleur, ancien compagnon de route des anarchistes devenu patron de presse en lançant *Le Merle Blanc* puis *Paris-Soir*. Quelques tables plus loin, Dieudonné partage un repas. Ils se dévisagent, puis se reconnaissent.

« C'est toi, Eugène?

– Oui. Eugène, c'est moi.

– Comment vas-tu?

– Mieux... J'ai souffert, tu sais.

– Je le crois sans peine. C'est long, dix-huit ans! Bien long!

– Et dire que je suis innocent... »

Les deux Eugène, également ex-anarchistes, se regardent puis Merle reprend :

« Écoute, Eugène, tu ne vas pas me le faire à moi, le coup de l'innocence... »

Dieudonné proteste et se récrie tandis que Merle enfonce le clou :

« ... D'ailleurs, si tu étais innocent, tu n'intéresserais personne [13]! »

27.

La traite des noirs

« C'est une ville de fous [1] ! »

Londres n'aime pas Paris. Définitivement. La vie y est trop trépidante. A chacune de ses escales à son domicile ou son journal, il doit affronter un volumineux sac de courrier, des messages téléphoniques, des pressions de toutes parts, des solliciteurs qui s'impatientent. Très tôt, il se trouve débordé de toutes parts. Nul besoin de le pousser pour qu'il laisse tout en plan afin de se réfugier à Vichy où seuls les télégrammes du *Petit Parisien* l'atteignent.

A la fin de 1927, il laisse quatre cents lettres et quarante invitations en souffrance pour préparer l'édition de son livre sur Dieudonné sous le titre *L'homme qui s'évada,* promis à Béraud et Carbuccia. Ils y croient d'autant plus que *Le chemin de Buenos Aires* en est déjà à 83 000 exemplaires après six mois d'exploitation. Dévoré par ses courses aux taxis et les soupers en ville auxquels il ne peut se soustraire, il emploie son temps libre à mille et une démarches auprès de ministères. Pour « ses » opprimés. Les anciens et les futurs. A croire que le grand reporter s'est établi dans une boutique à l'enseigne de l'Armée du Salut. Il pourrait en être le général honoraire.

Les bagnards, les détenus militaires, les fous, les « blanches »... Que lui manque-t-il? Les esclaves. En lisant son journal préféré il découvre dans une dépêche qu'en Sierra Leone, les Anglais viennent de procéder à la libération de quelque 230 000 captifs. A ses yeux, l'information n'est pas celle qu'on croit. Dans sa tête, il traduit : s'ils libèrent des esclaves, c'est qu'il y en avait encore. Le phénomène n'est donc pas si dépassé qu'on veut bien le faire croire. Il ne lui en faut guère plus pour se lancer. D'autant que non seulement le sujet colle parfaitement à la dynamique qui est dorénavant celle du redresseur de torts, mais que l'Afrique est dans l'air du temps.

André Gide vient d'y effectuer un périple dont il a ramené deux livres : *Voyage au Congo* (1927) et *Retour du Tchad* (1928). Ce sont des notes très impressionnistes dans lesquelles l'auteur dénonce les abus coloniaux contre les indigènes. Une indignation sincère, mais plus poétique que politique. Car quand il demande à l'administration coloniale et aux exploiteurs de prendre leurs responsabilités en Afrique, il ne remet pas en cause la légitimité de la colonisation[2]. Les ouvrages de Gide sont des récits de voyage, critiques et véhéments, mais indifférents aux mœurs des civilisations locales et cantonnés dans les limites habituelles de la mentalité coloniale et du système qu'elle a engendré. *Voyage au Congo* suscitera peut-être une commission d'enquête, il n'en est pas moins dédié à la mémoire de Joseph Conrad.

Albert Londres se place sous un même patronage. Il n'a pas l'intention de saper les fondements de la société française et de son Empire. Pour la bonne raison qu'il les respecte. Seulement il les respecterait plus s'ils favorisaient moins d'abus et d'injustices. Sa mission, telle qu'il la conçoit, le pousse donc dans le sens de l'amélioration, voire de la réforme, radicale si nécessaire. Pas de la révolution.

Léon Daudet, qui le lit, le connaît et l'apprécie, dira d'Albert Londres qu'il est « l'honneur de notre profession » et que « ses articles sont certainement les points d'appui de la politique coloniale et planétaire française ». Lui et quelques-uns de ses hauts confrères « sont les disciples de Stanley et les interprètes de la pensée de Marchand et Mangin[3]. »

Fermez le ban!

En route pour l'Afrique... Albert Londres part pour un voyage de quatre mois à travers le continent noir. Dans ses bagages, il emmène un phonographe offert par l'ami Béraud. A ses côtés, Georges Rouquayrol ne le quittera pas, qui illustrera de ses croquis ses papiers au jour le jour.

L'Afrique noire, il a déjà eu l'occasion de la taquiner, comme on le dirait d'un goujon. Il lui a consacré quelques articles, mais rien d'approfondi. Des cartes postales plus que des enquêtes. L'an dernier, entre la traite des blanches et la chasse au Dieudonné, il s'était arrêté à Dakar. Juste le temps d'observer de nuit les petits blancs et de les séparer en deux catégories : celui qu'on ne voit pas et celui qu'on voit. Le premier est dans son bungalow, entouré de sa femme et de son phonographe – seul dieu des coloniaux. Le second est tout seul, en nage dans sa chemise collante sous les ventilateurs de l'Hôtel Métropole. C'est un malheureux, lui et ses compagnons d'aventure :

« Ils mangent tous les soirs entre l'Europe et l'Amérique du Sud. Ils regardent ceux qui vont en France; ils regardent ceux qui vont à Buenos Aires et, nostalgiques, ils se demandent pourquoi ils restent là. Ils restent là parce que la vie est plus large, plus libre et que l'homme se sent plus grand, plus homme dans un pays où tout n'est pas dompté[4]. »

Dakar un an après. La même ville et le même reporter. Mais pas le même regard. Plus critique, plus sournois. Il scrute les trains qui n'arrivent pas à l'heure.

Pour le redresseur de torts sitôt débarqué, Dakar c'est l'île de Gorée, et Gorée c'est la capitale locale de l'esclavagisme. Nous sommes sur le seuil de l'Empire, noir et français. Dès le premier article d'une série de vingt-six, Albert Londres n'hésite pas à se colleter avec les colons. Comme s'il s'agissait d'emblée de prendre les marques et d'affronter le fléau. Il use exactement de la même terminologie et du même raisonnement pour désigner les petits blancs de Dakar qu'il l'avait fait pour dénoncer ceux de Saigon six ans auparavant. Sous sa plume, ils apparaissent comme des aventuriers sur le retour, oublieux de l'idéal de conquête et de pacification, embourgeoisés et soucieux avant tout de questions de carrière, d'avancement, de sécurité. L'obsession du fonctionnaire colonial, c'est de ne pas bouger, d'éviter les mutations de postes et les changements de fuseaux horaires.

« C'est la colonie en bigoudis[5]. »

Bis repetita! Air connu.

Désormais, le lobby colonial à Paris a deux raisons d'en vouloir à Albert Londres. Deux choses à lui faire payer : Saigon et Dakar. Quelle image déplorable... Il le regrettera, du moins le lui promet-on. D'autant qu'une des toutes premières paroles mises dans la bouche d'un indigène est de très mauvais augure :

« Ici, c'est pas France, c'est Sénégal, toi comprendre[6]? »

Le Sénégal, pays du soleil et de la fièvre jaune. Le coup de bambou sur le casque et la piqûre du moustique « stegomia » y anéantissent les Blancs plus sûrement que le mieux préparé des soulèvements. Pour Albert Londres, c'est le point de départ de son odyssée noire. De là, il va non pas « partir », mais comme ils disent dans leur charmant sabir, « prendre mon pied la route ». Ce qui revient au même, à peu de chose près. Au-delà de Dakar, c'est l'aventure. Il s'y prépare : Guinée, Soudan, Haute-Volta, Côte-d'Ivoire, Togo, Dahomey, Gabon, Congo... Un continent où des Blancs tout de blanc vêtus et des noirs tous nus parlent une sorte de français, une terre qui, pour certains, n'est ni tout à fait la France ni entièrement l'Afrique, mais une somme de sigles dignes d'un langage de postiers et d'administrateurs : AEF et AOF.

Un geste pour saluer le maître d'œuvre de la voie ferrée qui rejoint le Niger à l'Atlantique. 1 200 kms! C'est beau la civilisation. Londres tire son chapeau, mais c'est aussi pour saluer les morts, ces indigènes que les grands travaux ont tués. Le train file à une cadence africaine dans un paysage de baobabs, régulièrement pris d'assaut par un peuple qui s'interpelle joyeusement, se donne du Kodak et du Samaritaine, du Poincaré et du Urodonal, autant de prénoms trouvés dans les titres de la presse française, articles et réclames mêlés.

Londres est comblé, lui qui se plaît à tourner les situations en dérision. Nul besoin de solliciter les dialogues pittoresques et les reparties de vaudeville : on les lui sert tout prêts. Ce sont les conditions idéales de reportage. A une exception près : il fait 46° à l'ombre.

Au-delà des clichés et d'une expérience hâtive, ce voyage lui permet de découvrir une race, des peuples, des tempéraments qu'il ne soupçonnait pas. Frappé par la pudeur de ces tout-nus, le naturel avec lequel ils parcourent des kilomètres à pied, la dignité avec laquelle ils supportent leur pauvreté, leur indifférence non feinte à des valeurs telles que « argent » pris au sens d'accumulation et d'enrichissement, Albert Londres se consacre pour l'heure à une manière de tourisme. Le seul qui le satisfasse : un carnet dans une main, un crayon dans l'autre. Il observe en se sachant observé : les scènes de marché à Bamako qui se trouve encore au Soudan français, Tartass le coiffeur à pédales, l'homme au rasoir entre les dents, qui officie non dans un salon mais à l'itinérante, sur la ligne de chemin de fer qu'il suit à bicyclette[7]...

Londres consacre des pages émouvantes à la grande tristesse du métis, désorienté car en pleine crise d'identité. Est-il indigène? Est-il français? Les deux. Comment s'en sortir... Les uns le tiennent pour un nègre, les autres pour un traître. Il est mal dans sa peau de métis. Son ambition? Être citoyen français. Pour en finir une fois pour toutes[8].

Au Niger, prenant « son pied la route » en direction de Tombouctou, il fait une halte, le temps d'esquisser le portrait du dieu de la brousse. Ni le lion, ni le tigre. Mieux : le commandant, comme ils disent. Un personnage considérable en vérité. Il est l'homme de pouvoir et d'influence de ces contrées inhospitalières.

« Un commandant est un homme universel. Lors d'une émeute, il se fait maréchal. Dans une période de famine, il est intendant. Si le fleuve ou les hippopotames font sauter un pont, c'est lui l'ingénieur. Conducteur des ponts, il l'est également de la chaussée. Voilà deux ans, on cherchait en France, de tous côtés un ministre des Finances; chaque commandant en est un. Il est avocat-conseil. On a vu qu'il était gargotier. Dans les forêts, il sera forestier; sur la côte, canotier et dans le désert, il deviendra chameau! Aujourd'hui, il est juge[9]... »

Le commandant rend la justice à la manière des joyeux tyrans rencontrés dans *La Chine en folie.* C'est dire qu'on ne s'ennuie pas en sa compagnie et que l'Ordre des Avocats à Paris y trouverait matière à redire. Pas Albert Londres, tout à son vaudeville. Il le poursuit sur le même ton en partant à la recherche du dernier roi nègre.

Dans la vie, Morho Naba est empereur des Mossis. Après bien des patiences, le reporter met la main sur son parapluie, du côté de Ouagadougou. On lui a appris que quand le parapluie est en vue, c'est signe que le patron n'est pas loin. Le voici enfin. Albert Londres l'approche, non en ethnographe du Trocadéro mais en grand reporter du *Petit Parisien.* Avec un respect mêlé d'ironie. Du moins au départ. Au fur et à mesure que se déroule l'audience avec Sa Majesté, le journaliste redevient lyonnais et retrouve la verve de Guignol et Gnafron. Cela le démangeait depuis le début et l'envie était irrépressible. L'article sera drôle. Doit-on préciser que le roi n'en sortira pas grandi[10]?

Après tout, dans ce pays, on entend quotidiennement des noirs traiter d'autres noirs de « tas de sauvages ». Du moins le font-ils au nom de l'autorité – police, armée, administration – qui les a investis de ce pouvoir qui leur permet d'enfoncer leur semblable avec des arguments de Blancs.

Albert Londres poursuit cette quête initiatique le long d'une ligne de chemin de fer et non d'un fleuve à la manière d'un héros de Joseph Conrad. Chaque étape lui apporte son lot de portraits : un chercheur d'or, son propre boy, le Zounan, dit le roi de la nuit, qui règne au coucher de soleil du côté de Porto-Novo au Dahomey... Le peintre Rouquayrol, qui les croque pour le *Petit Parisien*, ne sait plus où donner du crayon. Il a le choix, dans ce continent qui semble régulièrement bombardé de catalogues des grands magasins de la rive droite.

Le reporter va de surprise en surprise. Pour un homme de contact et de rencontres, il est servi. Sa collection personnelle d'étranges et d'excentriques s'est enrichie depuis son arrivée en Afrique. Mais s'il est un homme dont il ne s'apprêtait pas à faire la connaissance dans ces lieux désolés, c'est bien Paul Morand!

A Paris ou ailleurs, ces deux grands voyageurs auraient eu mille fois l'occasion de se croiser. Mais c'est à Niafounké plutôt qu'au restaurant du Quai d'Orsay qu'ils se lient d'amitié bien qu'ils se soient aperçus peu avant à Bamako. L'écrivain, accompagné de son épouse Hélène et de la femme d'Édouard Herriot, « fait l'Afrique » pour l'écriture de son prochain livre *Paris-Tombouctou*, promis à Flammarion. Sa valise est remplie de livres et d'atlas qu'il s'apprête à confronter sur le terrain avec la réalité pour en tirer une vaste étude sur la mentalité des Noirs.

L'écrivain et le journaliste, qui semblent également étonnés de se retrouver nez à nez en Afrique, s'essaient de concert à la chasse aux panthères et aux autruches. Seul un colon du voisinage fait les frais de leur équipée, sans trop de dommages fort heureusement. Leur coup de fusil est décidément moins sûr que les flèches qu'ils ont l'habitude de décocher, l'un dans ses livres, l'autre dans ses articles.

La petite procession – Morand et ses deux femmes, Londres et son dessinateur – s'embarque pour huit jours sur le fleuve Niger avec leur nécessaire à pique-nique. Une belle excursion en vérité, que les deux lettrés emploient à jouer au poker dans un nouveau décor. L'homme pressé du voyage au long cours et le flâneur salarié des cinq continents s'épient du coin de l'œil. Entre deux donnes, ils échangent des propos sur leur passion commune : la terre, rien que la terre. Une bien petite chose pour celui qui en a déjà fait le tour. L'Afrique? Noire. Mais des deux, le plus attentif est bien Morand. Il se renseigne en écoutant le reporter, plus prolixe qu'à l'accoutumée. C'est que Londres a un avantage par rapport à lui : il ne fait pas que passer mais prend le temps de voir et entendre, de se tromper de chemin, de revenir sur ses pas, de changer d'itinéraire. Il travaille pour un quotidien mais prend tout son temps, au contraire de l'écrivain qui a déjà la tête dans ses autres projets, comme si les éditeurs parisiens n'attendaient qu'un câble de lui pour donner un ordre à l'imprimeur. Question de tempérament.

Le plus rapide de ces hommes de plume n'est pas celui qu'on croit. Ils ne sont pas près de se marcher à nouveau sur les pieds, Morand poursuivant vers Tombouctou tandis que Londres reste sur place à Kabara. Mais l'écrivain-diplomate est probablement le plus impressionné des deux. Il est frappé par la vitalité, la précision et l'intelligence alerte du reporter.

« Je me croyais imbattable en matière de voyages, en connaissance des lignes de paquebots, de voies ferrées... J'ai rencontré Londres et je m'avoue vaincu... Ce grand coureur de globe qui ressemble si étrangement à Shakespeare... ce grand mangeur [11]... »

L'envoyé spécial d'Élie-Joseph Bois au pays des tout-nus lui décrit Bahia dans des termes tels que Morand a soudainement envie de visiter ses noirs de manière à les inclure dans sa *Magie Noire.* Que sont huit jours de voyage pour qui veut écrire deux nouvelles sur les indigènes de la Rome Noire? En attendant, il poursuit sa longue route. Leurs chemins se séparent.

« Adieu! Bonjour à Paris », leur crie Londres tandis que leur bateau s'éloigne.

Mais si Albert Londres laisse un heureux souvenir dans la mémoire africaine de Paul Morand, la réciproque n'est pas vraie. Pour des raisons extra-littéraires. Non plus politiques ou morales. L'honneur de l'esprit français est sauf. Pas celui de son estomac. Est-ce par inadvertance ou en raison d'un curieux malentendu? Toujours est-il qu'en partant, ils ont tout emmené : la mortadelle et le thon mariné, le jambon et le cassoulet, jusqu'aux assiettes et aux fourchettes! Rien. Il ne reste plus rien, si ce n'est un couteau, probablement pour remédier à une situation insupportable.

Albert Londres espère longtemps l'arrivée providentielle d'un sous-officier annoncé pour les prochains jours. Le voici enfin, les sacs chargés de victuailles. Le reporter s'y précipite tandis que le militaire lui verse un verre de vin. Londres ressuscite.

« A la tienne! Paul Morand...

– Quoi?

– Rien [12]. »

Et les coloniaux? Et les esclaves?

Il les appelle les captifs. Comment expliquer cette rémanence d'une pratique scandaleuse qu'on croyait révolue? La traite des noirs est légalement interdite, l'Europe le jure régulièrement d'une seule et même voix à la tribune de la SDN. Albert Londres n'en disconvient pas. Simplement, il distingue les traditionnels esclaves dits « captifs de traite » de leurs descendants les « captifs de case ». Ceux-là sont nés dans la propriété d'un chef et lui appartiennent au même titre que le bétail.

« Ce sont les nègres des nègres. Les maîtres n'ont plus le droit de les vendre. Ils les échangent. Surtout ils leur font faire des fils. L'esclave ne s'achète plus, il se reproduit. C'est la couveuse à domicile [13]. »

Les grands nègres, nouveaux négriers de la vieille Afrique... Quel titre cela ferait! Quel sourire chez les dirigeants du parti colonial! Albert Londres a-t-il donc parcouru tant de kilomètres pour en arriver là? Un temps, on se surprend à imaginer que le reporter s'est peut-être emballé un peu vite pour un sujet qu'il ne maîtrisait pas et qu'à l'usage, il lui a fallu changer son fusil d'épaule, quitte à fournir un ersatz à des lecteurs qui réclamaient la traite des noirs après la traite des blanches. Son reportage s'intitule prudemment *Terre d'ébène.*

En fait, l'enquête dépasse très vite l'étude des néo-captifs pour s'étendre à la colonie, au système, à l'administration. Il les critique selon le principe de l'affection bien comprise : qui aime bien châtie bien. Scandalisé par le fort taux de mortalité des travailleurs indigènes, désabusé par l'usage inconsidéré que les autorités locales font de l'argent qui leur est alloué, le journaliste monte à l'assaut d'une citadelle anéantie depuis des années par sa propre force d'inertie. Il n'a pas de mots assez durs pour dénoncer le plus absurde de tous les gaspillages : celui des vies humaines.

Au lieu de considérer que l'indigène est l'indispensable main-d'œuvre de cette colonie qui n'est pas de peuplement, et d'agir en conséquence en le préservant, les Blancs semblent l'écraser à la tâche jusqu'à ce que mort s'ensuive. Un tel comportement à ses yeux ne relève pas seulement d'une profonde inhumanité associée à un total mépris mais procède également d'une mauvaise évaluation de la situation. Un véritable défi au bon sens! Une phrase aperçue dans un rapport officiel a fait bondir Albert Londres et l'a mis sur la voie :

« La fragilité inconcevable des indigènes [14]... »

La commission d'enquête qui a signé ce texte avait, ce jour-là, la litote assassine. « Inconcevable »... Mais combien parmi ces Blancs pourraient s'arracher la peau du dos et le cuir chevelu en promenant des caisses dans la brousse? Ce qu'ils demandaient à des bœufs, ils l'exigent des noirs. *Cela* est inconcevable. Le résultat bien concret d'aussi détestables pratiques est facile à constater pour un enquêteur de bonne foi. Les noirs fuient. Quoi? Tout : l'armée, le travail, les grands travaux... Ils s'exilent à gauche à droite. Personne à Paris ne l'a souhaité. Pourtant, c'est ainsi.

Pour se faire mieux comprendre, Albert Londres n'est jamais à court de métaphores puissantes. Il figure l'Afrique comme un terrain de football sur lequel s'affronteraient en permanence les deux mêmes équipes. Également blanches de peau. Seulement l'une est composée d'administrateurs coloniaux et l'autre d'hommes d'affaires. Ils se disputent un ballon en forme de tête de nègre. Pour son bien naturellement, car quand on les interroge, ils excipent pareillement de leur volonté de soustraire les noirs à l'exploitation du camp d'en face. Un festival d'hypocrisie que ce mauvais match qui ne connaît qu'un vrai perdant : le ballon.

Question de mentalité. La France coloniale est riche mais elle se comporte avec ses noirs comme une petite puissance mesquine, les exploitant honteusement, à la petite semaine. Elle n'a pas les ambitions d'un Empire, ne s'en donnant pas les moyens. Une fois de plus, Albert Londres loue un pays qu'il n'aime pas – l'Angleterre. Non plus seulement pour la qualité de son service de renseignements mais pour son efficacité impériale.

Une affaire parmi peu d'autres lui permet d'enfoncer le clou : le drame du Congo-Océan, ce chemin de fer libérateur, destiné, comme il dit, à trancher la gorge de l'Afrique, de Brazzaville à

Pointe- Noire... Les proconsuls se sont succédé en terre d'AEF, un contrat a été signé avec les Batignolles, grande société de travaux publics, des milliers d'hommes ont été engagés et drainés sur place dans des conditions épiques, pour parvenir à un résultat catastrophique.

Ce chantier avait une particularité : le nègre y remplaçait tout, à l'exception des explosifs. On lui demandait de tout faire avec ses mains : la grue, le camion... Bilan : six à huit mille morts selon l'administration, dix-sept mille d'après Albert Londres. Le proconsul estime que de toute façon le chiffre officiel est « normal » si l'on considère qu'une telle entreprise exige ces sacrifices en vies humaines. Notre-Dame-Batignolles-des-Africains semble s'être accordé une marge de perte qui élude toute explication, un peu comme au service militaire. Mais pas dans les mêmes proportions.

Le Congo-Océan, c'est le chemin de fer qui tue. Et le massacre n'est pas terminé. Il y a encore trois cents kilomètres de voie ferrée à construire. Ce jour-là, Albert Londres rédige son article non plus comme une lettre ouverte mais comme une supplique au ministre des Colonies.

« ... si le Français s'intéressait un peu moins aux élections de son conseiller d'arrondissement, peut-être aurait-il, comme tous les autres peuples coloniaux, la curiosité des choses de son empire et alors ses représentants par-delà l'Équateur, se sentant sous le regard de leur pays, se réveilleraient pour de bon, d'un sommeil aussi coupable [15]. »

Rien à faire. Le gouverneur général peut continuer à faire l'important. L'AEF dort toujours. Mais cette fois la colonie a un masque tragique.

On l'aura compris, Londres entend secouer son pays. Pas plus que précédemment il ne se place en adversaire du système. Mieux : il évoque avec des trémolos dans la plume l'équipée sanglante de la fameuse colonne Voulet-Chanoine, qui écuma le Niger et le Soudan à la fin du siècle dernier. « Des petites choses », écrit-il par allusion aux massacres qui jalonnèrent leur randonnée meurtrière à travers l'empire Mossi, regrettant de ne pas trouver dans ces pays de rue Voulet-Chanoine [16] !

Mais son réquisitoire ne se borne pas à une défense et illustration de l'empire, il s'en faut. Il plaide en faveur d'une plus grande transparence des méthodes de gouvernement en Afrique, incitant l'opinion à crever l'abcès. Londres tient les Français pour un peuple d'adultes qui doit tout savoir car il peut tout entendre, et non pour un malade à qui l'on doit dissimuler la vérité. Son langage est celui de l'indignation. Mais son discours n'appelle pas à la rébellion car il est d'un homme profondément dépité. La France d'outre-mer ne le rend pas fier d'être français. En AOF-AEF, elle a tracé des routes, construit des lignes de chemin de fer et un port, creusé un canal. Elle est riche et prometteuse. Pourtant, l'Afrique française se traîne derrière l'Afrique belge et l'Afrique anglaise. Parce qu'elle dort.

Albert Londres suggère de prendre le mal à la racine : en France même, et non en Afrique. Il se propose de réconcilier la France avec ses colonies. Rien de moins. Pour y parvenir, il exhorte ses compatriotes à sortir de l'état d'ignorance et d'indifférence dans lequel ils se complaisent pour saisir le problème au collet, encourager les meilleurs de ses administrateurs coloniaux, pousser les investisseurs à se risquer un peu plus en Afrique, se sentir concernés par les problèmes d'outre-mer. Pour n'oublier personne, il demande aussi à ce qu'on sauve le nègre en interdisant le portage, de manière que le moteur à essence remplace enfin le moteur à bananes. Tout de même [17]!

Telles sont les conclusions de son enquête en *Terre d'ébène*. Rien de très subversif, si ce n'est que dans la France coloniale de 1928, la vérité est subversive. Le sujet est conservé depuis des lustres sous une chape de silence. Rien ne filtre sinon des images d'Épinal, du moins dans le grand public. Dans quelque années, Georges Simenon concluera sa propre enquête en termes moins choisis : « Nous appelleront-ils les bienfaiteurs de l'Afrique parce que nous leur avons apporté un alcool plus fort et plus cher que leur vin de palme et que nous avons semé un peu partout des petits enfants café au lait?... Oui l'Afrique nous dit merde. Et c'est bien fait [18]! »

Pourtant, l'Afrique d'Albert Londres vaudra au redresseur de torts une campagne d'une rare violence. Comme s'il avait mis le pied dans un terrain miné, sans y prendre garde. Preuve qu'une fois de plus, l'agitateur au long cours a mis dans le mille. Sans le faire vraiment exprès. Parti pour dénoncer une improbable traite des noirs, il en revient en clouant au pilori un colonialisme assoupi, sans envergure, qui massacre ses indigènes par inadvertance.

Le retour d'Albert Londres dans son pays, à la fin du mois de juin 1928, est signalé comme un événement parisien. Les gazettes y font écho. Certaines précisent que dans le même temps Albert Flament rentre d'Alger et Maurice Dekobra de Constantine. D'autres révèlent que le plus montmartrois des grands reporters a passé quatre mois difficiles, souffrant de la chaleur et de la nourriture. Que les lecteurs se rassurent, le célèbre journaliste se refait une santé dans les meilleures brasseries de la capitale [19]...

La vedette est très sollicitée. Le directeur des éditions des Portiques, sises aux Champs-Élysées, a une idée pour lui : un reportage sensationnel sur les milieux les plus mystérieux de la capitale. Albert Londres chez les déchus et les déclassés parisiens! Quelle accroche! On en reparlera dans quelques mois [20]... Lucien Vogel, directeur du magazine *Vu*, insiste pour obtenir une collaboration régulière. Il est prêt à être partie prenante dans chacun de ces reportages à venir, quels qu'ils soient. En attendant, il publiera volontiers des extraits du livre à venir *Terre d'ébène*, puisque pour les articles, le journaliste est lié en exclusivité avec *Le Petit Parisien*, on en reparlera également [21]...

En 1928, Pierre Mac Orlan écrit : « Dans vingt-cinq ans, tous les écrivains-reporters sauront manier une caméra [22]. » Le cinéma? Pourquoi pas. Mais pour Londres, il est d'autres urgences. De la mi-octobre à la mi-novembre, *Le Petit Parisien* publie sa série de vingt-cinq articles sur l'Afrique noire. Les réactions ne se font pas attendre. C'est la douche. Un avant-goût de ce qui éclatera avec plus de force encore dans quelques mois, quand son livre sera en librairie.

Militaires et coloniaux montent immédiatement en première ligne pour donner l'assaut contre ce qu'ils tiennent avant tout pour « une mauvaise action ». La presse sous l'influence de ces deux milieux officiels est vaste et puissante. Elle ne tarde pas à se faire la chambre d'écho de leur colère. La revue des journaux est éloquente et les petites mains de l'Argus ne savent plus où donner du coup de ciseaux.

Dans *Le Courrier colonial*, Francis Mury, délégué des Comores-Madagascar au Conseil supérieur des colonies, publie un long réquisitoire dont le titre constitue, involontairement, le plus beau compliment qui puisse s'adresser à un reporter : « Seigneur, gardez les colonies d'Albert Londres! »

Il lui reproche de s'être laissé aller à une littérature pour midinettes, de s'être fait rouler par de mauvais propagandistes en AEF, d'avoir opéré une confusion des valeurs, n'étant que naïf quand il se voulait généreux.

« Que Dieu préserve notre Empire d'outre-mer de ces reporters à la manque, de ces bateleurs d'estrade, de ces faiseurs de boniment [23]. »

Même son de cloche du côté de *La gazette coloniale.* Georges Barthélemy, président de la Fédération nationale des anciens coloniaux, un homme qui s'enorgueillit de quinze ans de pratique coloniale, titre son article :

« Albert Londres a menti. »

On ne saurait être plus direct. Selon lui, le reporter est passé à côté de l'épopée coloniale, donnant la parole aux détracteurs et aux négativistes au détriment des Savorgnan, Baratier et Marchand. Il a eu le grand tort de ne jamais comparer l'Afrique des Français avec celle qu'ils ont trouvée en arrivant sur le continent noir. Pour le critique, ce reportage et son auteur ne sauraient être que « ridicules, pitoyables, calomniateurs [24] ».

Plus nuancé, Eugène Devaux dans *Les Annales coloniales* relève qu'« il y a beaucoup à glaner dans le récit d'Albert Londres mais il faut le mettre au point » car il est selon lui entaché d'erreurs de jugements et de bourdes historiques qui lui retirent une partie de sa crédibilité [25]. Mais dans l'ensemble, les observateurs n'ont pas l'indulgence de M. Devaux. Georges Boussenot dans *La presse coloniale*, lui reproche ses partis pris, sa candeur dévastatrice, l'inutile tam-tam qu'il a organisé autour de quelques peccadilles, toutes choses qui ne peuvent que faire le jeu de grandes puissances désireuses de rendre la place de la France au Togo et au Cameroun [26]. Ainsi, à son corps défendant, Albert Londres devient-il l'allié objectif de l'anti-France...

Au fur et à mesure de leur publication, ses articles exacerbent les caciques du puissant lobby colonial. La tension monte de manière très perceptible. A la Chambre, devant la commission des colonies présidée par Pierre Taittinger, le ministre André Maginot est sommé de fournir des explications sur la manière dont est construit le chemin de fer Congo-Océan et ce « en raison de l'émotion causée par les révélations de M. Albert Londres... » Toutes choses qui ne vont pas sans heurts puisque le député qui dépose cette requête doit supporter les lazzis et les insultes de certains de ses collègues pour lesquels ce reportage si controversé n'est qu'un « tissu d'insanités [27] ».

Albert Londres, qui connaît sa Chambre des Députés sur le bout des doigts pour y avoir vécu quelques années, constate vite, mais sans surprise, qu'il ne doit pas compter uniquement avec ses ennemis naturels, les plus obscurantistes partisans du statu quo colonial en Afrique. En effet le seul député qui exige un droit de réponse dans les colonnes du *Petit Parisien* et laisse planer la menace d'un probable procès, n'est autre que Blaise Diagne, un parlementaire de couleur qui représente les cinq communes libres du Sénégal. Il n'admet pas que ce journaliste, qu'il avait reçu à déjeuner dans sa propriété juste avant son départ pour l'Afrique, ait osé traiter les électeurs sénégalais de « gnafrons ». Dans la salle des pas perdus, M. Diagne se répand en diatribes qui font la joie des échotiers.

« Le gnafron, le gnafron, mais c'est lui! ce mulot de juif aux cheveux crépus [28]! »

Telle est l'ambiance quand Londres s'apprête à publier *Terre d'ébène*, en mars 1929. Il ne peut décemment faire l'impasse dans un avant-propos expliquant son projet à défaut de le justifier.

« Voici donc un livre qui est une mauvaise action. Je n'ai plus le droit de l'ignorer. On me l'a dit. Même on me l'a redit. On m'a également appris, à l'occasion de ce voyage en Afrique noire, différentes autres choses : que j'étais un métis, un juif, un menteur, un saltimbanque, un bonhomme pas plus haut qu'une pomme, une canaille, un contempteur de l'œuvre française, un grippe-sous, un ramasseur de mégots, un petit persifleur, un voyou, un douteux agent d'affaires, un dingo, un ingrat, un vil feuilletonniste. Et quant au seul homme qui m'ait appelé maître, il désirait m'annoncer que j'étais plutôt chanteur qu'écrivain [29]! »

Peu lui chaut, en vérité. Le gouverneur général de l'AOF peut inviter douze journalistes et douze parlementaires à venir sur place infirmer le reportage voué aux gémonies, son auteur ne se laisse pas impressionner. Il attend avec sérénité et n'en démord pas. Persiste et signe. Rien à retrancher : pas le moindre cadavre d'esclave du rail. Parce que c'est la vérité et par principe professionnel.

« Notre métier n'est pas de faire plaisir, non plus de faire du tort, il est de porter la plume dans la plaie [30]. »

Londres enfonce le clou. Il préfère jeter la lumière, si crue soit-elle, plutôt que de tirer un voile pudique. La France selon lui s'étiole car elle fait de la civilisation à tâtons. Elle se leurre dans un optimisme béat qui masque son absence de grand dessein pour l'Empire. A d'autres la rhubarbe et le séné, à lui le fer qui ravive les cicatrices mal refermées.

Le livre paraît. Mais cette fois, une partie de la presse a le temps de préparer une contre-attaque. Passé l'effet de surprise, elle ne laissera plus le champ libre au lobby colonial. Bien entendu, ses partisans n'ont pas désarmé. *La Gazette coloniale* repart à l'assaut : « grotesque... bouffon... stupide... calembredaines... » Le critique, qui se réjouit de ce que tant d'honnêtes Français aient dénoncé les ordures qu'il avait éparpillées autour de ses 82 kilogrammes (sic), lui promet une prochaine comparution devant le tribunal correctionnel et une garde d'honneur constituée de journalistes de la presse coloniale [31] ! Ces derniers procèdent d'ailleurs à une nouvelle levée de boucliers, tournant en dérision le pittoresque, l'exotisme à deux sous et la démagogie du livre.

Et les autres?

Dans *La Liberté*, l'éminent critique Robert Kemp, qui reconnaît avoir été échaudé par toutes ses polémiques, avoue n'être pas très convaincu par le livre tout en accordant un crédit total à un homme de la valeur, à un reporter de la qualité d'Albert Londres [32]. Mais Jean Renaud, du *Télégramme de Toulouse*, loue ce livre « authentique » qui montre le nègre comme un homme et non comme du bétail d'exploitation [33]. Certains jugent qu'Albert Londres sort grandi de cette épreuve, tant il est vrai que des potées d'ordures couronnent un homme et une œuvre bien mieux que des guirlandes de lauriers [34]. D'autres louent ce livre-force pour sa capacité à remettre en question les certitudes coloniales les mieux ancrées [35].

Même les communistes belges tentent de récupérer le scandale provoqué par cette affaire, se gardant bien toutefois de faire du reporter le révolutionnaire qu'il n'est pas : « Quoique le but d'Albert Londres, écrivain bourgeois, consiste uniquement à faire introduire des mesures humanitaires aux colonies, son livre est pour nous un enseignement utile. Il contribuera, dans une certaine mesure, à renforcer la lutte contre le colonialisme à la lueur des scandales dévoilés par *Terre d'ébène* [36]. »

Le livre suscite un tel débat, la controverse est d'une telle intensité, qu'elle pousse même des coloniaux éclairés à sortir de leur réserve pour féliciter Londres d'avoir braqué le projecteur sur de vrais problèmes et de s'être distingué de ses confrères qui, retour d'Afrique, chantent les louanges des fonctionnaires coloniaux à longueur de colonnes.

Mais Albert Londres n'est pas seul. La plupart du temps, l'opinion l'associe à d'autres noms, réunis dans un informel club de voyageurs, africanistes d'occassion: Paul Morand, André Gide et Robert Poulaine du *Temps*. Quand *La presse libre* d'Alger juge les écrits de Londres « vraisemblablement trop superficiels », elle ne peut s'empêcher de rappeler que ceux de Gide sont « trop nettement inspirés par un souci d'ordre sexuel [37] »...

L'auteur du *Voyage au Congo* et celui de *Terre d'ébène* sont pareillement associés à la Chambre, lors des interpellations sur la politique coloniale ou plutôt sur ce que le secrétaire aux débats appelle « le délicat problème de l'indigénat [38] ».

Albert Londres est évidemment très flatté. Tant et si bien que lorsque son cher Club du Faubourg décide d'organiser en avril à la Gaîté-Rochechouart, un match oratoire, en présence de noirs et de blancs autour de la mise en accusation de *Terre d'ébène* et de la question « Esclavage ou colonialisme », il se démène pour y intéresser André Gide. Bientôt, la rumeur court dans Paris que la présence de l'écrivain y sera certaine. Le reporter en est à l'origine, lui qui ne cesse de le relancer. Mais à Paul Léautaud qui le questionne sur ce point, André Gide oppose une sorte de démenti, bien dans sa manière.

« Tout ce que je pourrais faire, ce serait de donner ma présence. Mais parler! Je ne sais pas parler, d'abord. Ensuite, je n'ai aucun goût pour ces manifestations. Je me demande d'ailleurs si je n'agis pas plus efficacement en restant dans la coulisse [39]. »

Il n'empêche. Dans l'esprit public, ces deux noms sont désormais associés. Ils sont la référence, même si l'écrivain aurait probablement préféré rester seul sur le terrain. Quand une dépêche de Brazzaville annonce que l'effervescence signalée au Congo s'est calmée, le rédacteur de service ne peut se défendre d'un réflexe naturel :

« Un chapitre à ajouter aux édifiantes enquêtes d'Albert Londres et d'André Gide sur la traite des noirs [40]... »

28.

Le Juif errant est arrivé

Enfin célèbre!

Jusqu'à présent, Albert Londres n'était que connu. Le parfum de scandale qui entoure désormais chacune de ses interventions, dans la presse ou en librairie, en fait un personnage national.

Au début de l'été 1929, au Nouvel Ambigu, Lucienne Boyer fait ses débuts au théâtre dans une pièce en trois actes et cinq tableaux, *Au bagne,* tirée de l'œuvre d'Albert Londres. Jacques Varennes, le comédien qui tient le rôle principal, est tellement vrai que l'auteur dit de lui :

« Il est si bien que je ne puis en faire qu'un forçat innocent... »

Eugène Dieudonné le prend du bon côté. D'ailleurs, il participe également à la pièce. L'idée est de Londres. En travaillant à l'adaptation, il a suggéré au metteur en scène :

« Il donnera ainsi un air de vérité à l'action qui en a bien besoin. Et puis il ne roule pas sur l'or, cela lui rendra service [1]. »

Trois cents francs par jour pour apparaître durant deux minutes dans les scènes de la fin, c'est très correct. Les promoteurs du spectacle s'y retrouvent d'autant mieux que la présence sur scène du « véritable » bagnard dont la pièce raconte l'odyssée, est une attraction supplémentaire qui fait courir le tout-Paris. Le théâtre joue à guichets fermés. Une fois n'est pas coutume, la critique ne doit pas seulement juger une pièce mais son principe même. Le chroniqueur théâtral par intérim de *Paris-Midi,* Pierre Lazareff, résume parfaitement le problème dès l'attaque de son article :

« La magnifique et intelligente croisade entreprise par Albert

Londres en faveur des réprouvés gagne-t-elle à être portée à la scène [2]? »

Fêté, célébré, choyé, Albert Londres pourrait, à cet instant précis, se laisser griser et devenir un notable du milieu journalistique, littéraire et artistique. Toutes les conditions sont réunies pour qu'il glisse sur cette pente à laquelle bien peu résistent. Mais pas lui. Trop instable, trop aventurier. Et puis il a tiré la leçon des expériences de ses amis, ce que l'on appelle le syndrome Béraud. Ils en sont tous revenus et aussitôt repartis sur les grands chemins.

Pour l'heure, la vedette accorde une interview à un jeune journaliste de *Gringoire,* Francis Ambrière. Il lui raconte sa vie et ses projets, sur un ton rapide et désabusé.

« Demain où serez-vous?

– Je prépare un reportage qui me demandera six mois. Il faut que je visite l'Asie, l'Amérique et l'Europe centrale. Je serai de retour à la fin de l'été. »

Disons qu'à son habitude, il exagère un peu. Trois mois et l'Europe centrale suffiront. Mais s'il en rajoute, ce n'est pas seulement par tempérament, goût de l'hénaurme et de la provocation. Sa hantise de la concurrence est intacte. Comme au premier jour de son premier reportage pour *Le Matin* en 1914. Cette obsession de la rivalité est son meilleur stimulant. Pour être le premier et le seul, il est capable de tout. Son jeune confrère se risque tout de même à lui demander de préciser son projet.

« C'est mon secret [3]. »

Son secret? les Juifs.

Il ne les connaît pas. Pas plus qu'un autre. Londres n'est ni philosémite, ni antisémite. Il ne se pose pas la question bien qu'on la lui pose souvent. Son profil, sa couronne de cheveux crépus, ses petits yeux plissés l'ont parfois désigné comme juif aux yeux de certains, plus préoccupés de physiologie que de généalogie. Surtout, son nom prête parfois à confusion dans un pays où il est admis que tout individu doté d'un patronyme de ville est le descendant d'un émigrant israélite sans imagination.

Jusqu'à présent, les Juifs ne sont presque jamais apparus dans ses reportages, sinon par allusion, tel ce Juif de Salonique qui lui vendit une bonne couverture pendant l'expédition aux Dardanelles, ou plus sérieusement ces Juifs bolcheviks dans la Russie de 1920 :

« Alors, qui règne?... Règnent : le Sibérien, le Mongol, l'Arménien, l'Asiatique et au détour de tous les couloirs des commissariats, derrière les paravents, entre deux buvards, sous la corbeille à papier, le roi : le Juif. Ah l'horrible joli petit massacre qui chauffe à l'horizon[4]. »

Consciemment ou pas, il reprend une vieille antienne développée par la socialiste Toussenel dans un livre à succès : *Les Juifs, rois de l'époque. Histoire de la féodalité financière*[5]. Mais outre ses remarques répétées sur la place des Juifs dans la révolution russe et leur habileté à en profiter, deux reportages favoriseront la prise de conscience qui le poussera à consacrer des semaines de travail et de voyage, puis vingt-sept articles au *Drame de la race juive, des ghettos d'Europe à la Terre promise*. La première fois, c'était vers Noël 1919, quand il suivait pas à pas les progrès et les déboires de « La France en Orient » du côté de Jérusalem. La seconde, c'était en 1926, quand, à la faveur du coup d'État du maréchal Pilsudski, il se perdit quelques jours dans la campagne polonaise et y découvrit, effaré, la réalité des pogromes et des ghettos.

Depuis cette double expérience qui n'a pas déserté sa mémoire, il a formé le projet de mettre ses pas dans ceux de ces Juifs déterminés à quitter l'Europe centrale à pied et sans un zlotys si nécessaire pour rejoindre la Palestine de leurs ancêtres et ressusciter le royaume d'Israël. Un projet difficile, ambitieux, éprouvant mais à la mesure du reporter qu'il est devenu.

C'est décidé, il part pour l'Europe centrale. Il met un peu d'ordre dans ses affaires et donne pour consigne à Albin Michel d'envoyer à Florise tout ce dont elle aurait besoin. « Il me doit beaucoup. C'est la banque[6]! »

Il faut dire que le premier tirage de *Terre d'ébène* était de 50 000 exemplaires et que la polémique n'a rien gâté. Mais les noirs, c'est déjà de l'histoire ancienne. A nous les Juifs!

Direction : Londres.

L'Europe juive commence dans le quartier de Whitechapel. C'est donc là, entre synagogues orthodoxes et boucheries kasher qu'Albert Londres prend ses marques.

Dans le bateau qui le mène de Calais à Douvres, il rencontre déjà son archétype de héros : un Juif de ghetto dont l'accoutrement est le meilleur passeport. Il ne paie pas de mine. Plutôt sale et mal attifé, absolument barbu, et résolument décoiffé. Mais son regard habité par l'Orient, ne s'oublie pas de sitôt. C'est un rabbin envoyé par une communauté de Galicie, de Transylvanie ou d'ailleurs, pour recueillir des aumônes chez les Juifs de Londres.

Dans le train, il s'installe tout naturellement en face de lui. Le reporter l'observe et l'épie, persuadé de tenir en cet inconnu providentiel l'oiseau rare qui lui permettra de démarrer non plus un tour du monde mais, comme il le dit, un tour des Juifs. De cette première étude « sur le motif », il déduit que le Juif religieux, à l'inverse des autres voyageurs, lit les nouvelles du jour en hébreu et dans un Talmud qui a survécu à la méchanceté des siècles.

L'Angleterre, Londres, gare de Victoria, Great Russell street... Le journaliste commence son enquête au siège de l'organisation sioniste. S'il a décidé de se rendre dans ce pays avant tout autre, c'est aussi qu'un certain Lord Balfour, ministre des Affaires étrangères, a écrit le 2 novembre 1917 à lord Rothschild une lettre devenue si historique qu'elle porte le nom de « déclaration Balfour ». Il y précisait :

« Le gouvernement de Sa Majesté voit avec ferveur l'établissement en Palestine d'un Foyer national pour le peuple juif et fera tous les efforts possibles pour faciliter l'accomplissement de cet objectif, étant clairement entendu que rien ne sera fait qui puisse porter atteinte aux droits civiques et religieux des communautés non juives existant en Palestine, ni aux droits et au statut politique des Juifs dans tout autre pays [7]. »

Depuis, le sionisme politique n'est plus considéré comme une douce utopie par les caciques de la diplomatie internationale. L'Empire britannique ne badine pas avec la gestion de ses mandats.

A la grande centrale sioniste de Londres, le journaliste obtient qu'on lui prête un interprète parlant couramment l'anglais et le français, cela va de soi, mais surtout le yiddish. Plein de bonne volonté, il accepte de prendre son premier repas, au pays où le pudding est roi, dans un restaurant kasher. Après avoir subi un véritable cours, plus vétérinaire que gastronomique, il croit savoir désormais ce que la religion autorise et ce qu'elle interdit. Mais il n'en reste pas moins un Montmartrois gouailleur et quelque peu provocateur.

« Si nous goûtions de la girafe [8]? »

Albert Londres est mûr pour attaquer son sujet, convaincu que Moïse était un homme de goût puisqu'il ne recommandait pas la *ginger beer* à ses coreligionnaires, laissant les citoyens de Sa Majesté libres de se tordre les boyaux. Direction : Whitechapel, dans l'East End. C'est le quartier juif, populeux et déshérité. Il est promené de maison en magasins, de rabbin en rabbin, leur présentant à tous, le plus clairement possible, l'objectif de son voyage : exposer aux Français l'état des Juifs dans le monde [9].

Première déconvenue : ces religieux ne semblent pas si sionistes. Il apparaît même que le seul nom de Herzl, le prophète du sionisme politique, leur hérisse le poil de la barbe. Ce n'est pas lui qu'ils espèrent pour reconstruire le royaume d'Israël sur ses anciennes fondations, mais le Messie. Ils peuvent toujours attendre. Albert Londres est un peu plus pressé et un peu moins croyant.

Il s'en va visiter des Juifs plus terre à terre, qui estiment généralement que leur peuple a eu trop d'histoires et pas assez de géographie. Chez eux, le portrait de Théodore Herzl trône au salon près de la photographie de l'ancêtre vénéré. Herzl, il n'aurait pas pu faire sa connaissance puisqu'il est mort en 1904, mais du temps où il faisait la salle des pas perdus pour le compte du *Matin*, il a fort bien pu en entendre parler par ses aînés de journalisme parlementaire. Certains d'entre eux ont en effet connu le Hongrois, correspondant à Paris de la très viennoise *Neue Freie Presse*, auteur d'un livre à succès intitulé *Le Palais-Bourbon*, fruit de ses observations dans les travées de notre vénérable Chambre. Ce ne fut pas son seul ouvrage. Il en écrivit un autre dont les répercussions dépassèrent le périmètre de l'hémicycle et de la rotonde : *Der Judenstaat* (1897) traduit improprement par *L'État juif*, et non comme il se doit par *l'État des Juifs*, ce qui change tout.

Albert Londres l'a-t-il lu? Rien de moins sûr. Mais il en a compris le message. Et le fond du problème. D'emblée, il réalise que la question tourne autour de l'émigration des sionistes vers la Palestine et que ceux-ci se divisent en deux catégories : les purs et les moins purs, ceux qui abandonnent tout pour retrouver la Terre promise et ceux qui, se fiant à leur raison plus qu'à leur enthousiasme, préfèrent aider les candidats au départ en attendant de franchir le Rubicon eux aussi, un jour peut-être [10]...

Herzl eut besoin de vivre l'affaire Dreyfus dans le box des chroniqueurs judiciaires et d'en être ébranlé pour prendre conscience du destin de son peuple et écrire cet essai qui se veut une recherche d'une solution moderne de la question juive. L'antisémitisme tel qu'il l'éprouva alors quotidiennement à Paris le rappela à sa qualité de Juif. Soudain, il eut de la mémoire et se rappela que ses ancêtres étaient moins hongrois que lui.

Albert Londres voit juste quand il le présente comme un exalté soudainement investi d'une mission, écrivant son fameux opuscule comme une manière de programme, dans l'idée de compléter les cinq livres de Moïse. Le reporter nous raconte la croisade dans laquelle son confrère d'Europe centrale se lança alors auprès des gardiens de coffre-fort de la communauté, du baron Maurice de Hirsch aux barons de Rothschild, non sans essuyer, chemin faisant, de douloureux refus auprès des grands rabbins. Visiblement, l'homme emporte sa conviction. Il le séduit par son élan, sa fougue, sa foi à déplacer les montagnes, plus remarquable encore quand elle n'est pas mue par l'adoration béate d'un Dieu mais la volonté pratique de changer le monde ici-bas pour quelques millions de gens, tout de suite si possible.

« Herzl est mort. Son rêve vit [11]. »

C'est justement à la recherche de ce rêve devenu réalité que le redresseur de torts se lance sans ménager sa peine, ses a priori, son estomac.

Depuis des siècles, les Juifs sont partis en randonnée. Elle fut parfois sanglante, souvent misérable, pas toujours très confortable. Le plus étonnant après tous ces incidents de parcours est qu'il en reste encore, fidèles à une Loi immuable qu'ils respectent à la lettre comme au premier jour.

Prague, un soir d'hiver par moins 36°. C'est la seconde étape qui fait déjà regretter la première. Le climat de la vieille Angleterre lui permettait encore de se raccrocher à la civilisation, en dépit de l'allure médiévale des silhouettes en lévite dans les venelles de l'East End. En Tchécoslovaquie, il n'a même plus cette illusion.

« Couvrez-vous! » lui avait conseillé son ambassadeur à Paris. Le cher diplomate n'avait pas tort. Mais il aurait dû insister car plus on s'enfonce dans son pays, plus on gèle.

Là où le peuple d'Israël est passé en Europe, il a laissé des cimetières et des synagogues. Ce sont donc les deux témoins qu'Albert

Londres tient à interroger en priorité. Il fait parler les dalles funéraires. Même si l'hébreu lui échappe encore, les dates sont éloquentes. Après quoi il ne lui reste plus qu'à affronter le pays des ghettos. Direction : Mukacevo, à vingt-quatre heures de train de la capitale. Éprouvant. Le voici enfin à pied d'œuvre. Effrayant. Ce ne sont pas des Martiens mais des Juifs. Une révélation pour celui qui croyait posséder au complet son catalogue de références, après avoir voyagé en Russie bolchevique, dans le bazar de Salonique, Commercial Road, la plaine Monceau et la rue des Rosiers. Ceux-là ne ressemblent à rien de connu. En détaillant leur caftan, leur barbe, leur balluchon, la voussure de leur dos et l'infinie tristesse de leur regard, Albert Londres renonce, un instant, à prendre des notes pour les photographier. Ce sera plus rapide, plus vrai et plus crédible.

« Six mille à vivre dans la prière et la saleté [12]. »

Ces mots, il les a écrits en 1917 pour rapporter sa stupeur en découvrant les moines du mont Athos. Mais en la circonstance, ils pourraient pareillement lui resservir.

Que font ces gens-là? Ils fuient. Le départ leur est devenu une seconde nature. Ils ont l'exil chevillé au corps. S'ils comptent dans leurs musiciens plus de violonistes que de pianistes, c'est, dit-on, que le violon est plus facile à transporter à travers les frontières. Ce n'est pas l'instinct de bougeotte qui les fait ainsi se mouvoir, mais la persécution, l'humiliation, la misère, la haine. Ces Juifs n'ont pas eu le loisir de devenir israélites comme leurs coreligionnaires de France, intégrés sinon assimilés dans un pays assez indigne pour condamner Dreyfus et assez courageux pour le réhabiliter.

Des misérables, Albert Londres en a vu partout dans le monde. Encore n'étaient-ils que maigres et souriants. Ceux-là sont creux et tristes, façonnés par le ghetto et leurs habitudes ancestrales, avec le sabbat comme rythme ultime de leur semaine. Suspendus aux paroles d'un rabbin miraculeux.

Il n'a pas tout vu. Ce n'est que Mukacevo. Plus il s'avance dans les forêts des Carpates en direction des Marmaroches, plus il écarquille les yeux. Comment dire sans vexer personne? Des sauvages... Dans une auberge où il dîne en solitaire, Albert Londres choisit deux nouveaux guides, Ben et Salomon, également juifs, sionistes fervents et assez éloignés des préoccupations quotidiennes des religieux. Ils parlent toutes les langues de la région, ce qui n'est pas une mince prouesse vu l'abondance. Ce sont des débrouillards. L'un est entraîneur électoral, l'autre agent d'assurances. Quelques verres plus tard, leur amitié est scellée, la voiture louée et le trio sur la route de Bouchtina momifiée par l'hiver.

C'est le choc. Non pas un village mais une sorte de camp. Non pas des maisons mais des cabanes. Non pas des Européens...

« La plus folle collection de têtes que des épaules eussent jamais portées! Des Neptunes, des patriarches, des Rembrandt, des boucs, de jeunes et de vieux vautours, des chevaux à barbe, des Raphaël! Quelques-unes de ces têtes semblant sortir des nuages, quelques autres d'une boîte à diable! Du Paradis terrestre au Jardin d'acclimatation! [13]... »

Un jugement hâtif en ferait des mendiants. Mais il est impossible de mendier dans un tel endroit. Égaux dans la misère, ils se feraient tous l'aumône. Le dénuement est tel qu'ils doivent parcourir des kilomètres pour tendre la main. Londres jette un rapide coup d'œil à l'intérieur, suffisant pour s'apercevoir que tous, enfants, vieillards et malades, croupissent sur le même fumier. Mais ils ne bougeront pas de Bouchtina. Trop peu présentables pour se rendre à la ville, trop religieux pour considérer Herzl comme une sorte de messie, trop habitués à mourir de faim pour mourir vraiment. Leur avenir, ils ne le voient ni à Mukacevo, ni en Palestine ni au ciel, mais ici-bas, là où est leur Torah.

Ce ne sont pas eux qui mèneront le reporter en terre promise. Trop sédentaires. Il lui faudrait un vrai nomade à caractère hébraïque, avec casquette et balluchon. On l'appelle généralement le Juif errant. Il doit bien exister. Londres met la main dessus, après l'avoir bien cherché sur les routes des Carpates. Il est fidèle à son portrait-robot. Depuis la destruction du second Temple et l'exil en diaspora, il porte les mêmes souliers et se méfie des envoyés spéciaux qui veulent le faire monter en voiture. Ses ultimes réticences vaincues, il se laisse embarquer, Schwartzbard, un natif de Transylvanie, ancien étudiant persécuté par ses condisciples roumains, marchant contre son gré, un Juif en attente de messie, lui aussi.

Albert Londres est épaté. Enfin, il en tient un. Un vrai.

« Je dois souligner ici combien je trouvais sensationnel de posséder le Juif errant dans mon automobile. Réellement, c'était lui [14]. »

Pour authentifier son exclusivité au cas où elle lui serait contestée par des confrères malveillants, il photographie sa trouvaille. Il aurait réalisé une interview également exclusive de l'homme-de-la-rue en plein Sahara qu'il n'aurait pas été plus heureux. Avec Ben, avec Salomon et dorénavant avec « son » Juif errant, Schwartzbard, le reporter poursuit sa tournée des ghettos dans cette terre de la grande détresse. Chaque étape l'anéantit un peu plus : des jeunes femmes au sein sans lait, des vieillards moribonds, des enfants qui disputent un bout de pain à un chien, des nouveau-nés pieds nus dans la glace...

« Et l'on dit riche comme Rothschild [15]! »

Inextricable. Ces gens-là sont cloués sur place par leur misère. Les rares qui s'en sortent ne peuvent aller bien loin car ils ne savent que le yiddish. Ils se consolent dans l'étude de la Torah et mettent tous leurs espoirs dans la venue du Messie. La seule alternative, c'est la Palestine. Mais bien peu y sont prêts. Combien leur faudra-t-il de pogromes pour sauter le pas?

Pour toute réponse, Londres propose un historique puis une anatomie de ce phénomène qui frappe toujours les mêmes populations, avec un acharnement et une régularité diaboliques. Il ne l'a pas vu, de ses yeux vu. N'a pas assisté à ces scènes de sauvagerie. Mais il en rencontre le spectre à tous les coins de rue, quand il reste encore des rues. Les témoignages qu'il recueille le laissent atterré.

> « Un pogrome est une espèce de rage. Elle n'atteint pas les animaux mais seulement les hommes et en particulier les militaires et les étudiants. Qui la leur communique? On croit, jusqu'à présent, que ce sont les gouvernements. Les gouvernements qui regardent vers l'Ouest ne sont pas atteints par ce virus. Ceux qui regardent vers l'Est l'ont dans le sang. Les enragés ne mordent pas chacun. Les Juifs uniquement leur portent aux dents. La vue du caftan, des barbes et des papillotes les électrise... Le sang est un mauvais alcool pour les sauvages. Les sauvages ne sont pas tous en Afrique ou dans le Pacifique. Il n'est pas indispensable pour être sauvage de vivre nu. Les nôtres, les sauvages européens, soldats des bandes d'Ukraine, étaient bottés, vêtus et décorés... Pourquoi tous ces pogromes?... Un Slave a toujours un Hébreu sur l'estomac. La longue vie en commun ne les a pas rapprochés. Un Polonais, un Russe chassent un Juif du trottoir comme si le Juif, en pas-

sant, leur volait une part d'air. Un Juif, pour un Européen oriental, est l'incarnation du parasite... La cause fondamentale des pogromes est l'horreur du Juif. Après viennent les prétextes[16]... »

Le voici en Transylvanie. Son cher Juif errant et l'un de ses deux guides ont pris un autre chemin. Les poches pleines de lettres de Juifs adressées à leur cousins de partout, le dos recroquevillé par le froid, des stalactites au bout du nez, des stalagmites au lobe des oreilles, le reporter et son compagnon de route guettent une maison éclairée, un village, des passants, une voiture, âme qui vive dans l'aube de ce pays désolé.

« Ah! tous les Juifs n'habitent pas place de la Bourse[17]! »

Oradea-Mare enfin. Ils partent à la recherche de la famille Meiselmann et la trouve finalement entre deux pogromes dans une boutique qui compte plus d'enfants que de clients. Ce sont de braves gens. Une vraie famille, avec une vie de famille. Elle offre au Montmartrois une inoubliable soirée de sabbat, dans les règles de l'art. Mais ce ne sont pas eux qui fertiliseront la Palestine. Trop gentils, trop installés.

Ce pionnier errant, qu'Albert Londres cherche depuis des semaines, il le trouve finalement en gare de Kichinev, grâce à Ben, son guide qui le salue d'un vigoureux « Chalom! »

Alter Fisher a vingt-huit ans et de vraies épaules. Il n'inspire pas la pitié, se tient droit et dégage une certaine puissance. Quand il marche dans la rue, il ne rase pas les murs. Son regard n'est pas triste, ni fuyant, ni apeuré. Pourtant, c'est un Juif. Mais un sioniste. Herzl est son cousin. C'est tout comme. Drapeau frappé de l'étoile de David, hymne national, photographies du Foyer national en Palestine... Fisher est un dépliant publicitaire pour la cause, celle qui lui permet de ne plus rougir et de se redresser quand il se présente comme un « citoyen juif ». Il est jeune-Juif comme les partisans de Midhat Pacha étaient jeunes-Turcs. Mais les rabbins sont ses vieux Ottomans.

Rescapé des pogromes ukrainiens de 1919, il est revenu pour encourager ses coreligionnaires à quitter l'Europe. Par exemple, il entend leur montrer et leur démontrer qu'un Juif vivant n'est pas nécessairement un Juif rampant. L'apprentissage de la Palestine lui a rendu la fierté de son peuple, de sa race et de ses origines. Fisher, qui a fait ses classes à l'école talmudique, sait qu'en Europe, il doit surtout se battre sur le terrain de la religion. Bien qu'il n'ait pas l'intention de faire établir quatorze millions de passeports semblables au sien, il cherche à combattre sur son terrain l'influence du Messie. Une lutte pour le moins inégale :

« A force de l'attendre, ils se feront tous égorger, crie-t-il. Ils sont comme les habitants du Stromboli qui guettent l'éruption [18] ! »

C'est un missionnaire. Il aurait pu être jésuite en Chine. Il est sioniste en Palestine, pionnier en Europe centrale, Juif tout court de par le monde. En partageant sa table à plusieurs reprises et en l'écoutant se disputer avec ses coreligionnaires, Albert Londres franchit le fossé qui le séparait du véritable nœud de son enquête.

Dorénavant, dans toutes les villes où il se rend, il entreprend la conversation avec ses hôtes d'un jour en lançant son leitmotiv à brûle-pourpoint :

« Voulez-vous aller en Palestine [19] ? »

Un peu abrupt peut-être, et pas très nuancé. Mais c'est le moyen le plus efficace de juger l'attrait du sionisme sur ces populations. Certains se disent trop vieux, trop fatigués, trop religieux. D'autres attendent de l'argent, un signe de Dieu, un billet de bateau. Beaucoup n'y croient pas. Ceux qui ont vécu n'ont aucune envie de se laisser aller à une guerre d'usure avec les Arabes après en avoir mené déjà une, séculaire, avec les Européens. Pourtant, une visite guidée du ghetto de Lvov et de la vieille ville de Varsovie lui suffit pour comprendre que les Polonais haïssent les Juifs avec un systématisme qui ne laisse aucun autre espoir que le départ. Albert Londres, qui est toujours entouré de Juifs au cours de ses promenades, se fait lui-même traiter de « chien maudit », entre autres aménités. On le prend pour l'un des leurs. C'est peu dire qu'il fait l'expérience de l'exclusion. Il s'est tant et si bien immergé dans son sujet qu'il ne lui reste plus qu'à assister à un pogrome. Mais le reporter ne pousse pas sa conscience professionnelle jusqu'à de telles extrémités. Il mange kasher depuis des semaines et fréquente les écoles de rabbins malgré l'odeur pestilentielle qui se dégage inmanquablement de ces assemblées de savants. C'est déjà bien. S'il savait, Elie-Joseph Bois n'en demanderait pas plus.

Très impressionné par ces usines intellectuelles « où les cerveaux tournent à plein rendement », ces séminaires où des jeunes et des vieux récitent, étudient, apprennent par cœur le Talmud jusqu'à un état d'ivresse qui force le respect, Albert Londres change de registre et suit un inspecteur du fisc en tournée de recouvrement de dettes dans le ghetto. Une expérience aussi enrichissante que la précédente, tout aussi « spirituelle » si l'on convient que l'épithète a au moins deux sens [20].

Ben, son guide depuis le début, va devoir le quitter. Il est temps pour Londres de dresser un premier bilan avant de quitter cette terre polaire pour les cieux plus cléments de la terre promise. Au Bacchus, un bon restaurant de Varsovie, où ils prennent leur dernier repas en commun, les deux hommes tâchent d'y voir clair dans ces deux mois de vagabondage.

Le reporter a énormément appris. La matière qu'il ramène dans ses carnets est déjà riche, dense et neuve. Elle suffirait à nourrir toute une série d'articles. Pourtant, ce n'est qu'un début.

S'il devait résumer le principal enseignement de cette première grande étape de son « Tour des Juifs », elle tiendrait en cette distinction fondamentale : Londres ne croit plus, comme au début, que les Juifs se divisent en purs et impurs, sionistes mous et sionistes actifs. La réalité est plus complexe : il y a les assimilés (les Israélites français pour ne citer qu'eux) les emprisonnés (ceux des ghettos d'Europe centrale), les illuminés (pionniers sionistes) et les « alpinistes » (ceux qui cherchent leur chemin). Ces derniers sont les plus malheureux car ils n'ont ni rêve à assouvir, ni héros à révérer, ni horreurs à attendre. Ils sont les authentiques Juifs errants de ce début de XXe siècle. Mais eux, ils ne sont pas près d'arriver puisqu'ils vont nulle part [21].

La Terre Promise enfin. Une vision qui réchauffe le reporter pour maintes raisons. Le *Sphinx* des Messageries maritimes arrive à Jaffa. Nous sommes en... En quelle année? Cela dépend. Question de point de vue. Non que les pionniers soient plus talmudistes que les rabbis miraculeux de Galicie. Pour le calendrier républicain, nous sommes en 1929, pour son cousin hébraïque en 5690, pour l'amicale des réseaux herzliens en l'an X du sionisme, et pour Albert Londres en l'an 5 du règne de Gaston Doumergue.

Voici Tel-Aviv, la « colline du printemps » en français, une ville entièrement judéo-juive. Le journaliste est stupéfait par la métamorphose. Non pas celle de la ville, car il ne l'avait pas connue à l'état de marais, mais celle des Juifs. Méconnaissables. Ils semblent n'avoir aucun rapport avec leurs frères de là-bas. A se demander s'il s'agit bien du même peuple. Aussi fiers que les autres étaient craintifs. Aussi droits que les autres étaient courbés. Ce ne peut-être l'effet du climat. Il y a sûrement autre chose, de l'ordre de la rédemption. Les rues sont gaies, les gens également. Sur les immeubles, des plaques renseignent sur l'abondance des professions libérales. Le peuple de marchands, de tailleurs et de colporteurs s'est mué en une nation de médecins, de dentistes, d'avocats. Incroyable.

« Car tous ces avocats mangent et s'ils mangent c'est que vous vous disputez. Vous êtes quarante mille habitants à Tel-Aviv, quarante mille Juifs, sans un goy, et vous avez besoin de tant d'avocats [22] ? »

Non seulement ils embrassent les professions dont ils avaient longtemps été tenus à l'écart par la ségrégation et le numerus clausus, mais par surcroît, ils semblent déterminés à donner à leur peuple ces soldats et ces paysans qui lui faisaient tant défaut depuis des siècles. Comment expliquer cette transformation autrement que sur un ton angélique? La fuite devant les pogromes, une farouche volonté de s'affranchir enfin de toute servitude... Bien sûr. Mais encore? Car cela ne saurait suffire. La terre est aussi inhospitalière que les indigènes. La première fournit les pierres et les seconds trouvent les bras pour les lancer. Alors? Loués soient les organisations sionistes qui n'ont jamais désarmé en dépit des lazzis et quolibets, Théodore Herzl leur saint patron, Lord Balfour pour ses talents épistolaires, et Edmond de Rothschild, baron de Palestine, « le seul individu de la terre qui possède une colonie » [23]. Sans son aide, ni lait ni miel, ce qui n'est pas trop grave, mais surtout ni argent ni quinine, ce qui est essentiel pour acheter des terres et vaincre la malaria.

État Juif, État des Juifs, Foyer national... L'appellation est ad libitum. Elle ne change en rien la réalité : ils sont là, n'en bougeront pas et feront tout pour être de plus en plus nombreux. Le problème, c'est que leur réussite et leur prospérité s'accroissent en proportion du mécontentement arabe. Le déséquilibre démographique laisse présager des jours sombres : 700 000 Arabes contre 150 000 Juifs. Certes, la Palestine est grande et il y a de la place pour tout le monde. Mais rien ne dit que ces deux peuples également sémites préfèrent vivre côte à côte plutôt que face à face. D'autant que les sionistes misent le succès de leur entreprise sur une politique d'immigration intensive.

A Jérusalem, quelques heures avant le début de sabbat, Albert Londres se perd dans les ruelles de la vieille ville. Après avoir rendu un hommage obligé au Mur des Lamentations, ultime vestige du Temple, et constaté que bon nombre de sionistes étaient tout prêts à conserver le Mur en abandonnant les lamentations aux Arabes, il visite l'hôpital Hadassa en compagnie du sénateur Justin Godart, ancien ministre, sioniste convaincu et président de France-Palestine. Désormais, il croit en savoir assez pour rentrer en France. Il faut savoir finir un reportage.

Mais un de ses derniers dîners à Jérusalem, en compagnie du maire arabe et du gouverneur anglais de la ville trois fois sainte, ne lui laisse rien présager de bon. Les Arabes semblent prêts à en découdre à tout instant avec les Juifs et les soldats de la puissance mandataire ne feront sûrement pas le poids.

Il ne les quitte pas sur une note optimiste.

Août 1929. A Évian, où il prend ses quartiers d'été avec Florise, Albert Londres écrit sa série d'articles à paraître dans *Le Petit Parisien* sous le titre général *Le drame de la race juive: des ghettos d'Europe à la terre promise.* Parallèlement, il prépare déjà le livre qu'il en tirera : *Le Juif errant est arrivé.* C'est devenu une habitude, un réflexe naturel. De toute façon, pour « augmenter » son texte, selon la formule consacrée, il pourra largement puiser dans ses notes restées inédites.

Le calme de la cité thermale, le ciel bleu, l'extrême propreté des lieux, la quiétude du Léman le mettent dans les meilleures dispositions pour écrire ce long reportage. C'était indispensable :

« J'en ai assez de la pouillerie, des restaurants kasher et de tout le tremblement à papillotes graisseuses [24]! » confie-t-il à sa fille.

Au fur et à mesure de leur écriture, il lui fait lire ses pages. A vingt-cinq ans révolus, elle est tout à fait en mesure de porter un jugement, sévère si besoin est. Il est tout à sa rédaction fiévreuse quand, un matin, l'actualité brûlante et l'histoire immédiate le rattrapent à Évian.

« On assassine mes Juifs [25]! »

La presse est pleine de nouvelles de massacres à Jérusalem, Hebron et Safed. De jeunes sionistes ont manifesté au Mur des Lamentations, les Arabes ont organisé une contre-manifestation. Les deux processions n'ont pas tardé à dégénérer en émeutes sanglantes. Les bilans sont encore contradictoires : on parle d'une centaine de tués et d'autant de blessés de part et d'autre. Les journaux y dépêchent leurs meilleurs reporters, Édouard Helsey pour *Le Journal*, Jean Rodes pour *Le Matin*...

Albert Londres n'hésite pas un instant. Il laisse ses pages d'écriture en plan, prend son chapeau, un billet de chemin de fer et un autre des Messageries maritimes et le voici à nouveau à l'hôtel Palatin de Tel-Aviv. Sitôt à pied d'œuvre, il emprunte du papier à en-tête de l'hôtel et cherche des témoins à interroger pour reconstituer les événements et tenter de comprendre comment le « home national » est devenu une boucherie internationale.

Ses confrères français sont accourus en nombre à Jérusalem. On se croirait au carrefour Drouot quand il fait chaud et que les reporters vont boire. Certains prétendent même que cet attroupement débonnaire offre une distraction telle aux Juifs à papillotes rivés au Mur que quelques-uns en oublient de se lamenter et de se taper le front contre les vestiges du Temple. Albert Londres, familier des lieux, les quitte rapidement, en douce, pour enquêter en Haute-Galilée et questionner ceux qui ont participé au coup de chien. Après avoir entendu les Juifs, il prête une oreille attentive à la version arabe et rencontre le grand mufti.

A Jaffa, on l'autorise à participer à une manière de conclave réunissant des notabilités musulmanes, catholiques et grecques-orthodoxes. Comme les Juifs, ils sont incapables de répondre à une question d'actualité brûlante sans remonter quelques siècles en arrière. Ces deux frères ennemis ont vraiment une mémoire pour s'en servir. La moindre allusion est prétexte à évoquer l'exil des Juifs espagnols fuyant l'inquisition en 1492 ou le combat séculaire des Arabes contre les Turcs.

Après cela, comment expliquer qu'un simple litige a dégénéré en une émeute qui a ensanglanté la région! Les Juifs et les Arabes sont également catégoriques : ils sont ici chez eux. Ils ont chacun leur foyer national sur une même terre. Visiblement, il y en a un de trop. La guerre paraît inévitable, d'autant que chaque camp accuse l'autre d'avoir provoqué le massacre le premier.

Et ce n'est qu'un début. Les Juifs ne se laisseront plus intimider, il en est intimement convaincu. Il sait d'où ils viennent et ce qu'ils ont vécu. Ces gens-là ne repartiront pas. Ils mourront sur place, n'ayant pas psalmodié « L'an prochain à Jérusalem » pendant dix-neuf siècles pour la déserter au premier coup de feu. Les Arabes sont prêts à tout pour les mettre dehors, Londres en est également persuadé. Il a posé la question à leurs chefs. Ils ne se contentent plus de maudire la descendance de Lord Balfour. Cela est inefficace. Pour résoudre le problème, ils semblent décidés à le supprimer et promettent au reporter que quarante-huit heures leur suffiront à éliminer 150 000 sionistes à raison de 75 000 par jour. Albert Londres en doute :

« Alors messieurs, quand les troupes anglaises reprendront le bateau, faites-moi l'amitié de me télégraphier. Je crois que vous présumez de vos forces. Les nouveaux juifs ne se laisseront pas saigner. Je suis même certain qu'ils vous donneront du fil à retordre. Ce sera une rude bataille. Voici mon adresse. N'oubliez pas de me prévenir. Je reviendrai vous voir travailler. A bientôt[26] ! »

De retour en France, il se remet immédiatement à sa table de travail. Bien que nombre de ses papiers aient été télégraphiés de Jérusalem et d'ores et déjà publiés par *Le Petit Parisien*, il doit se remettre à la préparation de son livre, un manuscrit qu'Albin Michel attend impatiemment, afin de le publier en janvier 1930, soit deux mois après la parution du dernier article de la série.

Comme à son habitude, Albert Londres dispose sur son bureau ses nombreux calepins de notes, hauts comme deux paquets de cigarettes. Achetés chez Lefeubre, au Faubourg Montmartre, ils sont noirs et retenus par une bande élastique. Les pages de gauche sont généralement vierges. Elles sont réservées aux notes des notes : adresses, traduction de termes étrangers... Celles de droite sont recouvertes d'une quinzaine de lignes, inscrites au crayon gras, dans un style souvent télégraphique, en tout cas très rapide. Albert Londres a l'habitude de prendre des notes au fil de la conversation, de la même manière, qu'il s'agisse de l'homme-de-la-rue ou du diplomate, mêlant dans la même page des considérations sur les Karaites ou l'exécutif sioniste, les douze tribus et l'expulsion d'Espagne, la barbe du grand mufti et la couleur du futur drapeau national...

Voici en vrac, à l'état brut, les « bonnes feuilles » d'un de ces carnets qui semble avoir servi tout au long de cette folle course dans les pas du Juif errant :

« Les Juifs entre eux ne sont pas d'accord. Il y a les sephardims, les yemenites...

Eretz Israel = Palestine sur les cartes

Il y a à Jérusalem 30 sortes de Juifs.

FAIRE TOUT UN PAPIER SUR CEUX–LÀ. Tout est roman dans chacun.

Coiffeur à Tel-Aviv, baryton à Cracovie...

Chalom = paix avec toi

Toda raba = merci bien

In al dinak = j'insulte ta religion (en arabe)

Pense-bête : demander l'hymne national, acheter la traduction du Dybbouck

Autrefois ils faisaient le commerce entre la Russie et la Hongrie aujourd'hui ça suffit.

La misère est plus immense que jamais dans ces campagnes la terre est si mauvaise qu'elle ne rend rien. Ils n'ont pas d'argent pour acheter des instruments.

Les deux bibliothécaires de Prague.

M. Weleb reste à Prague.

M. Berckman parti pour Jérusalem.

M. Razintienko à Tel. Joseph Palestine dans la vallée d'Israël le pionnier l'homme nouveau de Mukacevo.

Ce que me dit Madame A... (illisible) le jour où je pars pour Varsovie.

– Il y a nous et les Juifs

– Comment?

– Si vous voulez nous les Juifs et les autres, les Polaks [27]... »

Après avoir parcouru la Palestine de Judée en Samarie, de haute Galilée en basse Galilée et rencontré des Juifs venus du monde entier (mais pas un de France), Albert Londres est convaincu que les sionistes agissent par instinct, par passion, par idéal mais sûrement pas par raison. Le spectre du massacre ne les a pas quittés, le coup de main ayant remplacé le pogrome et l'Arabe, l'Ukrainien. Mais désormais ils sont en mesure de rendre les coups, en parfaite identité avec eux-mêmes, restaurés dans leur dignité de Juifs.

« En Palestine, leur orgueil est satisfait. Ils ont conquis le droit d'être une crapule ou un génie sans pour cela cesser d'être un juif[28]. »

Le Juif errant est-il arrivé à bon port pour autant? Pourquoi pas? conclut Albert Londres. Son reportage est prophétique car il pose les vrais problèmes du conflit avec les Arabes, du rôle de l'antisémitisme comme véritable moteur de l'immigration juive en Palestine, des différends entre religieux et pionniers... A ses yeux, un sioniste ne saurait être qu'un juif qui boucle sa valise pour aller vivre en Palestine. Le reste n'est que propagande.

« LE PETIT PARISIEN
Le plus fort tirage des journaux du monde entier
L'ENQUÊTE D'ALBERT LONDRES
qui vous révélera, par ses alertes, pittoresques et véridiques récits les tentatives faites pour restaurer « le royaume d'Israël » *et vous conduira des ghettos de Pologne et de la Petite Russie jusqu'aux foyers sionistes de Palestine.* »

La réclame ne paraît pas seulement dans le journal d'Elie-Joseph Bois; elle est placardée dans les kiosques. L'impact est immédiat auprès du grand public et pas seulement dans le lectorat israélite comme un journal d'échos le laisse accroire :

« On dit que le reportage d'Albert Londres sur le judaïsme connaît un succès considérable auprès précisément des arrière-petits-neveux de Moïse, qu'il est pour beaucoup la révélation d'un monde ignoré[29]. »

Un éditeur qui ne doute de rien, le directeur de la Librairie Valois, propose à Albert Londres de réunir ses articles en livre, au beau milieu de leur publication par *Le Petit Parisien*[30]... Le manuscrit est déjà en route pour le bureau d'Albin Michel qui se réjouit par avance du succès du *Juif errant est arrivé.* Pour plaire à son auteur, il accepte, une fois n'est pas coutume, que la couverture soit illustrée d'une photographie prise par Albert Londres lui-même : celle de son fameux Juif errant, cueilli avec ses balluchons sur la route de Mukacevo. Au même moment, il publiera parallèlement *Le château des brouillards* de Roland Dorgelès et *Le soleil de minuit* de Pierre Benoit. Avec l'enquête d'Albert Londres, ils seront les trois points forts du printemps 1930, selon le vœu de la maison

Albin Michel. L'éditeur, particulièrement avisé, profite du fort tirage du *Juif errant est arrivé* pour augmenter le prix de ses livres; ils passent subrepticement de douze à quinze francs, en raison, dit-il, de la qualité du papier, de la couverture, de la typographie...

Quelques semaines avant la sortie, le reporter organise un indispensable battage afin que son sujet ne déserte pas les préoccupations du public. Édouard Helsey publie au même moment aux éditions de France *L'an dernier à Jérusalem*, sur un sujet similaire mais écrit plus particulièrement à l'attention des chrétiens de Palestine et dédié « A mon ami Albert Londres, plus errant que le juif errant ». Les deux hommes participent donc de conserve à un grand débat sur les événements de Palestine, aux « Causeries populaires du 20e », sous la tutelle de Bernard Lecache et de sa Ligue contre l'antisémitisme.

Au mieux avec les institutions juives et sionistes depuis son retour de Jérusalem, Albert Londres donne peu après une conférence. Les présidents de séance, Léonard Rosenthal et Me Léonce Berheim se félicitent publiquement de l'intérêt porté à ce sujet par un journaliste réputé et, par surcroît, non-Juif. L'assistance, quant à elle, huppée et élégante, plus familière des salons du Faubourg-Saint-Honoré que du ghetto de Lvov, est d'autant plus surprise et émue qu'elle ne s'attendait pas à ce que l'on évoque ses coreligionnaires en ces lieux, en des termes pleins de pitié et de misère [31].

Dès sa sortie, le livre est bien accueilli. La polémique qui a entouré *Terre d'ébène* semble loin. Cette fois, tout est calme sur le front de la librairie, de la presse et des droits de réponse. Les principaux concernés, les Juifs, semblent enchantés. Les autres également.

Le Figaro littéraire loue les qualités du reporter, même s'il reste plus dubitatif, moins optimiste que lui quant à l'arrivée, prochaine et massive, de Juifs en Palestine [32]. Dans *Excelsior*, Émile Vuillermoz se dit fasciné par la virtuosité de l'auteur et juge sa promenade hallucinante et inoubliable. Mais il est d'avis que ce « prestigieux metteur en scène » s'est laissé griser par l'odeur de la Terre promise et l'épopée des Sémites pris dans la tourmente de l'Histoire [33]. Noël Sabord quant à lui estime dans *Paris-Midi* que ce livre est le mieux informé et le plus vivant qu'on ait écrit sur la question juive, à la fois poème et document, dû à la plume d'un grand voyageur, d'un homme d'expérience et d'un bel écrivain [34]. Même *Gringoire*, guère suspect de philosémitisme, loue le livre. Il est vrai que son directeur, Horace de Carbuccia, est également le second éditeur sur la liste d'attente d'Albert Londres et qu'il ne faut pas insulter l'avenir [35].

La critique est à peu près unanime à féliciter Londres pour ses authentiques qualités littéraires, désormais très affirmées, mais elle l'est tout autant à le juger excessivement optimiste quant à l'avenir de l'expérience juive en Palestine. Certains ne peuvent s'empêcher de comparer son livre à celui de Helsey et de trouver ce dernier certes moins poétique et moins psychologique, mais plus sérieux au sens où on l'entend du côté des sociologues et de l'École libre des sciences politiques [36].

Rosny aîné, à qui le reporter à fait l'hommage de son livre, lui donne du cher confrère et ne lui ménage pas ses compliments: «... une œuvre superbe ou éclatent l'intelligence, l'observation pénétrante, l'humour, l'esprit [37]... »

Le succès est patent, grisant même. Le redresseur de torts est sur la bonne voie. Il ne s'en écartera pas, d'autant qu'il est persuadé, malgré les critiques, de ne pas s'être trompé dans ses accents les plus prophétiques. Il ne vivra pas assez longtemps pour constater à la manière d'un Kessel couvrant la naissance d'Israël en mai 1948 avec sur son passeport le visa nº 1 d'un État qui n'avait pas un jour, que le Juif errant était vraiment arrivé et bien décidé à ne plus repartir.

Pour l'heure, Albert Londres doit affronter d'autres urgences. D'abord se débarrasser des fâcheux. Son succès de librairie est tel que beaucoup d'anciens amis réapparaissent pour lui emprunter de l'argent. Ce qui, dans la situation de la plupart d'entre eux, ne relève plus d'un prêt mais d'un don. Ensuite, penser au lendemain. Le prochain reportage. Un secret encore. Mieux gardé que les précédents car plus périlleux. La Mecque...

Après les Juifs, les musulmans. Qui a dit que cet homme était imprévisible?

29.

La Mecque des pêcheurs de perles

Aucun non-musulman n'a jamais pénétré dans la ville sainte. Peut-être quelques-uns y sont-ils tout de même parvenus, mais ils ne se sont pas fait connaître. Prudents, les faux pèlerins. Découverts, ils seraient immédiatement lynchés.

Depuis des mois, Albert Londres rumine son idée. Nul n'est au courant, hormis son rédacteur en chef, qui a bien droit à cette contrepartie quand il signe un bon de caisse, ainsi qu'un personnage mystérieux rencontré il y a longtemps durant une traversée, alors qu'il accomplissait ses prières rituelles devant sa cabine. C'est lui et lui seul qui lui permettra de mettre son vaste projet à exécution : pénétrer à l'intérieur de La Mecque, traverser l'Arabie, s'arrêter à la cour du roi à Riyad, gagner le golfe Persique et rentrer par l'Asie Mineure.

Cette randonnée semble un prétexte pour étudier le contraste entre le Hedjaz, fermé aux Occidentaux sauf exception, et la Turquie de Mustafa Kemal, ouverte à l'Europe. Mais la visite clandestine des lieux saints, indispensable, est le sel de cette enquête. Dans le même temps, Pierre Mac Orlan réalise un grand reportage d'un mois avec la Légion étrangère pour le compte du *Petit Journal*. C'est une concurrence et un défi que la direction du *Petit Parisien* entend relever.

L'homme-sésame de cette difficile expédition s'appelle Chérif Ibrahim. Comme son nom ne l'indique pas, il est français. D'après ses papiers, il est né au Maroc, dans le Tafilalet. En fait, il est originaire du Doubs.

Converti à l'islam, auteur d'un dictionnaire publié en 1912 à Besançon, recensant huit mille mots des dialectes parlés à Djibouti et dans les pays environnants, il s'exprime indistinctement en arabe comme en français. Long, maigre, dégingandé, le visage émacié orné d'un mince filet de barbe et rehaussé de lunettes cerclées, cet homme énigmatique est chez lui dans les pays arabes. Il s'y promène sans se soucier des frontières. Discret jusqu'au mutisme, il semble être détenteur de secrets capitaux. Il écoute et observe mais ne dément ni ne confirme.

Dans la région, il connaît tout le monde et s'introduit à sa guise dans certains palais. Dans d'autres, il aurait intérêt à se revêtir d'un gilet pare-balles.

Ce personnage des plus énigmatiques fascine Albert Londres. S'il ne jugeait pas quelque peu surfaite la réputation du fameux agent anglais, Albert Londres dirait volontiers de Chérif Ibrahim qu'il est le Lawrence d'Arabie français. En mieux.

Quand il quitte le fez et la djellabah pour des vêtements civils, en l'occurrence militaires, Chérif Ibrahim reprend sa véritable identité. Il redevient pour un temps le chef de bataillon Depui, de l'Infanterie coloniale. Trente-trois ans de service dont vingt-trois années de campagne, six blessures dont cinq de guerre et trois citations. C'est un soldat. Détaché en mission, depuis avril 1917, aux Affaires étrangères, il a été en dix ans chef du poste consulaire de Djeddah à quatre reprises. Chargé de multiples missions géographique, économique ou commerciale en Arabie, au Hedjaz et au Yemen, négociateur d'une convention douanière entre le Nedj et la Syrie, il passe pour un observateur averti des questions arabes.

C'est un euphémisme. L'activité souterraine du commandant Depui est la principale. Seul Européen à avoir pu pénétrer à Médine depuis 1804, il y a rempli de nombreuses « missions spéciales » ainsi qu'à La Mecque. On le dit au mieux avec le roi Ibn Séoud. Chérif Ibrahim alias commandant Depui est un des plus efficaces agents du Service de Renseignements du Levant. Pour cette raison, il y a deux ans, le ministre des Affaires étrangères a demandé au ministre de la Guerre son inscription à titre exceptionnel au tableau d'avancement pour le grade de lieutenant-colonel[1].

Albert Londres a totalement confiance en lui. Il fait suivre son courrier, chez lui, à Port Saïd. A Paris, au Caire et à Suez, ils ont soigneusement préparé de conserve le plan de cette délicate expédition. En avril 1930, le reporter attend en Égypte que son indispensable ami revienne d'une mission d'éclaireur dans les lieux saints.

Très optimiste au départ, il l'est beaucoup moins au retour. Chérif « Depui » Ibrahim déchante. Il ne renie pas ses promesses, tourne autour du pot et avoue finalement que le voyage à La Mecque est impossible. Il a vu les plus hautes autorités, réticentes pour ne pas dire hostiles mais n'a pas insisté de crainte de compromettre ses propres projets politiques.

Plus révolté que déçu, Albert Londres cherche des solutions de rechange et suggère de forcer la porte en tentant le tout pour le tout : il se passera de l'autorisation du roi, gardien des lieux saints, et y pénétrera clandestinement, au risque de sa vie. Mais Chérif Ibrahim refuse de l'aider. Cette fois, c'en est trop. N'acceptant ni le renoncement ni le reniement, le reporter lui reproche, haut et fort, sur un ton proche de l'esclandre, de manquer à sa parole.

Le commandant Depui et ses amis français, diplomates et militaires, tentent de raisonner Londres en lui proposant une alternative dont le seul effet est d'attiser son courroux. Si on lui fournit des récits de pèlerins, des photographies de la fameuse Kaaba, des anecdotes sur les conditions de vie, il n'aura qu'à faire travailler sa plume, son expérience et son imagination pour rendre un papier d'envoyé spécial bien dans sa manière. Comme si on y était. Une imposture journalistique? Non pas. Tout juste un accommodement des réalités arabo-musulmanes... Dans ces pays-là, il faut savoir s'adapter.

« Allah ne vous contredira pas si vous annoncez : j'ai pénétré dans la ville sainte.

– Jamais! Je suis un honnête homme. Je ne peux pas entrer à La Mecque? Eh bien si je ne trouve rien d'autre à faire, je retournerai à Paris et rembourserai mon journal[2]. »

Indigné, Albert Londres claque la porte et boude ses amis pendant quelques jours. L'échec semble patent. Il en est d'autant plus affecté qu'il n'a pas l'habitude de ce genre d'expériences. Lui, si orgueilleux sur la justification de ses frais de reportage, il ne se voit pas rentrer à Paris, les mains vides dans le bureau de Élie-Joseph Bois.

Pour l'instant, il doit se contenter d'un somptueux vêtement de cour en soie brodé que le roi lui a envoyé pour atténuer le choc, à la demande de Chérif Ibrahim. C'est bien mais c'est impubliable. Sa colère assouvie, le journaliste renoue avec le commandant Depui, bon gré mal gré, afin qu'il l'aide à improviser un grand reportage de remplacement qui n'ait pas trop l'air d'un ersatz.

A défaut de La Mecque, Djibouti. A défaut de pèlerins, des pêcheurs de perles. Le voici fin prêt, vacciné contre la peste et le choléra, la typhoïde et la petite vérole. Le moins qu'on puisse dire, c'est que sa route n'est pas pavée de perles. Première étape : Djeddah. Chérif Ibrahim, indispensable intercesseur et non moins utile interprète, a fait le nécessaire pour que Londres puisse y séjourner en passant.

Après avoir survécu à la chaleur, à la nourriture et aux processions de pèlerins en route pour les lieux saints, le reporter part à la rencontre d'Ibn Séoud, conquérant de l'Arabie, du golfe Persique à la mer Rouge. Le roi le fascine plus qu'il ne l'impressionne. Parce qu'il règne au nom de la vertu, du seul Coran et du wahhabisme triomphant. Le souverain lui apparaît comme un homme intelligent et déterminé, qui n'a qu'une idée en tête mais qui s'y tient. Pourtant au début de l'interview, le courant ne passe pas. Sur les conseils de Chérif Ibrahim, leur commune éminence grise, Albert Londres lui soumet ses questions par écrit :

« Pourquoi ne permets-tu pas aux Européens de se promener dans ton pays? Pourquoi, moi, un enfant du Livre, comme toi, suis-je ici considéré comme un chien basset? etc [3]. »

Visiblement, le journaliste n'a toujours pas digéré son échec. Il se comporte en homme blessé, comme s'il venait dans l'instant d'essuyer le royal refus qui lui ferme les portes de La Mecque. Ses questions n'ont probablement pas été relues par Chérif Ibrahim. Car dans ce cas, elles auraient été moins agressives, moins directes, plus orientales pour tout dire. Surtout, il n'aurait pas laissé passer cette allusion à la Bible : car en bon arabisant et en musulman converti, il sait, lui, qu'ici on réserve l'expression « Gens du Livre » (ahl-el-kitab) aux chrétiens et aux juifs.

Ibn Séoud prend ce bout de papier qui exige réflexion et promet une réponse pour le lendemain. A l'heure dite, il reçoit un cadeau des mains d'un grand chambellan. C'est tout. Royal certes mais il ne satisfait en rien la curiosité de l'envoyé spécial qui s'insurge :

« Et les réponses à mes questions?

– Sa Majesté a dit que vous les trouveriez dans le Coran.

– Quoi? je lui parle le langage de 1930 et lui me répond avec celui de 622! Comment s'entendre, mon ami?

– Autour d'un petit verre de whisky peut-être[4]? »

Au pays de l'éternelle prohibition, le wahhabite a le goût du risque. Mais avec ou sans alcool, il n'en dira pas plus. L'échec se confirme. Albert Londres a vraiment raté son rendez-vous avec La Mecque.

« Ya-mal! Ya-mal! » Fortune, ô fortune!

Dans la région de Djeddah, sur les rives de la mer Rouge, il trouve enfin son premier village de pêcheurs de perles. Chérif Ibrahim traduit. Ces indigènes aux poumons abîmés ne sont pas des gagne-petit mais des aventuriers. Leur plaisir, c'est de plonger. Ils ne savent faire que cela depuis qu'ils ont appris à marcher. Pardon, à nager. Ce sont des misérables dont le destin est de mourir jeune. Dans leur corporation, les meilleurs sont les plus sourds et les plus aveugles. Plus encore que la capacité thoracique ou la musculation, la cécité et la surdité sont leurs critères de qualité. Leur champion doit être une loque dans un corps de jeune homme. L'eldorado de ces cardiaques et de ces phtisiques prématurés gît parfois à un tel niveau de décompression que certains meurent en le découvrant enfin, le cerveau asphyxié.

Très stimulé par ce premier contact, Albert Londres veut impérativement se rendre à Bahrein, La Mecque... des pêcheurs de perles. Ce n'est pas très loin et tout à fait abordable. Le seul problème, c'est que pour y accéder il faut obtenir l'aval de Sa Majesté britannique, du moins le visa de ses distingués représentants.

A Djeddah, il en est un dont tout le monde chuchote le nom. Le personnage semble énigmatique à souhait. Plus on s'en rapproche, plus le mystère s'épaissit. Quand on est face à lui, on ne sait plus rien. Il est le véritable homme d'influence des Anglais dans la région. On l'appelle Saint-John Philby *. S'il est vrai que Chérif Ibrahim est un Lawrence d'Arabie en mieux, Saint-John Philby leur est supérieur à tous deux.

Universitaire, diplomate, explorateur et même journaliste, ce gentleman à tête de Méphisto est né à Ceylan quelques mois après Albert Londres. Après l'avoir employé aux affaires indiennes, le Foreign Office l'a nommé au département « Mésopotamie ». Depuis, il se promène en Arabie comme dans le Yorkshire. Dans ses rela-

* Son fils Kim Philby deviendra après la Seconde Guerre mondiale le plus célèbre espion anglais au service des Soviétiques.

tions personnelles, il compte l'émir Abdallah de Transjordanie et Fayçal, mais son grand homme est incontestablement Ibn Séoud. Il aime bien aussi les Français, servant volontiers de guide à Joseph Kessel et à Hautecloque. Le premier s'en souviendra en écrivant plus tard *Fortune carrée* et le second son roman *Turban vert*. Aussi, c'est tout naturellement qu'il reçoit Albert Londres, un homme en qui il voit « a journalist of some standing »[5].

A Djeddah, il ne vit pas dans une maison mais dans une sorte de forteresse. Étrange bonhomme. Il est le véritable roi de l'Arabie mais se présente comme marchand de quincaillerie et de pneus d'automobile. Même ses collègues de l'Intelligence Service le considèrent désormais comme un franc-tireur tant il se place au-dessus, en marge.

C'est un Foreign Office du Hedjaz à lui tout seul. Les uns et les autres s'acharnent à essayer de percer son mystère pour deviner enfin lequel des deux jeux il joue, oubliant que la plupart du temps, Philby est avant tout phylbien. Il a bien ses propres idées sur la question et les applique, faisant avancer ses pions en mettant à contribution tantôt les Arabes, tantôt les Anglais. Londres ne dissimule pas sa fascination pour lui, un Monsieur en dépit de sa qualité d'Anglais.

« Il apparut, un sourire infiniment doux sur un masque féroce. Lorsqu'une nouvelle mouche débarque à Djeddah, Philby connaît le but de son voyage, le nom du père de la mouche et celui de sa mère. C'est vous faire comprendre que je n'eus pas besoin de lui présenter mon extrait de naissance[6]. »

Lui, le roi de l'Arabie? Plaisanterie. Un honnête commerçant de l'import-export. Sans plus. Albert Londres sourit. Pour faire bonne mesure, Philby excipe également de ses collaborations journalistiques. Il fera pour le *Near East* un article sur le passage de son confrère français qui lui promet un portrait de lui dans *Le Petit Parisien*. Échange de bons procédés. Mais tel n'est pas le but de la visite. Les meilleurs assauts de courtoisie sont les plus brefs.

« Philby, je vais chez les pêcheurs de perles. Ne pourriez-vous me recommander là-bas de l'autre côté?

– M'offrirez-vous une bouteille de bordeaux, à mon passage à Paris?

– Et du rouge!

– Alors allez en paix. Mais les perles, cher confrère, surtout quand on les cherche trop près des côtes, cela porte malheur[7]! »

Qu'est-ce à dire? Ce n'est pas clair. Londres comprend que le message s'adresse à Chérif Ibrahim. Rien de moins évident. Quand deux éminences grises communiquent en code par l'intermédiaire d'un reporter, il doit redoubler de perspicacité pour s'y retrouver.

Qu'importe. Le sauf-conduit de Philby en poche, il peut désormais poursuivre sa route à travers « l'Arabie-maudite », le Yemen, les îles Farsans... Curieuse région. Londres ne sait où il préfère dormir de ces sambouks chahutés, aux voiles rapiécées ou de ces maisons dont l'humidité lui fait penser qu'elles sont les seuls endroits où il pleut. Lui qui croyait connaître la mer Rouge pour l'avoir maintes fois sillonnée en paquebot, il sait maintenant à quoi elle ressemble exactement. Il ne l'a pas seulement vue mais touchée. Il ne lui reste qu'à la boire, pour parfaire son expérience. Mais ce ne sera qu'en dernier recours.

Les traits tirés, les yeux à demi clos, les paupières lourdes, la barbe capricieuse, le dos voûté, il pose pour l'objectif de son propre appareil photographique en tenue de reporter épuisé. Sa couronne de cheveux recouverte d'un fez, le corps fatigué drapé dans une djellabah blanche, il aurait du mal à ne pas passer pour un Occidental : son effort d'adaptation ne lui a pas fait renoncer à ses souliers blancs et à ses bas-chaussettes retenus par des élastiques...

Sur terre et en mer, il ne cesse d'interroger les plongeurs, par la voix de Chérif Ibrahim qui ne s'était jamais intéressé d'aussi près à la question. L'ancre, les cris, les chants, l'immersion durant des minutes qui n'en finissent pas, tout participe d'un rituel bien établi depuis des lustres. Tout se déroule sous la protection de Dieu. C'est lui, le grand ordonnateur des opérations, invisible chambellan de cette odyssée des coraux.

Sur un cahier d'écolier arabe, Londres note tout en vrac, ses impressions du moment et d'autres plus anciennes, qui lui reviennent à l'esprit. Plus tard, il y mettra bon ordre :

« 1) *Aperçu général*

Depuis des siècles Golfe Persique est célèbre pour ses perles.

Centre pêche et 1er marché Golfe et Bahrein.

Les gros négociants européens hindous et Arabes qui autrefois envoyaient agents à Bahrein viennent maintenant eux-mêmes...

2) *bateaux et pêcheurs*

3) *saison des pêches*
Méthodes de plongée
Esclavage?
Ibn Séoud: « Le Charlemagne de l'Arabie: même étendue des conquêtes »
AVANT LA GUERRE:
son jeune âge
comment il quitte Koweit
ses premières victoires
PENDANT LA GUERRE
ce qu'il fit
APRÈS LA GUERRE
comment vainquit-il Hussein

Pèlerinage. Cinq obligations de l'islam. Expliquer. Mœurs et coutumes. Petit lexique usuel[8]... »

Les plongeurs forcent son admiration. Pour tout matériel, ils n'ont qu'un doigt de cuir qui leur permettra de décoller l'huître du rocher sans s'arracher la peau, et un pince-nez en corne qui sautille à leur cou au bout d'une ficelle. L'idée même du scaphandre suscite leur courroux. C'est tout. Pour le reste, ils s'en remettent à leurs poumons, leurs bras, leurs jambes. Et à Dieu. Une épaisse corde, fixée à l'un des avirons, a été lestée de plomb. Elle leur permettra de remonter au plus tôt à la surface, de leurs huit mètres, profondeur moyenne. Au hourvari des préparatifs succède un pesant silence.

Le visage penché au-dessus de l'eau, Londres observe le banc et les plongeurs. Mais il ne pousse pas la témérité jusqu'à se tremper. A bord, il entend contrôler les temps de plongée grâce à une montre empruntée à l'un des pêcheurs de perles. Il guette les remous, les bulles, les mouvements de corde et, quand rien ne se produit, interroge du regard les rameurs impassibles. C'est généralement l'instant que choisissent les plongeurs pour émerger comme des diables bondissant de leur boîte à ressorts. Ce ne sont déjà plus les mêmes hommes qu'il a quittés quelques minutes auparavant:

« Un voile de souffrance recouvrait leur visage. Les plongeurs arrachèrent la pince, ouvrirent la bouche, appelèrent un peu d'air au secours de leur dernier souffle! Leurs traits étaient crispés. Ils avaient vieilli[9]! »

Sur sa montre, l'aiguille indique le record de la journée: une minute et quarante secondes. Une heure durant, les équipes se succèdent dans l'eau. Le plus surprenant de ces chercheurs est encore un aveugle qui se conduit exactement comme les autres à ceci près qu'en bas, il tâtonne pour mettre la main sur l'huître qu'il décollera avec la même énergie que ses compagnons.

D'un rituel l'autre. Après la pêche, la découverte. C'est le moment d'ouvrir les huîtres pour leur faire rendre l'âme. A voir les grands nègres jouer du couteau et balancer un certain nombre de perles, Albert Londres comprend vite que les seules valables sont celles qui n'étaient pas enkystées. Pour garder toute sa valeur, la perle doit être trouvée libre à l'intérieur de l'huître. Avec une dextérité acquise par des décennies de pratique, ils éventrent les mollusques d'un coup d'un seul et la plupart du temps, les rejettent sans un regard. Ce jour-là, le reporter observera patiemment cinquante-deux opérations de ce type avant de voir de ses yeux une perle. Sa joie est de courte durée. Celle-ci est entachée. Encore une plongée pour rien. Il lui faudra mâcher beaucoup de feuilles de kat pour oublier sa déception.

A Massouah, sur la côte de l'Erythrée, il trouve des esclaves en cherchant des perles. A Djibouti, il fait l'expérience du soleil meurtrier quand celui-ci donne le très chaleureux sentiment d'être placé juste au-dessus du toit. A Zeila, en Somalie anglaise, il essaie de se faire comprendre de la population avec les douze mots d'arabe qu'il a appris, son indispensable Chérif Ibrahim ayant encore disparu pendant deux jours sans laisser d'adresse. A Aden il cherche en vain un pétrolier se dirigeant vers Bender-Abbas. A Doubai, il obtient d'une éminence une lettre de recommandation dans laquelle il est notamment expliqué : « Ces deux personnes sont des Français très gentils de la famille journalistique, allant aux nouvelles des perles. Et pas autre chose. »

Bahrein enfin. Les péripéties de voyage occupent plusieurs articles. Un reportage dans le reportage. Non qu'Albert Londres ait ressenti le besoin de tirer à la ligne. Mais à plusieurs reprises il l'a échappé belle. Sans Chérif Ibrahim, il n'y serait jamais arrivé.

Ici, c'est la capitale de la perle rare, celle qui s'enorgueillit du plus beau teint de nacre. Les deux îles, Bahrein et Manama, ne pensent qu'à ça. Tout le monde en vit, le cheikh très bien, les plongeurs moins bien. Ils sont quinze mille et portent tous un numéro, leurs cinq cents bateaux étant également immatriculés. Encore ceux-là ne sont-ils les maîtres qu'en mer. A terre, l'acheteur fait la loi. Il vient de partout. Les Arabes côtoient des Hindous, et les Mohamed Ali des Rosenthal.

Tout se passe selon un cérémonial immuable. Dès que la perle est pêchée, elle leur est amenée. Une fois négociée, l'offre du courtier est dûment couchée sur le papier, un procès-verbal en trois exemplaires stipulant le poids de la perle, ses signes distinctifs et son prix d'achat[10]. Chacune des deux parties conserve un exemplaire du P.V., le troisième restant avec l'objet pour l'authentifier. Avant que tout soit définitivement réglé, le propriétaire du bateau et le seigneur local ont leur mot à dire. On s'arrange toujours. La confiance règne. Chacun tient à sa réputation. Les règles restent les mêmes au marché de Bahrein et à la corbeille de la Bourse de Paris. Les sommes en jeu ne sont certes pas aussi importantes, quoique... Selon Albert Londres, l'année perlière dans le Golfe a rapporté 380 millions de francs en 1929.

Et les plongeurs? Quel est leur bénéfice? Nul. Ou à peu près. Ils sont prisonniers d'un engrenage qui leur interdit de s'arrêter, d'être malades ou inefficaces. Au départ, le négociant donne au patron d'un bateau les moyens de l'équiper. Son avance, il la lui fournit non en devises mais en sacs de riz, une pratique plus conforme que l'usure à la lettre et à l'esprit du Coran. Mais ce patron endetté en fait autant avec ses plongeurs, sur la même base. Aussi ceux-ci sont-ils condamnés à plonger, affronter le cas échéant des requins, des poissons électriques (ceux qui envoient une décharge) des raies à l'épine venimeuse, des poissons-scies, risquer sans aucun doute une perforation du tympan, des troubles cardiaques, l'éclatement des vaisseaux, des atteintes de la vue...

Et tout cela pour quoi? Pas pour le plaisir, tout de même! Pour gagner leur vie? Pas exactement. Pour diminuer leur dette. Chez ces travailleurs de la mer aux poumons perforés, on envisage la retraite avant trente ans[11].

Bagdad. Le reportage est terminé. Sur le chemin du retour, Albert Londres et Chérif Ibrahim reprennent des forces dans un hôtel civilisé. Le journaliste écrit, le militaire se tait. Rien que de très naturel. Mais le premier, s'apercevant que le second garde les yeux clos, est pris d'un doute.

« Mon cher, ne vous suffit-il pas d'être muet, vous faites l'aveugle à présent?

Pour toute réponse, il obtient une question.

« Que voyez-vous à la table en face de nous?

– Un homme et une femme.

– Que porte la femme?

– Rien.

– Au cou?

– Un collier de perles.

– C'est pour ne pas voir le collier, mon ami, que je ferme les yeux [12]. »

Albert Londres a réussi à marquer son fameux commandant Depui, en lui faisant vivre une expérience et découvrir un monde qu'il ignorait, dans une région qui n'avait pas de secret pour lui. Il n'en est pas peu fier. Mais le grand reporter n'est pas moins impressionné. Ce reportage improvisé à la hâte n'est peut-être qu'un produit de remplacement; le geste des plongeurs restera gravé dans sa mémoire comme un moment d'émotion et d'inhumanité.

En mai, il fait encore une longue halte à Djeddah. Un mois durant, il est l'hôte du consulat de France. Tout de blanc vêtu, le regard barré d'épaisses lunettes noires, le chef surmonté d'un casque colonial, il passe ses journées à compléter son reportage et à le rédiger.

Un soir, il joue au bridge chez Roger Maigret, le chargé d'affaires français, en compagnie de Jacques Dumarcay, le vice-consul, de Saint-John Philby, l'énigmatique agent anglais et Henry de Fourcaud, un chargé de mission. Le phonographe grésille. Les domestiques versent alternativement du vin et du whisky. Un havre de paix et de débauche dans la ville de toutes les prohibitions par une nuit sans lune et une chaleur étouffante. Il est 20 heures. Soudain, un cri :

« Au port, vite! Un des bateaux est en feu! »

Une des dames de cette petite société, languissant sur le balcon, a donné l'alarme. Tout le monde se précipite sur les lieux du sinistre. C'est l'*Asia* qui flambe [13].

Albert Londres est naturellement en première ligne dans la rade. Quinze cents pèlerins sont à bord du paquebot français. Il réveille des pêcheurs, embarque dans leur sambouk et s'approche suffisamment près de la catastrophe pour entendre les cris des passagers, consumés sur place. Les canots de sauvetage n'ont pas été descendus à temps. Dans la fournaise, on entend des paroles cohérentes échappées du pont : « Ils ont tiré leur poignard »... « Ils ne veulent pas se jeter à la mer »... « Ils prient Allah à la salle à manger »... Alentour, sur les flots fumants, les secours s'organisent, des bateaux arrivent de partout. Il faut faire vite car au fur et à mesure que l'incendie se propage, il semble que le virus du suicide se répande. Des coups de revolver claquent à intervalles de plus en plus rapprochés.

« Ces détonations me rappellent quelque chose. Ce bruit je l'ai entendu dans l'Inde au-dessus des bûchers : ce sont des crânes qui éclatent. Ceux qui claquent sec, net, sont les crânes des hommes. Les crânes des femmes et des enfants se fendent plus délicatement, comme en sourdine [14]. »

Il ne s'agit pas de coups de feu, mais du feu.

De cet épisode dantesque, il ne reste que les cendres de deux cents cadavres, un navire calciné et une odeur âcre. Londres envoie un papier au *Petit Parisien*. C'est la moindre des choses. Mais très vite, après avoir enquêté, il manifestera son indignation et n'hésitera pas à accuser le commandant et son équipage de négligence criminelle.

Il faut rentrer. Amaigri, épuisé, las, Albert Londres a hâte de revoir la France. Son paludisme lui joue de mauvais tours, ainsi que son cœur. Il ne supporte plus comme avant les trop éprouvantes expéditions. Dans les premiers jours d'août 1930, il débarque enfin à Marseille. Sur le quai, il cherche Florise du regard. En vain. Ce n'est pas normal. Quelque chose a dû arriver. Elle est toujours là à l'arrivée. Soudain, il aperçoit la silhouette familière de son vieil ami Bubu, le dentiste Marcel Bureau.

Londres a compris. Son père se meurt. Depuis des semaines, les médecins le maintiennent dans l'espoir que le grand reporter ne tardera plus. Il file aussitôt à Vichy. Il n'est pas trop tard. Le moribond, qui s'adressait depuis des jours aux photographies de son fils accrochées au mur de sa chambre, a la force de dire quelques mots :

« Albert! enfin, je peux mourir... Tous les Londres sont morts dans leurs souliers, Albert... Je suis le premier à partir ainsi, dans un lit... Je suis le seul, le seul [15]. »

Durant plusieurs nuits successives, Albert Londres le veille, mettant entre parenthèses son reportage sur les pêcheurs de perles. Souvent, il s'assoupit et réveille la maison par ses cauchemars fiévreux :

« Ne va-t-elle pas me laisser dormir, cette lune, cette vache de lune du golfe Persique? Renvoyez-là, renvoyez-la vite... et la mer Rouge aussi, qu'elle s'en aille... la mer Rouge [16]... »

C'est fini.

De retour à Paris, il remet à Élie-Joseph Bois vingt et un articles qui seront publiés de la mi-octobre à la mi-novembre sous le titre *Aux pays torrides des pêcheurs de perles*. Comme à son habitude, il prépare l'édition du livre dont la publication est prévue pour janvier 1931. Un début d'année littéraire très porté sur l'exotisme et la colonie si l'on en juge par la production. Si cela ne tenait qu'à lui, Londres intitulerait son ouvrage *Bancs de perles* ou même *A ce prix, Mesdames*. Mais sous la pression d'Albin Michel, qui juge ce dernier titre trop polémique, il accepte *Les pêcheurs de perles*, un volume enrichi de ses propres photos.

En fait, il s'en fiche. Assombri par la mort de son père, rendu amer par l'échec de son reportage à La Mecque, il n'est pas en phase avec l'actualité ou même l'air du temps. Une fois n'est pas coutume, il ne suit, ne précède ni ne crée l'événement. Au même moment, Andrée Viollis publie une enquête vigoureuse *L'Inde contre les Anglais* et Louis Roubaud un non moins puissant *Viêt-nam, La tragédie indochinoise*, dans lequel il ne dissimule pas sa sympathie pour le jeune mouvement nationaliste. En regard de ces héros, les plongeurs de Bahrein paraissent bien pittoresques, même s'ils n'en sont pas moins pitoyables.

Ce n'est pas un coup pour rien car le talent de Londres est intact. Mais il faudra rattraper cela.

Un an après, Albert Londres refait surface dans les colonnes du *Petit Parisien* avec un reportage bien dans sa manière sur un sujet de choix qui lui impose, comme jamais auparavant, de risquer sa vie : les terroristes macédoniens.

Pour le grand reporter c'est le prix de sa résurrection.

30.

Avec les Comitadjis dans les Balkans

Dans la vie, Boris III a un drôle de métier : il est roi de Bulgarie. Un curieux pays où chacun semble se dépenser sans compter pour prouver au monde que la démocratie y est impossible. Terrorisme et contre-terrorisme s'affrontent sans discontinuer. Communistes, révolutionnaires macédoniens et ligues fascistes ne rêvent que d'en découdre. Depuis près de dix ans que la guerre est finie, ils semblent tant la regretter qu'ils lui ont substitué la guerre civile larvée, latente et permanente. Les uns et les autres consacrent tant d'énergie à s'entretuer qu'on peut légitimement se demander à quelle heure ils travaillent.

Sofia est une vieille connaissance. En vieux routier des luttes balkaniques et néanmoins tribales, Albert Londres retrouve la ville sans déplaisir, en ce printemps 1931. Rien n'a changé. C'est-à-dire que tout est à la même place, dix ans après : l'hôtel, la mosquée, le Palais, la gare... Seuls les cinémas témoignent d'une récente adaptation aux mœurs du progrès.

Cette fois, le reporter se trouve dans une situation qu'il a déjà expérimentée au début des années vingt en Espagne : il cherche à contacter une organisation révolutionnaire, laquelle, par définition n'a pas pignon sur rue. L'ORIM, sigle et spectre de l'Organisation Révolutionnaire Intérieure Macédonienne, n'est pas dans l'annuaire. Londres le connaît de réputation, ce mouvement quelque peu agité créé à la fin de l'autre siècle pour délivrer la Macédoine du joug turc. Son chef s'appelle Ivan Mikailoff.

Pour un certain nombre de Bulgares, il est l'homme à abattre.

Pour l'envoyé spécial du *Petit Parisien*, l'homme à interviewer. C'est le plus important des Comitadjis, ainsi qu'on nomme familièrement les membres du comité qui préside aux destinées de l'ORIM. Les initiés parlent même de mikailovistes. En l'absence du principal intéressé dans les rues de toute façon désertes de Sofia, Albert Londres en est réduit à une interview imaginaire. Cela fait passer le temps et remplit deux feuillets, mais ce n'est qu'un expédient.

Il faut le trouver.

Le reporter a bien une liste de noms en poche. Que des noms à consonance, des off, des ef, des sky. Mais pas d'adresses. Et pour cause. Ils ont tous été tués dans des règlements de compte, exécutions sommaires en plein jour et autres croche-pieds sanglants. Cette hécatombe est le fruit d'une rivalité interne à l'ORIM, les partisans du général Protogueroff n'ayant pas voulu laisser impuni l'assassinat de leur leader charismatique, ce qui n'a pas manqué d'entraîner des représailles qui elles-mêmes...

Au Quai d'Orsay, on appelle cela l'engrenage de la violence. Le terrorisme y est d'une affligeante banalité. Sofia s'y fait comme à une seconde peau. Il faut vraiment être étranger pour remarquer aux abords de la Sobranié (Chambre des députés) des individus en casquette à la mine patibulaire, la main dans la poche et la poche gonflée par autre chose qu'une main. En Bulgarie, garde du corps est un métier d'avenir. Hommes politiques, journalistes, avocats, ministres, parlementaires ne souffrent pas de la solitude. Quand ils vont acheter le journal, ils sont suivis et précédés, en un étrange ballet qui ne laisse pas d'amuser Albert Londres.

Ces vigilants se recrutent en plein jour, devant les bistrots de l'avenue Marie-Louise. Ils font le trottoir. Le meurtre est leur seconde nature. Certains en font leur métier. Mais ils ne tuent pas seulement aux heures de bureau. C'est que le travail ne manque pas car l'ORIM est mobilisée en permanence et elle ne désarmera pas tant que la Macédoine n'aura pas recouvré sa liberté. Tout nouvel adhérent doit prêter serment sur un Évangile. Un poignard et un revolver sont généralement disposés sur sa couverture, pour éviter probablement que le souffle d'une éventuelle bombe n'en décoiffe les pages.

« Je jure au nom du Christ et de la Sainte Croix, que je resterai fidèle à la devise de l'organisation : la liberté de la Macédoine ou la mort. Je ne trahirai pas ses secrets. Dans le cas contraire, j'accepte d'être puni par les armes qui sont devant moi. »

Le secret y est de rigueur. L'Organisation semble très cloisonnée. Malgré sa jeunesse, elle jouit déjà d'une grande expérience de la clandestinité, de la lutte armée, de la guérilla urbaine, du terrorisme. Certes, depuis 1913, les Turcs battus sur le terrain ne sont plus dans son collimateur, même si une haine viscérale subsistera longtemps encore en souvenir des massacres et persécutions. Depuis le début de la guerre, la Macédoine a été découpée en parts, entre les Grecs, les Serbes et les Bulgares. C'est là que le bât blesse.

Les Macédoniens veulent rester macédoniens. Coûte que coûte. Ils se méfient des Bulgares qui ne rêvent que d'agrandir leur part du gâteau. Mais ils se défient surtout des Serbes de Belgrade qui ne dissimulent pas leur ardent désir d'annexer la Macédoine. C'est la raison pour laquelle Sofia a deux pouvoirs : le « gouvernement-redingote » nommé par Boris III et le « gouvernement-revolver » sous la coupe de l'ORIM. Ce dernier, de loin le plus intéressant pour les reporters épris d'action, est dirigé par un Don Quichotte sanguinaire.

Ivan Mikailoff est son nom, Vantché son diminutif, « le petit » son surnom. Il est pourtant le chef d'une meute. A trente-sept ans, il jouit déjà d'une réputation qui fait froid dans le dos. Ayant fait ses classes à l'école du coup de feu et de la dynamite, il devient calife à la place du calife de l'Organisation en assassinant le général Protogueroff, tout simplement. Mais il est de bonne foi puisque dès le lendemain, il s'en vante dans son journal.

Sous sa poigne, l'ORIM descend de la montagne, se modernise, s'adapte, se diversifie. Jusqu'à devenir le contre-pouvoir qu'elle incarne aujourd'hui avec force.

Enfin un rendez-vous. Albert Londres commençait à désespérer, n'ayant pas fait le voyage de Sofia pour récrire le passé glorieux et quelque peu agité du peuple macédonien à travers ses brochures de propagande.

L'homme, très introduit du côté de l'Organisation, est un notable de la ville. Peu de gens savent qu'il fraie avec ce milieu. Il est rigoureusement interdit de l'identifier. Ce sont les conditions du marché. Le journaliste n'a qu'une parole. Après plusieurs rendez-vous remis et quelques intermédiaires qui ne cessent de se repasser le témoin en une étrange course-relais, Londres est enfin emmené par un inconnu aussi inconnu que les autres dans une maison de la banlieue de Sofia. On ne cesse de lui offrir des gâteaux et des chocolats, de lui répondre allusivement, de lui demander de revenir le lendemain...

Assez! Piqué au vif et plus impatient que jamais, l'envoyé spécial décide de se débrouiller par ses propres moyens (dont il ne nous dit rien) et parvient à se procurer l'adresse d'un représentant occulte de l'Organisation. Sur sa porte, une carte indique: «journaliste». L'homme a une soixantaine d'années. C'est un ancien diplomate qui a choisi une manière moins protocolaire de défendre la cause qui lui est chère.

Lui aussi, il sait y faire, se lançant dans de longs discours sur la Macédoine historique quand Londres ne veut connaître que la vie quotidienne et très actuelle des comitadjis, le pourquoi et le comment des assassinats politiques à Sofia... L'ORIM est décidément bien gardée. C'est une forteresse.

Londres claque la porte et affronte la rue, ses suiveurs et estafiers, jusqu'à son hôtel. Anéanti, il ne cherche plus un contact. C'est à ce moment qu'il le trouve. Un ancien garçon de restaurant, désireux de se faire naturaliser français, l'aborde et lui demande de l'aider à retourner à Paris. Pourquoi pas? Mais alors donnant donnant. Il faudra que le jeune homme suive les suiveurs et lui donne l'adresse de leurs repaires.

« Eh! je peux vous les indiquer tout de suite.

– Quoi? Vous en seriez?

– Mon frère est conjuré. Si je veux quitter Sofia, c'est qu'ils finiront par m'enrégimenter de force.

– Allons vite, je suis pressé [1]! »

Le voici enfin dans l'antre, tout près du Palais-Royal. Il sert de lieu de rencontre à quelque cinq cents activistes. Ils ne portent pas d'uniformes mais sont reconnaissables au port de leur casquette et à leur veste de cuir. Pour les nourrir, «le petit» fait du racket. Il oblige commerçants, restaurateurs et hôteliers à subvenir gracieusement aux besoins de ses troupes. Elles n'ont qu'à exhiber, discrètement, une carte marquée de son sceau.

Très vite, Londres se familiarise avec la nouvelle topographie de Sofia quand on la regarde avec les yeux de l'ORIM. Il y a les bars: le *Phœnix*, chic et intellectuel, où se réunissent avocats et journalistes. Ces Macédoniens-là sont désarmés. Ils agissent par le verbe. Autant dire que l'endroit est « l'antichambre du cimetière ». Le café *Zagreb* est infesté d'écouteurs. Ils font la même chose que les suiveurs mais avec les oreilles. Ce sont les agents d'information de l'Organisation. Au *Makedonska*, les hommes de main attendent devant une slivovitz qu'on leur donne une mission. A l'*Italie*, il convient de ne pas jeter d'allumette par terre. Car juste dessous, un drôle de sommelier a entreposé de quoi faire sauter Belgrade et juste assez d'armes pour soutenir un siège.

Les Comitadjis en chef, quant à eux, ne fréquentent pas ces endroits-là. Ils se réunissent dans quelques cinémas, tels l'*Ardo* ou le *Panah*. Albert Londres se fait jeter après avoir tenté d'acheter une place pour la prochaine séance. Il ne renouvellera pas l'expérience.

Voilà pour le portrait de famille des vainqueurs de l'ORIM. Ceux de la fraction rivale, les Protoguerrovistes vaincus, sont moins bien logés. Leur quartier général est un café-restaurant de la rue d'Isker. Mais les réunions paraissent tout aussi pittoresques et animées.

Londres ne cesse de louer les mérites de son guide. L'air de rien, il lui fait son reportage, lui apprenant plus qu'il n'en aurait jamais su en interviewant officiellement un porte-parole des Comitadjis. Et encore n'ont-ils pas vu ce fameux conjuré qui en sait tant sur les coulisses de l'Organisation. Ses méthodes de financement par exemple.

Elles semblent bien obscures les recettes de cet étrange cocktail : une pincée de subvention officielle bulgare, un zeste d'Italie mussolinienne et une grosse poignée de racket. Ils appellent cela « contribution volontaire » et dépêchent partout où c'est nécessaire, chez les Macédoniens mais aussi chez les Bulgares et chez les Juifs, des percepteurs de la terreur qui encaissent, un revolver sous le carnet à souches, pour la libération de la Macédoine.

C'est Sofia de tous les jours, en 1931. Avec tout ce qu'il a récolté, Londres a de quoi décrire la chronique de la terreur ordinaire. Il est temps de mettre le cap sur la Macédoine. Pour cette expédition en automobile, il change de guide et s'entoure de quelques « sympathisants » de l'Organisation qui lui ouvriront toutes les portes. La promenade est particulièrement instructive.

Par les villes et par les champs, il n'y a pas une famille qui ne compte dans ses rangs un assassiné, au moins. Et la Macédoine bulgare a six cent mille habitants... Autant d'idéalistes prêts à faire le coup de feu sans que leur esprit soit jamais hanté par le remords. C'est peu dire qu'ils ont le feu sacré puisqu'ils ne reculent devant rien pour faire aboutir leurs idées. Un programme qui tient en deux mots : la liberté ou la mort. Le reste n'est que bavardage idéologique. Chacun de ces militants hauts en couleur est une histoire à lui tout seul. La tentation est grande d'en faire une galerie de portraits tant ils s'y prêtent. Albert Londres ne s'en prive pas qui leur consacre des chapitres pittoresques, avec force dialogues et mises en situation.

Il a passé la moitié de son temps à conter par le menu les obstacles qui se dressent devant le reporter dans sa chasse aux Comitadjis, et l'autre moitié à décrire leurs us et coutumes. Ce n'est pas tout à fait la Chine de 1922 mais, par le ton et par l'esprit, le reportage pourrait fort bien s'intituler *Les Balkans en folie.* Au fil des dix-neuf articles que Londres écrit sur leur pratique du terrorisme, on se familiarise avec ces gens attachants quoique dangereux. On aimerait les suivre mais pas de trop près.

Leur situation paraît inextricable. Soutenus implicitement par l'État bulgare qui les abrite et les aide, ils harcèlent la Yougoslavie à coups de bombes dans l'espoir de reconquérir toute la Macédoine, alors que les Yougoslaves ne cessent de vouloir agrandir encore leur part de Macédoine.

Là où ils imposent leur loi, les Serbes imposent leur langue, ce qui met les Macédoniens dans une grande colère. Ils protestent haut et fort contre cette dénationalisation qui ne dit pas son nom et revendiquent au nom du droit des minorités à faire respecter leur identité nationale. Mais l'Empire serbe ne l'entend pas de cette oreille qui veut unifier la langue d'usage dans le plus vaste domaine des Balkans, où six langues courantes s'entrechoquent quotidiennement dans un joli brouhaha.

Ni les Macédoniens, ni les Serbes ne céderont.

Alors ils s'entretuent. C'est ce qui fait penser, selon Albert Londres qui en perd son latin, que les Balkans sont assis sur un tonneau de poudre prêt à exploser. La solution? Il n'en voit qu'une : la création d'une confédération de tous les Slaves du Sud, de l'Adriatique à la mer Noire. Stamboulisky, un dirigeant bulgare, en avait fait son cheval de bataille. On l'a assassiné, ce qui n'est pas très bon signe pour l'avenir de cette idée. Pourtant...

« Cet acte politique serait un acte de sagesse. Mais la destination de l'homme est-elle d'être sage [2]? »

Le Petit Parisien publie la série sur les Comitadjis entre la mi-octobre et la mi-novembre 1931. Albert Londres ne ramène peut-être pas des éléments décisifs, ni de déclarations exclusives des protagonistes de l'affaire. Mais son reportage fait voyager le lecteur, l'amuse et l'effraie en même temps. Quelques mois après, quand le livre adapté de la série paraîtra chez Albin Michel, il ne suscitera peut-être pas de scandale comme certains des précédents. Mais la critique, tout en le jugeant brillant, reprochera à l'auteur de trop faire travailler son imagination et de noircir le tableau exagérément.

« ... si l'on sort des luttes macédoniennes guère plus éclairé que les Bulgares eux-mêmes, du moins se réjouit-on de vivre sous des cieux moins tourmentés [3]! »

Au même moment, la librairie française propose *Querelles de famille* de Georges Duhamel, *L'affaire Saint-Fiacre* de Georges Simenon et *Le pain quotidien* d'Henry Poulaille. Mais ce Londres n'est pas un grand Londres même s'il est très honorable. Il n'a pas la densité du *Bagne*, du *Juif errant*, des *Fous*, de *Biribi* ni de *Dieudonné*. Il s'avère que depuis son échec à La Mecque, il ne s'est pas remis à flot, ne retrouvant ni sa verve ni son mordant, ni son génie et son intuition dans le choix des sujets, ce qui est plus grave.

Bien sûr, Albert Londres ne peut pas écrire sans susciter de polémiques. Elles sont encore au rendez-vous. Ce sont les Bulgares, furieux de ce qu'il a écrit sur eux, qui attribuent ses parti pris au fait que pendant la guerre il a échappé de justesse à leurs balles. Ce sont les Turcs qui par la voix d'Ali Nadji, le représentant de l'agence Anatolie dans les Balkans, lui reprochent ses fantaisies, ses inventions, sa rancœur primaire à l'endroit de l'empire ottoman, le soupçonnant même d'avoir été payé pour écrire des choses pareilles [4].

Quant aux Comitadjis, on ne sait trop ce qu'ils pensent. Ce n'est pas plus mal car lorsqu'ils s'expriment, ils utilisent des arguments frappants et définitifs auxquels Londres ne souhaite pas être confronté.

Paris, automne 1931. Sur son coupe-file bleu du *Petit Parisien*, la photographie d'Albert Londres révèle un homme bien fatigué : le visage s'est arrondi et laisse deviner un embonpoint certain, un gros bouc lui mange la bouche, le front et la calotte sont plus dégarnis, les yeux surtout trahissent une immense lassitude. Comme s'il en avait trop vu depuis trop longtemps. Pourtant il n'a que quarante-sept ans.

Depuis deux ans, il est sur une mauvaise pente. Le grand reporter n'arrive pas à se refaire, comme on le dirait d'un joueur de poker. Les Comitadjis, les articles comme le livre, n'ont remporté qu'un succès mitigé.

Or dans le même temps, ses ambitions effraient la direction du *Petit Parisien*. Ses notes de frais ne cessent d'augmenter tandis qu'il se plaint régulièrement de son traitement. Si le succès devait lui être monté à la tête, c'est un peu tard, en tout cas inopportun. La raison est ailleurs. Albert Londres est amoureux, ce qui n'est pas très remarquable. Mais cette fois le bourlingueur semble bien accroché.

On ne connaît pas son nom mais on sait qu'il l'a connue dans la Pologne de Pilsudski, quand elle lui servait d'interprète. On la dit aussi belle que distinguée et intelligente, cette Française veuve d'un Polonais. En tout cas, son emprise paraît incontestable. Pour l'entourage, elle est à l'origine de l'évolution du journaliste. Elle lui aurait fait prendre conscience de sa valeur, de sa notoriété et l'aurait incité à mieux placer son seul capital : son expérience, sa signature, sa crédibilité. Particulièrement vulnérable à la suite de ses demi-échecs, fragilisé par la mort de son père, Albert Londres trouve dans ces encouragements un sursaut d'orgueil [5]. Tout naturellement, Élie-Joseph Bois est le premier à en faire les frais.

De plus en plus nerveux, inquiet, mélancolique, Londres dit souvent à Florise, sur le ton interrogatif qui n'espère d'autre réponse que l'acquiescement :

« N'est-ce pas que j'ai raison de ne pas m'encroûter? tu es bien de mon avis? Les nécessités de l'existence sont parfois en désaccord avec nos sentiments, mais les nécessités doivent nous diriger. Je quitterai *Le Petit Parisien* [6]. »

Il le dit si souvent qu'elle n'y prête plus attention. Pourtant, dans les derniers jours de novembre 1931, il se rend dans le bureau du rédacteur en chef d'un pas si décidé, le visage décomposé et résolu à la fois, que Bois comprend aussitôt.

La conversation roule sur l'affaire des Comitadjis, un coup pour rien : non seulement l'administration du quotidien renâcle devant une note de frais de 750 000 francs, assez considérable pour être encadrée au-dessus de la caisse, mais de plus l'enquête n'a pas eu le retentissement escompté, d'autant que Maurice Laporte a eu la mauvaise idée de traiter le même sujet au même moment dans *Le Petit Journal* [7].

L'atmosphère est tendue. Londres est à deux doigts de remettre sa démission à son patron qui n'en veut certainement pas. L'un comme l'autre semblent se résigner à un acte que tous deux récusent avec la même vigueur. Ils se portent mutuellement une très sincère estime. Mais de même que Londres a évolué, Bois aussi a changé. Il est devenu de plus en plus autoritaire et potentat, ne supporte plus la contradiction. Ses collaborateurs souffrent de ses sautes d'humeur et de son caractère inégal. Avec l'abus du pouvoir, le charme du sémillant Élie-Joseph Bois s'est estompé derrière l'aigreur, l'amertume et le sarcasme [8]. Mais quand ils sont ensemble, les deux hommes semblent mettre leurs défauts entre parenthèses. Le rédacteur en chef conserve soigneusement dans son bureau l'exemplaire nº 1 sur vergé pur fil de *Chez les fous* que Londres lui a dédicacé « avec sa plus profonde affection », car ce livre, comme les autres, lui doit beaucoup.

Londres n'est certes pas un ingrat. Mais ce jour-là il entend aussi monnayer sa fidélité. Cela ne lui ressemble pas. Il réclame une augmentation substantielle qui lui est aussitôt refusée. Dans le même temps, il annonce son intention de partir en Chine mais ne veut pas dévoiler le sujet de son enquête.

Bois est bien placé pour savoir que « son » grand reporter vedette est obsédé par la Chine depuis le voyage qu'il y a effectué, cela fera bientôt dix ans. Mais la Chine, c'est loin, c'est cher et jamais la direction n'acceptera s'il ne défend pas son projet en l'explicitant. Londres s'y oppose catégoriquement. Il faut lui faire confiance et ne rien lui demander en échange. A prendre ou à laisser. Bois ne sait plus que faire, que dire. Il réalise à quel point Londres est tendu, oppressé, triste et amer. Les deux hommes sont également déchirés. Mais la rupture semble inévitable.

Le lendemain, Albert Londres revient au *Petit Parisien* et tend une lettre de démission à Élie-Joseph Bois qui la lit aussitôt, en sa présence :

« Monsieur Bois,
Vous confirmant la conversation que nous avons eue hier au sujet de la nouvelle direction que je désire donner à ma vie professionnelle, je vous prie de vouloir bien accepter ma démission de rédacteur au *Petit Parisien.*
Je ne me résigne pas à ce geste sans une grande émotion. Vous avez été deux fois mon parrain dans la carrière journalistique. Je n'oublierai ni votre premier parrainage, ni le second. Et je ressentirai toujours l'amitié et la bienveillance que vous m'avez témoignées. Jamais mieux qu'aujourd'hui, je n'ai compris combien les nécessités de l'existence pouvaient être en désaccord avec les sentiments les plus profonds [9]. »

Ils se regardent, pareillement tristes et désolés. Bois n'a aucun argument à lui opposer, aucune proposition à formuler. Désemparé, brusquement impuissant, il ne lui reste plus qu'à s'incliner. Albert Londres s'en va sans se retourner [10].

Il rentre chez lui et s'enferme dans son bureau. Le soir venu, Florise s'y introduit sans frapper. Elle découvre son père plus abattu que jamais, les joues baignées de larmes.

« Oh! mon petit père, qu'y a-t-il?

– Je viens de quitter Bois, tu comprends? Nous nous sommes quittés définitivement [11]... »

Une page de journal est tournée. Mais elle pèse des tonnes.

Londres n'a pas agi sur un coup de tête. Il n'est pas chômeur. Car en posant son ultimatum au *Petit Parisien*, il savait qu'il pouvait compter par ailleurs sur d'autres assurances.

Le Journal, l'ancien quotidien de Henri Letellier racheté depuis quelques années par un groupe (papeteries Darblay, Cornuché du Casino de Deauville, Banque de Paris et des Pays-Bas) l'a aussitôt engagé. Londres ne perd pas au change car il est bien conçu, bien construit, bien écrit. Il fait autorité et s'enorgueillit de nombreuses signatures, de Clément Vautel à Colette, et s'agissant des grands reporters, il a compté parmi ses collaborateurs des plumes célèbres, celles de Henri Béraud, Édouard Helsey, Blaise Cendrars, Géo London... Albert Londres accepte d'autant plus volontiers que *Le Journal* lui assure des conditions financières qui ne se refusent pas.

Au *Petit Parisien*, il gagnait 48 000 francs par an, un fixe auquel venaient s'ajouter 22 000 à 30 000 par an pour les articles ainsi que le remboursement des frais de voyage. *Le Journal* lui donne 100 000 francs par an. Si son administrateur refuse de l'engager avec son ancienneté des huit années de *Petit Parisien*, il l'autorise en compensation à collaborer à un périodique, en l'occurrence l'hebdomadaire *Gringoire* d'Horace de Carbuccia, qui lui offre une somme équivalente. En y ajoutant les quelque 65 000 francs annuels de droits d'auteur que lui verse Albin Michel et les 40 000 de droits sur ses pièces de théâtre tirées de *Au bagne* et du *Chemin de Buenos Aires*, il peut compter désormais sur des revenus de 300 000 francs par an [12].

Cela lui suffit à garantir 100 000 francs par an à sa mère et à sa fille, deux personnes qui sont à sa charge, à gâter sa compagne comme elle le mérite, à s'offrir des complets et des chemises de soie et à traiter ses amis dans les meilleurs restaurants.

Signes des temps. Albert Londres s'achète de somptueux bagages en cuir pour remplacer sa vieille valise en peau de cochon, qu'il tenait pourtant pour une manière de fétiche.

Un soir il laisse échapper devant sa fille :

« Jadis je ne pensais qu'à partir puis je fus heureux des retours et maintenant je souffre de vous quitter. »

Peu après, Manyte, la femme de son vieil ami le peintre Rouquayrol avec qui il dîne en compagnie du cher Louis Roubaud, lui lit les lignes de la main :

« Attention Albert, méfiez-vous de l'eau, elle va vous être néfaste!

– Manyte! vous êtes folle! Dire ça à notre ami alors qu'il va s'embarquer! s'exclame Roubaud.

– Bah! fait Londres, l'essentiel pour une vie, c'est qu'elle ait été courte et bonne [13]! »

La Chine est pour demain. Mais avant, il lui faut impérativement opérer un détour par Amsterdam. Son ami Bubu, le dentiste Bureau, lui a promis de l'emmener visiter en voiture la Hollande des tulipes et du fromage. Tout le contraire d'un voyage de grand reporter. Londres n'a accepté qu'à une condition : une halte prioritaire au musée.

Sitôt rendu, il se précipite en toute hâte vers le gardien et demande à voir le portrait collectif de la *Compagnie du capitaine Franz Banning Cook*, plus connu comme *La ronde de nuit*.

« C'est plus beau que je ne l'imaginais! la puissance du clair-obscur... »

Il s'assoit face au tableau de Rembrandt, en retrait des visiteurs, et passe de longs moments de silence, d'extase et d'émotion. Nul ne peut le déranger. Il n'entend pas. Le voyageur s'est absenté, qui poursuit son voyage par d'autres moyens.

« On ferme! »

Il est l'heure de quitter le musée. Qu'importe la Hollande, la Chine même.

« Merci, merci Bubu, de m'avoir conduit ici. Maintenant je peux mourir demain. Ça m'est égal, j'ai vu *La ronde de nuit* [14]...

Il en rêvait depuis trente ans.

IV

MYSTÈRE EN CHINE

1931-1932

31.

Le flâneur fatigué

« Hors-d'œuvre à la Française
Langouste à l'Américaine
Riz en pilaw
Selle de veau Orloff
Petits pois étuvés bonne-maman
Faisan de bruyère rôti écossaise
Salade Muguette
Poires fondantes glacées Arlésienne
Frivolités
Corbeille de fruits »

Sans oublier le plus important : Graves sec, Saint-Émilion, Fleurie 1923, Louis Roederer carte blanche... Nous sommes le 27 octobre 1931 à l'hôtel du Parc et Majestic, à Vichy.

C'est la France telle qu'elle lui manquait dans les confins reculés des Balkans [1].

Londres est là dans son élément. Il a peut-être changé mais pas sur ce plan. Des amis de toujours, une bonne table, des vins choisis, du tabac à discrétion, la nuit, l'aube et toutes les autres nuits à sa disposition. Pour sa bonne ville de Vichy, il accepte même de faire une causerie publicitaire de cinq minutes au micro de Radio-Paris. Lui qu'on dit absolument réticent à l'usage du stylo, le voilà qui accepte de se produire devant un micro. Il a sauté une étape et ne jure plus que par ce nouveau moyen de communication.

« Figure-toi, dit-il à Florise, que je viens de faire mes premiers essais à la Radio... Bientôt les journaux changeront de formule. C'est à la radio que je continuerai mes enquêtes. Il faut aller de l'avant [2]. »

Mais il n'abandonne pas la poésie pour autant. Deux volumes de sonnets attendent dans le tiroir de son bureau d'être portés chez un éditeur. Avant, il prévoit de publier *Les mémoires de ma valise* promis à Albin Michel. Un titre suffisamment éloquent, mais qui n'indique pas assez qu'il compte surtout y réunir des reportages épars encore inédits en librairie [3] : la Pologne de Pilsudski, la Russie de Lénine et Trotski, l'Inde de Gandhi, probablement.

A ses heures perdues, il s'est mis en tête d'apprendre l'anglais, que ce soit à Paris à l'école Berlitz, à Vichy dans les manuels. Ou encore à Évian où il lui plaît de se réfugier pour écrire face au Léman. C'est là, seul sur la terrasse, fumant sa pipe et fixant le lac que Gérard Baüer le rencontre pour la dernière fois. Le critique, qui l'avait toujours loué pour avoir su porter les *Mystères de Paris* à une échelle internationale, est étonné de le trouver là.

« Mais oui, répond Londres, je suis quelquefois en France. C'est un chic pays... On y est bien. Asseyez-vous [4]! »

Et le grand reporter de se perdre dans la nostalgie de ses expéditions les plus exotiques. Il semble dorénavant s'exprimer comme quelqu'un qui a son avenir derrière lui. Son instinct de bougeotte s'est calmé. L'impatient est plus posé. Il a formé le projet, dès son retour de Chine, de s'installer à Toulon, en raison de la qualité de son soleil. Sa femme s'y plaira certainement. Le mariage se fera en même temps que celui de Florise, qui s'est entichée d'un marin. D'accord avec sa fille, Albert Londres s'amuse à prévoir cette double cérémonie avec quelques mois d'avance [5].

Il ne dira plus aux interviewers : « Venez me voir dans ma cabine terrestre de la rue de Douai [6]. »

Du folklore! Autres temps... Bien sûr, il lui faut encore assumer sa réputation. Les jeunes journalistes et les vieux lecteurs ne comprendraient pas que le Don Quichotte des rotatives ne soit pas fidèle à sa légende. Quand on le reconnaît dans la rue, ce qui arrive souvent, il a toujours l'air d'être entre deux traversées. Depuis l'affaire des Comitadjis, il est de plus en plus mystérieux sur ses projets. Grillé une première fois par la concurrence, il ne le sera pas une seconde. A un échotier qui l'interpelle sur les boulevards, il répond :

« Cette fois, je vais partir pour assez longtemps...
– Mais cela ne vous ennuie pas de quitter si souvent Paris, vos amis ?
– Je n'y pense pas!... Moi, voyez-vous, c'est quand je suis à Paris qu'il me semble être en voyage [7] ! »

Y croit-il seulement? Lui qui n'a jamais été dupe des hommes et des événements, l'est-il de sa propre métamorphose? En public certainement. Par nécessité. Mais pas dans l'intimité. Avec les siens, il s'ouvre. Le masque tombe et révèle les traits d'un célébrissime journaliste sur le déclin, las, qui n'a plus le feu sacré comme avant.

L'âge, dira-t-on. Mais il n'a pas cinquante ans! Peut-être vieillit-on plus vite quand on joue trop avec les fuseaux horaires, les maladies exotiques, les nourritures pittoresques. C'est aussi qu'il en a trop vu et que le spectacle de la guerre, de la répression et de l'exploitation lui a ôté toutes ses illusions. Londres n'a plus comme avant l'ivresse des grands départs. Un sentiment unique fait de précipitations multiples : passer chez Cook, réserver les wagons-lits et le bateau, décommander les amis, faire le plein à la caisse du journal, confier le compte en banque de Florise à Albin Michel...

Depuis plus de quinze ans, il passe six mois de l'année hors de France et se définit volontiers comme un rêveur qui a besoin d'espace. Mais appartient-on jusqu'à son dernier souffle à la tribu de l'éternel voyage? Il en doute, tant pour des raisons physiques que psychologiques.

Ceux qui le suivent de plus près, tel Élie-Joseph Bois, le devinent à bout de course, dépassé par lui-même, grisé. Il court après son ombre et son ombre est de plus en plus à court d'argent. Quant à son écriture, elle semble être retombée dans le flou de la poésie depuis l'épisode des *Pêcheurs de perles*, un reportage adroit mais une erreur sur le plan professionnel. C'était un ersatz et nul n'en fut dupe. Après l'échec de La Mecque, il aurait dû rentrer. Le souci des notes de frais ne doit pas l'emporter sur la passion, surtout chez un journaliste aussi célèbre donc jalousé, attendu au tournant tant par les lecteurs que par les confrères.

Un soir, alors qu'il s'épanche auprès de Florise, il dit soudain :

« Tu sais, je suis né en 1884 et je vais avoir bientôt quarante-huit ans. Quatre, huit... oh! allons-nous-en d'ici... »

Il s'immobilise et tombe en syncope dans des bras amis. Une heure plus tard, il retrouve ses esprits et balbutie :

« Je vais mourir, je le sens. Le cœur ne va plus, je vous dis que je vais mourir... Je suis malade... Nous pénétrons dans de mauvaises années [8]... »

Même son vocabulaire a changé. Londres parle de plus en plus souvent de trou noir, de dépression, de découragement, de renoncement, de désarroi. Il semble s'enfoncer doucement mais sûrement dans une crise de mélancolie qui pourrait lui être fatale s'il ne reprenait la route. Tant pis pour ses rêves de retraite : il avait prévu, après quarante-cinq ans, de poser sa plume de reporter, trop rapide à son goût, pour saisir celle de l'écrivain et composer enfin un vrai livre selon son goût.

Dans ces moments d'abandon de plus en plus fréquents, Albert Londres fait penser au « vieux reporter » tel qu'Henri Béraud se l'imaginait : « Cet homme aux tempes grises, vieilli dans les courants d'air, l'odeur des flics, et sur les tapis des grands mariages, ce fétu sali par les ruisseaux de Paris. »

Une espèce rare que ce type d'homme : « c'est qu'on meurt jeune dans ce métier », souligne encore Béraud, dans un livre justement dédié à son cher Albert Londres [9].

Londres fait aussi penser aux vieux aventuriers de la presse tels que Mac Orlan les décrit : « L'habitude professionnelle les préserve, cependant, contre un certain dégoût de l'homme. Ce n'est qu'en vieillissant que le souvenir des spectacles qu'ils ont vus leur remontera du cœur aux lèvres, en nausées [10]. »

Il y a quelques années à Jérusalem, alors qu'il achevait sa longue traque du Juif errant, il avait tenté de décourager son confrère Henri de Kérillis de *L'Écho de Paris*, candidat malheureux à une récente élection partielle, alors que les deux hommes déambulaient dans la vieille ville déserte :

« Vous êtes idiot de faire de la politique... Faites donc comme moi... Ne soyez jamais acteur, restez toujours spectateur. Au fond, qu'est-ce qui vous attire dans votre vie? La lutte? Le risque? La lutte, je la pratique puisque je me heurte sans cesse à l'ignorance incalculable du grand public, à la bêtise des hommes. Quant au risque? Vous finirez peut-être, vous, sur une barricade ou un échafaud. Mais moi mon cher, je peux griller dans un avion, me faire écraser sous un train, attraper la fièvre jaune ou la maladie du sommeil sous les tropiques ou tenez, me faire prendre ici, avec vous, pour un juif sioniste et recevoir une bonne balle dans la peau! Ah mais non, la profession n'est pas de tout repos [11]... »

La politique ne l'a, lui, jamais tenté. Il sourit quand Béraud lui annonce son intention d'aller en Corse soutenir la candidature au Sénat d'Horace de Carbuccia, et plus encore lorsque Morgan Philipps Price, qui couvrait la révolution à Petrograd pour le *Manchester Guardian*, est élu député travailliste, un mandat qu'il conservera trente ans.

Ses seules ambitions sont journalistiques et littéraires. Mac Orlan, qui s'apprête à partir en reportage en Allemagne pour le compte de *Paris-Soir*, publie *La Bandera*. Béraud a d'ores et déjà été sacré et consacré par ses pairs des Lettres et Kessel a reçu il y a peu le grand prix du roman de l'Académie française pour *Les captifs*. Et Londres? Il y pense, il y pense mais ne cesse de reculer l'échéance fatale. Après son prochain reportage en Chine et son installation dans le Midi, il ne pourra faire autrement que s'y atteler à son tour. Ce ne sera pas facile. Il a eu du mal à venir à bout des *Pêcheurs de perles* et a peiné plus encore avec *Les Comitadjis*. Sa plume s'embourbait, le rythme se cassait, le vocabulaire s'épuisait.

Un jour il sera écrivain. En attendant, il en adopte les grimaces. Le voici bombardé membre du jury du Prix Gringoire. Un déjeuner en réunit les membres une fois l'an chez Maxim's. Londres y retrouve avec plaisir de vieux confrères tels qu'Henri Béraud, Raymond Recouly mais aussi Roland Dorgelès, Francis Carco, Paul Chack, et avec surprise des académiciens tels que Louis Barthou ou encore la princesse Murat [12].

Il n'aurait pas plus de mal à trouver un éditeur pour ses manuscrits qu'il n'en a à trouver un journal pour ses articles. Depuis que *Le Petit Parisien* l'a libéré de ses engagements et que *Le Journal* et *Gringoire* l'ont avantageusement remplacé, Albert Londres passe son temps à refuser. Il veut bien donner un coup de main à *Détective* et *Voilà* quand les hebdomadaires de Gallimard sont lancés et qu'ils sollicitent sa signature. Mais il ne peut décemment accepter les offres de collaboration régulière formulées par les concurrents directs de *Gringoire*. *Candide* et *Je suis partout*, ainsi que la revue *Toute la terre*, lui ont en effet proposé de fortes sommes pour publier ce qu'il veut, quand il veut sur le sujet de son choix [13]. Mieux qu'une carte blanche! Mais il ne serait pas honnête d'accepter.

Albert Londres est peut-être sur le déclin mais il n'a pas dit son dernier mot. Sa cote auprès des confrères est intacte. Si certains l'envient, bien peu s'aventurent à le critiquer. Ils craignent moins l'homme que sa stature. Où qu'il aille, Londres est précédé de son aura. Une légende vivante et incarnée.

Paul Mousset est stupéfait de le voir, au bois de Vincennes sur le terrain de l'Exposition coloniale, s'entretenir d'égal à égal, plein d'assurance et de naturel, avec le maréchal Lyautey, qui n'est pas le premier Français venu [14].

Dans les brasseries, ses endroits préférés à ses retours d'épopée, on le remarque, bien qu'il ne fasse rien dans ce sens. A l'inconnu qui l'aborde, la poignée de main amie et le verbe admiratif, pour lui demander quand il s'arrêtera pour souffler un peu, il sert toujours la même boutade :

« Plus tard! Plus tard, quand j'aurai fait deux fois le tour du monde! »

A un jeune confrère, qui vient l'interviewer dans le bric-à-brac de livres, de pipes, de fioles et de papiers de son pied-à-terre parisien, il s'étonne :

« M'interviewer? Vous venez pour ça? Mais je n'ai rien à dire. J'ai tout dit. Vous savez tout. »

Et quelques cigarettes plus tard :

« Au fond, c'est très drôle d'être interviewé. Ça change un peu, hein? Si vous écriviez : " Londres n'avait rien vu ", ça se vendrait, vous savez. »

Puis, après un temps de réflexion :

« Un reporter ne devrait jamais avoir quelque chose à dire sur lui. Son rôle est d'enregistrer, de traduire. On se figure que des hommes comme Béraud ou Helsey sont des émules de Rouletabille ou Dupin [15]! »

L'historien Jacques Bainville, qui lui consacrera un article chaleureux signé du pseudonyme collectif « Candide », continue à voir en lui un authentique aventurier mal à l'aise dans une France étriquée. A ses yeux, Albert Londres est de ceux, rares, qui ne comptent pas mourir tranquillement dans leur lit entre une pension de retraite et un livret de Caisse d'épargne. D'ailleurs, le grand reporter ne lui a-t-il pas lancé un jour :

« Quant à moi, je sais bien qu'à force de naviguer j'irai dormir par plusieurs brasses de fond [16]. »

Comment cerner un être aussi complexe?

Ceux qui le connaissent bien savent d'expérience que, pour le saisir dans toute sa vérité, il faut d'abord le débarrasser de sa carapace, toute d'ironie, de dérision, de formules et de boutades. Après quoi il faut encore lever le lourd rideau de poncifs et de clichés véhiculés depuis des lustres par une corporation qui ne renâcle pas à entretenir sa propre mythologie. C'est un groupuscule qui se donne pour une élite, mais qui se récrie dès qu'on le lui reproche. Elle a ses codes et ses rites. Mais de tous ces envoyés spéciaux, Albert Londres reste probablement un des plus individualistes, marginal par goût, rêveur par tempérament. Un personnage tout à fait atypique.

Si l'on devait tracer le portrait moral de l'homme qu'il est devenu en 1931, outre son désarroi et son pessimisme, quelques formules polies au cours des longues traversées permettraient de révéler au mieux tant la courbe de son caractère que son style.

Les deux mamelles du grand reportage? La quinine et les Chargeurs réunis. Les États-Unis? Un pays à mentalité primitive qui nettoie la façade et ramène la saleté à l'intérieur. Les agents de l'Intelligence Service? Des conquérants qui marcheraient sur la pointe des pieds. Les vrais ambassadeurs de France? Les bateaux, non les ministres. Le caviar? De l'huile de foie de morue en pilule... Quant aux douaniers, ses ennemis intimes, il est persuadé qu'ils se sont groupés en une Internationale dont le siège est gardé secret pour que les voyageurs professionnels ne soient pas tentés d'y mettre le feu.

Décembre 1931. Dans un parc de Vichy, assis sous un arbre, Albert Londres révise sa première année d'anglais dans un manuel.

« I am... they are... I have finished my translation... My teacher est enchanté [17]! »

Très sérieux, le grand reporter. Il révise car depuis que les Comitadjis l'ont relâché, il s'est mis en tête d'apprendre l'anglais puis l'espagnol. Quand il est parisien, il se perfectionne chez Berlitz avec une assiduité qui étonne jusqu'à ses compagnons de zinc et de marbre.

Londres semble avoir repris du poil de la bête. Enthousiaste comme il y a dix ans, il consacre ses matinées aux langues, ses après-midi à l'écriture et ses soirées aux réjouissances. Après être passé par différentes phases dépressives, il entend désormais donner une nouvelle direction à sa vie. Dans sa lettre de démission à Élie-Joseph Bois, ce n'était qu'une intention. Aujourd'hui, c'est une réalité.

Il écrira non plus un mais deux reportages par an, le premier pour *Le Journal* le second pour *Gringoire*. Il déborde de projets. D'abord la Chine puis juste après l'Amérique et enfin l'Océanie qu'il ne connaît pas. Puis on avisera. Mais il est lancé, ou plutôt relancé [18]. On ne sait au juste ce qui l'a ainsi stimulé, d'une femme, d'un médicament ou de la méditation sur l'échec, mais c'est efficace.

Sa mère, sa fille et sa compagne l'ont rejoint à Paris pour l'aider à faire ses valises. Elles sont là toutes trois sur le quai de la gare de Lyon pour les adieux. Albert Londres est à la fenêtre. Dans la poche de sa veste, un billet de bateau Marseille-Shanghai. La compagnie des Messageries maritimes, pour être agréable à un aussi fidèle et prestigieux client, a mis à sa disposition la cabine de première classe N° 71A sur *l'Athos II*.

Personne ne sait ce qu'il va faire en Chine. Secret absolu, même pour les plus proches. Le convoi s'ébranle. Il fait signe de la main.

« Maintenant allez manger quelque chose. Et en mars, à Marseille [19]! »

Florise Londres a vingt-sept ans. Quand elle fouille dans ses souvenirs, elle réalise que sa première vision claire de son père a pour cadre un quai de gare. Elle avait trois ans. Un quart de siècle a passé. La même scène est jouée. Mais elle ne sait pas que c'est le dernier acte.

32.

Une enquête explosive

« Oh! ce métier, qu'a-t-il donc à nous pousser ainsi sans cesse? Nous partons. Savons-nous où nous allons? Je vais crever un jour quelque part, tout seul, n'importe où, dans un an, dans cinq ans, peut-être même cette fois-ci [1]... »

Sa crise de mélancolie le reprend en pleine traversée. Son confrère Raymond Recouly, rencontré à bord, y prête une oreille bienveillante et inquiète. Le grand Londres semble à nouveau sérieusement atteint. Il ne cesse de s'interroger sur son état, se demandant tout haut s'il n'est pas insensé d'abandonner ceux qu'on aime et le pays où l'on se sent le mieux, pour crapahuter pendant des mois dans des contrées inhospitalières et risquer sa vie pour des causes qui laissent indifférent.

Il est sérieusement atteint. Triste, amer, découragé. S'il pouvait rebrousser chemin, il n'hésiterait pas. Mais il est trop tard et ses commanditaires ne comprendraient pas un tel manque de professionnalisme. Ce qui le meut et l'émeut, ce n'est pas seulement le sentiment prémonitoire d'un fin prochaine, mais aussi la lassitude engendrée par un mode de vie qui autrefois le passionnait. Ce qui le faisait courir jadis, aujourd'hui le fait reculer.

Après la Chine, il arrêtera. C'est décidé.

En attendant, il remplit son contrat et joue son rôle. Lors d'une escale dans un port indien, apercevant à bord un jeune confrère d'un journal de Saigon, Albert Londres retrouve provisoirement sa superbe. Il redevient le flâneur salarié et le redresseur de torts. Un personnage d'autant plus fascinant qu'il entretient le mystère.

« Je voyage pour mon plaisir, répond-il à son interviewer.

– Envoyé d'aucun journal?

– D'aucun journal, d'aucune revue. Je voyage pour moi-même. Je vais en Chine, que je n'ai pas revue depuis plusieurs années... Et en ce laps de temps, que de choses ont changé! La Chine a évolué. Je veux prendre de nouveau contact avec les réalités de ce pays qui m'intéresse. Voilà le but de mon voyage.

– Et vos articles?

– Mes articles passeront, c'est certain, dans un journal, dans plusieurs journaux, mais lequel, lesquels, je n'en sais encore rien. »

Et après la Chine? Le Japon avec plaisir, Saigon pourquoi pas... Le jeune journaliste, désemparé par un flou si peu artistique, essaie de lui faire préciser ses projets. Il réalise à ses dépens qu'il n'est pas de tâche plus ingrate pour un reporter que d'interviewer un autre reporter. Un réflexe naturel, une déformation professionnelle le mettront toujours sur ses gardes, bien ancré dans ses retranchements.

« Mais vous pourriez sans doute faire partie du cortège des journalistes métropolitains qui accompagneront le ministre des Colonies?

– Sans doute, sans doute... Mais voilà, je vais vous dire, je n'aime pas les caravanes [2]! »

Il n'en tirera rien d'autre. Albert Londres est une forteresse. Aux abords de la Chine, elle est imprenable. A croire que cette fois, son reportage fera trembler comme jamais les fondements de la société.

Shanghai à la fin du mois de janvier 1932.

Albert Londres habite au Palace Hotel. Il goûte infiniment la cuisine du chef Grivaud, un compatriote. Sa propre femme sert de secrétaire au reporter qui lui confiera ses articles à télégraphier. L'endroit est confortable mais très demandé. Complet? Prêt à éclater serait plus exact. Les cent vingt chambres sont occupées par quelque trois cents clients et certaines abritent jusqu'à dix personnes [3].

Il faut dire que c'est la guerre.

Sans le faire exprès, Albert Londres a posé le pied sur un terrain de mines qui a sauté peu après son arrivée. Une aubaine, tant il est vrai que le malheur du monde fait souvent le bonheur des grands reporters. Même les plus avertis des corbeaux de la presse internationale n'auraient pu rêver pareille synchronisation.

Chinois et Japonais s'affrontent autour de la zone internationale à Shanghai. Sur place, cela paraissait inévitable mais nul ne se serait aventuré à prévoir le jour et l'heure. Depuis plusieurs mois, les troupes japonaises chassent le Chinois au canon sur son propre territoire, en Mandchourie. Moins gouvernée que jamais, la République chinoise ne pouvait les contenir. Elle sortit alors sa botte secrète : le boycott des produits manufacturés japonais. C'était bien vu. Si bien que le Japon porta le conflit sur une excroissance bizarroïde de la Chine, un territoire un peu français, un peu américain, un peu anglais, un peu russe, un peu allemand, un peu japonais, et même un peu chinois : Shanghai!

La « Chine en folie » étant égale à elle-même, nul ne tint compte des ultimatums, adressés de toute façon à des gouvernants partis provisoirement sans laisser d'adresse. Il ne leur restait plus qu'à se tourner vers le général Wu Te Chen, qui ne commande pas des soldats mais des commerçants puisqu'il est maire de Shanghai. Il se rangea à ses arguments mais cela ne calma pas la situation puisque les sacs de sable et les chevaux de frise firent alors leur apparition devant les portes des légations étrangères. En général, ce remue-ménage n'est pas bon signe.

Avec quelques confrères, Albert Londres patrouille de nuit, d'un pas débonnaire, dans les ruelles mal éclairées de Chapei, la concession japonaise. En cas de grabuge, c'est probablement de là que partiront les coups. De partout, dans un silence remarquable, des petits groupes, baïonnette au fusil, surgissent à pas feutrés. Officiellement, les troupes japonaises ont discrètement débarqué en raison de l'état de siège décrété par les autres concessionnaires. Ce n'est qu'un prétexte. Les Chinois l'ont pris comme tel et, à la surprise générale, ripostent à cette invasion.

C'est la guerre à Shanghai. Nul ne l'a encore déclarée. Les deux parties entretiennent encore des relations diplomatiques. Mais elles ne vont pas cesser de s'étriper pour ces pures questions de forme.

Très vite, la panique gagne tous les quartiers. Les armées campent sur leurs positions. Des vagabonds chinois en armes tentent de pénétrer dans le périmètre des légations étrangères et des communistes dans la concession française. Les rickshaws courent les rues au péril de leur vie, essayant de n'être pas dans la ligne de mire d'un franc-tireur. La tension monte alors qu'on annonce le bombardement de Nankin par un croiseur japonais. Mais Shanghai reste dans l'expectative, ignorant à quelle sauce elle sera mangée. Tout le monde – Japonais, Chinois et étrangers – est sur le qui-vive. Le couvre-feu n'a pas apaisé les craintes. Chaque camp semble temporiser dans le seul but de fourbir ses armes et de se mieux préparer à l'affrontement. Des tanks prennent position pour protéger les quelque trente mille étrangers que les meneurs communistes veulent jeter dehors.

Les dépêches en provenance des grandes capitales d'Europe et d'Amérique laissent entendre que cela va s'arranger. Albert Londres, sur place, dit n'entendre que le canon. Comment cela s'arrangerait-il? De toutes parts on attend des renforts. Et il faut bien mal connaître l'orgueil et la fierté des Japonais pour imaginer qu'ils baisseront les bras après avoir essuyé un échec face aux Chinois, ce qui est embêtant, sous le regard des observateurs occidentaux ce qui l'est plus encore.

Il ne fait pas bon être étranger. Les troupes japonaises se sont déployées tout autour de leur concession tandis que des soldats américains et français, fraîchement débarqués, ont défilé dans les rues. Londres est rassuré, l'air du Petit Quinquin lui réchauffe le cœur. Mais sa joie n'a qu'un temps car les canonnades et les tirs nourris reprennent sans qu'on sache toujours qui s'en prend à qui.

Cette drôle de guerre, qui ne dit pas son nom mais déverse régulièrement bombes et obus sur Shanghai, tue aussi sûrement que la vraie guerre. Mais avec une lenteur calculée qui en devient crispante. On ne cesse d'annoncer l'imminence d'une bataille décisive. Mais rien ne vient. Londres et ses confrères semblent le regretter tant ils aimeraient en finir avec cette situation insupportable où le spectre de la guerre est plus harassant que la guerre elle-même.

Le 20 février enfin, les Japonais tiennent parole. Ils lancent leur offensive sur Shanghai mais les Chinois leur opposent une résistance acharnée. Deux semaines après, l'armée chinoise bat en retraite. Shanghai renaît et Tokyo fait la fête à grands renforts de « Banzaï! » Tout le reste n'est que diplomatie. Des Machiavels aux yeux bridés apparaissent au grand jour. Ils sont les nouveaux maîtres. Pour Albert Londres, c'est un signe. Lui aussi se retire.

De la fin janvier au début du mois de mars, il a envoyé vingt-sept articles sous forme de câblogrammes au *Journal*[4]. Un peu de reportage, quelques interviews, mais surtout de l'actualité chaude et beaucoup de dépêches. Un vrai travail de correspondant à la tâche. Mais sa couverture a été saluée en France pour ses qualités de sérieux et d'information. A la fin d'une chronique consacrée au conflit sino-japonais, dans laquelle il prône « plus que jamais le désarmement », Léon Blum engage ses lecteurs à se renseigner plus avant à travers les articles « de l'excellent reporter qui signe Albert Londres[5] ».

On ne saurait mieux dire.

Mais il n'a pas fait le voyage de Shanghai pour cela. La guerre sino-japonaise n'est qu'une péripétie. Après les événements, on le retrouve du côté de Moukden, à l'hôtel Yamato. Sitôt débarqué, Henri Champly, l'envoyé spécial du *Temps*, y retrouve Albert Londres qui, en toute confraternité, se fait fort, avec le consul de France, de lui faire rencontrer le capitaine Yokohama, un aide de camp, l'homme clé pour parvenir jusqu'à l'état-major japonais. Londres, Yokohama... Le reporter est le premier à plaisanter de ces patronymes géographiques[6].

Puis Albert Londres disparaît.

Durant le mois d'avril, on perd sa trace. Dans la colonie française, nul ne sait s'il est à Shanghai ou Moukden ou ailleurs. Il est parti enquêter sans laisser d'adresse. Dans le plus grand secret.

Son sujet? Il est question d'armes, de drogue, d'immixtion bolchevique dans les affaires chinoises.

Du trafic en tout cas, de contrebande probablement, avec des ramifications politiques inévitablement. Depuis 1927, les communistes chinois développent dans les provinces du Sud des bases de guérilla qui prennent appui sur la paysannerie pauvre. L'Armée Rouge, dirigée par Mao et Zhu De, tient sous son contrôle quelque dix millions de personnes. L'année dernière, ils ont proclamé la République des Soviets Chinois. Et depuis peu, leur territoire est sans cesse harcelé par les armées nationalistes de Tchang Kai chek qui se préparent à l'encerclement.

Mais Mao et les siens sont si marginaux au sein de leur propre parti que son comité central, soutenu par Moscou préconise au contraire les luttes ouvrières et urbaines.

Albert Londres fait sa réapparitiion fin avril, début mai. A temps pour embarquer. A Shanghai, il se rend au chevet de sa consœur du *Petit Parisien*, Andrée Viollis, qui ne pourra être du voyage de retour en France : elle est malade. A l'hôpital, Londres tâche de la consoler et de la rassurer, passant de longues heures avec elle à évoquer leurs camarades : Helsey, un frère, Roubaud, tout de courage et de sincérité, et le cher Tudesq, qu'il n'oubliera jamais[7].

La veille du départ, Pierre Herbart, un jeune journaliste qui accompagne Andrée Viollis « robe-de-mousseline-dans-les-rizières », vient trouver Albert Londres. Il est catastrophé : leurs bagages ont déjà été chargés sur le paquebot. Or, Viollis ne peut quitter l'hôpital et Herbart ne parvient pas à récupérer ses sacs, trop profondément enfouis dans les soutes. Il craint surtout pour sa caméra. Qu'à cela ne tienne : Londres promet de les mettre à la consigne dès son arrivée à Marseille[8].

Ces deux-là rateront le bateau. Londres aussi, il s'en faut de peu. Son futur gendre André Martinet est dans les parages. Officier de marine sur la canonnière *Francis Garnier* qui sillonne le Yang-Tsé, il a peut-être un pressentiment. Toujours est-il qu'il conseille vivement à Londres de rentrer par le Transsibérien. Un instant tenté, le reporter renonce finalement à cette éventualité après l'avoir sérieusement envisagée. Il rentrera comme convenu par bateau[9].

Mais il n'est pas encore parti.

C'est à croire que tout se ligue pour lui faire rater le départ du *Georges-Philipar*. Il aurait pu rester quelques jours de plus à Shanghai à attendre qu'Andrée Viollis se rétablisse ou suivre le conseil du futur mari de Florise. Voilà maintenant qu'il rencontre un de ses vieux amis, officier de la coloniale. Celui-ci ne rentre que dans quinze jours en France et aimerait bien que le journaliste lui tienne compagnie pendant la traversée. Il insiste affectueusement. En vain. Londres est pressé de rentrer et de publier ses articles.

Pour se faire pardonner, il accepte de passer sa dernière soirée avec son ami et quelques autres officiers. Le petit groupe va dîner. Au dessert, Albert Londres commence à peine à réaliser que ceux de la coloniale ont voulu lui jouer un petit tour : les conjurés ont tout mis en œuvre pour lui faire manquer le bateau : conversation brillante, vin à discrétion, montre déréglée... Quand il s'en aperçoit, le reporter bondit hors du restaurant, se précipite au port. Les trois coups de cloche réglementaires ont déjà sonné. Les marins s'apprêtent à retirer la passerelle. Londres arrive juste à temps, saute et s'écroule sur le pont dans les bras d'un groupe de passagers :

« Ils ont voulu me faire rater mon départ, mais je les ai eus [10]! »

Il est heureux et essoufflé.

A Vichy, Florise vient probablement de recevoir son télégramme, le dernier : « Tout va bien. J'embarque toujours sur le *Georges-Philipar*. Venez à Marseille me chercher le 28 mai [11]. »

33.

Au feu!

Cabines 32 et 34, à tribord sur le pont D du *Georges-Philipar.*

Albert Londres est au mieux. Les Messageries maritimes qui viennent de mettre en service ce 21 000 tonnes de 172 mètres de long, un des fleurons de notre marine, ont bien fait les choses. Il passe le plus clair de son temps enfermé à écrire, écrire encore. Le dîner est la seule récréation qu'il s'accorde. Généralement, il le partage avec les Lang-Willar, un couple ami dont il fit jadis la connaissance en Argentine. Peut-être une des clés de l'énigme Albert Londres...

A Shanghai déjà, ils se fréquentaient régulièrement, les Lang-Willar ayant usé de leurs relations pour lui permettre de pénétrer plus vite et plus facilement dans certains milieux. Mais qui sont-ils?

Alfred Lang-Willar est un homme d'affaires international. Il y a peu encore, il vivait à Buenos-Aires où il présidait la Chambre de commerce française et représentait la maison Louis-Dreyfus (blé mais aussi banque et bateaux), à la direction de laquelle il occupait une place importante. S'il voyage à Pékin et Shanghai, c'est justement dans le but d'établir des filiales en Chine notamment sur le marché du soja à Kharbine (Mandchourie). Sa femme Suzanne, une élégante suisse coiffée à la garçonne, est la fille des Picard, qui sont à la tête d'une des plus importantes entreprises horlogères de La Chaux-de-Fonds (Invicta). Ils ont deux garçons de quatorze et quinze ans et une fille de huit ans, mais ceux-ci ne les accompagnent pas dans leur périple.

A bord du *Georges-Philipar,* les Lang-Willar sont les seuls passagers auxquels Albert Londres se confie régulièrement. Au fur et à mesure de la rédaction fiévreuse de son enquête, qu'il ne cesse de présenter comme explosive – « de la dynamite! » –, il leur en fait lire des passages. C'est dire la confiance qu'il leur témoigne. Aux escales, ils ont le plus grand mal à l'arracher à sa table de travail pour mettre pied à terre et respirer. Il ne se laisse distraire que quelques heures de cette tâche exaltante et harassante.

Ceylan, Colombo, les îles des Minikoi, le cap Gardafui, promontoire du nord-est de l'Afrique somalienne, à l'entrée du golfe d'Aden. Nous sommes le 15 mai 1932. Il y a quelques jours, en France, le président de la République Paul Doumer a été assassiné par un Russe blanc, atteint d'aliénation mentale. Sur le *Georges-Philipar,* un autre drame se prépare.

A l'heure du dîner, Albert Londres se dirige comme à son habitude vers la cabine des Lang-Willar, assez privilégiés pour jouir d'une terrasse. En chemin, il bavarde avec M. Aler, le maître d'hôtel des premières classes. L'écriture de son enquête est pratiquement achevée. Il se sent délivré et n'hésite plus à en parler, du moins à mots couverts : « Ce travail sera le couronnement de ma carrière... si je voulais, j'obtiendrais des millions des documents que je rapporte... ils concernent l'immixtion bolchevique dans les affaires sino-japonaises [1]... »

Bluffe-t-il encore afin de mieux noyer le poisson? Il l'a si souvent fait pour dissiper la curiosité de ses interlocuteurs qu'on peut légitimement se poser la question.

Les Lang-Willar passent à table ainsi que leurs invités, Albert Londres et un M. de Fages. C'est le journaliste qui a tenu à composer le menu. La mer est calme, le coucher de soleil romantique à souhait et nul ne se douterait que les dîneurs de cette terrasse ne sont pas en croisière de villégiature tant le contexte s'y prête.

Inévitablement, la conversation roule sur les fameuses « informations explosives » que Londres ramène de Chine. Il ne veut pas en dire trop mais souhaite en parler, incapable de refréner plus longtemps son enthousiasme. A l'étape de Djibouti, c'est promis, il leur fera tout lire. Alfred Lang-Willar est d'autant plus impatient qu'il a accompagné le reporter à Shanghai et Moukden, pendant les événements, lors de ses tournées d'état-major. Et lui aussi, il a perdu sa trace ensuite. Cette affaire l'excite donc, d'autant que Londres l'évoque tout le emps comme l'œuvre capitale de sa carrière.

Minuit. Le commandant Vicq quitte la passerelle et demande à être réveillé à 3 heures. Le phare du cap Gardafui est au nord-ouest. Tout va bien. Rien à signaler.

Minuit et trente minutes. François Guinat, le veilleur de nuit, est appelé dans la cabine des Lang-Willar. Il leur porte aussitôt une bouteille de champagne. Quand il entre, les quatre occupants jouent aux cartes sur la terrasse [2].

Quelques instants après, une sonnerie retentit chez les veilleurs de nuit, François Guinat et Charles Profizi.

« Pourquoi ne réponds-tu pas? demande l'un.

– Personne n'a sonné, répond l'autre.

– Mais la lampe est allumée... »

A deux reprises, Profizi essaie d'éteindre cette lampe intempestive. Au troisième essai, il réussit enfin. Dans les lampes-témoins, les lumières sont étrangement blafardes. Bizarre [3].

1 h 30 minutes. Albert Londres prend congé de ses hôtes et rentre se coucher.

1 h 50 minutes. Une odeur de caoutchouc brûlé gagne le pont C. Un maître d'hôtel demande à un des veilleurs de nuit de se saisir d'un extincteur, un début d'incendie s'étant déclaré dans la cabine 5. C'est celle de Mme Valentin. En appuyant sur le bouton d'appel du veilleur, elle l'a fait tomber. Ce ne serait pas grave si la collerette intérieure qui le retient dans son logement n'était carbonisée. Les crépitements et les étincelles qui gagnent la cloison l'inquiètent. Ne pouvant plus attendre le veilleur de nuit, elle décide d'aller à sa rencontre sur la coursive tribord.

Aussitôt rendu sur les lieux du sinistre, Profizi la rassure. Cela ressemble à une fumée de cigarette. Pour calmer la passagère, particulièrement émotive, et éviter qu'elle ne réveille les occupants des cabines alentour, le veilleur prévient l'officier-mécanicien. Plus préoccupé de ne pas propager une panique inutile que d'éteindre une menace d'incendie, le veilleur de nuit est rembarré par l'officier-mécanicien qui le renvoie dans les bras d'un électricien. Il conte alors ses déboires au maître d'hôtel qui le renvoie là d'où il vient afin qu'il alerte les électriciens avec un peu plus d'autorité.

Le feu gagne. Une fumée déjà épaisse envahit la coursive bâbord. Le veilleur de nuit, qui ne veut pas prendre la responsabilité de donner l'alerte générale, frappe plusieurs coups discrets aux portes des cabines, sans toutefois crier « au feu ». Le second capitaine puis le commandant sont prévenus. Le veilleur de nuit est enfin délivré d'une charge trop lourde pour lui. Mais la cabine de Mme Valentin est désormais la proie des flammes[4].

Un passager d'une cabine voisine, M. Habert, s'écrie :

« Ma femme brûle! »

Il se précipite sur le pont supérieur et crie encore :

« Venez m'aider à sauver ma femme! »

Un médecin chinois s'élance aussitôt de la cabine 13 sur le pont-promenade et aide à extraire la malheureuse du balcon extérieur de sa cabine. Le rebord métallique du pont-promenade est si chaud qu'en le foulant, elle s'y brûle la plante des pieds.

La situation est grave mais pas désespérée puisque nul ne brise la glace de l'avertisseur. Pas même le commandant qui, pourtant, de la passerelle, dirige les opérations. Peut-être évalue-t-il mal l'ampleur du drame. Il ne voit que de la fumée rougeoyante émanant du pont D, à travers les coursives bâbord et tribord. Alors qu'au même moment, le commissaire de bord est frappé par la hauteur des flammes – 1,50 m! – courant sur les flancs de la coursive à la vitesse d'un homme marchant d'un pas accéléré[5].

Il semble que dans ce début de panique, chacun des subordonnés du commandant ait donné ses propres ordres. Positifs sur le moment, ils ont une influence fâcheuse sur la suite des événements, du fait de leur manque de coordination.

Deux heures du matin. Le veilleur de nuit Guinat frappe avec insistance aux portes des cabines dont il a la charge. Les Lang-Willar et leurs voisins immédiats sont sur la coursive, hébétés. Aidé par les garçons du restaurant, le veilleur déroule le tuyau à incendie et visse les raccords en toute hâte. Il faut parer au plus pressé, évacuer les passagers vers l'avant. La porte étanche est fermée. Changement de stratégie : tout le monde à l'arrière. Un garçon guide le petit groupe de passagers emmitouflé dans des couvertures. Pendant ce temps, le veilleur s'attaque à l'incendie, tandis que des mécaniciens jettent de l'eau sur l'escalier arrière des deuxième classe.

Le commandant Vicq lance la manœuvre et met le navire en vent arrière. Alfred Lang-Willar est inquiet. Il ne voit pas Albert Londres. Il est bien placé pour savoir que le reporter ne sait pas nager. A maintes reprises au cours de la traversée, il lui a enjoint de profiter de la piscine pour apprendre à flotter ou de participer aux exercices de sauvetage. En vain. Londres a toujours refusé d'une moue ironique, laissant entendre qu'il avait déjà survécu à suffisamment de cataclysmes sous tous les cieux pour s'en sortir sur un paquebot, le cas échéant[6].

A bord, il n'y a que vingt canots de sauvetage, dont la moitié sont rendus inutilisables par la position de l'incendie. Le *Georges-Philipar* transporte 767 personnes, équipage compris...

2 h 30 minutes. Panique à bord. Des appels au secours se mêlent aux cris de douleur. Les trois enfants de M. Arnhem, un médecin hollandais, sont brûlés vifs. D'autres sont piétinés. C'est la course aux embarcations. Certaines sont déjà à l'eau, pleines de naufragés hébétés. Des passagers désespérés n'attendent même pas leur tour et se précipitent dans la mer avec femme et enfants.

Cinq passagers et une vingtaine d'officiers et d'hommes d'équipage se tiennent sur un des ponts-promenades pour accélérer le transbordement. Des navires commencent à apparaître. Ils viennent à la rescousse, les pétroliers, baleiniers, vapeurs : le *Comorin* et le *Sovietskia-Neft*, le *Contractor* et le *Mashud*, le *Général-Voyron* et l'*André-Lebon*, celui-là même qui recueillit les survivants du tremblement de terre de Yokohama interviewés par Albert Londres alors qu'ils se remettaient à peine du choc. Signe du destin...

Soudain sur le pont, une voix lance :

« Quelqu'un a-t-il vu Albert Londres? »

Pas de réponse. A cet étage, les cabines sont à peu près intactes. Mais celle de Londres était à tribord sur le pont D. Plusieurs sauveteurs improvisés s'y précipitent, se penchent et crient de l'étage supérieur :

« Londres?

– Je suis là!

– Montez nous rejoindre!

– Impossible, hurle-t-il, je suis cerné par le feu. Il y a le feu aux deux bouts de la galerie où donne ma cabine et je ne peux pas rester là, le feu gagne!

– Alors sautez! les barques vous rattraperont dans l'eau.

– Non.

– Vous ne pouvez pas?

– Je peux, mais je ne sauterai pas... »

La situation n'est certes pas engageante. Mais dans ces

moments-là, même des enfants en bas âge et des vieillards impotents se jettent à l'eau, poussés par un ultime instinct de conservation.

Ils le pressent et s'égosillent :

« Sautez si vous le pouvez!

– Non! »

La fumée, de plus en plus épaisse, les fait tous suffoquer. Impossible de trouver une corde et désormais même ces sauveteurs, jusqu'à présent à l'abri sur le pont supérieur, sont menacés par les flammes.

« Londres, encore une fois, sautez!

– Tirez-moi de là, le feu arrive...

– Mais sautez donc!

– Je ne sauterai pas [7]! »

Désespérés de ne pas le faire changer d'avis, ils se sauvent pour ne pas périr carbonisés, se jettent à l'eau, juste à temps pour être repêchés par les canots d'un cargo russe.

Durant la traversée, de jeunes administrateurs de la Coloniale qui ne portaient pas le journaliste dans leur cœur, s'étaient publiquement moqués de lui lors d'un exercice d'alerte; empêtré avec ses appareils photos et ses précieuses sacoches, Londres s'était passablement ridiculisé! Une fois suffit. Ce blocage psychologique explique peut-être son appréhension [7bis].

2 h 45 minutes. La sonnerie d'alarme retentit à travers tout le navire. Enfin... Mais elle est si faible que tout le monde ne l'entend pas. Certains passagers de l'avant, dans un demi-sommeil croient à un appel du garçon de cabine [8].

Les Julien, voisins de cabine d'Albert Londres, réussissent à s'échapper, non par la porte, rongée par les flammes, mais par les hublots. A peine ont-ils posé le pied sur la coursive qu'ils entendent les hurlements du reporter :

« Sauvez-moi! Au secours!... Sauvez-moi! »

Ils sont impuissants. Mais pourquoi ne se sauve-t-il pas comme eux? Probablement que l'absence de lumière le gêne, ainsi que la fermeture par manette, assez compliquée des hublots et l'encombrement des bagages à cet endroit stratégique, l'en empêchent [9].

Il lui reste une dernière chance. L'officier-mécanicien Sadorge, apercevant par le hublot son visage barbu, noirci, met tout en œuvre pour ne pas le laisser griller. Il se penche hors de la rambarde, s'accroupit et, dans la fumée montant du pont inférieur, lui tend son bras, sa main, ses doigts...

« Je brûle! Sauvez-moi!

– Prenez ma main! » hurle Sadorge.

C'est du sauvetage à tâtons. Ils ne se voient pas. Peut-être ne s'entendent-ils pas. L'officier-mécanicien, avisant sur le pont un tuyau d'arrosage en toile lové, s'en saisit et le balance sur le hublot. Cinq ou six mètres à peine. Espérons que ce sera suffisant. Londres, en piteux état, parvient à s'en saisir. Mais quand le sauveteur entreprend de le haler, il ne sent plus de résistance au bout. Rien.

Albert Londres est-il tombé à l'eau en s'extrayant du hublot? On ne voit rien en bas. Par précaution, le marin jette une bouée et croise les doigts pour qu'une chaloupe le repêche. Mais si Londres a lâché prise en retombant dans la cabine, alors c'en est fini de lui [10].

Noyé ou brûlé, Albert Londres a disparu. Par l'eau ou par les flammes, il est mort.

8 heures du matin, le 16 mai 1932. Le *Georges-Philipar* s'enfonce dans les flots et dérive, cerné par une armada hétéroclite. Soixante-sept personnes manquent à l'appel. Une quarantaine ne seront jamais retrouvées. Un dernier canot attend. A son bord le capitaine en second, le docteur, le commissaire de bord et les lieutenants. Le commandant Vicq les rejoint. Il quitte le navire le dernier [11].

34.

Une disparition énigmatique

En France, l'émoi est considérable. La catastrophe fait la une de tous les journaux. Les proches, les amis et les confrères d'Albert Londres refusent de croire à sa disparition. Tant qu'elle n'est pas officiellement confirmée, sa mort n'est tenue que pour une hypothèse. On l'imagine sur la côte des Somalis, dans un sambouk ou sur un cargo. Il n'a pas pu disparaître ainsi.

Bientôt, il faut s'y résoudre. Seules Florise et sa grand-mère s'y refusent obstinément.

La presse dépêche ses envoyés spéciaux pour recueillir les témoignages des survivants. Ils concordent : si Londres n'a pas quitté sa cabine précipitamment comme d'autres, c'est qu'il voulait probablement avant tout rassembler ses chers documents et les manuscrits de ses articles, dans les grosses serviettes en cuir qu'il avait à la main lors de son départ presque raté. Il aura perdu du temps et, encombré, aura hésité à traverser le hublot.

Le conditionnel est de rigueur, tant pour les circonstances exactes de sa mort que pour l'identification de son fameux reportage. Que ramenait-il donc de si explosif? Les observateurs se perdent en conjectures et leurs lecteurs avec eux. Seuls les Lang-Willar connaissent la réponse.

On les compte parmi les rescapés. A Djibouti où ils ont été débarqués, ils affirment aux représentants de la presse :

« Dépositaires de sa pensée, nous en savons assez pour avertir le gouvernement français à notre retour [1]. »

La nouvelle est immédiatement câblée. A Paris, on les attend avec impatience. Alfred Lang-Willar écrit un long récit de cette nuit d'horreur que le correspondant d'*Excelsior* au Caire câble aussitôt pour être publié dans le numéro du 24 mai. C'est d'ailleurs ce journal, auquel Albert Londres avait collaboré entre 1919 et 1922, qui frète un avion pour que les Lang-Willar rentrent au plus vite et confient à *Excelsior* l'exclusivité de leur témoignage, de leurs documents et de leurs photographies.

Peu avant leur départ, les Lang-Willar reçoivent un télégramme de Paris les suppliant de ne pas prendre de risques supplémentaires et de renoncer à monter en avion. Mais ils ont confiance. Le pilote, le capitaine de réserve Goulette, est un as, vainqueur de grands raids internationaux, et Moreau qui l'accompagne un mécanicien de grande classe. Les deux hommes connaissent bien la route pour l'avoir beaucoup pratiquée. Les Lang-Willar sont suffisamment intrépides, audacieux et surtout pressés, pour s'en remettre à eux.

L'avion, un monoplan de 300 chevaux, décolle de Brindisi. Il est attendu à l'aéroport de Marignane. Peu après dans la brume, il s'écrase sur une colline non loin de Rome. Sabotage? Cela paraît probable. Mais sans aucune certitude. Les quatre occupants sont morts, leurs corps disloqués et l'appareil en miettes. Il n'a certes pas brûlé. Mais les carabiniers et le secrétaire régional du parti fasciste qui ont bouclé l'endroit en l'investissant, n'ont rien laissé derrière eux[2].

On ne saura jamais ce qu'ils avaient à révéler.

Albert Londres avait envoyé de longues lettres de Chine à sa mère, dans lesquelles il aurait été plus explicite sur la nature de son enquête. Elle s'est toujours refusée à les rendre publiques. Selon son vœu, à sa mort, ces lettres ont été placées dans son cercueil.

Qui a tué Albert Londres?

Un court-circuit ou une organisation politique? Une bande de trafiquants ou les affidés d'un gouvernement? Un attentat ou un accident?

Après sa disparition, on a lu et entendu tout et le contraire. Au cours de son enquête en Chine, il se serait mis à dos les trafiquants d'héroïne, les contrebandiers de l'armement, les fascistes, les bolcheviks...

Autant de spéculations sans preuve. Dans toute cette littérature, rien n'est jamais venu étayer telle ou telle hypotèse, qu'il s'agisse de la poussée bolchevique en Asie ou du ravitaillement en munitions et armes lourdes de guérilleros en manque. En France, la presse n'a pas bridé son imagination, échafaudant parfois des théories à partir de la « disparition » d'une belle et mystérieuse Allemande, se présentant comme journaliste, qui sembla être la compagne de Londres jusqu'à son embarquement à Shanghai... Suivant leur tendance politique, les journaux parisiens ont mis l'accent sur les thèses rappelant le vieux contentieux que le reporter entretenait avec la Russie bolchevique, ou sur celles évoquant l'implication de grands groupes capitalistes dans les ventes d'armes clandestines, compensées parfois avec de la drogue. Certains crurent même y voir l'action conjuguée du gouvernement fasciste italien, si prompt à faire disparaître les restes des Lang-Willar, et de Pierre Laval, président du Conseil jusqu'en janvier 1932 puis ministre des Colonies!

Tout et le contraire de tout, sans le moindre début de preuve. Pourquoi pas?

Le gouvernement nomma une commission d'enquête. Des experts s'affrontèrent. Leur rapport écarta l'hypothèse de la malveillance. Indulgent pour l'équipage, il fut accablant pour le constructeur du paquebot et ses propriétaires. Il imputait en effet les causes du sinistre à un vice de l'appareillage électrique du *Georges-Philipar*. C'est pourquoi la mère et la fille d'Albert Londres portèrent plainte contre les Chantiers de la Loire, les Messageries maritimes, le bureau Veritas et le commandant Vicq [3].

Dans son rapport, le colonel Pouderoux, commandant du régiment des sapeurs-pompiers de Paris, établit avec certitude que tout est parti d'un dérangement dans l'installation électrique à courant continu et voltage élevé, et que le feu s'est propagé à cause de la chaleur, de la conductibilité des tôles d'acier, des boiseries, des défauts d'isolement, du grand escalier verni à la cellulose, de la lenteur de la réaction de l'équipage et du commandant, de la précipitation, de la confusion, de la panique [4]...

Mais si la cause est connue, l'origine l'est-elle tout autant? Dans ses conclusions, la commission d'enquête s'avance à pas prudents sur le terrain de l'attentat, un mot qui est sur toutes les bouches. Les Lang-Willar sont lavés de tout soupçon, en dépit de « leur allure et leur conduite, assez étranges depuis leur présence à bord ».

Le plus étonnant est encore que de sérieuses présomptions aient pesé contre eux. Mais que leur reproche au juste la Commission, à eux et à ceux qu'elle soupçonne d'être mêlés à un improbable attentat?

« Toutes les suppositions relatives à un attentat : allure étrange des Lang-Willar, qui occupaient la cabine 77 et qui ont tenté d'envoyer après le départ de Shanghai un télégramme à Kharbine sous condition que l'original leur en soit rendu – impression qui ressort de la déposition du radiotélégraphiste Voyac; remarque sur l'heure particulièrement propice pour que le nombre des victimes fût porté au maximum – communication faite par l'intermédiaire du ministère de l'Intérieur, et d'après laquelle, dans une réunion organisée le 31 mai à Nice par la Section locale du « Secours Rouge », les communistes Depont, Risso et Dalquier, parlant de la catastrophe du *Philipar*, ont déclaré que leur conviction est que l'incendie de ce navire aurait été provoqué par le parti communiste chinois, qui se serait vengé d'un transport d'armes et de munitions effectué par ce bateau au profit du gouvernement japonais – (ces suppositions) sont imprécises et ne permettent pas de faire fond sur une idée de malveillance. »

La Commission ajoute, encore une fois, qu'elle ne dispose que de moyens d'investigation précaires ne lui permettant pas de faire la lumière complète sur les faits ou allégations dont l'éclaircissement lui paraît relever plus particulièrement de l'autorité judiciaire.

Paris, mai 1932. La presse unanime salue la mémoire de son illustre confrère mort au champ d'honneur du journalisme, à grand renfort de lyrisme et de grandiloquence. L'hommage le plus sincère et le plus inattendu viendra plus tard du *Libertaire*, organe de la fédération anarchiste :

« Dans sa carrière, non exempte de don quichottisme, on chercherait en vain le coup de chapeau à la fortune, la déférence envers qui gouverne ou finance, la docilité aux ordres et aux consignes, la reconnaissance des faits accomplis et des pouvoirs établis, la fuite devant les responsabilités [5]... »

Un accident de travail lui donna les flots pour toute sépulture. Il n'en fallut pas plus pour que le gouvernement, sur proposition du ministre de la Guerre, citât le trouble-fête à l'ordre de la Nation :

« A fait preuve depuis de longues années, comme correspondant de guerre sur les différents fronts, des plus belles qualités de courage et de dévouement en même temps que d'un esprit de sacrifice admiré de tous. »

Quel était donc ce journaliste qui pouvait, à titre posthume, être encensé tant par les ministres que par les anarchistes? Un reporter de grande classe et un homme à part.

Peu après la disparition de son père, Florise Londres épousa un marin, comme prévu. L'enseigne de vaisseau André Martinet achèvera sa carrière comme vice-amiral.

Quant à la jeune femme, héritière d'un si prestigieux patronyme, elle deviendra Florise Albert-Londres, écrira un livre de souvenirs à la gloire de son père et surtout perpétuera sa mémoire de la plus noble façon qui soit : en instituant un prix récompensant le meilleur reporter de l'année.

Le 1er novembre 1933, au « restaurant des Artistes », rue Lepic, Émile Condroyer reçut le premier prix Albert-Londres décerné par un jury où l'on reconnaissait Andrée Viollis, Henri Danjou, Henri Béraud, Édouard Helsey, Louis Roubaud, Roland Dorgelès, Ludovic Naudeau, Pierre Mille.

Depuis, avec une exceptionnelle intuition, le jury du prix Albert-Londres révèle ou consacre chaque année (avec une pause tout à son honneur pendant l'Occupation) un des meilleurs jeunes représentants de la corporation des flâneurs salariés et reporters au long cours. Si les prix littéraires n'avaient tant perdu de leur crédit moral, on dirait volontiers qu'il est le prix Goncourt des Journalistes.

Juin 1932. Dans un théâtre de la banlieue parisienne, la pièce *Au bagne* tirée de l'œuvre d'Albert Londres, se joue à guichets fermés. Rituellement depuis peu, un des figurants, Eugène Dieudonné, attend que le rideau tombe pour prendre la parole et évoquer l'homme que fut Albert Londres.

C'est alors que le public, frémissant, se lève et applaudit pendant de très longues minutes avec une émotion mêlée de respect et d'admiration [6].

Remerciements

Merci à l'Association du Prix Albert-Londres qui m'a ouvert ses riches archives et à la Société des Gens de Lettres.

Merci à Alain Rubens, Henri Amouroux, Francis Ambrière, Yves Courrière, François Hauter, Claude Paillat, Evelyne Bichet, Jean-Pierre Lefèvre-Garros, Bertrand Galimard-Flavigny, Jacques Postel, Francis Lacassin, Pierre Veilletet pour leur aide amicale ou confraternelle.

Merci à Angela, Meryl et Kate pour leur sourire et leur joie de vivre.

Merci au bouquiniste anonyme des quais de la Seine qui, le premier, me suggéra d'acheter et de lire des livres d'Albert Londres.

Abréviations

A.A.L. : Association du prix Albert-Londres.
s.d. : sans date.

Crédits photographiques

Association du prix Albert Londres
Roger Viollet (pour la couverture et la dernière photo du cahier)

Notes

I. UN POÈTE AU MARBRE 1895-1915

1. L'itinéraire de Vichy à Lyon

1. Conférence sur Albert Londres, prononcée à Vichy et reproduite dans le *Bulletin de la société d'histoire et d'archéologie de Vichy et des environs*, nº 43, octobre-décembre 1950.

2. Henri Béraud, *Qu'as-tu fait de ta jeunesse?*, p. 88, Éditions de France, 1941.

3. *Idem*, p. 79.

4. Henri Béraud in *Gringoire* du 22 juin 1934.

Édouard Helsey, préface à *Histoires des grands chemins*, p. 9, Albin Michel, 1932.

Paul Mousset, *Albert Londres, l'aventure du grand reportage*, p. 310, Grasset, 1970.

5. Jean Butin, *Henri Béraud*, Horvath, Roanne, 1979.

6. Florise Londres, *Mon père*, Albin Michel, 1934.

7. Henri Béraud, *op. cit.*, p. 99 et sq.

8. *Idem.*

2. Le Salut Public

1. Béraud, *op. cit.*, p. 112.

2. Hugues Lapaire, *Le petit logis, souvenirs d'un homme de lettres*, p. 85, Crépin-Leblond, Moulins, 1946.

3. *Idem.*

4. Florise Londres, *op. cit.*

5. Charles Morice, *Quarante ans de journalisme*, manuscrit dactylographié. Tome I, Bibliothèque Nationale, Paris.

6. André Charpentier in *Les Nouvelles Littéraires* du 20 août 1932.
7. Lettre d'Albert Londres à ses parents, s.d., archives A.A.L.
8. *Idem.*
9. Béraud, *op. cit.*, pp. 103, 104.
10. *Idem*, p. 105.
11. *Idem*, pp. 110, 111.
12. *Idem*, p. 129.
13. Lapaire, *op. cit.*
14. André Charpentier, art. cit.
15. Article d'Albert Londres sur la mort de François Coppée in *La Vérité*, s.d. (1908).
16. *Idem.*
17. *Idem.*
18. Dossier de presse de *L'âme qui vibre*, archives A.A.L., notamment *Le Siècle* du 5 mars 1908, et *Le Penseur* de juin 1908.
19. *Journal de Vichy*, 13 septembre 1911.
20. Archives A.A.L.
21. *Gil Blas* du 8 juin 1912.
22. Extraits de *La marche à l'étoile*, Sansot, 1910.

3. L'homme du Matin *à la Chambre*

1. Florise Londres, *op. cit.*
2. *Idem.*
3. Bulletin de la société..., *op. cit.*
4. Claude Bellanger et alli., *Histoire de la presse française*, tome III, PUF, 1972.
5. Témoignage de Florise Londres recueilli par Roger Gicquel pour la radio, s.d. (émission non identifiée).
6. Lettre d'Albert Londres à ses parents, 1906, archives A.A.L.
7. Édouard Helsey, *Envoyé spécial*, pp. 101, 103, 111 et 112, Fayard, 1955.
8. Bellanger, *op. cit.*, p. 299.
9. Michael Palmer, *Des petits journaux aux grandes agences*, Aubier, 1983.
10. Henri Béraud cité par Jean Butin, *op. cit.*, pp. 226, 227.
11. Palmer, *op. cit.*, p. 227.
12. Arthur Raffalovitch, *L'abominable vénalité de la presse française*, 1931.
13. Cité par Palmer, *op. cit.*, p. 223.
14. Bellanger, *op. cit.*, p. 312.
15. Jules Sauerwein, *Trente ans à la une*, pp. 41 et sq., Plon, 1962.
16. Morice, *op. cit.*
17. Bellanger, *op. cit.*, p. 251.

18. Palmer, *op. cit.*, p. 78.
19. Morice, *op. cit.*
20. *Idem.*
21. *Idem.*
22. Pierre Giffard, *Le sieur de va-partout. Souvenirs d'un reporter*, pp. 331-332. Maurice Dreyfous éd., s.d.
23. Palmer, *op. cit.*, p. 89.
24. *Idem*, p. 70.
25. *Idem*, p. 67.
26. *Idem*, p. 68.
27. Préface à Jules Huret. *Enquête sur l'évolution littéraire*, Thot, Vanves 1982.
28. Léon Daudet, *Bréviaire du journalisme*, pp. 236, 237, Gallimard, 1936.
29. Helsey, *op. cit.*, p. 14.
30. *Idem*, p. 105.
31. Henri Béraud, préface au *Flâneur salarié.*
32. Giffard, *op. cit.*
33. Palmer.
34. Palmer, *op. cit.*, p. 88.

4. Première guerre, premier reportage

1. Archives nationales 1 AR 14.
2. Florise Londres, *op. cit.*
3. Lettre d'Albert Londres à ses parents le 2 août 1914, archives A.A.L.
4. Lettre d'Albert Londres à ses parents le 4 août 1914, archives A.A.L.
5. Lettre d'Albert Londres à ses parents le 6 août 1914, archives A.A.L.
6. Florise Londres, *op. cit.*
7. Conseils d'administration du *Matin* les 7 et 24 août 1914. Archives nationales 1 AR 14.
8. *Le Matin*, 21 septembre 1914.
9. Charles Laurent in *L'Écho de Versailles*, 25 septembre 1924.
10. Lettre d'Albert Londres à ses parents, 21 septembre 1914, archives A.A.L.
11. Témoignage d'Édouard Helsey dans une émission de radio non identifiée.
12. Helsey, préface, *op. cit.*
13. *Idem.*
14. *Le Matin*, 29 septembre 1914.
15. Helsey, préface, *op. cit.*
16. Charles Laurent, art. cit.
17. *Le Matin*, 16 octobre 1914.
18. *Idem.*

19. Lettre d'Albert Londres à ses parents le 16 octobre 1914, archives A.A.L.

20. *Idem.*

21. *Le Matin*, 18 octobre 1914.

22. *Le Matin*, 29 octobre 1914.

23. *Le Matin*, 5 novembre 1914.
Le Matin, 10 novembre 1914.

24. *Le Matin*, 15 novembre 1914.

25. *Idem.*

26. *Le Matin*, décembre 1914.

27. *Le Matin*, 27 novembre 1914.

28. *Idem.*

29. *Le Matin*, 3 décembre 1914.

30. *Le Matin*, 6 décembre 1914.

31. *Le Matin*, 25 décembre 1914.
Le Matin, 10 janvier 1915.

32. *Le Matin*, 27 janvier 1915.

33. Florise Londres, *op. cit.*

34. Conseil d'administration du *Matin*, le 17 février 1915. Archives nationales 1 AR 14.

35. D'après une lettre d'Albert Londres à ses parents, 3 mars 1915, archives A.A.L.

36. *Idem.*

II. LE FLÂNEUR SALARIÉ 1915-1922

5. Le choix de l'Orient

1. Florise Londres, *op. cit.*
Lettre de ses parents à Albert Londres, 26 mars 1915, archives A.A.L.

2. *Le Petit Journal*, 2 avril 1915.

3. *Idem.*

4. Philippe Bernard, *La fin d'un monde 1914-1929*, Points-Seuil, 1975, pp. 26-27, Points-Seuil.

5. *Le Petit Journal*, 6 avril 1915.

6. *Le Petit Journal*, 14 avril 1915.

7. *Le Petit Journal*, 18 avril 1915.

8. Lettre d'Albert Londres à ses parents, s.d. (avril 1915), archives A.A.L.

9. *Le Petit Journal*, 5 mai 1915.

10. *Idem.*

11. *Le Petit Journal*, 7 mai 1915.

12. Lettre d'Albert Londres à ses parents le 4 mai 1915, archives A.A.L.
13. *Le Petit Journal*, 3 juin 1915.
14. *Le Petit Journal*, 13 juin 1915.
15. *Idem.*
16. *Le Petit Journal*, 28 juin 1915.
17. Général Sarrail, *Mon commandement en Orient 1916-1918*, Flammarion, 1920.
18. *Le Petit Journal*, 23 août 1915.
19. Jean Giraudoux, *Lectures pour une ombre*, pp. 190-199, Émile-Paul, 1918.
20. Lettre d'Albert Londres à ses parents 23 août 1915, archives A.A.L.
21. *Le Petit Journal*, 2 octobre 1915.
22. Florise Londres, *op. cit.*
23. *Le Petit Journal*, 5 novembre 1915.
24. *Idem.*
25. *Le Petit Journal*, 10 novembre 1915.
26. *Idem.*
27. *Idem.*
28. Lettre d'Albert Londres à ses parents, 13 novembre 1915, archives A.A.L.
29. *Idem.*
30. *Le Petit Journal*, 13 décembre 1915.
31. Lettre d'Albert Londres à ses parents, 7 décembre 1915, archives A.A.L.
32. Jean-Luc Barré, *Le seigneur-chat, Philippe Berthelot*, Plon, pp. 291, 292, Plon, 1988.
33. *Le Petit Journal*, 20 décembre 1915.
34. *Le Petit Journal*, 27 décembre 1915.
35. *Le Petit Journal*, 24 mars 1916.
36. Lettre d'Albert Londres à ses parents le 21 avril 1916, archives A.A.L.
37. Lettre d'Albert Londres à ses parents le 11 mai 1916, archives A.A.L.
38. Lettre d'Albert Londres à ses parents, s.d. (août 1916), archives A.A.L.
39. Lettre d'Albert Londres à ses parents le 11 mai 1916, archives A.A.L.
40. *Idem.*
    Lettre d'Albert Londres à ses parents le 20 octobre 1916, archives A.A.L.
41. Lettre d'Albert Londres à ses parents, s.d. (1916), archives A.A.L.
    Lettre d'Albert Londres à ses parents le 29 août 1916, archives A.A.L.
42. Alexis Danan, *L'épée du scandale*, Robert Laffont, 1961.
43. Lettre d'Albert Londres à ses parents, s.d. (décembre 1916), archives A.A.L.

44. Lettre d'Albert Londres à ses parents, s.d. (mai 1916), archives A.A.L.

45. Lettre d'Albert Londres à ses parents le 20 octobre 1916, archives A.A.L.

46. Lettre d'Albert Londres à ses parents le 11 mai 1916, archives A.A.L.

47. Lettre d'Albert Londres à ses parents le 12 août 1916, archives A.A.L.

48. Lettre d'Albert Londres à ses parents, s.d. (décembre 1916), archives A.A.L.

49. Lettre d'Albert Londres à ses parents le 7 mars 1916, archives A.A.L.

50. Bellanger, *op. cit.*, pp. 412-421.

51. Marc Ferro, *La grande guerre 1914-1918*, pp. 220-222, Idées-Gallimard, 1969.

52. Philip Knightley, *Le correspondant de guerre, de la Crimée au Viêtnam*, pp. 86-87, Flammarion, 1976.

53. Bellanger, *op. cit.*, p. 417.

54. Helsey, *op. cit.*, p. 219.

55. *Idem*, p. 179.

56. *Le Petit Journal*, 12 février 1917.

57. Helsey, *op. cit.*, p. 221.

58. *Idem*, p. 222.

59. *Idem*, p. 223.

60. Lettre d'Albert Londres à ses parents le 14 janvier 1917, archives A.A.L.

61. Lettre d'Abel Henri à Albert Londres le 22 avril 1917, archives A.A.L.

62. *Idem.*

63. Lettre d'Albert Londres à ses parents le 24 mars 1917, archives A.A.L.

64. Lettre d'Albert Londres à ses parents le 6 mai 1917, archives A.A.L.

65. Lettre d'Albert Londres à ses parents le 6 mai 1917, archives A.A.L.

66. *Le Petit Journal*, 15 juin 1917.

67. *Le Petit Journal*, 26 juin 1917.

68. Helsey, préface cit., p. 11.

69. *L'Écho de France* (Salonique), 19-22 août 1917, nº 112.

70. Lettre d'Albert Londres à ses parents, citée par Florise Londres, *op. cit.*

71. En 1985, Francis Lacassin exaucera à sa manière le vœu d'Albert Londres en publiant le recueil de ses articles sur cette campagne sous le titre *Si je t'oublie, Constantinople* (collection 10-18).

72. *Le Petit Journal*, 3 novembre 1917.

6. La tentation du Renseignement

1. Lettre d'Albert Londres à Florise Londres, le 25 septembre 1917, archives A.A.L.

2. *Idem.*
Sarrail, *op. cit.*

3. Sarrail, *op. cit.*

4. Florise Londres, *op. cit.*, pp. 118, 119.

5. Lettre d'Albert Londres à ses parents, le 8 novembre 1917, archives A.A.L.

6. Note conservée aux archives A.A.L.

7. Florise Londres, *op. cit.*, p. 119.

8. *Le Petit Journal*, 21 janvier 1918.

9. *Le Petit Journal*, le 26 janvier 1918.

10. *Le Petit Journal*, le 29 janvier 1918.

11. *Le Petit Journal*, 16 février 1918.

12. *Le Petit Journal*, 22 février 1918.

13. *Le Petit Journal*, 3 mars 1918.

14. *Le Petit Journal*, 15 mars 1918.

15. Lettre d'Albert Londres à ses parents le 20 mars (1918), archives A.A.L.

16. *Le Petit Journal*, 16 mars 1918.

17. *Le Petit Journal*, 23 mars 1918.

18. *Le Petit Journal*, 31 mars 1918, archives A.A.L.

19. *Le Petit Journal*, 1er avril 1918.

20. *Le Petit Journal*, 6 avril 1918.

21. Florise Londres, *op. cit.*, p. 123.

22. *Aux Écoutes*, 20 août 1932.

23. Helsey, *op. cit.*, pp. 233, 234.

24. *Idem.*

25. *Idem.*

26. Barré, *op. cit.*
Gérald Antoine, *Paul Claudel ou l'enfer du génie*, pp. 121-126, Robert Laffont, 1988.

27. Palmer, *op. cit.*, p. 66.

28. *Idem*, p. 219.

29. *Idem*, p. 187.

30. Bellanger, *op. cit.*, pp. 502-506.

31. Helsey, *op. cit.*, p. 235.

32. *Idem*, p. 236.

33. *Idem.*

34. Lettre d'Albert Londres à ses parents, le 20 mars (1918), archives A.A.L.

35. Helsey, *op. cit.*, p. 236.
36. *Le Petit Journal*, 19 avril 1918.
37. *Idem.*
38. *Le Petit Journal*, 30 avril 1918.
39. *Le Petit Journal*, 24 mai 1918.
40. Lettre d'Albert Londres à ses parents, le 23 juillet 1918, archives A.A.L.
41. *Le Petit Journal*, 10 septembre 1918.
42. *Le Petit Journal*, 5 octobre 1918.
43. *Idem.*
44. *Le Petit Journal*, 11 octobre 1918.
45. Florise Londres, *op. cit.*, pp. 126, 127.
46. *Idem.*
47. Article inédit de Florise Londres, « A la mémoire d'Albert Londres, vichyssois-journaliste », archives A.A.L.
48. *Idem.*

7. Une colère de Clemenceau, une démission de Londres

1. *Le Petit Journal*, 24 janvier 1919.
2. *Idem.*
3. *Le Petit Journal*, 3 février 1919.
4. *Le Petit Journal*, 21 février 1919.
5. *Le Petit Journal*, 28 février 1919.
6. Archives A.A.L.
7. *Le Petit Journal*, 21 avril 1919.
8. Lettre d'Albert Londres à ses parents, le 28 février 1919, archives A.A.L.
9. *Le Petit Journal*, 11 mai 1919.
10. Lettre d'Albert Londres à ses parents le 2 ou le 20 (?) février 1919, archives A.A.L.
11. Bellanger, *op. cit.*, p. 274.
12. *Excelsior*, 19 août 1919.

8. Avec D'Annunzio à Fiume

1. *Excelsior*, 16 septembre 1919.
2. Lettre d'Albert Londres à ses parents s.d. (1919), archives A.A.L.
3. *Excelsior*, 23 septembre 1919.
4. *Excelsior*, 27 septembre 1919.
5. *Excelsior*, 1er octobre 1919.
6. *Excelsior*, 3 octobre 1919.
7. *Excelsior*, 27 septembre 1919.
8. Philippe Jullian, *D'Annunzio*, p. 225, Fayard.

9. Gabriele D'Annunzio, *Textes inédits. Versions nouvelles.* Souvenirs et essais publiés sous la direction de Henri Bédarida (notamment la contribution de René Dollot, pp. 139-166). Droz, 1942.

10. André Suarès, « Gabriele D'Annunzio », in *La Nouvelle Revue Française*, 1er octobre 1938.

11. Bédarida et Dollot, *op. cit.*

12. *Excelsior*, 12 octobre 1919.

13. Osbert Sitwell, *Noble essences or courteous revelations*, pp. 110-126, Macmillan, Londres, 1950.

14. *Excelsior*, 15 janvier 1921.

15. *Excelsior*, 16 janvier 1921.

16. *Idem.*

9. Parmi les nationalistes arabes

1. Lettre d'Albert Londres à ses parents le 2 décembre (1919), archives A.A.L.

2. *Excelsior*, 9 décembre 1919.

3. Lettre d'Albert Londres à ses parents le 2 décembre (1919), archives A.A.L.

4. *Excelsior*, 10 décembre 1919.

5. Lettre d'Albert Londres à ses parents le 19 décembre 1919, archives A.A.L.

6. *Excelsior*, 27 décembre 1919.

7. *Idem.*

8. *Idem.*

9. *Excelsior*, 29 décembre 1919.

10. *Idem.*

11. *Excelsior*, 31 décembre 1919.

12. *Excelsior*, 3 janvier 1920.

13. *Excelsior*, 15 janvier 1920.

14. Lettre d'Albert Londres à ses parents, le 16 janvier (1920), archives A.A.L.

15. *Excelsior*, 2 février 1920.

16. *Excelsior*, 19 février 1920.

17. *Excelsior*, 30 janvier 1920.

10. Dans la Russie des Soviets

1. Lettre de l'ambassade d'Angleterre à Albert Londres le 12 mars 1920, archives A.A.L.

2. Albert Londres, *Biribi*, p. 130 (10-18).

3. Stéphane Lauzanne, *Sa Majesté la presse*, p. 37, Fayard, 1925.

4. Henri Béraud, *Les derniers beaux jours*, p. 174, Plon, 1953.

5. Christian Jelen, *L'aveuglement*, p. 239, Flammarion.
6. *Idem*, p. 53.
7. Knightley, *op. cit.*, pp. 128-132.
8. Robert Rosenstone, *John Reed*, Maspero 1976 (Points-Seuil).
9. Lettre d'Albert Londres à Florise Londres s.d. (fin 1919), archives A.A.L.
10. Articles d'Albert Londres dans *Les Annales*, 20 et 27 novembre 1921.
11. *Idem*.
12. *Le Petit Journal*, 8 septembre 1917.
13. *Les Annales*, art. cit.
14. *Idem*.
15. *Idem*.
16. Lettre d'Albert Londres à ses parents s.d. (1920), archives A.A.L.
17. *Les Annales*, art. cit.
18. *Idem*.
19. Lettre d'Albert Londres à ses parents, 31 mars 1920, archives A.A.L.
20. *Les Annales*, art. cit.
21. *Idem*.
22. *Idem*.
23. *Idem*.
24. *Excelsior*, mai 1920.
25. *Excelsior*, 22 mai 1920.
26. *Idem*.
27. Interview d'Albert Londres par Francis Ambrière in *Gringoire*, 19 juillet 1929.
28. *Excelsior*, 26 mai 1920.
29. Boris Souvarine, *Staline*, p. 234, Champ Libre, 1977.
Léonard Shapiro, *Les révolutions russes de 1917*, pp. 282-285, Flammarion, 1987.
30. *Excelsior*, 17 mai 1920.
31. *Excelsior*, 21 mai 1920.
32. *Excelsior*, 17 mai 1920.
33. *Excelsior*, 18 mai 1920.
34. *Idem*.
35. *Excelsior*, 15 mai 1920.
36. *Excelsior*, 20 mai 1920.
37. *Excelsior*, 14 et 27 mai 1920.
38. *Idem*.
39. *Excelsior*, 23 mai 1920.
40. *Excelsior*, 19 mai 1920.
41. Pierre Pascal, *Mon journal de Russie*, pp. 155, 156. L'âge d'homme, Lausanne, 1977.
42. *Idem*.
43. *Excelsior*, 19 mai 1920.

44. *Idem.*
45. *Idem.*
46. *Excelsior*, 14 mai 1920.
47. Helsey, préface cit.
48. Rosenstone, *op. cit.*
49. Fred Kupferman, *Au pays des soviets. Le voyage français en Union soviétique 1917-1939.* Archives Julliard, 1979.
50. Lettre de l'ambassade d'Angleterre à Albert Londres, 9 juin 1920, archives A.A.L.
51. *L'Opinion* (Saigon), 7 juillet 1932.
Helsey, *op. cit.*, p. 119.

11. En passant par la vieille Europe

1. *Excelsior*, 7 novembre 1920.
2. *Excelsior*, 23 novembre 1920.
3. *Idem.*
4. *Idem.*
5. *Idem.*
6. *Idem.*
7. *Excelsior*, 25 novembre 1920.
8. *Excelsior*, 2 février 1921.
9. *Idem.*
10. *Excelsior*, 28 février 1921.
11. *Excelsior*, 13 février 1921.
12. Lettre d'Albert Londres à ses parents, le 24 janvier 1921, archives A.A.L.
13. *Excelsior*, 6 février 1921.
14. *Excelsior*, 9 mars 1921.
15. *Excelsior*, 4 avril 1921.
16. Béraud, *Les derniers beaux jours*, *op. cit.*, p. 189.
17. *Excelsior*, 8 avril 1921.
18. *Idem.*
19. *Excelsior*, 13 avril 1921.
Article d'Henri Béraud dans *Le Petit Parisien*, 13 avril 1921.
20. *Excelsior*, 13 avril 1921.
21. *Excelsior*, 17 et 18 mars 1921.
22. *Excelsior*, 30 mai 1921.
23. *Excelsior*, 1er juin 1921.
24. *Excelsior*, 2 et 3 juin 1921.
25. *Excelsior*, 7 juin 1921.
26. *Excelsior*, 4 juin 1921.

27. *Excelsior*, 11 juin 1921.

12. L'appel du large

1. Archives A.A.L.
2. Lettre d'Albert Londres à ses parents, le 12 janvier (1922), archives A.A.L.
3. *Les Annales*, 29 juillet 1923.
4. *Excelsior*, 31 mars 1922.
5. *Excelsior*, 4 avril 1922.
6. *Excelsior*, 28 mars 1922.
7. *Excelsior*, 24 et 26 mars, 2 et 6 avril 1922.
8. *Excelsior*, 25 mars, 5 et 7 avril 1922.
9. Lettre d'Albert Londres à ses parents, le 12 janvier (1922), archives A.A.L.
10. Andrée Viollis in *Les Nouvelles Littéraires*, 5 septembre 1925.

13. La Chine en folie

1. *Les Annales*, 22 juillet 1923.
2. *Idem.*
3. Lettre d'Albert Londres à ses parents, le 4 mars 1922, archives A.A.L.
4. *Excelsior*, 26 mai 1922.
5. Albert Londres, *La Chine en folie*, pp. 160-182 (10-18).
6. *Idem.*
7. *Idem.*
8. *Idem*, pp. 207-215.
9. *Idem.*
10. *Idem.*
11. *Idem*, p. 216.
12. *Idem*, pp. 220-230.
13. *Idem*, pp. 242-252.
14. *Idem.*
15. *Excelsior*, 3 juin 1922.
16. *La Chine en folie*, *op. cit.*, pp. 304-307.
17. *Excelsior*, 31 mai 1922.
18. *Excelsior*, 29 mai 1922.
19. *La Chine en folie*, *op. cit.*, pp. 288-296.

14. Indochine, colonie des ménages

1. *Excelsior*, 19 août 1922.
2. Lettre d'Albert Londres à ses parents, s.d., archives A.A.L.
3. Philippe Franchini, *Continental Saigon*, Olivier Orban, 1976.

4. Philippe Franchini, *Les guerres d'Indochine*, Pygmalion-Gérard Watelet, 1988.
5. *Idem.*
6. Lettre d'Albert Londres à ses parents, 3 mai (1922), archives A.A.L.
7. Récit de Victor Gilson in *Paris-Municipal*, 7 août 1932.
8. *Excelsior*, 8 août 1922.
9. *Idem.*
10. *Excelsior*, 9 août 1922.
11. *Excelsior*, 8 août 1922.
12. *Idem.*
13. *Excelsior*, 25 août 1922.
14. *Idem.*
15. *Excelsior*, 21 août 1922.

15. Entre Gandhi et Tagore

1. *Excelsior*, 10 novembre 1922.
2. *Excelsior*, 3 novembre 1922.
3. *Excelsior*, 8 novembre 1922.
4. *Excelsior*, 9 novembre 1922.
5. *Excelsior*, 13 novembre 1922.
6. *Idem.*
7. *Excelsior*, 4 novembre 1922.
8. *Idem.*
9. *Excelsior*, 9 novembre 1922.

Entracte : 1923, L'ANNÉE DÉCISIVE

16. Une escale en France

1. Lauzanne, *op. cit.*, p. 71.
2. *Idem*, pp. 101, 102.
3. Florise Londres, *op. cit.*
4. Claude Paillat, *Dossiers secrets de la France contemporaine*, tome II, p. 118, Robert Laffont.
5. Bellanger, *op. cit.*, p. 569.
6. Marie-France Toinet, *Georges Boris (1888-1960). Un socialiste humaniste*, Thèse de Sciences politiques, Paris, 1969.
7. *Le Quotidien*, 21 février 1923.
8. *Idem.*
9. *Le Quotidien*, 22 février 1923.
10. *Le Quotidien*, 25 février 1923.

11. *Le Quotidien*, 1er mars 1923.
12. *Idem*.
13. *Le Quotidien*, 4 mars 1923.
14. *Le Quotidien*, 11 mars 1923.
15. *Idem*.
16. Lettre d'Albert Londres à ses parents, s.d. (début 1923), archives A.A.L.
17. *Le Quotidien*, 25 février 1923.
18. *Le Quotidien*, 5 mars 1923.

17. Un reporter ne connaît qu'une seule ligne

1. Gisèle et Serge Berstein, *La IIIe République*. MA éditions, 1987.
2. Paillat, tome II, *op. cit.*, pp. 81 et sq.
3. Gilbert Badia, *Histoire de l'Allemagne contemporaine*, pp. 108-110. Messidor-éditions Sociales, 1987.
4. John Toland, *Hitler*, p. 132, Bouquins-Laffont.
5. *L'Éclair*, 13 avril 1923.
6. Florise Londres, *op. cit.*, p. 159.
7. Florise Londres, *op. cit.*
Helsey, préface cit.
Béraud, art. cit.
8. Bellanger, *op. cit.*, p. 571.
9. *L'Éclair*, 13 avril 1923.
10. Bellanger, *op. cit.*, pp. 512-515.
11. Béraud, *Les derniers beaux jours*, *op. cit.*, pp. 51 et sq.
12. Paul Léautaud, *Journal littéraire*, tome I, p. 2023. Mercure de France, 1986.
13. Jean Galtier-Boissière, *Mémoires d'un Parisien*, pp. 60, 61. La Table Ronde, 1963.
14. *Idem*.
15. Béraud, *Les derniers beaux jours*, *op. cit.*, pp. 102, 103.
16. *Le Temps*, 13 novembre 1913.
André Gide, *Journal*, La Pléiade, Gallimard.
17. Robert de Saint-Jean, *Passé pas mort*, p. 260. Grasset, 1983.
18. Cité par Francine Amaury, *Histoire du plus grand quotidien de la IIIe République : Le Petit Parisien*. PUF, 1972.
19. Louise Weiss citée par Bellanger, *op. cit.*, p. 513.

18. Au bagne

1. Cité par Michel Pierre, « Les bagnes de Guyane », in *L'Histoire*, no 38, octobre 1981.
2. *Le Petit Parisien*, 8 août 1923.

3. *Idem.*
4. *Le Petit Parisien*, 9 août 1923.
5. *Le Petit Parisien*, 10 août 1923.
6. *Idem.*
7. *Le Petit Parisien*, 11 août 1923.
8. *Idem.*
9. *Idem.*
10. *Le Petit Parisien*, 12 août 1923.
11. *Idem.*
12. *Idem.*
13. *Le Petit Parisien*, 14 août 1923.
14. *Idem.*
15. *Idem.*
16. *Idem.*
17. *Idem.*
18. *Idem.*
19. René Delpêche, *Amour, crime et châtiment ou la vie cachée de Benjamin Ullmo.* Éditions du Scorpion, 1957.
20. *Idem*, p. 181.
21. *Le Petit Parisien*, 15 août 1923.
22. *Le Petit Parisien*, 17 août 1923.
23. *Idem.*
24. *Le Petit Parisien*, 18 août 1923.
25. *Idem.*
26. Interview d'Eugène Dieudonné par Stéphane Manier in *Paris-Soir*, 9 juin 1932.
27. *Le Petit Parisien*, 18 août 1923.
28. *Idem.*
29. *Le Petit Parisien*, , 19 août 1923.
30. *Idem.*
31. *Les Annales*, 21 octobre 1923.
32. *Le Petit Parisien*, 21 août 1923.
33. *Le Petit Parisien*, 23 août 1923.
34. *Idem.*
35. *Le Petit Parisien*, 24 août 1923.
36. *Idem.*
37. *Le Petit Parisien*, 30 août 1923.
38. *Idem.*
39. *Idem.*
40. *Le Petit Parisien*, 30 août 1923.
41. Les Annales, 21 octobre 1923.
42. Cité par Michel Devèze, *Cayenne, déportés et bagnards*, p. 254. Archives Julliard, 1965.

43. *Le Petit Parisien*, 10 août 1923.
44. *Le Petit Parisien*, 6 septembre 1923.
45. Florise Londres, *op. cit.*
46. Marcel Montarron, *Tout ce joli monde*, p. 109.
47. Lettre de Mario Reggio, transporté nº 42945, à Albert Londres, le 28 février 1925, archives A.A.L.
48. Archives A.A.L.
49. Lettre de Ward Price à Albert Londres, s.d. (1924), archives A.A.L.
50. Charles Péan, *Conquête en terre de bagne*. Altis, 1930.
51. Mireille Maroger, *Bagne*, p. 56. Denoël, 1937.
52. *Idem*, p. 175.
53. *Les Annales*, 28 octobre 1923.
54. *Le Petit Parisien*, 30 octobre 1923.
55. Gouverneur Chanel, préface à Maroger, *op. cit.*
56. *Le Petit Parisien*, 14 septembre 1924.
57. Devèze, *op. cit.*, pp. 256-261.
Armand Rouilleault, *La suppression de la transportation*. Université de Lyon, 1938.
58. Stéphane Manier, art. cit.
59. Gérald Antoine, *Paul Claudel ou l'enfer du génie*, p. 213. Robert Laffont, 1988.
60. Paul Claudel, *Journal*, tome I, p. 606. La Pléiade Gallimard, 1968.
61. *Le Petit Parisien*, 24 octobre 1923.
62. *Le Petit Parisien*, 25 octobre 1923.

19. Portrait du reporter en styliste

1. Florise Londres, « Une journée vichyssoise d'Albert Londres », texte dactylographié s.d., archives A.A.L.
2. *Idem.*
3. Archives A.A.L.
4. Léon Treich, « Barbes et barbus » in *Le Soir*, 30 juin 1965.
5. Helsey, préface cit.
6. Florise Londres, *op. cit.*
7. Témoignage de Francis Ambrière à l'auteur.
8. Albert Londres, *La Chine en folie*, *op. cit.*
9. André Malraux, *La lutte avec l'ange*, Gallimard.
10. Angelo Rinaldi dans *L'Express*, 16 juin 1975.
11. Lettre d'Albert Londres à ses parents, 10 avril (1930), archives A.A.L.
12. Béraud, *Les derniers beaux jours*, *op. cit.*, p. 54.
13. *L'Écho de Versailles*, 25 septembre 1924.
14. Elie-Joseph Bois, cité par Jean Rabaud in *L'Histoire* nº 70, septembre 1984.
15. Lettre d'Albert Londres à ses parents, s.d. (vers 1915), archives A.A.L.

16. Article d'Albert Londres sur Valery Larbaud dans un journal vichyssois non identifié.
Carnet de la semaine, 29 mai 1932.
17. Lettre d'Albert Londres à Florise Londres, 26 mai (1914), archives A.A.L.
18. Jules Sauerwein, *Trente ans à la une*, pp. 53, 54. Plon, 1962.
19. *Le Dauphiné Libéré*, 10 mai 1952.
20. Albert Londres, *Le chemin de Buenos-Aires (la traite des blanches)*, p. 544, 10-18.
21. *Dans la Russie des Soviets.*
22. Saigon.
23. *Terre d'ébène*, p. 224 (10-18).
24. *Idem*, p. 403.
25. *La traite des blanches*, p. 25.
26. *Idem*, p. 27.
27. *Les Comitadjis*, p. 186.
28. *Idem.*
29. *Le Petit Journal*, 27 août 1916.
30. *Excelsior*, 4 avril 1921.
31. *Les Annales*, 20 novembre 1921.
32. *Idem.*
33. *Les Comitadjis*, p. 101.
34. *Le Juif errant est arrivé*, p. 17.
35. *Idem*, p. 155.
36. *La traite des blanches*, p. 120.
37. *Excelsior*, 13 avril 1921.
38. *La traite des blanches*, p. 118.
39. *Excelsior*, 30 mai 1921.
40. *Les Comitadjis*, p. 101.
41. *Le Juif errant est arrivé*, p. 86.
42. *Le Petit Journal*, 30 novembre 1915.
43. Albert Londres, « Tableau de la Grèce actuelle », article inédit de 1917, publié par Francis Lacassin in *Si je t'oublie Constantinople*, p. 304. 10-18.
44. *Excelsior*, 7 novembre 1920.
45. *L'homme qui s'évada*, p. 235. 10-18.
46. Interview à *Gringoire* du 19 juillet 1929.
47. Lettre d'Albert Londres à ses parents, s.d., archives A.A.L.
48. Épreuves de *Biribi*, archives A.A.L.
49. Archives A.A.L.
50. Florise Londres, *op. cit.*
51. Contrat du 2 juin 1924, archives A.A.L.
52. Horace de Carbuccia, *Le Massacre de la victoire*, tome I, pp. 166-208. Plon, 1973.

53. Lettre d'Albert Londres à ses parents s.d. (1923). Archives A.A.L.
54. Lettre d'André Tudesq à Albert Londres, le 31 décembre 1923, archives A.A.L.
55. Andrée Viollis, art. cit.
56. Helsey, préface cit.
57. Florise Londres, *op. cit.*, pp. 172-174.
La traite des blanches, *op. cit.*, p. 151.

III. LE REDRESSEUR DE TORTS 1924-1931

20. Biribi

1. Correspondance échangée entre Léo Poldès et Albert Londres, s.d. et le 7 février 1924, archives A.A.L.
2. *La traite des blanches*, p. 207.
3. *La traite des noirs*, p. 219.
4. Paul Roussenq, *L'enfer du bagne*. Pucheu, 1957.
5. *Le Petit Parisien*, 20 avril 1924.
6. *Le Petit Parisien*, 19 et 22 avril 1924.
7. *Le Petit Parisien*, 25 avril 1924.
8. *Le Petit Parisien*, 26 avril 1924.
9. *Le Petit Parisien*, 26 avril 1924.
10. *Dante n'avait rien vu*, p. 67. 10-18.
11. *Le Petit Parisien*, 1er mai 1924.
12. *Dante n'avait rien vu*, *op. cit.*, pp. 102-106.
13. Lettre d'Albert Londres à ses parents, le 28 décembre (1923), archives A.A.L.
14. *Le Petit Parisien*, 4 mai 1924.
15. *Le Petit Parisien*, 8 mai 1924.
16. *Idem.*
17. *Dante n'avait rien vu*, *op. cit.*, pp. 144-148.
18. *Le Petit Parisien*, 4 octobre et 12 décembre 1924.
19. *Le phare de Calais*, 15 janvier 1925.
20. Archives A.A.L.

21. Avec les forçats de la route

1. *Le Petit Parisien*, 5 juillet 1924.
2. *Le Petit Parisien*, 13 et 20 juillet 1924.
3. *Le Petit Parisien*, 8 juillet 1924.
4. *Le Petit Parisien*, 20 juillet 1924.
5. Henri Quiquéré, *Des géants et des hommes. Les vainqueurs du Tour de France 1903-1987*, pp. 23-25. Messidor 1988.

6. *Idem*, pp. 97-98.
7. *Le Petit Parisien*, 27 juin 1924.
8. *Idem*.
9. *Le Petit Parisien*, 3 juillet 1924.
10. *Idem*.
11. *Le Petit Parisien*, 5 juillet 1924.
12. *Le Petit Parisien*, 20 juillet 1924.
13. *Le Petit Parisien*, 13 juillet 1924.
14. *Le Petit Parisien*, 5 juillet 1924.

22. Chez les fous

1. Micheline Dupray, *Roland Dorgelès, un siècle de vie littéraire française*, pp. 258 et sq. Presses de le Renaissance, 1986.
2. *Le Petit Parisien*, 6 mai 1925.
3. Jacques Postel et Claude Quétel, *Nouvelle histoire de la psychiatrie*. Privat, Toulouse 1983.
4. *Le Petit Parisien*, 6 mai 1925.
5. Postel-Quétel, *op. cit.*, p. 461.
6. *Idem*, p. 722.
7. *Le Petit Parisien*, 6 mai 1925.
8. *Idem*.
9. *Le Petit Parisien*, 9 mai 1925.
10. *Idem*.
11. *Le Petit Parisien*, 10 mai 1925.
12. *Le Petit Parisien*, 14 mai 1925.
13. *Le Petit Parisien*, 15 mai 1925.
14. *Chez les fous*, p. 254.
15. *Chez les fous*, pp. 303-305.
    Le Petit Parisien, 8 mai 1925.
16. *Le Petit Parisien*, 19 mai 1925.
    Chez les fous, pp. 280-284.
17. *Idem*.
18. *Le Petit Parisien*, 19 mai 1925.
    Chez les fous, pp. 289-294.
19. Lettre d'Albert Londres à ses parents s.d. (printemps 1925), archives A.A.L.
20. Annales médico-psychologiques (journal de l'aliénation mentale et de la médecine légale des aliénés), juin 1925.
21. *Idem*, 1926.
22. Mousset, *op. cit.*, pp. 213, 214.
23. Lettre d'Albert Londres à Elie-Joseph Bois, 25 avril 1925, archives A.A.L.
24. Témoignage Henri Clérisse, émission de radio non identifiée.

25. *La Petite Gironde*, 2 juin 1932.
26. Article de Léonce Bois in journal non identifié en 1947.

23. Au djebel Druze

1. *L'Écho de Paris*, 9 juillet 1925.
2. « La situation politique de la Syrie à l'arrivée du général Sarrail », document dactylographié, anonyme. Archives A.A.L.
Paillat, *op. cit.*, pp. 455-465.
3. Paillat, idem.
4. *Le Canard enchaîné*, 18 novembre 1925.
5. Yves Courrière, *Joseph Kessel ou sur la piste du lion*, p. 278. Plon, 1985.
6. *Le Petit Parisien*, 10 novembre 1925.
7. *Idem.*
8. *Le Petit Parisien*, 13 novembre 1925.
9. *Le Petit Parisien*, 15 novembre 1925.
10. *Le Petit Parisien*, 20 décembre 1925.
11. *Le Petit Parisien*, 22 décembre 1925.
12. Capitaine Carbillet, *Au djebel Druze*. Argo, 1929.
13. *Le Petit Parisien*, 29 décembre 1925.
14. *Le Petit Parisien*, 24 décembre 1925.
15. *Idem.*

24. De Varsovie à Marseille

1. Viollis, art. cit.
2. A. Mesclon, *Comment j'ai subi quinze ans de bagne*, p. 356, 1924.
3. *Le Petit Parisien*, 18 mai 1926.
4. *Idem.*
5. *Le Petit Parisien*, 22 mai 1926.
6. *Le Petit Parisien*, 2 juin 1926.
7. *Le Petit Parisien*, 3 juin 1926.
8. *Le Petit Parisien*, 11 juin 1926.
9. Lettre d'Albert Londres à ses parents s.d. (juillet 1926), archives A.A.L.
10. Albert Londres, *Marseille porte du Sud*, éditions de France 1927 réédité par Jeanne Laffitte à Marseille en 1980. Cf. p. 141.
11. *Idem*, pp. 47, 51.

25. La traite des blanches

1. *Le Petit Parisien*, 14 février 1927.
2. *Idem.*
3. *La traite des blanches*, p. 44.
4. *Idem.*

5. *Idem*, p. 50.
6. *Idem*.
7. *Idem*, p. 59.
8. *Idem*, p. 66.
9. *Idem*, p. 96.
10. *Idem*, pp. 148-150.
11. *Idem*, p. 211.
12. *Idem*, p. 214.
13. Lettre d'Albert Londres à ses parents s.d. (1927), archives A.A.L.
14. *Le Petit Parisien*, 2 juillet 1927.
15. *L'avenir*, 13 avril 1927.
16. *Les Annales*, s.d.
17. *Revue des lectures*, 15 mai 1927.
18. Lettre d'Albert Londres à ses parents s.d. (1927), archives A.A.L.
19. Archives A.A.L.

26. Sur les traces de Dieudonné

1. Article d'Albert Londres « André Viollis, seule en Russie », s.d.
2. Béraud, *Les derniers beaux jours, op. cit.*, p. 191.
3. *L'homme qui s'évada*, p. 209. 10-18.
4. *Idem*, p. 210.
5. *Idem*, p. 303.
6. *Idem*, p. 212.
7. *Idem*, p. 306.
8. *Idem*, p. 300.
9. *Le Populaire du Centre*, 30 octobre 1927.
10. *Le Petit Ardennais*, 1er novembre 1927.
11. *Le Petit Parisien*, 2 février 1928.
12. Eugène Dieudonné, *La vie des forçats*, Gallimard, 1930.
13. Béraud, *Les derniers beaux jours, op. cit.*, pp. 109, 110.

27. La traite des noirs

1. Lettre d'Albert Londres à ses parents s.d. (1927 ou 1928), archives A.A.L.
2. Raoul Girardet, *L'idée coloniale en France de 1871 à 1962*, p. 217. Pluriel-Livre de poche, 1972.
3. Léon Daudet, *Bréviaire du journalisme*, p. 59. Gallimard, 1936.
4. *Le Petit Parisien*, 29 avril 1927.
5. *Le Petit Parisien*, 12 octobre 1928.
6. *Idem*.
7. *Le Petit Parisien*, les 15 et 16 octobre 1928.
8. *Le Petit Parisien*, 19 octobre 1928.

9. *Le Petit Parisien*, 21 octobre 1928.
10. *Le Petit Parisien*, 27 octobre 1928.
11. Paul Morand, *Paris-Tombouctou*, pp. 46, 121. Flammarion.
Ginette Guitard-Auviste, *Morand*, pp. 139, 140. Hachette, 1981.
12. *Le Petit Parisien*, 24 octobre 1928.
13. *Le Petit Parisien*, 17 octobre 1928.
14. *Le Petit Parisien*, 25 octobre 1928.
15. *Le Petit Parisien*, 6 novembre 1928.
16. *Le Petit Parisien*, 18 octobre 1928.
17. *Le Petit Parisien*, 11 novembre 1928.
18. Article de Georges Simenon dans *Voilà*, 12 novembre 1932, repris in *A la recherche de l'homme blanc*. 10-18.
19. *L'Intransigeant*, 25 juin 1928.
La vie parisienne, 7 juillet 1928.
20. Lettre des éditions des Portiques à Albert Londres le 18 octobre 1928, archives A.A.L.
21. Lettre de Lucien Vogel à Albert Londres le 18 octobre 1928.
Lettre d'Albert Londres à Lucien Vogel le 31 octobre 1928, archives A.A.L.
22. Pierre Mac Orlan in *Les Annales*, cité par Francis Lacassin.
23. *Le courrier colonial*, (Paris) 16 novembre 1928.
24. *La gazette coloniale*, 6 décembre 1928.
25. *Les Annales coloniales*, 18 octobre 1928.
26. *La presse coloniale*, 14 novembre 1928.
27. *La Dépêche coloniale*, 24 novembre 1928.
28. *Coq rouge*, 7 janvier 1920.
29. Avant-propos de *Terre d'ébène (La traite des noirs)*.
30. *Idem*.
31. *La gazette coloniale*, 7 mars 1929.
32. *La Liberté*, 10 juin 1929.
33. *Le Télégramme de Toulouse*, 26 avril 1929.
34. Maurice Cavalier in *Bourse et boulevards*, 25 juin 1929.
35. Elian Finbert in *Les Nouvelles littéraires*, 1929.
36. *Le drapeau rouge* (Bruxelles), 17 avril 1929.
37. *La Presse libre* (Alger), 21 décembre 1930.
38. *Le Petit Parisien*, 15 juin 1929.
39. Léautaud, *op. cit.*, tome II, pp. 185, 187.
40. *Le cri du jour*, 31 janvier 1929.

28. Le Juif errant est arrivé

1. *Le cri du jour*, 4 juillet 1929.
2. *Paris-Midi*, 30 juin 1929.
3. *Gringoire*, 19 juillet 1929.

4. *Excelsior*, 17 mai 1920.
5. Édité par Marpon et Flammarion en 1886.
6. Lettre d'Albert Londres à ses parents s.d. (1929), archives A.A.L.
7. Yohanan Manor, *Naissance du sionisme politique*, p. 206. Archives Julliard-Gallimard, 1981.
8. *Le Petit Parisien*, 6 octobre 1929.
9. *Idem.*
10. *Le Petit Parisien*, 7 octobre 1929.
11. *Idem.*
12. *Le Petit Journal*, 12 février 1917.
13. *Le Petit Parisien*, 12 octobre 1929.
14. *Le Petit Parisien*, 13 octobre 1929.
15. *Idem.*
16. *Le Petit Parisien*, 14 octobre 1929.
17. *Le Petit Parisien*, 15 octobre 1929.
18. *Le Petit Parisien*, 16 octobre 1929.
19. *Le Petit Parisien*, 17 octobre 1929.
20. *Le Petit Parisien*, 20 et 22 octobre 1929.
21. *Le Petit Parisien*, 24 octobre 1929.
22. *Le Petit Parisien*, 26 octobre 1929.
23. *Le Petit Parisien*, 27 octobre 1929.
24. Florise Londres, *op. cit.*
25. *Idem.*
26. *Le Petit Parisien*, 1er novembre 1929.
27. Archives A.A.L.
28. *Le Petit Parisien*, 3 novembre 1929.
29. *D'Artagnan*, 24 octobre 1929.
30. Lettre de la Librairie de Valois à Albert Londres le 9 octobre 1929.
31. *L'Univers israélite*, 31 janvier 1930.
32. *Le Figaro littéraire*, 22 mars 1930.
33. *Excelsior*, 5 mars 1930.
34. *Paris-Midi*, 20 février 1930.
35. *Gringoire*, 14 février 1930.
36. *L'intermédiaire du bibliophile*, 5 mars 1930.
37. Lettre de Rosny aîné à Albert Londres s.d. (1930), archives A.A.L.

29. La Mecque des pêcheurs de perles

1. Lettre du ministre des Affaires étrangères au ministre de la Guerre, le 11 avril 1928, archives A.A.L.
   Résumé de note du 23 janvier 1929 sur le commandant Depui, archives A.A.L.
   Le Petit Parisien, 20 octobre 1930.
2. Florise Londres, *op. cit.*, p. 220.

3. *Le Petit Parisien*, 22 octobre 1930.
4. *Idem.*
5. Saint-John Philby, *Arabian days*, pp. 271, 272. Robert Hale, Londres, 1948.
6. *Le Petit Parisien*, 24 octobre 1930.
7. *Idem.*
8. Archives A.A.L.
9. *Le Petit Parisien*, 29 octobre 1930.
10. *Le Petit Parisien*, 11 novembre 1930.
11. *Le Petit Parisien*, 1er novembre 1930.
12. Albert Londres, *Les pêcheurs de perles*, dernière page. Albin Michel.
13. Saint-John Philby, *op. cit.*, pp. 271, 272.
Rapport d'Henry de Fourcaud à l'administration du Crédit foncier d'Algérie-Tunisie, archives A.A.L.
14. *Le Petit Parisien*, 24 mai 1930.
15. Florise Londres, *op. cit.*, pp. 219-221.
16. *Idem.*

30. Avec les Comitadjis dans les Balkans

1. Albert Londres, *Les Comitadjis ou la terreur dans les Balkans*, p. 80. Albin Michel, 1932.
2. *Idem*, p. 248.
3. *L'Eclaireur du Soir* (Nice), 25 mars 1932.
4. *La Bulgarie* (Sofia), 9 et 19 novembre 1931.
5. Mousset, *op. cit.*, pp. 317-321.
6. Florise Londres, *op. cit.*, p. 244.
7. *Le Carrefour*, 23 mai 1932.
8. Béraud, *Les derniers beaux jours*, *op. cit.*
9. Lettre d'Albert Londres à E.J. Bois le 26 novembre 1931, brouillon, archives A.A.L.
10. Article de E.J. Bois in *Le Petit Parisien*, 6 juin 1932.
11. Florise Londres, *op. cit.*, p. 245.
12. État de la situation fiscale d'Albert Londres après sa mort, archives A.A.L.
13. Mousset, *op. cit.*, pp. 320-321.
14. Florise Londres, *op. cit.*, pp. 243, 244.

IV. MYSTÈRE EN CHINE

31. Le flâneur fatigué

1. Archives A.A.L.
2. Florise Londres, « A la mémoire d'Albert Londres, vichyssois-journaliste », dactylographié, archives A.A.L.
3. Article de René Puaux in *Le Temps*, 22 mai 1932.
4. Article de Gérard Bauer in *Le Courrier de l'Allier*, 15 juin 1932.
5. Mousset, *op. cit.*, p. 317.
6. Article de Pierre Humbourg in *La Liberté*, 15 février 1929.
7. *Le Carnet de la Semaine*, 22 novembre 1931.
8. Florise Londres, *op. cit.*, pp. 224, 225.
9. *Le flâneur salarié.*
10. Pierre Mac Orlan in *Les Annales*, 15 mai 1928, cité par Francis Lacassin.
11. Henri de Kérillis in *Paris-Midi*, 29 mai 1932.
12. *Comoedia*, 12 novembre 1931.
13. Lettre d'André Ransan à Albert Londres, 17 avril 1931, archives A.A.L.
14. Mousset, *op. cit.*, pp. 19, 20.
15. Humbourg, art. cit.
16. *Candide*, 26 mai 1932.
Brouillon original de l'article signé Jacques Bainville, archives A.A.L.
17. Florise Londres, *op. cit.*, pp. 232, 233.
18. Florise Londres, *op. cit.*, pp. 236, 237.
19. Mousset, *op. cit.*, pp. 320-322.

32. Une enquête explosive

1. Florise Londres, *op. cit.*, p. 245.
2. Interview réalisée à bord de l'*Athos II* le 13 janvier 1932 par un journal français de Saigon (non identifié).
3. E. Rivaud in *La Revue culinaire*, 1932.
4. Publié in *Mourir pour Shanghai*, pp. 15 à 128. 10-18.
5. *Le Midi*, 3 février 1932.
6. *Le Temps*, 20 juin 1932.
7. *Paris-Midi*, juin 1932.
8. Pierre Herbart, *La ligne de force*, p. 53. Gallimard, 1958. Folio.
9. *Le Rappel* (Charleroi), 7 juin 1932.
10. *Le Canard enchaîné*, 25 mai 1932.

11. Florise Londres, *op. cit.*
Archives A.A.L.

33. Au feu!

1. Témoignage de M. Aler in *Le Rappel* (Charleroi), 7 juin 1932.

2. Déposition de F. Guinat, dossier d'instruction de l'affaire *Georges-Philipar*, archives A.A.L.

3. Déposition de Charles Profizi, dossier d'instruction cit.

4. Rapport du colonel Pouderoux, commandant le régiment des sapeurs-pompiers de Paris, sur l'incendie, dossier d'instruction, cit.

5. *Idem.*

6. Récit d'Alfred Lang-Willar in *Excelsior*, 24 mai 1932.

7. Article de Pierre Mélon in *L'Intransigeant*, 14 janvier 1933.

7 *bis*. Témoignage de Jean-Pierre Lefevre-Garros à l'auteur. Il était présent sur le paquebot avec toute sa famille.

8. Rapport Pouderoux, cit.

9. *Paris-Soir*, 2 juin 1932.

10. Récit de Sadorge in *Le Journal de Shanghai*, juillet 1932.
Dossier d'instruction, cit.

11. Récit du commandant d'un vapeur soviétique in *Le Petit Provençal*, 25 mai 1932.

34. Une disparition énigmatique

1. *Le Rappel* (Charleroi), 7 juin 1932.

2. *La Tribune de Genève*, 31 mai 1932.
Le Rappel, 7 juin 1932.
Mousset, *op. cit.*

3. Lettre au juge d'instruction, dossier d'instruction cit.

4. Rapport Pouderoux, cit.

5. Pierre-Valentin Berthier in *Le Libertaire*, 25 avril 1952.

6. Eugène Dieudonné in *Paris-Soir*, 9 juin 1932.

Sources

ŒUVRES D'ALBERT LONDRES

POÉSIE

***Suivant les heures*, Imprimerie, 1904.**
***L'âme qui vibre*, Sansot 1908.**
***Le poème effréné I, Lointaine*, Sansot 1909.**
***Le poème effréné II, La marche à l'étoile*, Sansot 1910.**

REPORTAGES ET ENQUÊTES

***Au bagne*, Albin Michel 1924 (réédité en 1975 dans la collection de poche 10-18, dans le volume intitulé *L'homme qui s'évada*).**

***Dante n'avait rien vu* (Biribi), Albin Michel 1924 (réédité en 1975 en 10-18).**

***Chez les fous*, Albin Michel 1925 (réédité en 1975 en 10-18 dans le volume intitulé *Dante n'avait rien vu*).**

***La Chine en folie*, Albin Michel 1925 (réédité en 1984 en 10-18 dans le volume intitulé *Mourir pour Shanghai*).**

***Marseille porte du Sud*, éditions de France 1927 (réédité par Jeanne Laffitte à Marseille en 1980).**

***Le chemin de Buenos Aires (la traite des blanches)*, Albin Michel 1927 (réédité en 1984 en 10-18).**

***L'homme qui s'évada*, éditions de France 1928 (réédité en 10-18 en 1975).**

***Terre d'ébène (la traite des noirs)*, Albin Michel 1929 (réédité en 1984 en 10-18).**

***Le Juif errant est arrivé*, Albin Michel 1930 (réédité en 1975 en 10-18).**

***Pêcheurs de perles*, Albin Michel 1931 (réédité en 1975 en 10-18).**

***Les Comitadjis (le terrorisme dans les Balkans)*, Albin Michel 1932.**

Histoires des grands chemins, anthologie préparée et préfacée par Édouard Helsey, Albin Michel 1932.

Francis Lacassin a réuni et publié pour la première fois, dans sa collection chez 10-18, les articles d'Albert Londres sur la campagne des Dardanelles 1915-1917 sous le titre *Si je t'oublie Constantinople*; ceux sur la France en Orient 1919-1920 l'ont été en 1975 dans le volume intitulé *Pêcheurs de perles,* et ceux sur la guerre sino-japonaise de 1932 dans un volume de 1984 intitulé *Mourir pour Shanghai.*

Albert, Pierre et Terrou, Fernand, *Histoire de la presse*, PUF 1970.
Amaury, Francine, *Histoire du plus grand quotidien de la IIIe République : Le Petit Parisien,* PUF 1972.
Ambrière, Francis, article in *Gringoire*, 19 juillet 1929.
Antoine, Gérald, *Paul Claudel ou l'enfer du génie*, Robert Laffont 1988.
Arbellot, Simon, *La fin du boulevard*, Flammarion 1965.

Badia, Gilbert, *Histoire de l'Allemagne contemporaine*, Messidor/éditions Sociales 1987.
Bailby, Léon, *Pourquoi je me suis battu*, Plon 1951.
Barré, Jean-Luc, *Le seigneur-chat. Philippe Berthelot,* Plon 1988.
Bellanger, Claude, Godechot, Jacques, Guiral, Pierre, Terrou, Fernand, *Histoire générale de la presse française*, tome III, PUF 1972.
Béraud, Henri, *Rendez-vous européens,* éditions de France 1928.
Qu'as-tu fait de ta jeunesse? éditions de France 1941.
Les derniers beaux jours, Plon 1953.
Le flâneur salarié, éditions de France 1927.
article in *Gringoire*, 22 juin 1934.
Bernard, Philippe, *La fin d'un monde 1914-1929,* Points-Seuil, 1975.
Berstein, Gisèle et Serge, *La IIIe République,* MA éditions 1987.
Berthier, Pierre-Valentin, article in *Le Libertaire*, 25 avril 1952.
Bois, Élie-Joseph, article in *Le Petit Parisien*, 6 juin 1932.
Bonardi, Pierre, article in *La Tribune des Nations*, 29 novembre 1934.
Butin, Jean, *Henri Béraud*, Horvath, Roanne 1979.

Carbillet, capitaine, *Au djebel Druze,* Argo 1929.
Carbuccia, Horace de, *Le massacre de la victoire*, Plon 1973.
Charensol, Georges, *D'une rive à l'autre*, Mercure de France, 1973.
Claudel, Paul, *Journal I*, La Pléiade, Gallimard 1968.
Courrière, Yves, *Joseph Kessel ou sur la piste du lion*, Plon 1985.

Danan, Alexis, L'*épée du scandale*, Robert Laffont 1961.
D'Annunzio, Gabriele, *Textes inédits.* Versions nouvelles. Souvenirs et essais publiés sous la direction d'Henri Bédarida, Droz 1942.
Darien, Georges, *Biribi, discipline militaire*, Albert Savine 1890 (réédité en 10-18).

Darlix, Paul, *Avec les durs de Cayenne à Caracas*, Baudinière 1932.
Daudet, Léon, *Bréviaire du journalisme*, Gallimard 1936.
Delpêche, René, *Amour, crime, châtiment ou la vie cachée de Benjamin Ullmo,* Éditions du Scorpion 1957.
Devèze, Michel, *Cayenne, déportés et bagnards,* Archives-Julliard 1965.
Dieudonné, Eugène, *La vie des forçats*, Gallimard 1930.
Dubief, Henri, *Le déclin de la IIIe République 1929-1938,* Points-Seuil 1976.
Dupray, Micheline, *Roland Dorgelès, un siècle de vie littéraire française*, Presses de la Renaissance 1986.

Faugier, Stéphane, article in *Paris-Soir*, 9 juin 1932.
Ferro, Marc, *La grande guerre 1914-1918*, Idées-Gallimard 1969.
Franchini, Philippe, *Les guerres d'Indochine*, Pygmalion-Gérard Watelet 1988.
Continental Saigon, Olivier Orban 1976.

Galtier-Boissière, Jean, *Mémoires d'un Parisien*, La Table Ronde 1963.
Giffard, Pierre, *Le sieur de va-partout. Souvenirs d'un reporter,* Maurice Dreyfous éditeur s.d.
Girardet, Raoul, *L'idée coloniale en France de 1871 à 1962*, Pluriel-Livre de poche 1972.
Giraudoux, Jean, *Lectures pour une ombre,* Émile-Paul 1918.
Guitard-Auviste, Ginette, *Morand*, Hachette 1981.

Helsey, Édouard, *Envoyé spécial,* Fayard 1955.
Sous le brassard vert, éditions de la Sirène 1919.
Herzl, Théodore, *L'État juif*, L'Herne 1969.
Humbourg, Pierre, article in *La Liberté*, 15 février 1929.

Jeanneney, Jean-Noël, « La solitude d'Henri de Kérillis » in *L'Histoire*, nº 58, juillet 1983.
Jullian, Philippe, *D'Annunzio*, Fayard.

Knightley, Philip, *Le correspondant de guerre, de la Crimée au Viêt-nam*, Flammarion 1976.
Kupferman, Fred, *Au pays des Soviets. Le voyage français en URSS 1917-1939*, Archives Gallimard-Julliard 1979.

Larique, Marius, *Les hommes punis*, Gallimard 1933.
Lapaire, Hugues, *Le Petit logis. Souvenirs d'un homme de lettres,* Crépin-Leblond, Moulins 1946.
Lauzanne, Stéphane, *Sa Majesté la presse*, Fayard 1925.
Léautaud, Paul, *Journal littéraire,* I, Mercure de France 1986.
Londres, Florise, *Mon père*, Albin Michel 1934.

Maitron, Jean, *Ravachol et les anarchistes*, Archives Julliard 1964.
Manevy, Raymond, *La presse de la IIIe République,* J. Foret 1955.
Malia, Martin, *Comprendre la révolution russe,* Points-Seuil 1980.
Manor, Yohanan, *Naissance du sionisme politique*, Archives Gallimard-Julliard, 1981.

Maroger, Mireille, *Bagne,* Denoël 1937.
Mayeur, Jean-Marie, *La vie politique sous la IIIe République,* Points-Seuil 1984.
Mesclon, A., *Comment j'ai subi quinze ans de bagne,* 1924.
Montagnon, Pierre, *La France coloniale*, Pygmalion-Gérard Watelet, 1988.
Montarron, Marcel, *Ciel de cafard*, Gallimard 1932.
Tout ce joli monde.
Morand, Paul, *Paris-Tombouctou*, Flammarion.
Morice, Charles, *Quarante ans de journalisme*, manuscrit dactylographié, Bibliothèque Nationale.
Mousset, Paul, *Albert Londres, l'aventure du grand reportage,* Grasset 1970.

Naudeau, Ludovic, *En prison sous la terreur russe,* 1920.

Paillat, Claude, *Dossiers secrets de la France contemporaine,* tomes I et II, Robert Laffont 1979 et 1980.
Palmer, Michael, *Des petits journaux aux grandes agences*, Aubier 1983.
Pascal, Pierre, *Mon journal de Russie*, L'âge d'homme, Lausanne 1977.
Péan, Charles, *Conquête en terre de bagne*, Altis 1948.
Philby, Saint-John, *Arabian days*, Robert Hale, Londres 1948.
Pierre, Michel, *La terre de la grande punition,* Ramsay 1982.
« Les bagnes de Guyane » in *L'Histoire*, no 38, 1981.
Postel, Jacques, et Quetel, Claude, *Nouvelle histoire de la psychiatrie,* Privat, Toulouse 1983.

Rabaud, Jean, « Albert Londres, grand reporter » in *L'Histoire*, no 70, septembre 1984.
« Le grand reportage n'est plus ce qu'il était » in *L'Histoire* no 41, janvier 1982.
Raffalovitch, Arthur, *L'abominable vénalité de la presse française*, 1931.
Rebérioux, Madeleine, *La République radicale? 1898-1914,* Points-Seuil 1975.
Rosenstone, Robert, *John Reed*, Maspero 1976 (Points-Seuil).
Roubaud, Louis, *Le voleur et le sphinx,* 1929.
Rouilleault, Armand, *La suppression de la transportation*, Université de Lyon 1938.
Roussenq, Paul, *L'enfer du bagne*, Pucheux, 1957.

Sarrail, général, *Mon commandement en Orient 1916-1918*, Flammarion 1920.
Salmon, André, *Souvenirs sans fin,* Gallimard 1961.
Sauerwein, Jules, *Trente ans à la une*, Plon 1962.
Saint-Jean, Robert de, *Passé pas mort*, Grasset 1983.
Shapiro, Léonard, *Les révolutions russes de 1917*, Flammarion 1987.
Sicard, Victor, *Souvenirs d'un bagnard*, 1944.
Sitwell, Osbert, *Noble essences or courteous revelations,* Macmillan Londres 1950.

Tharaud, Jean et Jérôme, *Grands reportages*, Correa 1946.

Sources

Toinet, Marie-France, *Georges Boris 1888-1960. Un socialiste humaniste.* Thèse de Sciences Politiques, Paris 1969.
Toland, John, *Hitler*, Bouquins-Laffont 1980.
Viollis, Andrée, article in *Les Nouvelles Littéraires*, 5 septembre 1925.

Lieux de recherche

Archives de l'Association du Prix Albert-Londres.
Archives Nationales.
Documentation du Centre de formation et de perfectionnement des journalistes.
Bibliothèque Nationale.

Index des principaux noms cités

Table

III. LE REDRESSEUR DE TORTS 1924-1931

IV. MYSTÈRE EN CHINE 1931-1932

Cet ouvrage a été réalisé sur
Système Cameron
par la SOCIÉTÉ NOUVELLE FIRMIN-DIDOT
Mesnil-sur-l'Estrée
pour le compte des Éditions Balland
le 15 décembre 1988

Imprimé en France
Dépôt légal: décembre 1988
N° d'impression : 10900
ISBN 2.7158.0726.0
F 2 6970